厚大® 法考 Judicial Examination

真题卷

历年精粹　透视命题

民诉法297题

思路点拨　举一反三

刘鹏飞◎编著 | 厚大出品

中国政法大学出版社

常常是最后一把钥匙打开了门

厚大在线

八大学科学习方法、新旧大纲对比及增删减总结、考前三页纸等你解锁。

备考阶段计划、心理疏导、答疑解惑，专业讲师与你相约“法考星期天”直播间。

图书各阶段配套名师课程的听课方式，课程更新时间获取，法考必备通关神器。

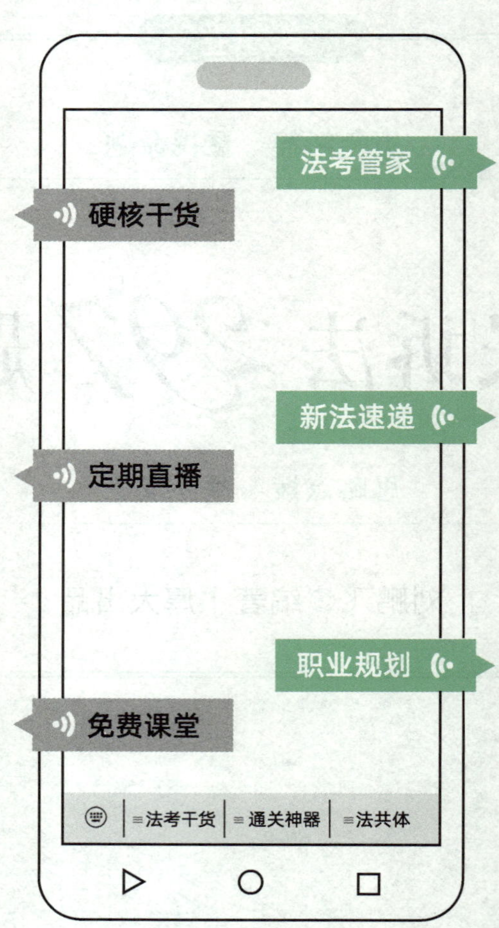

法考公告发布、大纲出台、主客观报名时间、准考证打印等,法考大事及时提醒。

新修法律法规、司法解释实时推送，最高院指导案例分享；牢牢把握法考命题热点。

了解各地实习律师申请材料、流程,律师执业手册等,分享法律职业规划信息。

更 多 信 息
关 注 厚 大 在 线

HOUDA

代总序
GENERAL PREFACE

做法治之光
——致亲爱的考生朋友

如果问哪个群体会真正认真地学习法律，我想答案可能是备战法考的考生。

当厚大的老总力邀我们全力投入法考的培训事业，他最打动我们的一句话就是：这是一个远比象牙塔更大的舞台，我们可以向那些真正愿意去学习法律的同学普及法治的观念。

应试化的法律教育当然要帮助同学们以最便捷的方式通过法考，但它同时也可以承载法治信念的传承。

一直以来，人们习惯将应试化教育和大学教育对立开来，认为前者不登大雅之堂，充满填鸭与铜臭。然而，没有应试的导向，很少有人能够真正自律到系统地学习法律。在许多大学校园，田园牧歌式的自由放任也许能够培养出少数的精英，但不少学生却是在游戏、逃课、昏睡中浪费生命。人类所有的成就靠的其实都是艰辛的训练；法治建设所需的人才必须接受应试的锤炼。

应试化教育并不希望培养出类拔萃的精英，我们只希望为法治建设输送合格的人才，提升所有愿意学习法律的同学整体性的法律知识水平，培育真正的法治情怀。

厚大教育在全行业中率先推出了免费视频的教育模式，让优质的教育从此可以遍及每一个有网络的地方，经济问题不会再成为学生享受这些教育资源的壁垒。

最好的东西其实都是免费的，阳光、空气、无私的爱，越是弥足珍贵，越是免费的。我们希望厚大的免费课堂能够提供最优质的法律教育，一如阳光遍洒四方，带给每一位同学以法律的温暖。

没有哪一种职业资格考试像法考一样，科目之多、强度之大令人咂舌，这也是为什么通过法律职业资格考试是每一个法律人的梦想。

法考之路，并不好走。有沮丧、有压力、有疲倦，但愿你能坚持。

坚持就是胜利，法律职业资格考试如此，法治道路更是如此。

当你成为法官、检察官、律师或者其他法律工作者，你一定会面对更多的挑战、更多的压力，但是我们请你持守当初的梦想，永远不要放弃。

人生短暂，不过区区三万多天。我们每天都在走向人生的终点，对于每个人而言，我们最宝贵的财富就是时间。

感谢所有参加法考的朋友，感谢你愿意用你宝贵的时间去助力中国的法治建设。

我们都在借来的时间中生活。无论你是基于何种目的参加法考，你都被一只无形的大手抛进了法治的熔炉，要成为中国法治建设的血液，要让这个国家在法治中走向复兴。

数以万计的法条，盈千累万的试题，反反复复的训练。我们相信，这种貌似枯燥机械的复习正是对你性格的锤炼，让你迎接法治使命中更大的挑战。

亲爱的朋友，愿你在考试的复习中能够加倍地细心。因为将来的法律生涯，需要你心思格外的缜密，你要在纷繁芜杂的证据中不断搜索，发现疑点，去制止冤案。

亲爱的朋友，愿你在考试的复习中懂得放弃。你不可能学会所有的知识，抓住大头即可。将来的法律生涯，同样需要你在坚持原则的前提下有所为、有所不为。

亲爱的朋友，愿你在考试的复习中沉着冷静。不要为难题乱了阵脚，实在不会，那就绕道而行。法律生涯，道阻且长，唯有怀抱从容淡定的心才能笑到最后。

法律职业资格考试不仅仅是一次考试，它更是你法律生涯的一次预表。

我们祝你顺利地通过考试。

不仅仅在考试中，也在今后的法治使命中——

不悲伤、不犹豫、不彷徨。

但求理解。

厚大®全体老师　谨识

序　言

民事诉讼法学在法律职业资格考试中占有相当重要的地位。而民事诉讼法部分历年考查过的真题则是我们熟悉考点、巩固知识、洞悉命题思路和掌握得分技巧的金钥匙。真题不应该仅仅被定位为检验自己学习水平的测试题，而更应被视为和命题老师沟通、了解命题规律的终南捷径。从这个意义上讲，我们必须高度利用和消化真题。即便法律职业资格考试的考查方式有所变革，但真题依然有不可替代的价值。

传统真题从题型上分为两大类：客观题和主观题。客观题部分包括单选题、多选题和不定项选择题三种。从客观题考查的方式看，包括辨析题和案例题两种。辨析题通过给出命题，如“简易程序都必须适用独任制”，让学生判断其对错，更侧重考查考生对基础知识掌握的准确程度。案例题一般则是给出一个小的案例，设置和案例相关的问题。这种题目侧重考查考生的案例分析能力和知识灵活运用能力。本书主要关注客观题部分的命题规律和特点，致力于训练同学们分析和解答客观题的能力。

本书作为一部真题教材，具有如下几方面的特点：

第一，本书的所有考点和我的理论卷讲义——《理论卷·民诉法50专题》（以下简称“理论卷”）完全适配，考点的数量、顺序、名称都和理论卷一模一样。这样做的好处是，大家在学完理论卷后就可以对应地练习该部分的真题，或者在做过真题需要复习的时候，也可以一步到位找到相关的知识点，体系更清晰，让同学们使用更方便。同时，每个考点下有多少真题一目了然，这些考点的重要程度也就不言而喻了。最后，这样做，可以使跟随我学习的同学的知识体系始终清晰稳定，达到更好的学习效果。

第二，本书几乎囊括了2002年至2017年考查过的所有真题，并按照现行立法进行解析，力求解题思路能够贴近目前的考查方式和考题风格。同时，为了保证这本真题书的时效性和实用价值，摒弃掉了因立法修改而失去了研学必要的题目，删除了与现行考试方式、命题风格不相适应的过气题目，使得这本真题既充分全面，又恰到好处，能够满足不同考生的需求。同时，因为2018~2024年没有公布考试题目，厚大根据参加考试同学的回忆和描述，整理了2018~2024年考试涉及的考点和考查角度，根据这些散碎的原材料，我们进行加工还原，整理出一部分模拟题，一并加入了本书。这些模拟题在命题风格上与真题高度吻合，能够在很大程度上反映考试的命题特点和重点，具有很强的时效性和研学价值。

第三，尽量通俗地解读真题，并且在解析中尽量涵盖更加丰富的元素。很多同学反映，以往看完了某些真题解析图书后，还是一头雾水。而其解析的标准格式是，因某某法条规定如何如何，所以本题就应如何如何，没有清晰、通俗地给同学们讲授清楚分析和推理的过程。所以，在本书中，为了让大家都能读得懂，看得明白，特意强调解题的逻辑性和思路开展，力求让大家跟着我的解题思路，矫正和优化大家的解题方法。因此，在本题解析和答案的推导方面，兼顾解题的思路、法条的依据，同时也会总结类似的陷阱和本类题目命题或考查的知识规律，并为同学们提供部分背诵的范本。

此外，法律教材必须注重与立法同步更新。近年来，我国立法的修改比较频繁，2020年我国颁布了《民法典》这一划时代的法典，并相应出台了大量的民事法方面的司法解释。民事诉讼法方面，除了修订原有的立法和司法解释之外，也有相当数量的新司法解释颁布。本书已经根据相关的最新立法成果，对有关考点逐一进行了修正，以确保本书的内容与时俱进，能够和今年的法考相契合。

这本真题写作的周期颇长，写作过程中我不敢有一丝一毫的怠慢。但是，由于能力有限，疏漏不足在所难免，欢迎大家到我的新浪微博“@民诉刘鹏飞”批评指正。最后，对为本书能顺利出版而付出辛勤劳动、提供热忱帮助的各位同仁致以最诚挚的谢意！

刘鹏飞

2025年1月改定

缩略语对照表 ABBREVIATION

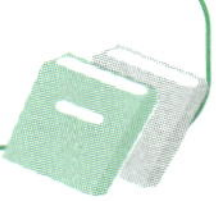

缩略语	全称
民诉解释	最高人民法院关于适用《中华人民共和国民事诉讼法》的解释
民诉证据规定	最高人民法院关于民事诉讼证据的若干规定
执行担保规定	最高人民法院关于执行担保若干问题的规定
调解规定	最高人民法院关于人民法院民事调解工作若干问题的规定
环境公益诉讼解释	最高人民法院关于审理环境民事公益诉讼案件适用法律若干问题的解释
公司法解释（二）	最高人民法院关于适用《中华人民共和国公司法》若干问题的规定（二）
公司法解释（四）	最高人民法院关于适用《中华人民共和国公司法》若干问题的规定（四）
证券纠纷代表人诉讼规定	最高人民法院关于证券纠纷代表人诉讼若干问题的规定
婚姻家庭编解释（一）	最高人民法院关于适用《中华人民共和国民法典》婚姻家庭编的解释（一）
仲裁法解释	最高人民法院关于适用《中华人民共和国仲裁法》若干问题的解释
审理仲裁司法审查规定	最高人民法院关于审理仲裁司法审查案件若干问题的规定

目 录
CONTENTS

06 第六讲 诉讼调解与和解

07 第七讲 一审普通程序

17 第十七讲 仲裁法 243

基本理论

民事诉讼法的性质与效力☆☆

1

关于民事诉讼法的性质，下列哪一说法是正确的？（2011/3/35-单）

A. 根据其调整的社会关系，民事诉讼法是程序法

B. 根据其在法律体系中的地位，民事诉讼法是程序法

C. 根据其规定的内容，民事诉讼法是程序法

D. 根据公法与私法的划分标准，民事诉讼法是程序法

精析与思路

本题考查的是民事诉讼法的属性，大家既要掌握民事诉讼法的性质归属，也要掌握这种归属的分类标准。

具体来讲，民事诉讼法可以按照下列标准分类，体现出如下性质：

从法律地位角度分类	民事诉讼法是基本法
从调整社会关系角度分类	民事诉讼法是部门法
从规定的内容角度分类	民事诉讼法是程序法
从法律的性质角度分类	民事诉讼法是公法

从调整的社会关系看，民事诉讼法仅仅调整一部分社会关系，而非全部社会关系，所以属于部门法。A选项错误。

从民事诉讼法在法律体系中的地位看，民事诉讼法是仅次于宪法的重要法律，所以属于基本法而非一般法。B选项错误。

从民事诉讼法规定的内容看，民事诉讼法主要规定民事诉讼的程序问题，所以属于程序法而非实体法。C选项正确。

从公私法划分的角度看，民事诉讼法调整了国家的公权力——审判权，所以属于规范公权力、保护当事人权利的公法而非私法。D选项错误。

参考答案 C

专题01

陷阱与规律

这道题设置的陷阱被称为张冠李戴，将几个分类标准和分类结论混搭以混淆视听。这就要求考生能扎实地记忆考点。

此外，除了民事诉讼法的性质这个考点，民事诉讼法的效力是另一个考点。要注意，在中国境内（港澳台地区除外）进行民事诉讼，必须适用中国民事诉讼法，外国人约定适用外国民事诉讼法的，无效。

民事诉讼法在地位上属于基本法，内容上属于程序法，调整对象上属于部门法，公私划分上属于公法。

核心考点 2 ▶ 诉的要素 ★★

2 ›››

凯旋公司向法院起诉要求解除与前进公司之间的合同，在诉讼过程中，凯旋公司又提出判令前进公司承担违约责任，并按合同约定继续履行合同的请求，不再请求解除合同。关于本案，下列说法正确的是：（2020-回忆版-单）

A. 凯旋公司提的是诉讼请求的变更

B. 凯旋公司提的是前进公司承担违约责任和继续履行合同的请求，法院应作为诉的合并审理

C. 凯旋公司应撤诉后另行提起诉讼，要求前进公司承担违约责任并继续履行合同

D. 凯旋公司提的是诉讼标的的变更

精析与思路

这道题目比较简单，考查的是基础理论知识。

凯旋公司将解除合同关系的诉讼请求变更为承担违约责任并继续履行合同的诉讼请求，是变动了其提出来的具体的权利要求，属于诉讼请求的变更。而诉讼标的的变更，也被称为诉的变更，是指案件中当事人争议并请求法院裁判的实体法律关系发生变更。本案的诉讼标的一直是凯旋公司与前进公司之间的合同法律关系，故而不属于诉讼标的的变更。因此，A 选项正确，D 选项错误。

诉的合并，是指人民法院把几个独立的诉，合并在一个案件中进行审理和裁判。凯旋公司提出的是继续履行和承担违约责任两个诉讼请求，而非两个诉讼标的，不属于诉的合并。因此，B 选项错误。

一审法庭辩论终结前，原告可以变更诉讼请求，无需撤诉后另行提起诉讼。因此，C 选项错误。

参考答案 A

重复考查过的其他类似题目 ★

3 ›››

刘某习惯每晚将垃圾袋放在家门口，邻居王某认为会招引苍蝇并影响自己出入家门。王某为此与刘某多次交涉未果，遂向法院提起诉讼，要求刘某不得将垃圾袋放在家门口，以保证自家的正常通行和维护环境卫生。关于本案的诉讼标的，下列哪一选项是正确的？（2009/3/37-单）

A. 王某要求刘某不得将垃圾袋放在家门口的请求

B. 王某要求法院保障自家正常通行权的请求

C. 王某要求刘某维护环境卫生的请求

D. 王某和刘某之间的相邻关系

精析与思路

本题考查的是纯粹的理论问题，即诉讼标的的概念。我国在立法上没有明确规定诉讼标的的内涵，理论上，一般认为，诉讼标的是指当事人之间发生争议并要求法院作出裁判的民事权利义务关系。所以，诉讼标的指的是实体法律关系（民法上规范的法律关系，如合同关系、侵权关系、物权关系等）。

本题中，四个选项里，只有 D 选项属于实体法律关系——相邻关系。因此，D 选项正确。

参考答案 D

陷阱与规律

很多同学分不清诉讼标的和诉讼标的物。诉

讼标的是一种法律关系，诉讼标的物是具体的财物。任何案件都有诉讼标的，但并非任何案件都有诉讼标的物。

诉讼请求是一种具体的权利主张，其依据诉讼标的提出，如侵权法律关系是诉讼标的，而要求损害赔偿是诉讼请求。

一句话背诵

诉讼标的是当事人争议的实体法律关系。

核心考点 3 ▶ 诉的分类 ★★★

4

下列属于法院可受理的确认之诉的是：（2024-回忆版-多）

A. 蓝天公司起诉白云公司请求确认其债务已过诉讼时效

B. 甲请求确认与乙之间的仲裁协议无效

C. 赵大强起诉赵小二请求确认双方之间的父子关系不成立

D. 丙起诉丁要求解除双方之间的租赁合同

精析与思路

这个题就是对确认之诉的理解的考查，是我们在课上反复强调的内容。这里我们回忆一下：①确认之诉只能确认诉讼标的（是否有法律关系或者权利），不能单纯确认事实。②确认之诉必须是诉讼案件，非讼案件谈不上诉的类型。③确认可以积极确认——确认有法律关系，也可以消极确认——确认无法律关系。④确认法律关系不存在的，在确认前法律关系就已经自始不存在；若法律关系存在过，但被解除了，则是变更之诉。这四点都掌握了，解决这个题就没有任何难度了。

A 选项涉及的是法律事实（诉讼时效已过）的确认，而非法律关系的确认。在民事诉讼中，诉讼时效是否经过，通常作为抗辩事由由当事人主张，并由法院进行审查，而不能够作为单独的诉讼请求提出。所以，A 选项不属于确认之诉，不当选。

确认之诉是指请求法院确认其主张的法律关系存在或不存在的诉，请求确认仲裁协议无效并不是诉讼程序，是非讼程序。要注意，确认仲裁协议效力、撤销仲裁裁决等和仲裁有关的程序均为非讼程序，称之为“涉仲裁司法审查案件”，自然谈不上属于确认之诉的问题。所以，B 选项不当选。

确认之诉在于确认当事人之间的法律关系存在或者不存在，请求确认亲子关系不存在属于消极确认之诉。所以，C 选项当选。

解除权人没有事先通知对方解除合同，而是直接起诉解除合同，在性质上仍然是行使解除权。根据《民法典》第 565 条第 2 款的规定，起诉状副本送达对方时，合同就已经解除了。等到法院审理的时候，合同已经自始不存在了。法院只是确认合同关系已经不存在了，而不是把既存的合同关系解除掉，所以是确认之诉，而非变更之诉。所以，D 选项当选。

参考答案 CD

5

欧某与汪某的买卖合同纠纷一案，一审法院判决汪某支付货款 10 万元。汪某不服，提起上诉。二审法院判决汪某支付货款 6 万元。欧某对于二审判决申请再审，请求确认二审法院认定事实有误，要求撤销原判，改判汪某支付货款 10 万元。关于欧某请求的性质，下列哪些选项是正确的？（2024-回忆版-多）

A. 要求汪某支付货款，属于给付之诉

B. 要求确认二审法院认定事实错误，属于确认之诉

C. 要求撤销原判，属于变更之诉

D. 要求变更原判决给付内容，属于形成之诉

精析与思路

这道题看上去好像不难，考查的是诉的种类，但实际上还是有一些弯弯绕绕，需要大家谨慎留心。

我们先把知识点做一个回顾。在民事诉讼中有三种诉：①要求对方给付财产或者行为的，就是给付之诉；②要求改变或者消灭原来已经形成的既存法律关系的，就是变更之诉；③要求确认法律关系或者权利的，则是确认之诉。

这道题里面我们看到欧某的请求中有两个内容：①撤销原判；②要求汪某支付货款 10 万元。其中要求支付 10 万元的请求是好理解的，就是要求对方向其给付货币，那这就是典型的财物给付之诉，所以，很容易得出 A 选项是正确的结论。

那么，要求撤销原判是什么诉呢？首先可以排除 B 选项，因为确认之诉确认的对象只能是法律关系或者权利。而 B 选项中要求确认二审法院认定事实错误，这是个事实问题，是不能够单纯通过确认之诉进行判断的。所以，B 选项错误。

变更之诉和形成之诉是一个意思，只不过在民诉法上一般我们叫作变更之诉，在民法上一般叫形成之诉。所以 C、D 选项的结论是一样的，二者不一样的就在于它们的理由。变更之诉变更的是原来的法律关系，而不是变更给付的具体内容。所以，C 选项正确，D 选项错误。

这样的一道题目需要提醒大家注意的是，变更之诉既能够变更实体法所形成的法律关系，也能够变更诉讼法所形成的法律关系。同学们发现法院作出判决，要求债务人向债权人给付一定的财物，这就是一个财物给付的法律关系；而当事人申请再审，就是要求撤销掉这种基于判决所形成的法律关系。这种要求撤销掉“通过程序形成法律关系的诉”也是变更之诉。与此类似的，我们讲过最经典的就是第三人撤销之诉，第三人撤销之诉是一个标准的变更之诉，它不就是以变更之诉撤销掉原来通过错误判决形成的法律关系嘛。

参考答案 AC

★ 重复考查过的其他类似题目

6 »»

李某驾车不慎追尾撞坏刘某轿车，刘某向法院起诉要求李某将车修好。在诉讼过程中，刘某变更诉讼请求，要求李某赔偿损失并赔礼道歉。针对本案的诉讼请求变更，下列哪一说法是正确的？（2015/3/37-单）

A. 该诉的诉讼标的同时发生变更

B. 法院应依法不允许刘某变更诉讼请求

C. 该诉成为变更之诉

D. 该诉仍属给付之诉

精析与思路

诉讼标的，是指当事人之间发生争议并要求法院裁判的民事法律关系。争议的法律关系没变，诉讼标的就没变。本题中，刘某先要求修车，后要求赔偿损失并赔礼道歉，争议的法律关系都是侵权法律关系，所以诉讼标的没有改变，改变的是具体的权利要求，即诉讼请求。所以，A 选项错误。

至于增加、变更诉讼请求和反诉（**考的是理论卷第 12 讲中的“增变反”**），只要在辩论终结前提出，都应允许。所以，B 选项错误。参见法条依据。

变更之诉，又称形成之诉，是指原告请求法院以判决改变或消灭既存的某种民事法律关系的诉。给付之诉，是指原告请求法院判令被告向其履行某种特定给付义务的诉讼。本题中没有变更既存的法律关系，起诉的要求是赔偿损失并赔礼道歉，属于典型的给付之诉（给付财物和行为）。所以，C、D 两个矛盾选项中，D 选项正确。

参考答案 D

法条依据

《民诉解释》第 232 条：在案件受理后，法庭辩论结束前，原告增加诉讼请求，被告提出反诉，第三人提出与本案有关的诉讼请求，可以合并审理的，人民法院应当合并审理。

陷阱与规律

一定要注意，诉讼标的的变更和诉讼请求的变更的差别。诉讼标的的变更必然要求争议的法律关系发生变化，如果争议的法律关系没有变化，只是根据此法律关系提出的具体的权利要求发生变化，则属于诉讼请求的变更。

一句话背诵

根据法律关系可以提出诉讼请求，变更诉讼请求不必然变更诉讼标的；要求对方赔礼道歉（履行行为）属于给付之诉。

专题 02

基本原则

核心考点 4 ▶ 辩论原则 ★★★★

7 >>>

关于辩论原则的表述，下列哪些选项是正确的？（2009/3/82-多）

A. 当事人辩论权的行使仅局限于一审程序中开庭审理的法庭调查和法庭辩论阶段

B. 当事人向法院提出起诉状和答辩状是其行使辩论权的一种表现

C. 证人出庭陈述证言是证人行使辩论权的一种表现

D. 督促程序不适用辩论原则

精析与思路

辩论原则在立法中规定的内容很简略，只有1个法条。这个法条明确了辩论权为当事人所享有，辩论作用于审理程序中。参见法条依据。我们从理论上讲了辩论原则的五个维度，即阶段上的全程性、方式上的全面性、内容上的全方位性、主体上的特定性和效力上的约束性。本题就是围绕这五个方面展开考查。

A选项考查辩论阶段的全程性。整个诉讼程序（一审程序、二审程序和再审程序）都可以辩论。所以，A选项错误，并非局限于一审程序。

B选项考查辩论方式的全面性。既可以书面形式辩论，也可以口头形式辩论。当事人向法院提交起诉状和答辩状就是用书面形式发表意见，属于典型的书面辩论。所以，B选项正确。

C选项考查辩论主体的特定性。法条也已经明确了，只有当事人才有辩论权。证人不是当事人（证人对争议的法律关系不享有权利，不承担义务），所以证人没有辩论权。所以，C选项错误。

D选项考查的点和A选项一样。辩论原则适用于诉讼程序的全程，但不适用于非讼程序。督促程序属于典型的非讼程序，不适用辩论原则。所以，D选项正确。

参考答案 BD

法条依据

《民事诉讼法》第12条：人民法院审理民事案件时，当事人有权进行辩论。

陷阱与规律

辩论原则的真正价值在于保障当事人对于证据和事实问题的主导权。在诉讼程序中，要依靠当事人的辩论发现事实，这种当事人的辩论权在诉讼的全程都可以实施，并且可以以书面、口头多种形式出现。允许当事人取舍自己提供的证据、选择自己主张的事实，是辩论原则最重要的意义。

要注意，非讼程序是不允许辩论的，在非讼程序中，法院依职权查明事实。

一句话背诵

当事人可以以书面形式或口头形式在诉讼程序全程进行辩论，非讼程序不得辩论。

核心考点 5 ▶ 处分原则 ★★★★

8 >>>

甲向法院起诉，要求判决乙返还借款本金2万元。在案件审理中，借款事实得以认定，同时，法院还查明乙逾期履行还款义务近1年，法院遂根据银行同期定期存款利息，判决乙还甲借款本金2万元，利息520元。关于法院对该案判决的评论，下列哪一选项是正确的？（2008/3/38-单）

A. 该判决符合法律规定，实事求是，全面保护了权利人的合法权益

B. 该判决不符合法律规定，违反了民事诉讼的处分原则

专题 02

C. 该判决不符合法律规定，违反了民事诉讼的辩论原则

D. 该判决不符合法律规定，违反了民事诉讼的平等原则

精析与思路

处分原则在立法中表述为当事人可以处分自己的实体权利和诉讼权利。参见法条依据。那么怎么处分呢？就是当事人可以决定自己提什么请求。如果当事人放弃了某项权利，当然就不会提出相应的诉讼请求。所以，处分原则的核心在于，当事人对提出何种诉讼请求有主导权，法院不能超出当事人的诉讼请求进行判决，否则就违反了处分原则。

本题中，甲向法院起诉，提出的诉讼请求只有“要求判决乙返还借款本金 2 万元”这一项，可是法院在判决的时候，却判决了“乙还甲借款本金 2 万元，利息 520 元”。甲没提出关于利息的诉讼请求，法院却主动判决，超出了甲主张的诉讼请求的范围，违反了处分原则。所以，B 选项正确。

有一个问题可能需要说明一下。有的同学认为“借款事实得以认定，同时，法院还查明乙逾期履行还款义务近 1 年”，法院的做法是不是超出了当事人主张的事实范围呢？这个问题应这样看待：原告要主张被告还钱，一定是已经向法院主张了被告向其借款但没有及时还款的事实。只要被告借款逾期未还，就会产生两个法律效果：拖欠本金和产生逾期还款利息。所以，只要当事人主张了欠款逾期未还的事实，自然会存在逾期利息，这是欠款事实的必然法律效果，而不是一个独立的事实。本案只有一个事实——拖欠本金未还，这一个事实产生了两个法律效果——欠本金和欠利息。法院判决依据的事实也只有一个，就是欠款未还，这个事实当事人已经主张了，所以，法院没有超出当事人主张的事实范围进行裁判，就谈不上违反辩论原则。至于这两个法律效果可以产生两个请求，还本金的请求和还利息的请求，当事人可以自愿选择，当事人只要求还本金，放弃了利息，就是行使了处分权。法院在当事人放弃利息的时候，还主动判决还利息，就违反了当事人的意愿，忽略了当事人行使的处分权，违反了处分原则。

参考答案 B

法条依据

《民事诉讼法》第 13 条第 2 款：当事人有权在法律规定的范围内处分自己的民事权利和诉讼权利。

陷阱与规律

怎么区分是违反了处分原则还是辩论原则呢？标准很简单：

（1）当事人没有提出的事实和证据，法院不能以此作为判决依据，若判了就违反辩论原则；

（2）当事人没有提出的请求和标的，法院不能主动加以判决，若判了就违反处分原则。

一句话背诵

法院超出当事人的请求范围判决的，违反处分原则。

9

甲、乙结婚，乙外出多年没回家。乙的母亲本来就不满意二人结婚，遂以甲、乙存在不能结婚的亲属关系起诉要求法院判决二人婚姻无效。法院审查发现，乙在乙的母亲起诉前就出车祸死了。法院怎么办？（2024-回忆版-单）

A. 判决驳回诉讼请求

B. 裁定驳回起诉

C. 终结诉讼

D. 如果经过审查确实认定属于近亲结婚，判决婚姻关系无效

精析与思路

这个题最特殊的地方是，夫妻中乙方在起诉确认婚姻无效前就已经去世了。而这个时候，乙的母亲要求确认婚姻无效，还能起诉吗？这种情况我在课上是明确讲过的，考查《民法典》中一个非常典型的特殊规定，大家听过就不会错。

《婚姻家庭编解释（一）》第 14 条规定：“夫妻一方或者双方死亡后，生存一方或者利害

关系人依据民法典第 1051 条的规定请求确认婚姻无效的，人民法院应当受理。”据此，可以得出两条基本结论：①夫妻双方或者单方死亡后，依然可以确认婚姻无效；②夫妻双方或者单方死亡后，依然有必要确认婚姻无效，因为对此进行的认定会影响他人财产权益（此时涉及继承顺位问题）。

本案中，虽然乙在乙的母亲起诉前就出车祸死亡，但是利害关系人起诉确认婚姻无效，法院的受理并没有问题，经审查确实存在婚姻关系无效情形的，法院应判决婚姻关系无效。只有 D 选项是正确的。可能有的同学会问，其母亲是原告，那被告是谁？像这个题，被告就可以是活着的一方。但问题是如果双方都死了，被告是谁？这就没有规定，理论上也存在争议，我觉得有进一步研究的必要。

参考答案 D

★ 重复考查过的其他类似题目

10 »»

向某和表姐高某自愿登记结婚。向母不同意，以二人系近亲为由向法院起诉，请求确认婚姻无效。但向某坚持要和高某在一起，向母无奈，只好向法院申请撤诉。法院应如何处理？（2021-回忆版-单）

A. 裁定驳回起诉

B. 作出婚姻无效的判决

C. 可以调解结案

D. 准予其撤诉

精析与思路

这个几乎不用多说，确认婚姻无效的案件起诉之后不允许撤诉，本题考查的就是这个知识点。这道题是给认真听课的同学最善意的礼物，至少让你能在法考的惊涛骇浪里抓住这一丢丢小稻草。

不过，我们需要考虑的是，向母到底是不是能起诉确认婚姻关系无效的适格原告。一般而言，民事法律关系的主体才是适格原告。但是《婚姻家庭编解释（一）》第 9 条规定：“有权依据民法典第 1051 条规定向人民法院就已办理结婚登记的婚姻请求确认婚姻无效的主体，包括婚姻当事人及利害关系人。其中，利害关系人包括：①以重婚为由的，为当事人的近亲属及基层组织；②以未到法定婚龄为由的，为未到法定婚龄者的近亲属；③以有禁止结婚的亲属关系为由的，为当事人的近亲属。”因此，本案中，裁定驳回起诉的做法是错误的。

但是，本案中，后续撤诉是不被允许的，也不允许调解结案。法条依据是《婚姻家庭编解释（一）》第 11 条：“人民法院受理请求确认婚姻无效案件后，原告申请撤诉的，不予准许。对婚姻效力的审理不适用调解，应当依法作出判决。涉及财产分割和子女抚养的，可以调解。调解达成协议的，另行制作调解书；未达成调解协议的，应当一并作出判决。”

那不准撤诉之后咋办呢？需要看《婚姻家庭编解释（一）》第 12 条的规定：“人民法院受理离婚案件后，经审理确属无效婚姻的，应当将婚姻无效的情形告知当事人，并依法作出确认婚姻无效的判决。”这些都不必多说。所以，B 选项当选。

确认婚姻无效的案件属于人身关系的确认之诉，是不允许调解的哦。

参考答案 B

核心考点 6 ▶ 诚信原则 ★★★

11 »»

根据《民事诉讼法》规定的诚信原则的基本精神，下列哪一选项符合诚信原则？（2014/3/37-单）

A. 当事人以欺骗的方法形成不正当诉讼状态

B. 证人故意提供虚假证言

C. 法院根据案件审理情况对当事人提供的证据不予采信

D. 法院对当事人提出的证据任意进行取舍或否定

精析与思路

诚信原则要求所有诉讼参与人都应诚信地实施诉讼行为，当事人和其他诉讼参与人如实陈述、禁止滥用权利和以欺骗手段获益等。参

见法条依据。本题中，“欺骗的方法”“虚假的证言”“任意进行取舍和否定（滥用职权）”都属于不诚信的行为。符合诚信原则的只能是C选项，法院有对证据进行取舍的权力。

值得说明的是，什么叫以欺骗的方法形成不正当诉讼状态呢？例如，被告本来户口在A地，原告为了在B地进行诉讼，就伪造了被告住在B地的户口，并将其提交给法院，使得原告得以在B地进行诉讼。这就是典型的以欺骗的方法形成不正当诉讼状态。

参考答案 C

法条依据

《民事诉讼法》第13条第1款：民事诉讼应当遵循诚信原则。

陷阱与规律

诚信原则的考查角度有两个：

（1）其约束主体包括所有诉讼参与人：当事人、审判员及其他诉讼参与人都必须诚信；

（2）诚信原则的当然含义就是禁止欺骗、虚假陈述和滥用诉讼权利或职权。

诚信原则约束所有民事诉讼参与人。

核心考点 7 ▶ 民事检察监督原则

★★★

12 »»

下列体现了民事检察监督原则的是：（2024-回忆版-任）

A. 环境污染案件中，某公司实施了污染环境的行为，检察院对此提起公益诉讼

B. 某公司单方捏造事实，提起虚假诉讼的行为，检察院对此进行检察监督

C. 针对某法院的执行不当的行为，检察院提出检察建议

D. 对于公益诉讼的调解书，检察院提起抗诉

精析与思路

本题难度很小，考查检察院在民事诉讼中角色定位的两个知识点。检察院在民事诉讼中，一个角色是监督者，即践行检察监督原则，此时其并不是民事诉讼的当事人；而另一个角色是社会公益的诉讼代表，提起公益诉讼，此时其属于民事诉讼的原告。这两个职责是并行不悖的，集中于检察院本身。而其中的民事检察监督原则是指检察院有权对民事诉讼全程（包括审判和执行两个阶段）进行法律监督，实施监督的手段包括抗诉和检察建议两种。依据这个内容，可以很好地判断四个选项：

检察机关为维护公共利益提起公益诉讼不属于检察监督，此时检察机关为公益诉讼的原告，而非监督机关。所以，A选项不当选。

B选项虽然描述检察院在行使检察监督权，但检察院行使检察监督的对象仅包括法院及其工作人员（行使公权力的主体）的行为，不包括当事人的诉讼行为（当事人有违法行为，由法院监督和处理）。但要注意，B选项中强调的是提起虚假诉讼的行为，对此，法院可以驳回其诉讼请求，对当事人处以罚款、拘留等。但如果虚假诉讼得到错误裁判，检察院针对这个“裁判”提起抗诉或者提出检察建议则属于检察监督。另外，对于虚假诉讼行为，构成犯罪的，检察院可以依法提起公诉，但那就不是对民事诉讼程序本身的监督了。B选项强调的是“提起虚假诉讼的行为”，这个行为本身不是检察院监督的对象，检察院监督那些和行使公权力有关的行为。所以，B选项不当选。

人民法院执行活动中存在违法情形的，人民检察院应依职权启动检察监督，监督方式包括检察建议（抗诉要针对生效裁定判决调解书）。所以，C选项当选。

非由检察院提起的公益诉讼中，公益诉讼调解书损害国家利益和社会利益的，检察院可以依据法定程序提起抗诉，启动再审。因此，D选项体现了民事检察监督原则，当选。

参考答案 CD

核心考点 8 ▶ 自愿合法调解原则

★★★

本考点在近20年的真题中没有独立考查过，但大家仍需准确掌握理论卷中对相应知识的讲解。另外，本考点可能会结合核心考点 63 进行综合考查。

低频考点 9 同等、对等原则和平等原则 ☆☆

13

关于民事诉讼基本原则的表述，下列哪一选项是正确的？（2013/3/45-单）

A. 外国人在我国进行民事诉讼时，与中国人享有同等的诉讼权利义务，体现了当事人诉讼权利平等原则

B. 法院未根据当事人的自认进行事实认定，违背了处分原则

C. 当事人主张的法律关系与法院根据案件事实作出的认定不一致时，根据处分原则，当事人可以变更诉讼请求

D. 环保组织向法院提起公益诉讼，体现了支持起诉原则

精析与思路

外国人与中国人享有同等权利义务，体现的是同等原则，而非平等原则。所以 A 选项错误。参见法条依据（1）。

法院未根据当事人的自认进行事实认定，超出了当事人主张的事实范围进行判决，违反了辩论原则。所以，B 选项错误。

当事人主张的法律关系和法院认定的法律关系不一致的，当事人有权变更诉讼请求。参见法条依据（3）。这表明当事人提出的诉讼请求对法院有约束力，即法院在当事人提出的诉讼请求范围内判决，体现了处分原则的内容（跟请求有关）。所以，C 选项正确。

支持起诉原则已经从考纲里面删除了。这个题是以前的题目，所以考查到了，大家简单了解就可以。支持起诉原则是相关主体帮助受损害的单位或者个人起诉，而不是代替他们直接去起诉。公益诉讼是环保组织代替受害主体起诉，所以，公益诉讼体现的并不是支持起诉原则。所以，D 选项错误。参见法条依据（2）。

参考答案 C

法条依据

（1）《民事诉讼法》第 5 条：外国人、无国籍人、外国企业和组织在人民法院起诉、应诉，同中华人民共和国公民、法人和其他组织有同等的诉讼权利义务。外国法院对中华人民共和国公民、法人和其他组织的民事诉讼权利加以限制的，中华人民共和国人民法院对该国公民、企业和组织的民事诉讼权利，实行对等原则。

（2）《民事诉讼法》第 15 条：机关、社会团体、企业事业单位对损害国家、集体或者个人民事权益的行为，可以支持受损害的单位或者个人向人民法院起诉。

（3）《民诉证据规定》第 53 条：诉讼过程中，当事人主张的法律关系性质或者民事行为效力与人民法院根据案件事实作出的认定不一致的，人民法院应当将法律关系性质或者民事行为效力作为焦点问题进行审理。但法律关系性质对裁判理由及结果没有影响，或者有关问题已经当事人充分辩论的除外。存在前款情形，当事人根据法庭审理情况变更诉讼请求的，人民法院应当准许并可以根据案件的具体情况重新指定举证期限。

陷阱与规律

（1）仍然要强调，处分原则和请求有关，辩论原则和事实、证据有关；

（2）同等、对等原则和外国人有关，平等原则和原被告有关；

（3）支持起诉原则是帮人起诉，公益诉讼是替人起诉。

一句话背诵

处分原则包括当事人有权决定自己提出何种诉讼标的（就什么法律关系起诉）和有权提出何种请求（当事人有权放弃、变更诉讼请求，有权承认对方请求）。辩论原则包括当事人可以决定提出何种事实和证据（包括是否自认事实）。同等原则是对外国人权利的保障（和中国人有一样的权利）。支持起诉后的原告仍然是受害人，而不是机关、团体。公益诉讼的原告是机关、团体。

专题 02

专题03

基本制度

核心考点10 ▶ 回避制度 ★★★★

14 >>>

某区法院审理原告许某与被告某饭店食物中毒纠纷一案。审前，法院书面告知许某合议庭由审判员甲、乙和人民陪审员丙组成时，许某未提出回避申请。开庭后，许某始知人民陪审员丙与被告法定代表人是亲兄弟，遂提出回避申请。关于本案的回避，下列哪一说法是正确的？（2015/3/36-单）

A. 许某可在知道丙与被告法定代表人是亲兄弟时提出回避申请

B. 法院对回避申请作出决定前，丙不停止参与本案审理

C. 应由审判长决定丙是否应回避

D. 法院作出回避决定后，许某可对此提出上诉

刘鹏飞真题卷

精析与思路

本题综合考查回避制度的各个方面。

A选项考查回避申请提出的时间：只要辩论终结前都可以提出回避申请。A选项中，许某就开庭后才知道的法定事由（亲兄弟属于近亲属）提出回避申请，是符合法律规定的。所以，A选项正确。参见法条依据（1）、（2）。

B选项考查回避决定期的法律效力：在回避决定期内（作出决定前），被申请回避的主体要停止工作。所以，B选项错误。参见法条依据（2）。

C选项考查回避的决定主体：应由被申请回避的人的上级决定其是否应回避。丙是本案中的陪审员，属于“审判人员”范畴，其回避应由其上级院长决定，而非审判长决定。所以，C选项错误。参见法条依据（3）。

D选项考查对回避决定的救济：对回避决定不服的，应向本级法院申请复议，而非上诉。所以，D选项错误。参见法条依据（4）。

参考答案 A

法条依据

（1）《民诉解释》第43条：审判人员有下列情形之一的，应当自行回避，当事人有权申请其回避：①是本案当事人或者当事人近亲属的；②本人或者其近亲属与本案有利害关系的；③担任过本案的证人、鉴定人、辩护人、诉讼代理人、翻译人员的；④是本案诉讼代理人近亲属的；⑤本人或者其近亲属持有本案非上市公司当事人的股份或者股权的；⑥与本案当事人或者诉讼代理人有其他利害关系，可能影响公正审理的。

（2）《民事诉讼法》第48条：当事人提出回避申请，应当说明理由，在案件开始审理时提出；回避事由在案件开始审理后知道的，也可以在法庭辩论终结前提出。被申请回避的人员在人民法院作出是否回避的决定前，应当暂停参与本案的工作，但案件需要采取紧急措施的除外。

（3）《民事诉讼法》第49条：院长担任审判长或者独任审判员时的回避，由审判委员会决定；审判人员的回避，由院长决定；其他人员的回避，由审判长或者独任审判员决定。

（4）《民事诉讼法》第50条：人民法院对当事人提出的回避申请，应当在申请提出的3日内，以口头或者书面形式作出决定。申请人对决定不服的，可以在接到决定时申请复议1次。复议期间，被申请回避的人员，不停止参与本案的工作。人民法院对复议申请，应当在3日内作出复议决定，并通知复议申请人。

陷阱与规律

关于回避，有两个地方比较容易混淆，需要

大家注意：

（1）申请回避后，上级尚未作出决定的决定期内，回避主体需要停止工作；回避决定作出后，对回避决定不服，可以申请复议，在上级审查复议期间内，回避主体就不需要停止工作了。

（2）陪审员也属于审判人员，和审判员一样，应由院长决定回避，请别拿陪审员不当回事。

一句话背诵

回避申请可以在辩论终结前提出；审判人员的回避应由院长决定；决定作出前，被回避主体要停止工作；对决定不服，可以向本级法院申请复议。

★ 重复考查过的其他类似题目

15

甲和 X 公司发生纠纷，X 公司提起诉讼。甲在诉讼中提出管辖权异议但被驳回，遂怀疑审理本案的 T 法官对己方有偏见，申请该法官回避，法院不予准许。后 X 公司更换法定代表人，更换后的法定代表人和 T 法官是同学，甲又申请回避。下列哪一说法是正确的？（2022－回忆版－单）

A. 甲不能再申请回避，只能申请复议

B. 如果 T 法官被决定回避，则甲可提出管辖权异议

C. T 法官应当暂停工作

D. 法院应当裁定不予回避

精析与思路

说实话，这道题的难度并不大，而且采用的是传统的命题方法，只要大家能够把基础知识掌握扎实，就能够做对。

本题考查的是申请回避的相关知识，在课堂上我们讲得已经非常详细。立法并没有明确规定申请回避的次数，但按照法理而言，对于一个事由应当只能申请回避 1 次，这是因为，只要法院对这一事由作出了判断，当事人自然没有必要也不应该请求法院对同一事由进行重复判断。但是，如果当事人对于法院判断的结果不满意，则可以向本级法院申请复议 1 次。而在本案当中，当事人两次申请回避所依据的事由并不相同，因此，应当允许当事人前后两次申请回避。所以，A 选项错误。

B 选项逻辑关系上无法成立。法官是否被决定回避，并不影响案件的管辖权，而甲是否可以提出管辖权异议，和审判主体是否被回避也没有必然的关系。所以，B 选项错误。

D 选项的错误就更加明显了。对于不予回避的结果，法院使用的文书应为决定书而非裁定书。所以，D 选项错误。

这样看来，只有 C 选项是正确的，当事人申请相关主体回避的，相关主体应暂停工作。

参考答案 C

核心考点 11 ▶ 公开审判制度 ★★★

16

唐某作为技术人员参与了甲公司一项新产品研发，并与该公司签订了为期 2 年的服务与保密合同。合同履行 1 年后，唐某被甲公司的竞争对手乙公司高薪挖走，负责开发类似的产品。甲公司起诉至法院，要求唐某承担违约责任并保守其原知晓的产品。关于该案的审判，下列哪一说法是正确的？（2012/3/36－单）

A. 只有在唐某与甲公司共同提出申请不公开审理此案的情况下，法院才可以不公开审理

B. 根据法律的规定，该案不应当公开审理，但应当公开宣判

C. 法院可以根据当事人的申请不公开审理此案，但应当公开宣判

D. 法院应当公开审理此案并公开宣判

精析与思路

涉及商业秘密的案件，是申请不公开的案件，任何一方当事人提出申请，法院都可以不公开审理该涉及商业秘密的案件。但若双方当事人都不提出申请，则该案应当公开审理。参见法条依据。

本题中，“保密合同”“保守其原知晓的产品”的表述说明该案就属于涉及商业秘密的案件。A选项是错误的，不需要双方共同申请；B选项和D选项也是错误的，法院可以不公开审理，也可以公开审理，而非必须公开或者必须不公开审理。任何案件都必须公开宣判。所以，C选项正确。

参考答案 C

法条依据

《民事诉讼法》第137条：人民法院审理民事案件，除涉及国家秘密、个人隐私或者法律另有规定的以外，应当公开进行。离婚案件，涉及商业秘密的案件，当事人申请不公开审理的，可以不公开审理。

陷阱与规律

商业秘密案件经常考查的四个角度：

(1) 当事人申请，法院可以公开审理，也可以不公开审理；

(2) 当事人不提出申请，法院必须公开审理；

(3) 只需要单方提出申请即可，不需要双方申请；

(4) 必须公开宣判。

一句话背诵

商业秘密案件经当事人申请可以不公开审理，但要公开宣判。

第二讲

当事人和代理人

02

专题 04

原告与被告

核心考点12 ▶ 诉讼权利能力与诉讼行为能力 ★★★

17 »»

关于当事人能力与当事人适格的概念，下列哪些表述是正确的？（2012/3/81－多）

A. 当事人能力又称当事人诉讼权利能力，当事人适格又称正当当事人

B. 有当事人能力的人一定是适格当事人

C. 适格当事人一定具有当事人能力

D. 当事人能力与当事人适格均由法律明确加以规定

精析与思路

民事诉讼权利能力，也叫当事人能力，是指能作为民事诉讼当事人所必需的诉讼法上的资格。适格当事人也叫正当当事人，是有当事人能力的人作为具体的诉讼当事人的资格，只有在具体诉讼中，才能分析出谁是适格当事人。因此，A 选项正确。

但是，具备当事人能力的主体，未必就是具体案件的法律关系的主体。例如，小学生小明有当事人能力，但是对于甲乙的合同纠纷，小明就不是具体争议的法律关系的主体，不属于合同纠纷的适格当事人。反过来，适格当事人一定具备当事人能力。因此，B 选项错误，C 选项正确。

当事人能力应由法律明确规定。法律明确规定，公民、法人和法定的其他组织都有当事人能力。但当事人适格的标准，无法完全由法律规定，需要在个案中，根据具体情况判断，通常所争议的民事法律关系的主体，就是适格当事人。因此，D 选项错误。参见法条依据。

参考答案 AC

法条依据

《民事诉讼法》第 51 条第 1 款：公民、法人和其他组织可以作为民事诉讼的当事人。

陷阱与规律

诉讼权利能力、诉讼行为能力经常和当事人适格这几个概念在一起考查。当事人适格这个概念是在核心考点 69 中系统讲解的，这集中体现了现在试题的综合性。

一定要搞懂并记住以下七个规律：

（1）当事人能力=当事人诉讼权利能力；

（2）当事人适格=正当当事人；

（3）有当事人能力不一定当事人适格；

（4）当事人适格一定有当事人能力；

（5）当事人适格不一定有诉讼行为能力（例如，未成年人可以作为法律关系主体成为适格当事人，但未成年人不具备诉讼行为能力）；

（6）有诉讼权利能力不一定有诉讼行为能力（如未成年人）；

（7）有诉讼行为能力一定有诉讼权利能力。

一句话背诵

当事人能力是法律规定的，是否是适格当事人要具体案件具体分析。有当事人能力（有诉讼权利能力）不一定是适格当事人（正当当事人），适格当事人一定有当事人能力。

重复考查过的其他类似题目

18 关于当事人能力和正当当事人的表述，下列哪一选项是正确的？（2013/3/38-单）

A. 一般而言，应以当事人是否对诉讼标的有确认利益，作为判断当事人适格与否的标准

B. 一般而言，诉讼标的的主体即是本案的正当当事人

C. 未成年人均不具有诉讼行为能力

D. 破产企业清算组对破产企业财产享有管理权，可以该企业的名义起诉或应诉

精析与思路

正当当事人，也叫当事人适格，是指对于某一具体的诉讼案件而言，该主体作为本案当事人起诉或应诉的资格。判断其是否属于适格当事人的方法是：一般而言，正当当事人（当事人适格）应属于所争议的民事法律关系（本案诉讼标的）的主体。

确认利益是什么呢？简单地说是当事人要求确认该法律关系对其有利益。只有确认之诉中，要求确认法律关系的主体才具有确认利益。在变更之诉和给付之诉中，并非要求确认法律关系，所以谈不上确认利益。是否有确认利益，无法判断变更之诉和给付之诉的当事人是否适格。因此，A 选项错误，B 选项正确。

成年与未成年，以是否满 18 周岁作为判断标准。但事实上，有些不到 18 周岁的人，也有可能有诉讼行为能力，最典型的例子是民法上的劳动成年者。因此，C 选项错误。参见法条依据（1）。

法人的消灭以注销为标志。所以，虽然法人进入破产清算阶段，但只要法人尚未注销，就仍然应以法人的名义起诉或者应诉，法人的清算组负责人只是代表法人出庭参加诉讼。参见法条依据（2）。但是 D 选项中是破产清算组以企业名义起诉或应诉，这种说法是错误的，应该由清算组负责人以企业名义起诉或应诉。清算组是一个组织，本身是没办法参加诉讼，行使权利的。因此，D 选项错误。

参考答案 B

法条依据

（1）《民法典》第 18 条：成年人为完全民事行为能力人，可以独立实施民事法律行为。16 周岁以上的未成年人，以自己的劳动收入为主要生活来源的，视为完全民事行为能力人。

（2）《民诉解释》第 64 条：企业法人解散的，依法清算并注销前，以该企业法人为当事人；未依法清算即被注销的，以该企业法人的股东、发起人或者出资人为当事人。

陷阱与规律

强调一个问题，诉讼行为能力的划分标准有两个：年龄标准和精神标准。未成年人有可能有诉讼行为能力（劳动成年者），成年人也未必有诉讼行为能力（精神病人）。

一句话背诵

一般而言，只有争议的民事法律关系的主体才是适格当事人（正当当事人）。未成年人也可以具备诉讼行为能力（劳动成年者）；法人只要未注销，即便进入破产清算，也都是法人做当事人。

核心考点 13 公民做原、被告的确定 ★★★★

19

小张（17 岁）打了小赵（16 岁），双方的监护人老张和老赵无法就赔偿问题达成一致意见，遂诉至法院。起诉时小张刚满 18 周岁，但仍在上学且无收入来源。关于本案，下列说法正确的是：（2022-回忆版-多）

A. 老赵是适格原告

B. 小赵是适格原告，老赵是其法定代理人

C. 小张可以作为适格被告，老张是其法定代理人

D. 老张可以作为适格被告

精析与思路

本题考查的是当事人的主体资格判断，即当事人能力的认定。需要注意区分当事人能力（当事人诉讼权利能力）和当事人诉讼行为能力之间的区别，已经出生、尚未死亡的公民即具备当事人能力，但是要年满 18 周岁、精神状况正常、能够辨认自己行为的人才具备诉讼行为能力。

本案中，至起诉时，加害人小张已经年满 18 周岁，根据《最高人民法院关于适用〈中华人民共和国民法典〉侵权责任编的解释（一）》第 6 条第 1 款的规定，行为人在侵权行为发生时不满 18 周岁，被诉时已满 18 周岁的，被侵权人请求原监护人承担侵权人应承担的全部责任的，人民法院应予支持，并在判决中明确，赔偿费用可以先从被监护人财产中支付，不足部分由监护人支付。因此，小张既具备当事人能力又具备当事人诉讼行为能力，当然可以作为适格被告。但由于小张已经具备了诉讼行为能力，不需要法定代理人代理其参加诉讼，因此，老张并不是其法定代理人。C 选项错误。相应的，本案中，如果原告根据上述规定，以老张作为适格被告诉至法院，也是合法的。D 选项正确。

反过来看原告，在小张已满 18 周岁的时候，受害人小赵应当只有 17 岁，尚未成年。所以，本案中，小赵是适格的原告。但是，由于小赵不具备诉讼行为能力，老赵作为其监护人，可以担任其法定代理人参加诉讼。B 选项正确。

老赵并不是本案的受害人，和本案没有直接的法律上的利害关系，因此，老赵并不是适格原告。A 选项错误。

参考答案 BD

20

小桐是由菲特公司派遣到苏拉公司工作的人员，在一次完成苏拉公司分配的工作任务时，失误造成路人周某受伤，因赔偿问题周某起诉至法院。关于本案被告的确定，下列哪一选项是正确的？（2016/3/37-单）

A. 起诉苏拉公司时，应追加菲特公司为共同被告

B. 起诉苏拉公司时，应追加菲特公司为无独立请求权第三人

C. 起诉菲特公司时，应追加苏拉公司为共同被告

D. 起诉菲特公司时，应追加苏拉公司为无独立请求权第三人

精析与思路

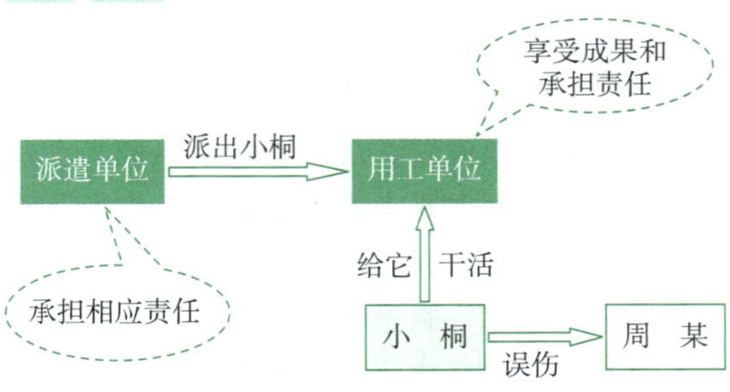

这部分内容，随着《民法典》的出台，答案出现了变化。按照《民法典》的规定，现在劳务派遣纠纷中，派遣单位承担的是“相应的责任”。参见法条依据（1）。这种表述，说明派遣单位承担按份责任。按份责任中，用工单位和派遣单位按照各自比例承担各自的责任，相当于每个主体承担自己应承担部分的责任。换言之，用工单位和派遣单位各自实施侵权行为，各自造成损害结果，各自和受害人之间形成独立的侵权关系。也就是说，受害人将用工单位和派遣单位作为共同被告的时候，成立普通共同诉讼。

专题 04

因此，结合《民诉解释》的规定，现在受害人有三种起诉方案：①起诉用工单位，法院不需要追加派遣单位；②起诉派遣单位，法院不需要追加用工单位；③起诉用工单位和派遣单位，二者作为普通共同诉讼的共同被告。参见法条依据（2）。另外，无独三不是必须追加，因此，也不存在“应追加”某主体作为无独三的问题。

就本题而言，菲特公司属于派遣单位，苏拉公司属于用工单位。周某有三种诉讼方案：

周某的诉讼方案一：

周　某 VS 用工单位

周某的诉讼方案二：

周　某 VS 派遣单位

周某的诉讼方案三：

周　某 VS 用工单位 + 派遣单位

参考答案 无（司法部原答案为C）

法条依据

（1）《民法典》第1191条：用人单位的工作人员因执行工作任务造成他人损害的，由用人单位承担侵权责任。用人单位承担侵权责任后，可以向有故意或者重大过失的工作人员追偿。劳务派遣期间，被派遣的工作人员因执行工作任务造成他人损害的，由接受劳务派遣的用工单位承担侵权责任；劳务派遣单位有过错的，承担相应的责任。

（2）《民诉解释》第58条：在劳务派遣期间，被派遣的工作人员因执行工作任务造成他人损害的，以接受劳务派遣的用工单位为当事人。当事人主张劳务派遣单位承担责任的，该劳务派遣单位为共同被告。

陷阱与规律

这部分要注意两个问题：

（1）劳动者的工作成果由用工单位享有。所以，劳动者的损害结果也由用工单位承受，这与提供劳务的人造成损害的，由接受劳务的人作为被告的原理是一样的。因此，受害人可以只告用工单位。

（2）只要看到按份责任，就都认为是告谁就是谁，不需要追加其他主体为共同被告。但若某主体承担的是补充责任，那我们起诉了补充责任人，就必须追加主要责任人，这样才能保障补充责任人在第二顺位承担责任。

一句话背诵

劳务派遣，可以单独或一并告派遣单位或者用工单位。

21 »»

一个体工商户依法领取执照并登记字号为“刘家私房菜”，登记的经营者为李某，但是李某转让给张某经营。后因供货商未能按时供货，其欲起诉供货商。本案中，适格原告应是：（2020-回忆版-单）

A. “刘家私房菜”　　B. 李某

C. 张某　　D. 李某和张某

精析与思路

看到这道题，你还记得大明湖畔的“有字号告字号，没字号告经营者，经营者不一致，全告”吗？是不是言犹在耳。本题中，“刘家私房菜”显然是个体工商户。该个体工商户有登记的字号，应当以登记的字号作为当事人。A选项当选。法条依据是《民诉解释》第59条：在诉讼中，个体工商户以营业执照上登记的经营者为当事人。有字号的，以营业执照上登记的字号为当事人，但应同时注明该字号经营者的基本信息。营业执照上登记的经营者与实际经营者不一致的，以登记的经营者和实际经营者为共同诉讼人。

参考答案 A

重复考查过的其他类似题目

22 »»

徐某开设打印设计中心并以自己名义登记领取了个体工商户营业执照，该中心未起字号。不久，徐某应征入伍，将该中心转让给

同学李某经营，未办理工商变更登记。后该中心承接广告公司业务，款项已收却未能按期交货，遭广告公司起诉。下列哪一选项是本案的适格被告？（2015/3/39-单）

A. 李某

B. 李某和徐某

C. 李某和该中心

D. 李某、徐某和该中心

精析与思路

考查个体工商户作为当事人的试题，要分情况讨论（参见法条依据）：

（1）若个体工商户有字号，一律以字号作为当事人，同时注明经营者即可，不用关注经营者；

（2）若个体工商户没有字号，应以经营者为当事人，如果登记的经营者和实际的经营者不一致，二者都为当事人。

本题中，“该中心未起字号”，应以经营者为当事人。“徐某应征入伍，将该中心转让给同学李某经营，未办理工商变更登记”，登记的经营者和实际的经营者不一致，应以李某和徐某为共同被告。因此，B 选项当选。

参考答案 B

法条依据

《民诉解释》第 59 条：在诉讼中，个体工商户以营业执照上登记的经营者为当事人。有字号的，以营业执照上登记的字号为当事人，但应同时注明该字号经营者的基本信息。营业执照上登记的经营者与实际经营者不一致的，以登记的经营者和实际经营者为共同诉讼人。

陷阱与规律

很多同学在解答有关个体工商户的题时总是不知道如何入手。记住，一定要从字号入手，如果个体户有字号，就不用关注其经营者是谁，个体户没字号时，才需要关注经营者。

一句话背诵

告个体户，要看字号：有字号告字号，没有字号告经营者；登记经营者和实际经营者不一致，都告。

23

马迪由阳光劳务公司派往五湖公司担任驾驶员。因五湖公司经常要求加班，且不发加班费，马迪与五湖公司发生争议，向劳动争议仲裁委员会申请仲裁。关于本案仲裁当事人的确定，下列哪一表述是正确的？（2017/3/37-单）

A. 马迪是申请人，五湖公司为被申请人

B. 马迪是申请人，五湖公司和阳光劳务公司为被申请人

C. 马迪是申请人，五湖公司为被申请人，阳光劳务公司可作为第三人参加诉讼

D. 马迪和阳光劳务公司为申请人，五湖公司为被申请人

精析与思路

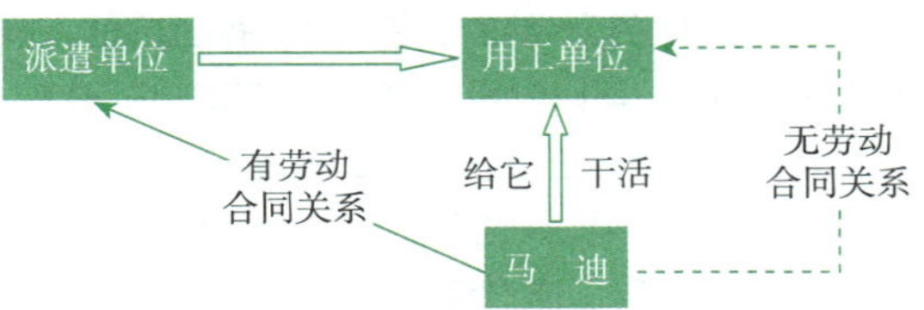

这道题和上面的题目同样是考查劳务派遣。不同的是，这道题不是劳动者在工作中致人损害，而是劳动者和用工单位发生争议。按照下列法条依据，可以很容易得出结论，劳动者马迪作为劳动仲裁的申请人，派遣单位阳光劳务公司和用工单位五湖公司作为共同被申请人。B 选项正确。

这样这道题就做完了，结论大家很快就能记住，可是很多同学还是想问一句为什么。

那么，我来讲解一下。

严格而言，马迪只是与派遣单位之间存在劳动合同关系，而与用工单位之间并无劳动合同关系。所以，从法理上看，马迪申请劳动仲裁，被申请人理论上应是派遣单位阳光劳务公司。但是，马迪在工作期间遵守的工作制度等都是用工单位五湖公司制度，所以，如果出现劳动争议，真正承担责任的人应该是用工单位。这样，从理论上看，就存在派遣单位向用工单位追偿的问题，可能出现第二次诉讼。为了简便快捷地一次性解决纠纷，立法就突破了一般原理，此时，劳动者申请仲裁的，由用工单位和

派遣单位共同做被申请人。

这个理论解说只是帮助你理解法条的规定，但是如果你记住了我说的结论，不理解原因，也没关系。

参考答案 B

法条依据

《劳动争议调解仲裁法》第22条：发生劳动争议的劳动者和用人单位为劳动争议仲裁案件的双方当事人。劳务派遣单位或者用工单位与劳动者发生劳动争议的，劳务派遣单位和用工单位为共同当事人。

陷阱与规律

2016年卷三第37题和2017年卷三第37题考查的是劳务派遣制度中两个层面的问题，我在理论卷中对此作过总结。结论是这样的：

（1）若劳务派遣过程中，劳动者造成他人损害，他人起诉，可以以用工单位为被告，也可以以派遣单位为被告，还可以以用工单位和派遣单位为共同被告，此时用工单位和派遣单位承担按份责任；

（2）若劳务派遣过程中，劳动者要申请劳动仲裁，则应以用工单位和派遣单位为共同被申请人，此时用工单位和派遣单位承担连带责任。

这两个结论，一定要牢记。

一句话背诵

劳务派遣过程中，发生劳动仲裁的，劳动者是一方当事人，用工单位和派遣单位是另一方的共同当事人。

核心考点14 ▶ 法人做原、被告的确定

★★★★

24 >>>

根据民事诉讼理论和相关法律法规，关于当事人的表述，下列哪些选项是正确的？（2014/3/81-多）

A. 依法解散、依法被撤销的法人可以自己的名义作为当事人进行诉讼

B. 被宣告为无行为能力的成年人可以自己的名义作为当事人进行诉讼

C. 不是民事主体的非法人组织依法可以自己的名义作为当事人进行诉讼

D. 中国消费者协会可以自己的名义作为当事人，对侵害众多消费者权益的企业提起公益诉讼

精析与思路

法人的消灭以注销为标志。依法解散、依法被撤销的法人，只要尚未注销，法人主体资格就尚未消灭，法人仍然可以自己的名义作为当事人参加诉讼。A选项正确。参见法条依据（1）。

公民主体资格的消灭以死亡为标志。被宣告为无行为能力的成年人，尚未死亡，仍然有权利以自己的名义作为当事人进行诉讼。B选项正确。

民诉法中的诉讼主体有三类：公民、法人和其他组织。所谓非法人组织，《民法典》将其界定为不具有法人资格，但是能够依法以自己的名义从事民事活动的组织，具体包括个人独资企业、合伙企业、不具有法人资格的专业服务机构等。因此，目前看来，非法人组织已经成了民法上的法定主体。而且，这些非法人组织只要具备法定条件（依法登记、领取执照等），就可以以自己的名义作为当事人进行诉讼，这就是民诉法中的其他组织。参见法条依据（2）、（3）。从这个意义上讲，C选项在逻辑上就讲不通了。既然非法人组织属于民法上的主体，那自然就不可能存在“不是民事主体的非法人组织”这一概念，因此也就没必要再讨论其能不能作为当事人了。就像一个命题是“长着翅膀的猫不能洗澡”，这个命题对吗？不对。因为根本没有长着翅膀的猫。新法生效，题目却是旧的，这个谬误就是这样产生的。C选项错误。

省级以上消协，可以以自己名义做原告提起消费侵权公益诉讼。D选项正确。参见法条依据（4）。

参考答案 ABD（司法部原答案为BCD）

法条依据

（1）《民诉解释》第64条：企业法人解散的，依法清算并注销前，以该企业法人为当事人；未依法清算即被注销的，以该企业法人的股东、发起人或者出资人为当事人。

（2）《民事诉讼法》第 51 条第 1 款：公民、法人和其他组织可以作为民事诉讼的当事人。

（3）《民诉解释》第 52 条：民事诉讼法第 51 条规定的其他组织是指合法成立、有一定的组织机构和财产，但又不具备法人资格的组织……

（4）《消费者权益保护法》第 47 条：对侵害众多消费者合法权益的行为，中国消费者协会以及在省、自治区、直辖市设立的消费者协会，可以向人民法院提起诉讼。

陷阱与规律

判断法人是否作为当事人时，要分情况讨论：从登记注册到注销，都是法人做当事人；注销后，老板做当事人。其中，老板指的是法人的股东、发起人或者出资人。

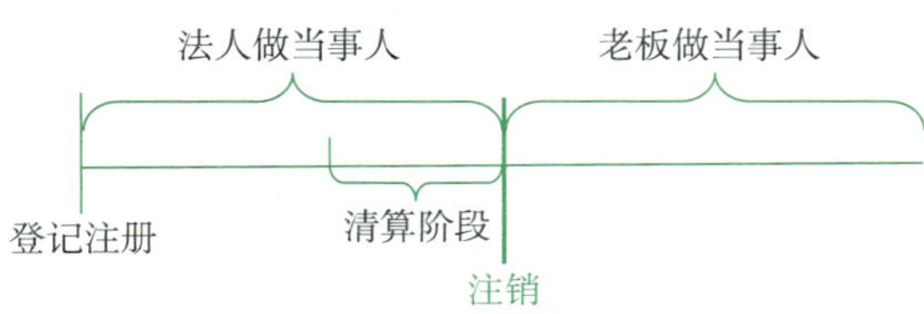

一句话背诵

法人注销前，都可以做当事人；要做当事人，只需要具备当事人能力即可；非法人组织可以做当事人；省以上消协可以提公益诉讼。

25 »»

丙公司欠甲公司钱不还，乙公司作为甲公司的股东，提起股东代表诉讼。判决生效后，丙公司仍然拒不履行。对此，哪一主体有权就生效判决申请强制执行？（2023-回忆版-单）

A. 仅甲公司有权申请

B. 必须由甲公司与乙公司共同申请

C. 甲公司或乙公司均有权申请

D. 仅乙公司有权申请

精析与思路

根据《公司法》第 188、189 条的规定，公司的董事、监事、高级管理人员侵害了公司的利益，而公司怠于追究其责任的，符合法定条件的股东可以以自己的名义代表公司提起诉讼。在股东代表诉讼中，股东个人的利益并没有直接受到损害，只是由于公司的利益受到损害而间接受损。因此，股东代表诉讼是股东为了公司的利益而以股东的名义直接提起的诉讼。相应地，一般股东代表诉讼胜诉后的利益归属已经由《公司法解释（四）》第 25 条予以明确规定。但是，对于股东代表诉讼胜诉后的申请执行主体以及执行过程中的相关问题并没有明确的法律规定。

一方面，从法理上分析，股东代表诉讼是股东代表公司以自己的名义提起诉讼，原因系公司内部机关治理机制失灵，因此，在股东代表诉讼胜诉后，如果公司内部机关治理机制恢复，那么公司也应当有权以自己的名义提起执行申请。从程序上来看，股东代表诉讼中的原告为股东个人，但是实质上，公司才是被动利益的接受者，即胜诉利益的最终享有者，因此，在执行阶段允许公司以自己的名义提起执行申请与此并不相悖，公司可以以自己的名义提起执行申请。

而另一方面，本案中的原告毕竟是特定的股东，其在本案中具备诉讼的实施权。最高人民法院曾经有明确的裁判观点：当股东代表诉讼进入执行程序后，股东代表出于继续维护公司利益的目的，向人民法院申请执行生效法律文书，符合股东代表诉讼这一制度设计的内在逻辑。[参见最高人民法院（2016）最高法执复 28 号案件] 因此，起诉的股东在公司怠于主张自身权利时，也有权向法院申请强制执行。

这二者是“或”的关系。所以，C 选项比较合理，当选。

 C

重复考查过的其他类似题目

26 »»

甲县的葛某和乙县的许某分别拥有位于丙县的云峰公司 50% 的股份。后由于二人经营理念不合，已连续 4 年未召开股东会，无法形成股东会决议。许某遂向法院请求解散公司，并在法院受理后申请保全公司的主要资产（位于丁县的一块土地的使用权）。

关于本案当事人的表述，下列说法正确

的是：（2014/3/95-任）

A. 许某是原告

B. 葛某是被告

C. 云峰公司可以是无独立请求权第三人

D. 云峰公司可以是有独立请求权第三人

精析与思路

本题是一个特别法的考查，考题与当年迎合修法热点有关。本题考查股东解散公司诉讼的当事人确定。股东解散公司的诉讼，由股东作为原告，公司作为被告。参见法条依据。因此，本题中，要求解散公司的许某作为原告，云峰公司应作为被告。只有 A 选项是正确的。

参考答案 A

法条依据

《公司法解释（二）》第 4 条：股东提起解散公司诉讼应当以公司为被告。原告以其他股东为被告一并提起诉讼的，人民法院应当告知原告将其他股东变更为第三人；原告坚持不予变更的，人民法院应当驳回原告对其他股东的起诉。原告提起解散公司诉讼应当告知其他股东，或者由人民法院通知其参加诉讼。其他股东或者有关利害关系人申请以共同原告或者第三人身份参加诉讼的，人民法院应予准许。

陷阱与规律

股东解散公司的诉讼是股东告公司；因董事、监事、高管损害公司利益，导致的公司直接诉讼是公司告责任人；股东代表诉讼是股东做原告告责任人。

一句话背诵

解散公司的诉讼，是股东告公司。

核心考点15 ▶ 其他组织做原、被告的确定 ★★★★

27 >>>

钱某在甲、乙、丙三人合伙开设的饭店就餐时被砸伤，遂以营业执照上登记的字号“好安逸”饭店为被告提起诉讼，要求赔偿医疗费等费用 25 万元。法院经审理，判决被告赔偿钱某 19 万元。执行过程中，“好安逸”饭店支付了 8 万元后便再无财产可赔。对此，法院应采取下列哪一处理措施？（2017/3/49-单）

A. 裁定终结执行

B. 裁定终结本次执行

C. 裁定中止执行，告知当事人另行起诉合伙人承担责任

D. 裁定追加甲、乙、丙为被执行人，执行其财产

精析与思路

领取了营业执照的合伙属于合伙企业，其性质是民诉法中规定的“其他组织”，能够以企业的名义作为当事人起诉或应诉。若该合伙未领取营业执照，则属于个人合伙，应以全体合伙人作为当事人。参见法条依据（1）。

然而，合伙企业本身虽然可以作为当事人，但却无法独立承担民事责任，其合伙人要对其承担无限连带责任。参见法条依据（2）。即合伙企业作为被告，被判决败诉后，其财产不足以满足债权人权利要求的，债权人可以在执行中执行合伙人的财产。参见法条依据（3）。

本题中，“好安逸”饭店属于合伙企业而非个人合伙（有营业执照），所以“好安逸”饭店本身可以作为当事人。但因“好安逸”饭店已经不能履行法律文书确定的义务，其合伙人甲、乙、丙以个人的财产对合伙企业承担无限连带责任。判决后，执行时，法院可以直接执行三个合伙人财产。所以，D 选项当选。

参考答案 D

法条依据

（1）《民诉解释》第 52 条：民事诉讼法第 51 条规定的其他组织是指合法成立、有一定的组织机构和财产，但又不具备法人资格的组织，包括：……②依法登记领取营业执照的合伙企业；……

（2）《合伙企业法》第 2 条第 1、2 款：本法所称合伙企业，是指自然人、法人和其他组织依照本法在中国境内设立的普通合伙企业和有限合

伙企业。普通合伙企业由普通合伙人组成，合伙人对合伙企业债务承担无限连带责任。本法对普通合伙人承担责任的形式有特别规定的，从其规定。

(3)《民诉解释》第 471 条：其他组织在执行中不能履行法律文书确定的义务的，人民法院可以裁定执行对该其他组织依法承担义务的法人或者公民个人的财产。

陷阱与规律

注意：合伙企业和个人合伙的区别在于有没有营业执照，而不在于有没有登记或者字号。

一句话背诵

无执照的是个人合伙，合伙人做当事人；有执照的是合伙企业，企业做当事人，但承担责任的不是企业本身，而是由合伙人承担无限连带责任，合伙企业财产不够执行的，可以执行合伙人的财产。

★ 重复考查过的其他类似题目

28

业主大会选举成功，小区业主 A 某觉得业主大会选举恶意操作，成立程序违法，遂向法院请求撤销业主大会选举结果。关于本案，下列说法正确的是：(2022-回忆版-单)

A. 原告不适格，裁定驳回起诉

B. 被告不适格，裁定驳回起诉

C. 不属于民事诉讼范围，裁定驳回起诉

D. 若原告权益未受损，则判决驳回诉讼请求

精析与思路

本题依然是和《民法典》的具体规定结合考查的一道程序法问题。业主大会是否能够作为当事人，在很长一段时间里都存在着争议，但是《民法典》颁布之后就很好地解决了这一问题。首先，我们应当找到《民法典》中关于此种情况的法律依据。

《民法典》第 280 条第 2 款规定："业主大会或者业主委员会作出的决定侵害业主合法权益的，受侵害的业主可以请求人民法院予以撤销。"据此，小区的业主 A 某若认为自己的权益受到损害，可以作为适格的原告起诉，而业主大会或者业主委员会作为适格被告参与诉讼。A 选项和 B 选项中所说的原告和被告不适格不符合法条的原意。A、B 选项错误。

业主行使撤销权的前提是，其合法权益（包括实体权益、程序权益）受到了业主大会或者业主委员会所作决定的侵害。对于业主大会违反法律、法规的强制性规定作出的决定，业主有权申请法院予以撤销。程序错误侵犯业主合法权益的，属于业主撤销权的行使范围。所以，依据法律的规定，业主 A 某可以向法院请求撤销，也就是说，本案当中的争议，属于法院的受案范围，即属于民事诉讼范围。C 选项错误。

这样看我们只能够选择 D 选项了，如果最后法院裁判的结果认为业主大会的决定并没有侵害到业主 A 某的合法权益，那么 A 某的诉讼请求就没办法得到支持，此时可以以判决的形式驳回 A 某的诉讼请求。D 选项正确。

参考答案 D

共同诉讼人

核心考点 16 ▶ 必要共同诉讼

★★★★★

29

常年居住在 Y 省 A 县的王某早年丧妻，独自一人将两个儿子和一个女儿养大成人。大儿子王甲居住在 Y 省 B 县，二儿子王乙居住在 Y 省 C 县，女儿王丙居住在 W 省 D 县。2000 年以来，王某的日常生活费用主要来自

大儿子王甲每月给的800元生活费。2003年12月，由于物价上涨，王某要求二儿子王乙每月也给一些生活费，但王乙以自己没有固定的工作、收入不稳定为由拒绝。于是，王某将王乙告到法院，要求王乙每月支付给自己赡养费500元。

关于本案当事人的确定，下列选项正确的是：(2009/3/97-任)

A. 王某是本案的唯一原告

B. 王乙是本案的唯一被告

C. 王乙与王丙应当是本案的被告，王甲不是本案的被告

D. 王乙、王丙和王甲应当是本案的被告

精析与思路

本题考查必要共同诉讼当事人追加的问题。赡养费案件中，赡养权利人和赡养义务人之间只有一个诉讼标的——赡养关系，所以，追索赡养费的案件属于必要共同诉讼。所有的赡养义务人必须一起参加诉讼，法院在一次判决中一次性解决赡养纠纷。

因此，本题中，王某追索赡养费，是唯一的原告。A选项正确。王某虽然告的是王乙，但是同时应追加其他赡养义务人作为共同被告，所以王甲、王丙、王乙为共同被告。D选项正确。

参考答案 AD

陷阱与规律

赡养义务人的追加问题，在我国《民事诉讼法》和《民诉解释》中都没有明确规定。但是，从法理上讲，赡养费纠纷属于必要共同诉讼，所以，所有的赡养义务人必须作为共同被告。

要注意，如果是普通共同诉讼，就不存在追加的问题，因为普通共同诉讼完全可以分别起诉。

一句话背诵

赡养权利人起诉部分赡养义务人，要追加其他赡养义务人作为共同被告。

30 »»

甲将饲养的烈性犬拴在自己家中，乙每日给其送肉吃。有一天，丙前来逗该烈性犬，并将其激怒，该犬挣脱锁链跑出甲家门并咬伤丁。本案中，何主体应作为适格被告？(2024-回忆版-单)

A. 只能由甲作为适格被告

B. 甲和丙可以作为适格被告

C. 只能由丙作为适格被告

D. 甲、乙、丙均可以作为适格被告

精析与思路

像这种题目，难度其实不大，考的是什么？考的就是一个依法办事！意思是你要清楚，法律是怎么规定的，怎么把案例中给的信息作为数据代入立法规定中。能正确代入立法规定给的“公式”，就能做对题。

本题很容易判断出属于饲养动物（烈性犬）致人损害。那么《民法典》对这个问题是怎么规定的？回忆一下：

《民法典》第1247条规定：“禁止饲养的烈性犬等危险动物造成他人损害的，动物饲养人或者管理人应当承担侵权责任。”《民法典》第1250条规定：“因第三人的过错致使动物造成他人损害的，被侵权人可以向动物饲养人或者管理人请求赔偿，也可以向第三人请求赔偿。动物饲养人或者管理人赔偿后，有权向第三人追偿。”

由此可知，本题中，被告可以是动物的饲养人或者管理人。另外，本题中是第三人过错致使动物造成他人损害，第三人也可以作为被告。那么，甲显然是动物的饲养人，丙显然是有过错的第三人。这二人均可以作为共同被告。那么，乙是什么人？乙给烈性犬肉吃，能算饲养人吗？根据经验法则，算不上，顶多算烈性犬的“朋友”。乙不能作为被告。所以，B选项当选，A、C、D选项不当选。

参考答案 B

重复考查过的其他类似题目 ★

31 »»

甲的房子位于临街的三楼。某日，甲邀请朋

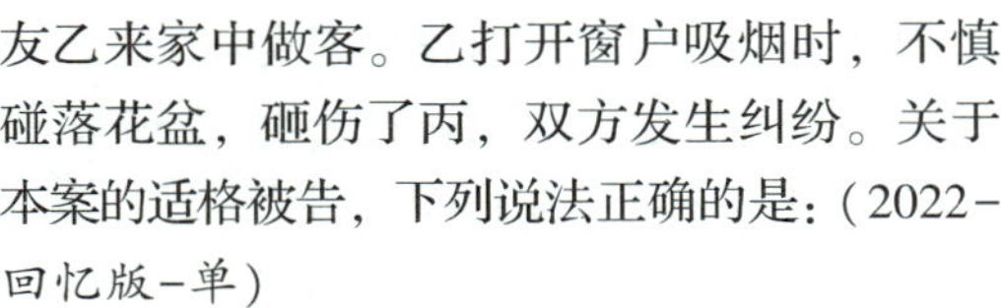

友乙来家中做客。乙打开窗户吸烟时，不慎碰落花盆，砸伤了丙，双方发生纠纷。关于本案的适格被告，下列说法正确的是：（2022-回忆版-单）

A. 甲作为被告

B. 甲和乙作为必要共同诉讼的被告

C. 甲和乙作为普通共同诉讼的被告

D. 乙作为被告

精析与思路

我认为这是个很不错的题，综合考查了民法和民事诉讼法的责任主体和诉讼主体的问题。这种题时髦且很有层次，代表了时下的考查趋势。

第一步，确定民法中的责任主体。根据《民法典》第 1253 条的规定，建筑物、构筑物或者其他设施及其搁置物、悬挂物发生脱落、坠落造成他人损害，所有人、管理人或者使用人不能证明自己没有过错的，应当承担侵权责任。所有人、管理人或者使用人赔偿后，有其他责任人的，有权向其他责任人追偿。但是在适用该法条时可能会出现理解上的分歧。第一种思路是，在本案中，甲当然是建筑物的所有人，而乙则被认定为建筑物的使用人。这二者都是民法上的责任主体。

第二步，判断二者之间承担的是什么责任形式。很容易得知，二者之间承担连带责任。我们讲过，承担连带责任的主体和对方当事人之间只有一个诉讼标的，成立类似必要共同诉讼。类似必要共同诉讼也属于必要共同诉讼范畴。

但是问题是，乙真的是建筑物的使用人吗？什么人算是使用人？建筑物的使用人，是指在侵权行为发生时建筑物的实际使用人。可能的使用人包括建筑物的所有权人、承租人、借用人以及其他使用建筑物的人。物业服务公司是否属于建筑物的使用人，要视具体情况而定。一般情况下，物业服务公司只是与业主签订合同，负责对物业的管理、服务，并不占有、控制建筑物本身，其不属于建筑物使用人。所以，我的理解是，一般建筑物的使用人必须对建筑物有控制、管理的权利和责任。那么，本案中，来做客的乙就不应该认定为建筑物的使用人。毕竟，不会因为有个人来咱们家做客，你就认为他在使用你家的房子。

这样的话，就应该按照第二种思路来解释这个案例，即只有甲这个所有人作为侵权案件的责任人。本案中，甲应是唯一的适格被告，乙因为不直接承担责任，不能作为本案的适格被告。所以，A 选项正确。至于甲再向乙另诉追偿，这也是允许的，不过这就属于另一个问题了。

这个题最开始我是按照第一种思路来写解析的，越写感觉越不对。自己琢磨了一下，才发现问题的症结，所以你看现在这个题啊，即便是我这样熟练的人，不仔细也容易做错。

参考答案 A

32

租客 A 与房东 B 签订房屋租赁合同，合同中约定租赁期间造成损害由租客 A 承担赔偿责任。租客 A 在阳台养花，物业公司多次告知其有危险，但是其经过多次提醒也不主动收回花盆。某日大风把花盆吹下楼，砸伤路人。若路人欲起诉赔偿，本案中的适格被告是：（2020-回忆版-单）

A. 应以物业公司为被告

B. 应以租客 A 为被告

C. 应以房东 B 为被告

D. 可以以租客 A 和房东 B 作为共同被告

精析与思路

这道题考查的是建筑物的搁置物坠落伤人的被告问题。根据《民法典》第 1253 条的规定，建筑物、构筑物或者其他设施及其搁置物、悬挂物发生脱落、坠落造成他人损害，所有人、管理人或者使用人不能证明自己没有过错的，应当承担侵权责任。所有人、管理人或者使用人赔偿后，有其他责任人的，有权向其他责任人追偿。从文本本身看，建筑物的所有人、管理人和使用人承担的是连带责任。既然是连带责任，就对内承担按份责任，部分人承担了责任后，可以向其他责任主体追偿。至于追偿的份额，可以按照法律的规定，或者有效的约定。本题中，既然是连带责任，就成立类似必要共同诉讼，可以以房东 B、租客 A 之一作为被告，也可以将二者作为共同被告。D选项当选。至于租客A和房东B内部对于责任承担的约定，仅对二者有效，对外不能作为免责事由。要求物业公司承担责任，没有实体法依据。要注意，建筑物的搁置物坠落伤人和高空抛物是有本质区别的。

参考答案 D

核心考点17 ▶ 普通共同诉讼★★★★

33

2009年2月，家住甲市A区的赵刚向家住甲市B区的李强借了5000元，言明2010年2月之前偿还。到期后赵刚一直没有还钱。

2010年3月，李强找到赵刚家追讨该债务，发生争吵。赵刚因所牵宠物狗易受惊，遂对李强说："你不要大声喊，狗会咬你。"李强不理，仍然叫骂，并指着狗叫喊。该狗受惊，扑向李强并将其咬伤。李强治伤花费6000元。

李强起诉要求赵刚返还欠款5000元、支付医药费6000元，并向法院提交了赵刚书写的借条、其向赵刚转账5000元的银行转账凭证、本人病历、医院的诊断书（复印件）、医院处方（复印件）、发票等。

赵刚称，其向李强借款是事实，但在2010年1月卖给李强一块玉石，价值5000元，说好用玉石货款清偿借款。当时李强表示同意，并称之后会把借条还给赵刚，但其一直未还该借条。

赵刚还称，李强故意激怒狗，被狗咬伤的责任应由李强自己承担。对此，赵刚提交了邻居孙某出具的书面证词，该证词描述了李强当时骂人和骂狗的情形。

赵刚认为，李强提交的诊断书、医院处方均为复印件，没有证明力。

关于法院对李强提出的返还欠款5000元和支付医药费6000元的诉讼审理，下列选项正确的是：（2012/3/97-任）[1]

A. 可以分别审理，分别作出判决

B. 可以合并审理，一起作出判决

C. 可以合并审理，分别作出判决

D. 必须分别审理，分别作出判决

精析与思路

本题考查的是诉的合并。所谓诉的合并，是指法院将2个或2个以上彼此之间有牵连的诉合并到一个诉讼程序中审理和裁判。一个案件中可以有多个诉，把多个诉合到一起审判就产生诉的合并问题。

诉的合并分为主体合并和客体合并两种。诉的主体合并要求案件中有一个标的、多个主体。诉的客体合并，也叫诉的标的合并，要求案件中主体单一、但存在多个标的。既然有多个争议的法律关系，这些关系又是彼此独立，本案就可以分别审理或者合并审理。对于诉的客体合并，具体的审判方法是：若多个标的间有牵连关系，则既可以分别审理、分别判决，也可以合并审理、合并判决；若标的间无牵连关系，则既可以合并审理，也可以分别审理，但必须分别判决。

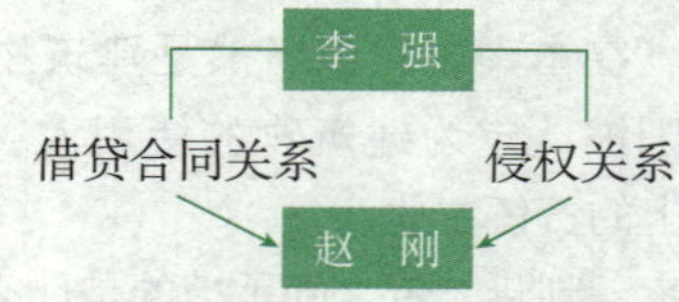

本题中，李强要求赵刚返还欠款5000元和支付医药费6000元的案件中存在两个诉讼标的，即返还借款的借贷合同关系和侵权法律关系。因此，本案主体是单一的，标的是多个，属于诉的客体合并。客体合并可以一起审理，也可以分别审理。

再观察，借贷合同和侵权案件是没有牵连关系的。因此，此案件不能合并判决，必须分别判决。

所以，A选项"可以分别审理，分别作出判决"和C选项"可以合并审理，分别作出判决"都是正确的。

参考答案 AC

[1] 本部分的真题属于不定项选择题，一个题干下设多问。为方便大家做题，我在与本题有关的部分用了波浪线画出，没画线的部分可以不用阅读了。以下该种情况皆同。

陷阱与规律

审理诉的客体合并，有一个口诀大家记住：

审理都随便，判决看牵连。

牵连可判在一起，不牵连要分开判。

关于诉的主体合并，必须合并审理，一起判决。

诉的客体（标的）合并，可以合并审理，也可以分别审理。

34

周某欠吴某 10 万元人民币，此债务已到期，周某拒不清偿。吴某得知在此债务到期后，周某免除了郑某欠其的 8 万元债务。吴某遂起诉到法院：①请求撤销周某和郑某的免除债务协议；②要求周某归还 10 万元债务。法院决定对这两个请求合并审理。本案属于什么类型的诉的合并？（2024-回忆版-多）

A. 诉的主体合并

B. 诉的重叠合并

C. 诉的客体合并

D. 诉的选择合并

精析与思路

根据案情分析，吴某的两个诉讼请求中，第一个属于民法中规定的撤销权诉讼，原告为吴某，被告为周某和郑某，诉讼请求为撤销免除协议；第二个属于普通的债权纠纷，原告为吴某，被告为周某。这是两个独立的诉。

而对于诉的合并，如果从合并的对象角度理解，简单来说就是，如果有多个主体合在一起审理，就是诉的主体合并；如果有多个法律关系（或者多个诉讼标的）放在一起审，就是诉的客体合并；如果有多个法律关系和多个主体放在一起审，就是诉的混合合并。那么看本题，在两个诉中，把吴某诉周某和郑某、吴某诉周某的诉讼合并审理，自然被告一方存在多个主体，当然属于诉的主体合并。而两个诉中，涉及两个诉讼标的，自然也存在诉的客体合并。这两个概念是比较清晰明确的。

另外，如果从合并的形式来看，诉的合并可以分为立法明确规定的诉的合并及理论上的诉的合并。先说民事诉讼法律部门中明确规定的情况，这些也是比较清晰明确的。包括：

（1）共同诉讼的两种情形

《民事诉讼法》第 55 条第 1 款规定：“当事人一方或者双方为 2 人以上，其诉讼标的是共同的，或者诉讼标的是同一种类、人民法院认为可以合并审理并经当事人同意的，为共同诉讼。”

（2）诉的追加而合并审理

这种情形的法律依据是《民事诉讼法》第 143 条关于“原告增加诉讼请求……可以合并审理”的规定。

（3）被告提出反诉

这种情形的法律依据是《民事诉讼法》第 143 条关于“被告提出反诉……可以合并审理”的规定。本诉与反诉的合并，既是主体合并，又是客体合并。

（4）第三人提起参加之诉

这种情形的法律依据是《民事诉讼法》第 143 条关于“第三人提出与本案有关的诉讼请求，可以合并审理”的规定。《民事诉讼法》第 59 条第 1 款规定：“对当事人双方的诉讼标的，第三人认为有独立请求权的，有权提起诉讼。”

而理论上的诉的合并，本身就不是很稳定。因为理论上仍存在一定争议。B 选项中的诉的重叠合并，有的理论认为其就是诉的竞合合并，但也有理论认为诉的重叠合并和诉的竞合合并是两回事，我个人认为是一个意思。这个问题我们不用过多纠结。诉的重叠合并到底是什么？可以理解为请求权基础重叠了，按照我们国家的立法环境，只能主张其中的一个。例如，甲把房子租给乙，丙将乙赶了出去，不允许乙居住。此时，乙可以依据侵权责任起诉丙，也可以依据合法占有的保护起诉丙，这是两种请求权基础，但乙只能选择一个起诉，这就是一种诉的重叠合并。

而诉的选择合并，一般理解为一个原告对同一个被告起诉的过程中，提出了多个诉讼请求，法院要么支持甲诉讼请求，要么支持乙诉讼请求。例如，买卖合同纠纷中，原告主张合同无效，请求法院判令被告返还货物（甲诉讼请

专题 05

求），或者支付与货物价值相当的货款作为替代（乙诉讼请求）。所以，诉的重叠合并是当事人有选择权，诉的选择合并是给法院选择权，这二者是不同的。

此外，还需要注意本题中一个没考的合并方式，就是诉的预备合并，也叫预备的诉的合并，是指原告在起诉时一并提起两个诉讼请求，准备在第一个诉请不被支持后，请求支持第二个诉讼请求。例如，买卖合同纠纷中，原告作为出卖方，起诉买受方支付合同款。但是，原告基于买卖合同可能被确认为无效的考虑，在主张买受方支付合同款的同时，主张如买卖合同被确认为无效，买受方应当返还货物。这种就不是给法院自由选择的空间，而是有先后顺位的，不同于选择合并。

这样看，本题不存在以上情况。那本题是什么类型的诉的合并呢？是单纯的诉的合并。

诉的单纯合并情形，又称为普通的诉的合并、并列的诉的合并，是指同一原告对同一被告，在一个诉状中主张多个诉讼标的的诉的合并，即提出多个诉讼请求，要求法院对这些诉讼请求一并作出判决。这种情形下，原告和被告是同一的，不存在多个诉讼标的出现多个原告或者被告的情况。这又可以区分为以下几种具体类型：

一是多个诉讼标的类似合并。例如，原告与被告先后签订了10个钢材买卖合同，每个合同标的为3000万元。合同履行过程中发生纠纷，原告就其中5个合同合并起诉，诉讼标的额累计达到了1.5亿元。根据《民事诉讼法》第24条关于“因合同纠纷提起的诉讼，由被告住所地或者合同履行地人民法院管辖”的规定，此类合并起诉在地域管辖上并无太多争议。但是，5个合同是否合并起诉，在级别管辖上可能会存在差异。单个起诉管辖法院可能是基层法院，合并起诉管辖法院极有可能是上一级法院。

二是多个诉讼标的牵连合并。所谓诉的牵连，是指一个诉的审理需以另一个诉的审理为前提或者与另一个诉的审理存在关联。例如，房屋买卖合同纠纷中，原告起诉先行确认房屋买卖合同有效，再行主张被告履行房屋买卖合同并承担违约责任。先行确认房屋买卖合同有效，是认定被告是否应当履行合同并承担违约责任的前提，这在法律关系判断上存在着牵连。又如，双方当事人在一个合同中，约定了两个性质不同的法律关系，原告基于一个合同起诉被告，这在事实连接上存在着牵连。当然，此类牵连的多个诉讼标的，原告完全可以分先后起诉，不存在重复起诉的情况。本题中的诉的合并，即属于此类。

所以，结论是，本题既属于诉的主体合并，也属于诉的客体合并，也就是诉的混合合并，但并不是诉的选择合并和诉的重叠合并（诉的竞合合并）。主体/客体合并是诉的合并的一种分类角度，重叠/单纯/选择/预备合并是另一个角度的分类。所以，A、C选项当选，B、D选项不当选。

参考答案 AC

专题06 诉讼代表人

核心考点18 ▶ 诉讼代表人 ★★★

35

上市公司甲公司在公报中虚构业绩，导致大量投资者遭受损失。某投保基金受易某等80名投资者的委托，提起特别代表人诉讼。法院依法认定5808名投资者受到了虚假陈述的影响，但仅有郭某一人声明退出诉讼。关于本案判决对投资者的约束力，下列选项正确的是：（2023-回忆版-单）

A. 如代表人败诉，判决约束易某等 80 名投资者，其他投资者可另行起诉
B. 如代表人胜诉，判决约束除郭某外的 5807 名投资者
C. 如代表人胜诉，判决约束全部投资者
D. 如代表人败诉，判决只约束该投保基金，所有投资者均可另行起诉

精析与思路

这道题目非常特殊，说它特殊，是因为其有两个独特的地方：

第一个特殊之处在于，本题考查到了一个实体法的司法解释——《证券纠纷代表人诉讼规定》。但是这个司法解释并不是今年新颁布的，而是颁布于 2020 年，距今已经有一段时间了。这就说明本题虽然具备一定的时效性，但却不是紧贴时政立法热点编写出来的案例。不过这也正说明，在此司法解释施行了一段时间后，司法实践中出现了相应的问题，因此，出题人将此实践当中出现的情况，编写成案例考查大家。

第二个特殊之处在于，本题考查了关于证券纠纷代表人诉讼的特殊规定，而这些规定并不是民事诉讼程序中的一般制度设计，其主要是商经法领域的规定。因此，要解决这个题目，就要较好地掌握民诉法和商法。具体说起来，在本题当中还提到了一个重要概念，叫作特别代表人诉讼。这个概念在《民事诉讼法》当中是没有规定的，其规定在《证券法》当中。很多同学都认为这是解决本题的关键。

那么，什么是特别代表人诉讼呢？《证券纠纷代表人诉讼规定》第 1 条第 2 款规定，特别代表人诉讼是依据《证券法》第 95 条第 3 款规定提起的诉讼。那《证券法》第 95 条是怎么规定的呢？它规定："投资者提起虚假陈述等证券民事赔偿诉讼时，诉讼标的是同一种类（**普通共同诉讼**），且当事人一方人数众多的，可以依法推选代表人进行诉讼。对按照前款规定提起的诉讼，可能存在有相同诉讼请求的其他众多投资者的，人民法院可以发出公告，说明该诉讼请求的案件情况，通知投资者在一定期间向人民法院登记。人民法院作出的判决、裁定，对参加登记的投资者发生效力。投资者保护机构受 50 名以上投资者委托，可以作为代表人参加诉讼，并为经证券登记结算机构确认的权利人依照前款规定向人民法院登记，但投资者明确表示不愿意参加该诉讼的除外。"

简单来说，特别代表人诉讼就是由投资者保护机构代表当事人提起的诉讼。此规定也明确了向法院登记的投资者会受到特别代表人诉讼裁判的约束。但是在本题当中，郭某退出了特别代表人诉讼，那么他在另行起诉的时候，还是否会受到特别代表人诉讼裁判的约束呢？对于这一点，可能有的同学还有疑惑。对此，我展开讲讲。我国特别代表人诉讼制度采用的是"默示加入，明示退出"的机制。投资者不愿意参加该诉讼的，应当在规定时间内向人民法院表明退出意愿，人民法院不再将其列为原告，该投资人可以另行起诉。其余未明确作出退出意思表示的，则视为同意加入代表人诉讼。

毫无疑问，如果投资人选择明示退出，那么相应的特别代表人诉讼得到的判决，就不能直接被其"利用"，如果将来特别代表人诉讼胜诉，退出的投资人也不能直接获得判决中的好处（因为判决的权利人里没有此人，此人就不能据此申请执行或者获得判决中确定的赔偿等）。

但是，郭某为什么要退出呢？在实践中，诚如有 9 名投资者声明退出"康美药业案"特别代表人诉讼，权利人可能基于对代表人的不信任、对代表人诉讼策略的不赞同、有重大且独立的权利请求或事实主张等原因，选择退出并保留另行起诉的资格。投资者声明退出，不仅意味着不再作为特别代表人诉讼的原告，而且从诉讼标的来看，实质上放弃了群体权利之权利人的地位，但未对个人权利作出处分（我这次要退出，不代表我就放弃了索赔的权利）。就此而言，无论代表人诉讼结果如何，均可基于个人权利针对同一被告提起后诉，同时不得在退出后再申请参加代表人诉讼。所以，《证券纠纷代表人诉讼规定》第 34 条才规定："投资者明确表示不愿意参加诉讼的，应当在公告期间届满后 15 日内向人民法院声明退出。未声明退出的，视为同意参加该代表人诉讼。对于声明

退出的投资者，人民法院不再将其登记为特别代表人诉讼的原告，该投资者可以另行起诉。”但是，提起后诉时，关于特别代表人诉讼的判决对选择退出之权利人还有没有约束力呢？对于这个具体问题，《证券法》及《证券代表人诉讼规定》付之阙如。所以，可以通过分析外国的做法和在我国的规定得到结论：

从一般法理看，权利人选择退出群体诉讼，在后诉中是否承受集团诉讼（美国是叫集团诉讼，我国是特别代表人诉讼）判决之既判力的拘束效？在美国，一般在非相互的附带禁反言（the doctrine of nonmutual collateral estoppel）或争点排除效对第三人之效力的主题下进行讨论。在判例法上，逐渐从传统相互性原则下“原则否定、例外肯定”，转变为现代非相互性原则下“原则肯定、例外否定”。换言之，未参加前诉的人在后诉中，不仅作为被告时可援引有利的前诉判决作为防御手段（“防御型”），而且作为原告时亦可援引有利的前诉判决作为攻击手段（“攻击型”），对方当事人受前诉争点判断的拘束。在日本，对于同一问题的解决，具有适用反射效理论的可能。（这些是比较法中有明确规定的，同学们若有兴趣，可以查阅）我翻译一下，如果不说得这么学术，核心意思是，即使郭某退出了特别代表人诉讼，他再起诉，特别代表人诉讼的判决他依然可以援引、适用。这就意味着，虽然他退出了这次诉讼，但不能说这个判决对他就没有约束力。如果没有约束力，他再起诉，这个判决对他也没用了。这其实也是个逻辑问题。所以大家也看到，题目问的是有没有约束力，而不是对其生效。这个千万得搞明白。郭某声明退出，代表人诉讼的判决没有对其生效，但却并非对其没有约束力。当他另行起诉时，这种约束力就显现出来了。

换一个角度，在我国证券纠纷特别代表人诉讼中，如前文所述投保机构足以充分代理和保护投资者利益，原则上不会比投资者个别诉讼的结果更差。从诉讼标的而论，作为同源个人权利之群体权利与个人权利是集合与个别的关系，二者具有诸多共同的事实问题和法律问题。无论为了诉讼经济还是防止矛盾裁判，均没有理由允许后诉作出相反主张和判断。

如我前面所言，我国没有对特别代表人诉讼的投资者退出后的判决效力作出具体规定。但是并非没有规定，如果不能搞懂法条的真实意思，就会认为刘老师错误适用了法条。

我们看这个法条，即《证券纠纷代表人诉讼规定》第29条规定：“符合权利人范围但未参加登记的投资者提起诉讼，且主张的事实和理由与代表人诉讼生效判决、裁定所认定的案件基本事实和法律适用相同的，人民法院审查具体诉讼请求后，裁定适用已经生效的判决、裁定。适用已经生效裁判的裁定中应当明确被告赔偿的金额，裁定一经作出立即生效。代表人诉讼调解结案的，人民法院对后续涉及同一证券违法事实的案件可以引导当事人先行调解。”

必须说明，该条规定是约束一般代表人诉讼的，不是针对特别代表人诉讼的。但是，一般代表人诉讼是登记加入，而特别代表人诉讼是默示就可以加入，不用登记，但明示可以退出。所以，从这个意义上讲，一般代表人诉讼的登记和特别代表人诉讼的明示退出，都是让投资个体不进入或者退出代表人诉讼的手段。所以，这个条文其实讲的就是不参加一般代表人诉讼的人，受不受代表人诉讼裁判的约束啊！法条说得很明白——“人民法院审查具体诉讼请求后，裁定适用已经生效的判决、裁定”。既然能直接适用，当然是有约束力啊，没有约束力怎么能直接适用。

但有人就说了，这规定的是一般代表人诉讼，不是特别代表人诉讼啊。你再看《证券纠纷代表人诉讼规定》第41条的规定：“人民法院审理特别代表人诉讼案件，本部分没有规定的，适用普通代表人诉讼中关于起诉时当事人人数尚未确定的代表人诉讼的相关规定。”特别代表人诉讼的判决效力，就是没有明确规定的，那适用关于一般代表人诉讼判决效力的第29条就没有问题。这个问题的本质是，立法对于那些没有参加（或者不登记或者明示退出）的投资者是否适用代表人诉讼的判决的立场究竟是什么？法条很清楚，就是有约束力。

我再提供一个佐证，你再看《证券纠纷代表人诉讼规定》第23条的规定：“除代表人诉讼案件外，人民法院还受理其他基于同一证券违法事实发生的非代表人诉讼案件的，原则上代表人诉讼案件先行审理，非代表人诉讼案件中止审理。但非代表人诉讼案件具有典型性且先行审理有利于及时解决纠纷的除外。”这就很清楚了，如果代表人诉讼的判决对于另行起诉的人没有约束力，为什么要把非代表人诉讼中止，先审代表人诉讼？没有约束力，那就互不干扰，各审各的不就行了吗？

综上所述，这题的结论是，判决对退出的投资者以外的投资者生效，但对所有投资者都有约束力。所以，C 选项正确。

但这个问题确实非常复杂，若对法理不精通、对法条把握不到位，确实容易搞错。

当然，有些同学一定会想，我的证券法学习得不好，我甚至都不知道还有这个特别代表人诉讼，那么这道题目我是不是就没有办法做对了呢？当然不是啊亲！我在给大家讲解民事诉讼法的原理的时候就讲过，我们可以以不变应万变。在遇到一些特殊题目，大家不了解具体规定的时候，完全可以从民事诉讼法的原理的角度出发去推理（或者说蒙、猜），即便你根本没有好好学证券法，不了解这个特别代表人诉讼制度也没关系，我们从普通代表人诉讼制度的规定出发，依然可以得到正确的结论。这个原理体现在《民事诉讼法》第 57 条当中。该条规定：“诉讼标的是同一种类、当事人一方人数众多在起诉时人数尚未确定的，人民法院可以发出公告，说明案件情况和诉讼请求，通知权利人在一定期间向人民法院登记。向人民法院登记的权利人可以推选代表人进行诉讼；推选不出代表人的，人民法院可以与参加登记的权利人商定代表人。代表人的诉讼行为对其所代表的当事人发生效力，但代表人变更、放弃诉讼请求或者承认对方当事人的诉讼请求，进行和解，必须经被代表的当事人同意。人民法院作出的判决、裁定，对参加登记的全体权利人发生效力。未参加登记的权利人在诉讼时效期间提起诉讼的，适用该判决、裁定。”看到最后一款了吗？“未参加登记的权利人在诉讼时效期间提起诉讼的，适用该判决、裁定。”你只要懂得这个原理，不管是不是特别代表人诉讼，都完全可以通过推理得到：另诉的人依然要受到代表人诉讼裁判的约束。所谓特别代表人诉讼，不是判决效力比普通代表人诉讼特别，只是代表人的主体资格比较特别而已。这样看，学好民事诉讼法的一般原理及制度设计还是有很有价值的。

参考答案 C

重复考查过的其他类似题目

36 某企业使用霉变面粉加工馒头，潜在受害人不可确定。甲、乙、丙、丁等 20 多名受害者提起损害赔偿诉讼，但未能推选出诉讼代表人。法院建议由甲、乙作为诉讼代表人，但丙、丁等人反对。关于本案，下列哪一选项是正确的？（2011/3/48-单）

A. 丙、丁等人作为诉讼代表人参加诉讼

B. 丙、丁等人推选代表人参加诉讼

C. 诉讼代表人由法院指定

D. 在丙、丁等人不认可诉讼代表人情况下，本案裁判对丙、丁等人没有约束力

精析与思路

本题考查的是诉讼代表人制度。因为诉讼代表人的选任问题是考查的核心，而代表人诉讼可以分为人数确定的代表人诉讼和人数不确定的代表人诉讼两种情况，所以做这类题目，最聪明的方法是先识别代表人诉讼的类型。从本题看，题目中说明“潜在受害人不可确定”，说明本案属于人数不确定的代表人诉讼，大家应马上想起，人数不确定的代表人诉讼只能是普通共同诉讼。同时，人数不确定的代表人诉讼的代表人的确定有推选、协商和指定三种方式：推选不出的，由法院和当事人协商，协商不成的，法院指定。参见法条依据（1）。

本题中说明“法院建议由甲、乙作为诉讼代表人”，说明甲、乙是法院指定的代表人，这也就意味着，已经经过了推选、协商两个环节都没能选出代表人。所以，C 选项是正确的，此时甲、乙作为诉讼代表人由法院指定。同时，可以排除 B 选项，推选的环节已经结束，不再存在推选的可能。

另一个问题是，丙、丁等人反对甲、乙作为代表人，该如何操作？丙、丁等人反对甲、乙作为代表人，也不会动摇甲、乙作为代表人的地位，但丙、丁可以另行起诉，而非由丙、丁取代甲、乙成为代表人。同时要注意，代表人诉讼作出的裁判对丙、丁是具有拘束力的，这是说，代表人诉讼作出的裁判对于丙、丁的诉讼，具有事实上的约束力。参见法条依据（2）。这样 A、D 两个选项都是错误的。

参考答案 C

法条依据

（1）《民诉解释》第 77 条：根据民事诉讼法第 57 条规定，当事人一方人数众多在起诉时不确定的，由当事人推选代表人。当事人推选不出的，可以由人民法院提出人选与当事人协商；协商不成的，也可以由人民法院在起诉的当事人中指定代表人。

（2）《民事诉讼法》第 57 条：诉讼标的是同一种类、当事人一方人数众多在起诉时人数尚未确定的，人民法院可以发出公告，说明案件情况和诉讼请求，通知权利人在一定期间向人民法院登记。向人民法院登记的权利人可以推选代表人进行诉讼；推选不出代表人的，人民法院可以与参加登记的权利人商定代表人。代表人的诉讼行为对其所代表的当事人发生效力，但代表人变更、放弃诉讼请求或者承认对方当事人的诉讼请求，进行和解，必须经被代表的当事人同意。人民法院作出的判决、裁定，对参加登记的全体权利人发生效力。未参加登记的权利人在诉讼时效期间提起诉讼的，适用该判决、裁定。

陷阱与规律

如果是人数不确定的代表人诉讼，必须选出代表人；如果是人数确定的代表人诉讼，推选不出代表人的，必要共同诉讼的当事人可以自己参诉，普通共同诉讼的当事人可以另行起诉。

一句话背诵

人数不确定的代表人诉讼，推选和协商都无法确定代表人的，由法院指定代表人，不服法院指定的当事人可以另行起诉；代表人诉讼的裁判对另行起诉的当事人具有约束力。

37

某上市公司涉嫌虚假披露，几百人认为其利益受损而起诉，原告推选了诉讼代表人。后诉讼代表人、被告达成了调解协议，除一名原告甲之外，其他原告都同意调解协议的内容。甲不同意调解，认为必须作出判决。法院应如何处理？（2020-回忆版-单）

A. 作出判决

B. 就调解协议作出调解书，调解书对所有原告发生效力

C. 依然依据调解协议作出调解书，调解书对除甲之外的所有原告发生效力

D. 告知甲另行起诉

精析与思路

本题考查诉讼代表人制度，考查的角度极其灵活。

大家可以注意到，本题属于人数众多的普通共同诉讼，需要推选诉讼代表人。《民事诉讼法》第 57 条第 1~3 款规定，诉讼标的是同一种类、当事人一方人数众多在起诉时人数尚未确定的，人民法院可以发出公告，说明案件情况和诉讼请求，通知权利人在一定期间向人民法院登记。向人民法院登记的权利人可以推选代表人进行诉讼；推选不出代表人的，人民法院可以与参加登记的权利人商定代表人。代表人的诉讼行为对其所代表的当事人发生效力，但代表人变更、放弃诉讼请求或者承认对方当事人的诉讼请求，进行和解，必须经被代表的当事人同意。因此，不管是进行和解还是达成调解协议，都必须经过所有被代表的当事人同意；未经同意的，不得针对所有被代表的当事人以调解的方式结案。所以，既然题目中甲不同意调解，那么法院就不应以调解协议解决甲和该上市公司之间的纠纷。

需要注意两个问题：①和解和调解在法理上是异曲同工的，不允许代表人在未征得当事人同意的前提下与对方和解，也不允许其调解，

二者都是对其放弃权利的一种控制。②代表人变更、放弃诉讼请求或者承认对方当事人的诉讼请求，进行和解，必须经被代表的当事人同意。这里的“当事人”既不是3/5，也不是1/2，而是必须所有被代表的当事人都同意。那么，答案就非常清楚了，既然有人不同意代表人进行调解，那么代表人就不能与对方当事人调解，而应该由法院作出判决。

另外，还要甄别，当事人如果不同意参与诉讼，那么可以另诉，但是本案中的当事人同意参加诉讼，法院已经把他列为当事人了，所以代表人变更、放弃诉讼请求或者承认对方当事人的诉讼请求，进行和解，必须经所有被代表的当事人同意，这其中自然就包括甲的同意。这样理解的话，本题的正确答案就应该是A选项。

但这个题目的特点是，本案属于证券虚假陈述民事案件，是上市公司因信息披露的问题侵害众多股东或者公众的利益，构成的是多个独立侵权纠纷的合并，即普通共同诉讼。那么，大家就必须要知道证券虚假陈述代表人诉讼的特殊规定了，这个一般认为是属于商法的内容。具体而言，《证券纠纷代表人诉讼规定》第21条规定，人民法院应当综合考虑当事人赞成和反对意见、本案所涉法律和事实情况、调解协议草案的合法性、适当性和可行性等因素，决定是否制作调解书。人民法院准备制作调解书的，应当通知提出异议的原告，告知其可以在收到通知后10日内向人民法院提交退出调解的申请。未在上述期间内提交退出申请的原告，视为接受。申请退出的期间届满后，人民法院应当在10日内制作调解书。调解书经代表人和被告签收后，对被代表的原告发生效力。人民法院对申请退出原告的诉讼继续审理，并依法作出相应判决。

上述法条表达了三层含义：①证券虚假陈述代表人诉讼中，不同于一般代表人诉讼，即便原告不同意，代表人也可以与对方当事人进行调解，法院也可以制作调解书。这就突破了一般规定。②如果原告中有人不同意调解，其可以退出调解，而不用受调解协议的约束。③如果其退出调解，法院不是告知其另诉，而是另案审理，并依法对其作出判决。意思就是，不是让他去另行起诉，而是直接审理判决了。这样看，C选项是最符合法条规定的正确答案，当选。

最后，我总结一下，如果当事人对代表人诉讼的结果不服，可以另诉。而如果当事人不同意调解，在一般代表人诉讼中，法院就不能调解；而在证券虚假陈述代表人诉讼中，则当事人可以退出调解，让法院另行对其作一份判决书。这就是一般法和特别法的关系。

参考答案 C

诉讼第三人

核心考点 19 ▶ 有独立请求权第三人

★★★★★

38 赵某与刘某将共有商铺出租给陈某。刘某瞒着赵某，与陈某签订房屋买卖合同，将商铺转让给陈某，后因该合同履行发生纠纷，刘某将陈某诉至法院。赵某得知后，坚决不同意刘某将商铺让与陈某。关于本案相关人的诉讼地位，下列哪一说法是正确的？（2015/3/38-单）

A. 法院应依职权追加赵某为共同原告

B. 赵某应以刘某侵权起诉，陈某为无独立请求权第三人

C. 赵某应作为无独立请求权第三人

D. 赵某应作为有独立请求权第三人

精析与思路

这是一道非常经典的题，这道题学懂了，下面的2017年卷三第78题、2016年卷三第38题都将迎刃而解，因为三道题的原理和考法基本上是相同的。

首先，我们要分析赵某的诉讼地位。题目中给出三种可能，即共同诉讼原告、有独三和无独三。

共同诉讼人和有独三的差异在于，共同原告或者共同被告一般有共同的权利义务，也就是共同诉讼人应有共同的利益，共同反对对方当事人。参见法条依据（1）。而有独三则与本诉原被告均没有共同的利益，其既反对原告也反对被告，三方的利益彼此对立。

有独三和无独三最大的差异在于，有独三是基于物权或者继承权参加诉讼的第三人，而无独三是基于债权参加诉讼的第三人。

本题中，要详细分析他们之间的法律关系：

赵某和刘某之间是共同共有的物权关系，刘某和陈某之间是房屋买卖合同关系。刘某和陈某因为买卖合同纠纷诉至法院，成为本案原告和被告。题目中明确“赵某得知后，坚决不同意刘某将商铺让与陈某”，就说明赵某参加诉讼，是既反对刘某卖房也反对陈某买房（参见下面法律关系示意图）。因此，刘某和赵某没有共同的利益，赵某既反对刘某也反对陈某，不属于共同原告而属于有独三。参见法条依据（2）。

另外，赵某参加诉讼是基于他对房屋的共有权，属于一种物权，因此，应认定为有独三而非无独三。

所以，D选项正确。

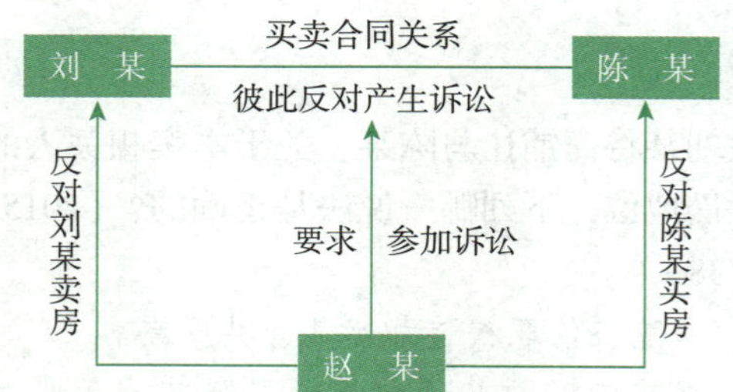

参考答案 D

法条依据

（1）《民事诉讼法》第55条：当事人一方或者双方为2人以上，其诉讼标的是共同的，或者诉讼标的是同一种类、人民法院认为可以合并审理并经当事人同意的，为共同诉讼。共同诉讼的一方当事人对诉讼标的有共同权利义务的，其中1人的诉讼行为经其他共同诉讼人承认，对其他共同诉讼人发生效力；对诉讼标的没有共同权利义务的，其中1人的诉讼行为对其他共同诉讼人不发生效力。

（2）《民事诉讼法》第59条：对当事人双方的诉讼标的，第三人认为有独立请求权的，有权提起诉讼。对当事人双方的诉讼标的，第三人虽然没有独立请求权，但案件处理结果同他有法律上的利害关系的，可以申请参加诉讼，或者由人民法院通知他参加诉讼。人民法院判决承担民事责任的第三人，有当事人的诉讼权利义务。前两款规定的第三人，因不能归责于本人的事由未参加诉讼，但有证据证明发生法律效力的判决、裁定、调解书的部分或者全部内容错误，损害其民事权益的，可以自知道或者应当知道其民事权益受到损害之日起6个月内，向作出该判决、裁定、调解书的人民法院提起诉讼。人民法院经审理，诉讼请求成立的，应当改变或者撤销原判决、裁定、调解书；诉讼请求不成立的，驳回诉讼请求。

陷阱与规律

我们一起对本题的考查方式和命题思路进行分析后，可以总结出下面的规律：

（1）必要共同诉讼原告和有独三的区别

	必要共同诉讼原告	有独三
与本诉当事人的关系（最好用的判断方法）	与其他共同原告有共同的利益，一起反对本案被告	既反对原告，也反对被告，和原被告都没有共同的利益
法律关系	本案中只有一个争议的法律关系	本案中存在本诉和参加之诉两个争议的法律关系
参诉方式	可以起诉或者追加	不能追加，只能自己起诉

（2）有独三和无独三的区别

	有独三	无独三
与本诉当事人的关系	反对原告、被告	辅助原告或被告
参诉依据（最好用的判断方法）	有独立请求权（基于物权或继承权）	有利害关系（基于债权）
参诉方式	起　诉	申请或通知
诉讼地位	都属于本案当事人范畴	

据此，只要对题目略做改动，大家就能对这个问题有更扎实的掌握：

案情：赵某与刘某将共有商铺出租给陈某。刘某瞒着赵某，与陈某签订房屋买卖合同，将商铺转让给陈某。后因该合同履行发生纠纷，刘某将陈某诉至法院。赵某得知后，要求参加诉讼，同刘某一起向陈某主张房屋价款。此时，赵某是何诉讼地位？

解析：此时，赵某就成为必要共同诉讼原告，他和刘某有共同的利益，一起向陈某主张价款。

一句话背诵

依据物权或继承权参加诉讼后，既反对原告又反对被告的当事人是有独三。参加之诉和本诉是两个独立的诉，本诉消灭，参加之诉以有独三为原告，本诉原、被告为共同被告继续进行。

重复考查过的其他类似题目

39

丁一诉弟弟丁二继承纠纷一案，在一审中，妹妹丁爽向法院递交诉状，主张应由自己继承系争的遗产，并向法院提供了父亲生前所立的其过世后遗产全部由丁爽继承的遗嘱。法院予以合并审理，开庭审理前，丁一表示撤回起诉，丁二认为该遗嘱是伪造的，要求继续进行诉讼。法院裁定准予丁一撤诉后，在程序上，下列哪一选项是正确的？（2016/3/38-单）

A. 丁爽为另案原告，丁二为另案被告，诉讼继续进行

B. 丁爽为另案原告，丁一、丁二为另案被告，诉讼继续进行

C. 丁一、丁爽为另案原告，丁二为另案被告，诉讼继续进行

D. 丁爽、丁二为另案原告，丁一为另案被告，诉讼继续进行

精析与思路

同样地，上题观点也适用于本题的解答。丁一和丁二之间是继承权纠纷，二人因法定继承的财产分割问题产生诉讼。诉讼中，妹妹丁爽要求参加诉讼，主张的权利却是遗嘱继承（参见下面法律关系示意图）。一旦如此，由于遗嘱继承权的优先性，全部财产真正的继承人就是丁爽，这样，就既排斥丁一的法定继承权，也排斥丁二的法定继承权。因此丁爽与两个哥哥均没有共同利益，不属于共同诉讼人。丁爽基于继承权提出独立请求权，要求参加诉讼，应认定为有独三。参见法条依据（1）。

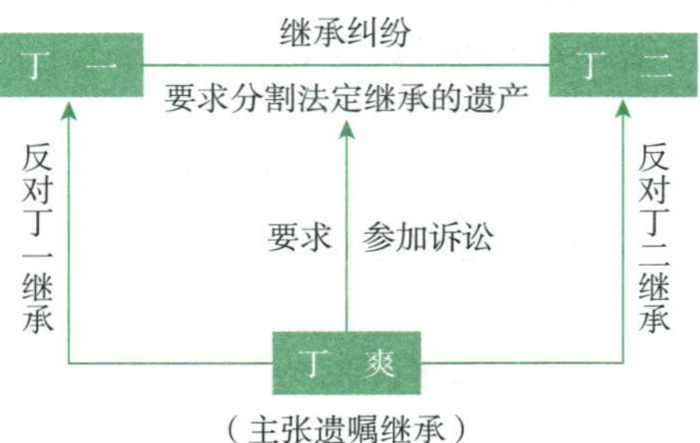

这道题考查了本诉原告撤诉的处理。因为本诉和参加之诉是两个独立的诉，所以，两个诉彼此互相不影响，本诉原告丁一撤诉导致本诉消灭，参加之诉继续进行。参见法条依据（2）。参加之诉的原告是有独三丁爽，被告是本诉的原告和被告，即丁一和丁二。所以，B 选项正确。

参考答案 B

法条依据

（1）《民事诉讼法》第 55 条：当事人一方

或者双方为2人以上，其诉讼标的是共同的，或者诉讼标的是同一种类、人民法院认为可以合并审理并经当事人同意的，为共同诉讼。共同诉讼的一方当事人对诉讼标的有共同权利义务的，其中1人的诉讼行为经其他共同诉讼人承认，对其他共同诉讼人发生效力；对诉讼标的没有共同权利义务的，其中1人的诉讼行为对其他共同诉讼人不发生效力。

（2）《民诉解释》第237条：有独立请求权的第三人参加诉讼后，原告申请撤诉，人民法院在准许原告撤诉后，有独立请求权的第三人作为另案原告，原案原告、被告作为另案被告，诉讼继续进行。

一句话背诵

依据物权或者继承权参加诉讼后，既反对原告，又反对被告的当事人是有独三。参加之诉和本诉是两个独立的诉，本诉消灭，参加之诉以有独三为原告，本诉原、被告为共同被告继续进行。

40

李立与陈山就财产权属发生争议提起确权诉讼。案外人王强得知此事，提起诉讼主张该财产的部分产权，法院同意王强参加诉讼。诉讼中，李立经法院同意撤回起诉。关于该案，下列哪些选项是正确的？（2017/3/78-多）

A. 王强是有独立请求权的第三人

B. 王强是必要的共同诉讼人

C. 李立撤回起诉后，法院应裁定终结诉讼

D. 李立撤回起诉后，法院应以王强为原告、李立和陈山为被告另案处理，诉讼继续进行

精析与思路

这道题和上题法律关系类似。李立和陈山之间发生财产权属争议，二人之间发生确权诉讼，二人都想获得该财产的所有权。诉讼中，案外人王强要求参加诉讼，主张部分所有权（参见下面法律关系示意图），既反对李立获得全部产权，也反对陈山获得全部产权，与李立、陈山均没有共同利益，不属于共同诉讼人。王强基于物权提出独立请求权，要求参加诉讼，应认定为有独三。参见法条依据（1）。

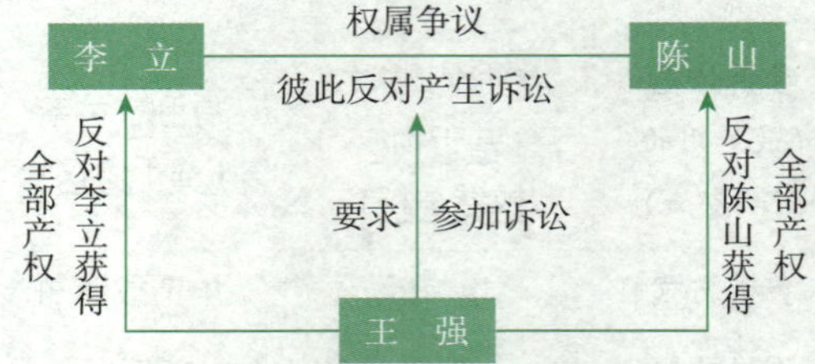

这道题也考查了本诉原告撤诉的处理。因为本诉和参加之诉是两个独立的诉，所以，两个诉彼此互相不影响，本诉原告撤诉导致本诉消灭，参加之诉继续进行。参见法条依据（2）。参加之诉的原告是有独三王强，被告是本诉的原告和被告，即李立和陈山。所以，A、D选项正确。

参考答案 AD

法条依据

（1）《民事诉讼法》第55条：当事人一方或者双方为2人以上，其诉讼标的是共同的，或者诉讼标的是同一种类、人民法院认为可以合并审理并经当事人同意的，为共同诉讼。共同诉讼的一方当事人对诉讼标的有共同权利义务的，其中1人的诉讼行为经其他共同诉讼人承认，对其他共同诉讼人发生效力；对诉讼标的没有共同权利义务的，其中1人的诉讼行为对其他共同诉讼人不发生效力。

（2）《民诉解释》第237条：有独立请求权的第三人参加诉讼后，原告申请撤诉，人民法院在准许原告撤诉后，有独立请求权的第三人作为另案原告，原案原告、被告作为另案被告，诉讼继续进行。

一句话背诵

依据物权或者继承权参加诉讼后，既反对原告又反对被告的当事人是有独三。参加之诉和本诉是两个独立的诉，本诉消灭，参加之诉以有独三为原告，本诉原、被告为共同被告继续进行。

核心考点20 无独立请求权第三人

★★★★★

41

精神病人姜某冲入向阳幼儿园将入托的小明打伤，小明的父母与姜某的监护人朱某及向阳幼儿园协商赔偿事宜无果，拟向法院提起诉讼。关于本案当事人的确定，下列哪一选项是正确的？（2016/3/36-单）

A. 姜某是被告，朱某是无独立请求权第三人

B. 姜某与朱某是共同被告，向阳幼儿园是无独立请求权第三人

C. 向阳幼儿园与姜某是共同被告

D. 姜某、朱某、向阳幼儿园是共同被告

精析与思路

解决本题的关键在于必要共同诉讼被告和无独三的诉讼地位判断。首先，打伤小明的是精神病人姜某。所以，姜某应对损害结果承担主要责任。无、限制民事行为能力人造成他人损害的，无民事行为能力人、限制民事行为能力人和监护人作为共同被告。参见法条依据（1）。所以，姜某和姜某的监护人作为共同被告没有疑问。

向阳幼儿园是什么诉讼地位呢？向阳幼儿园没有尽到安全保障义务，对于损害结果应承担补充责任。参见法条依据（2）。也就是说，姜某和向阳幼儿园共同侵权，共同造成了小明的损害，应作为共同被告承担责任。D 选项正确。

参考答案 D

法条依据

（1）《民诉解释》第 67 条：无民事行为能力人、限制民事行为能力人造成他人损害的，无民事行为能力人、限制民事行为能力人和其监护人为共同被告。

（2）《民法典》第 1201 条：无民事行为能力人或者限制民事行为能力人在幼儿园、学校或者其他教育机构学习、生活期间，受到幼儿园、学校或者其他教育机构以外的第三人人身损害的，由第三人承担侵权责任；幼儿园、学校或者其他教育机构未尽到管理职责的，承担相应的补充责任。幼儿园、学校或者其他教育机构承担补充责任后，可以向第三人追偿。

陷阱与规律

（1）如果原告可以通过一个诉讼标的（一个法律关系）向相关主体一起追究责任，则相关主体都应作为必要共同诉讼的被告。例如，本题中，原告通过一个侵权关系向两个侵权人主张权利，两个侵权人就应作为共同被告。能做共同被告就不做无独三。

（2）若二者一个承担主要责任，一个承担补充责任，二者一般都作为共同被告。

一句话背诵

能做共同被告就不做无独三。两个加害人一个承担主要责任，一个承担补充责任，就成为必要共同诉讼的共同被告。

42

四人共有一块玉石，每人 25% 的份额。其中，甲没有通知其他共有人，便与第三人签订了转让协议，乙表示要行使优先购买权，丙表示不买，丁未表态。乙起诉甲，其他人的诉讼地位是：（2019-回忆版-多）

A. 未表态的是共同被告，不参诉不影响审理与判决

B. 不买的是共同被告，不参诉不影响审理与判决

C. 第三人是无独三

D. 私自转让的甲是被告

精析与思路

这道题的难度并不是太大，但是，题目的出题角度极其特殊，与我们传统的题目都有所不同。

本题中，表面上看上去是一个无权处分导致的纠纷，但是当同学们仔细审题的时候，你就能够发现这个题目当中的当事人是共有人乙起诉了共有人甲。而本题当中侧重考查的就是其他的两位共有人以及案外第三人的诉讼地位。因此在解决本题的时候，大家要冷静地思考，本题中已知的原告是乙，已知的被告是甲。除

专题07

此之外还有两个共有权人，一个是丙，一个是丁。二者的态度有所不同，丙表示不愿意购买，也就相当于丙已经放弃了他的实体权利，而丁未表态并没有放弃他的实体权利。而在本案当中，甲、乙、丙、丁四个人处于同一个共有的关系当中。乙起诉甲的目的也是分割共有财产。乙、丙和丁在甲出售其份额时，均是享有优先购买权的。甲、乙、丙、丁之间只存在一个共有关系，因此本案属于典型的必要共同诉讼。乙已经起诉，丙和丁对本案标的物享有权利，所以应追做必要共同诉讼的共同原告，而非共同被告。而甲则是唯一的被告。由此可以排除A、B选项。

另外大家可能也已经注意到，如果某个共有权人成功地行使了优先购买权，则第三人无法取得本案标的物的相关权利，因此第三人和本案的处理结果有法律上的利害关系，可以将第三人作为无独立请求权的第三人追加进入本案诉讼。综上所述，本题正确的是C、D选项，当选。

这道题到此为止就做完了，但是我们可以继续追问，既然丙和丁有作为共同原告的可能，那么，在本案中他们的诉讼地位是什么样的呢？答案是，丙已经放弃了他的实体权利，所以在本案中不应再将他追做共同原告，丁没有放弃实体权利，所以仍应将他追做本案的共同原告，丁不到庭不影响本案的正常审理。

参考答案 CD

★重复考查过的其他类似题目

43 »»

甲与乙登记结婚后，发现乙早就在老家与丙结婚，遂向法院起诉要求确认婚姻关系无效，一并分割财产。对此，下列选项正确的是：（2024-回忆版-单）

A. 审理时，甲提出撤诉，法院应准许

B. 受理后，法院可先行调解

C. 只有甲和乙能对此婚姻关系提出确认无效之诉

D. 丙可作为无独立请求权第三人参加诉讼

精析与思路

这道题非常简单，考查民法中关于确认婚姻无效的相关程序规则。

确认婚姻无效，不能撤诉，不能调解。法院审理确认婚姻无效案件时，对婚姻效力的审理不适用调解，且原告申请撤诉的，法院不予准许。所以，A、B选项都是错误的。

有权向人民法院就已办理结婚登记的婚姻申请确认婚姻无效的主体，包括婚姻当事人及利害关系人。因此C选项的表述“只有甲和乙”能提出忽略了其他可能的利害关系人（如近亲属或基层组织在特定情况下），错误。

D选项非常特殊，同学们可能觉得在人身关系方面丙不可作为无独立请求权第三人参加诉讼，因为不管甲、乙的人身关系如何，都不影响乙和丙婚姻有效。但是这样就忽略了两方面，一方面，你可以反过来想，要认定甲、乙是否重婚就要对乙、丙婚姻是否有效进行认定。另一方面，除了人身关系外，还有财产关系。乙能分得多少财产，这些财产应该是乙、丙夫妻关系存续期间的共有财产，会影响到丙能拿到多少钱。因此，根据《民事诉讼法》的相关规定，丙和这个案件就有了法律上的利害关系，丙可以作为无独立请求权第三人参加诉讼。所以，D选项正确。

参考答案 D

44 »»

小朋友丁某去医院看病，玩耍中把水洒到了医院地上，李某经过该地滑倒并受伤。李某就赔偿问题与丁某父母、医院协商未达成一致，遂提起诉讼。本案中，何主体可以作为适格被告？（2024-回忆版-多）

A. 丁某及其父母、医院必须同时作为被告

B. 丁某

C. 医院

D. 丁某的父母

精析与思路

这道题的难度就非常小了。直接依据法条就可以得到正确结论。其考查两方面的知识：①公共场合的经营、管理者要尽到安全保障义

务，如果没有尽到安保义务，就可能承担补充责任，成为共同被告。②未成年人虽然没有行为能力，但依然可以作为适格被告。未成年人侵权，其监护人应当作为共同被告。

《民法典》第 1198 条规定："宾馆、商场、银行、车站、机场、体育场馆、娱乐场所等经营场所、公共场所的经营者、管理者或者群众性活动的组织者，未尽到安全保障义务，造成他人损害的，应当承担侵权责任。因第三人的行为造成他人损害的，由第三人承担侵权责任；经营者、管理者或者组织者未尽到安全保障义务的，承担相应的补充责任。经营者、管理者或者组织者承担补充责任后，可以向第三人追偿。"本题中，丁某的行为造成他人损害，承担主要责任；医院未尽到安全保障义务，承担补充责任。又根据《民法典》第 1188 条的规定，无民事行为能力人、限制民事行为能力人造成他人损害的，由监护人承担侵权责任。所以，丁某的父母也是适格被告。A 选项不当选，B、C、D 选项当选。

参考答案 BCD

核心考点 21 ▶ 当事人更换与无独三 ★★★★

45

甲公司与乙公司因某纠纷起诉至法院，二审审理过程中，甲公司和丙公司合并为丁公司。关于本案，下列说法正确的有：（2021-回忆版-多）

A. 法院作出的一审判决对丁公司有实质的既判力

B. 乙公司可以向法院申请更换丁公司为诉讼当事人

C. 法院可依职权更换丁公司为诉讼当事人

D. 法院继续审理，作出的判决对丁公司有拘束力

精析与思路

当事人的"死亡、终止、分立、合并"都会导致原来的诉讼主体资格消灭，此时，就是我们说的不得不更换当事人的情形。所以，当事人乙公司可以申请法院更换，法院也可以依职权更换丁公司作为新的当事人（甲公司已经不存在）。B、C 选项正确。

如果法院置之不理，直接以甲公司作为当事人进行判决，那么将违反程序规则。但若是判决作出后，甲公司和丙公司才合并成为丁公司，则此时法院以甲公司作为当事人作出的判决对于丁公司具有拘束力。D 选项错误。

至于 A 选项，一审判决尚未生效（二审审理过程中），自然对任何人都没有实质的既判力。A 选项错误。

参考答案 BC

陷阱与规律

关于当事人更换问题，谨记：

能不更换，就不更换。

不得不换，才必须换。

无人可换，诉讼完蛋（诉讼终结）。

必须更换的情况包括当事人死亡或分立、合并。

无人可换的情况，是指没有权利继承人或者义务承担人。

46

程某诉刘某借款诉讼过程中，程某将对刘某因该借款而形成的债权转让给了谢某。依据相关规定，下列哪些选项是正确的？（2016/3/79-多）

A. 如程某撤诉，法院可以准许其撤诉

B. 如谢某申请以无独立请求权第三人身份参加诉讼，法院可予以准许

C. 如谢某申请替代程某诉讼地位的，法院可以根据案件的具体情况决定是否准许

D. 如法院不予准许谢某申请替代程某诉讼地位的，可以追加谢某为无独立请求权的第三人

精析与思路

本题仍然是在当事人更换的理论背景下考查相关制度。

本题中转让债权，不属于必须更换当事人的情形（当事人没有死亡或者分立合并）。所以当事人不发生更换，仍然为程某和刘某。司法解释中有明确的操作规则。参见法条依据。

专题 07

谢某作为受让人，程序上没有成为原告，但是，实体权利为谢某所享有，所以谢某可以要求代替程某作为原告参加诉讼，来维护自己的利益。

是否允许谢某替代程某的诉讼地位参加诉讼，由法院决定。

若法院同意谢某代替程某参加诉讼，则更换当事人，将谢某更换为原告。

若法院不同意谢某代替程某参加诉讼，而本案处理结果和谢某又有法律上的利害关系，则谢某可以以无独三身份参加诉讼。

所以，A、B、C、D选项正确。

参考答案 ABCD

法条依据

《民诉解释》第249条：在诉讼中，争议的民事权利义务转移的，不影响当事人的诉讼主体资格和诉讼地位。人民法院作出的发生法律效力的判决、裁定对受让人具有拘束力。受让人申请以无独立请求权的第三人身份参加诉讼的，人民法院可予准许。受让人申请替代当事人承担诉讼的，人民法院可以根据案件的具体情况决定是否准许；不予准许的，可以追加其为无独立请求权的第三人。

陷阱与规律

关于转让权利义务后的当事人问题，要注意：

(1) 权利义务转让后，当事人不变；

(2) 本案裁判对受让人有约束力；

(3) 受让人可以要求代替转让人请求参加诉讼；

(4) 若法院不同意受让人代替转让人，受让人可以作为无独三参加诉讼。

一句话背诵

诉讼中债权转让，当事人无需更换。受让人可以以无独三身份参加诉讼。

重复考查过的其他类似题目

47 >>>

何某依法院生效判决向法院申请执行甲的财产，在执行过程中，甲突发疾病猝死。法院询问甲的继承人是否继承遗产，甲的继承人乙表示继承，其他继承人均表示放弃继承。关于该案执行程序，下列哪一选项是正确的？(2016/3/49-单)

A. 应裁定延期执行

B. 应直接执行被执行人甲的遗产

C. 应裁定变更乙为被执行人

D. 应裁定变更甲的全部继承人为被执行人

精析与思路

按照上题总结的基本规律，本题中，当事人甲死亡，属于不得不更换当事人的情形。所以，只能将愿意继承甲遗产的继承人乙更换为当事人。

不管是诉讼中还是执行中，当事人死亡，都会导致当事人更换。在程序操作上，应先裁定诉讼中止或者执行中止（而非延期执行，我国立法中也没有延期执行的说法），再裁定变更当事人（被执行人也属于当事人）。所以，C选项正确。参见法条依据（1）、(2)。

要注意，若没有继承人想要继承遗产，则可以选择B选项，直接执行遗产。但本题中显然有人愿意继承。

参考答案 C

法条依据

(1)《民诉解释》第55条：在诉讼中，一方当事人死亡，需要等待继承人表明是否参加诉讼的，裁定中止诉讼。人民法院应当及时通知继承人作为当事人承担诉讼，被继承人已经进行的诉讼行为对承担诉讼的继承人有效。

(2)《民诉解释》第473条：作为被执行人的公民死亡，其遗产继承人没有放弃继承的，人民法院可以裁定变更被执行人，由该继承人在遗产的范围内偿还债务。继承人放弃继承的，人民法院可以直接执行被执行人的遗产。

陷阱与规律

要注意：

(1) 若执行中，被执行人死亡，需要等待继承人承担义务，裁定执行中止——停下观望；

(2) 若继承人愿意继承，裁定更换被执行人——有人，换人；

(3) 若没有继承人（包括没人愿意继承），但有遗产，直接执行遗产——没人，拿钱；

(4) 若没有继承人，也没有遗产，裁定执行终结——没人没钱，完蛋了。

一句话背诵

执行中，当事人死亡的，应变更其继承人作为当事人。

48

2010 年 7 月，甲公司不服 A 市 B 区法院对其与乙公司买卖合同纠纷的判决，上诉至 A 市中级法院，A 市中级法院经审理维持原判决。2011 年 3 月，甲公司与丙公司合并为丁公司。之后，丁公司法律顾问在复查原甲公司的相关材料时，发现上述案件具备申请再审的法定事由。关于该案件的再审，下列哪一说法是正确的？（2012/3/45-单）

A. 应由甲公司向法院申请再审
B. 应由甲公司与丙公司共同向法院申请再审
C. 应由丁公司向法院申请再审
D. 应由丁公司以案外人身份向法院申请再审

精析与思路

从法理角度看，应尽量保持诉讼当事人稳定，除非万不得已，都不应更换当事人。本题中，原来的当事人是甲公司和乙公司。但是，终审后，甲公司与丙公司合并为丁公司，甲公司主体资格消灭，当事人就不得不更换为丁公司和乙公司。所以，申请再审的时候，就应由合并后的法人丁公司以当事人的身份提出申请了。因此，C 选项正确。参见法条依据。

参考答案 C

法条依据

《民诉解释》第 63 条：企业法人合并的，因合并前的民事活动发生的纠纷，以合并后的企业为当事人；企业法人分立的，因分立前的民事活动发生的纠纷，以分立后的企业为共同诉讼人。

陷阱与规律

关于当事人更换问题，谨记：

能不更换，就不更换。

不得不换，才必须换。

无人可换，诉讼完蛋（诉讼终结）。

必须更换的情况包括当事人死亡或分立、合并。

无人可换的情况，是指没有权利继承人或者义务承担人。

一句话背诵

企业法人分立、合并，应以分立、合并后的法人做当事人。

诉讼代理人

核心考点 22 ▶ 两种代理人 ★★★★

49

张某委托李某作为诉讼代理人参加诉讼，权限为特别授权："可以代为调解"。下列选项中，李某有权代理实施的有：（2024-回忆版-任）

A. 代为签收调解书
B. 签调解协议
C. 参加法院主持的调解活动并发表意见
D. 向法院申请执行生效调解书

精析与思路

本题比较简单，考查的是特别授权和一般授权的情况。

立法规定，承认、放弃、变更诉讼请求（承）、和解（和）、反诉（反）、上诉（上）需要特别授权，而调解和和解的原理是一样的，都需要做适当让步，都需要承认对方请求或者放弃我方请求，因此都需要特别授权。《民诉解释》第147条第1款规定，人民法院调解案件时，当事人不能出庭的，经其特别授权，可由其委托代理人参加调解，达成的调解协议，可由委托代理人签名。既然能代为调解，自然能参与调解活动，并对最终的调解结果予以确认（即签署调解协议和签收调解书）。

至于D选项，在法院作出生效调解书之后，诉讼代理人能不能申请执行呢？除了“承、和、反、上”需要特别授权之外，其他的事项并不需要特别授权。而申请执行生效调解书不会导致债权人获得任何不利益，自然也是不需要特别授权的，一般授权的诉讼代理人可以为之。

因此，A、B、C、D选项均当选。

参考答案 ABCD

★ 重复考查过的其他类似题目

50 ›››

律师作为委托诉讼代理人参加诉讼，应向法院提交下列哪些材料？（2015/3/78-多）

A. 律师所在的律师事务所与当事人签订的协议书

B. 当事人的授权委托书

C. 律师的执业证

D. 律师事务所的证明

精析与思路

律师要从事委托代理工作，需要向法院证明以下两个事项：①律师的执业资格——应提交执业证和律所证明；②律师的代理权限——应提交授权委托书来证明。所以，B、C、D选项的材料都应提交，当选。参见法条依据。

至于A选项中的委托协议，只是确定当事人和委托律师之间的权利义务关系，和法院没有直接关系，所以不需要提交给法院。A选项不当选。

参考答案 BCD

法条依据

《民诉解释》第88条：诉讼代理人除根据民事诉讼法第62条规定提交授权委托书外，还应当按照下列规定向人民法院提交相关材料：①律师应当提交律师执业证、律师事务所证明材料；②基层法律服务工作者应当提交法律服务工作者执业证、基层法律服务所出具的介绍信以及当事人一方位于本辖区内的证明材料；③当事人的近亲属应当提交身份证件和与委托人有近亲属关系的证明材料；④当事人的工作人员应当提交身份证件和与当事人有合法劳动人事关系的证明材料；⑤当事人所在社区、单位推荐的公民应当提交身份证件、推荐材料和当事人属于该社区、单位的证明材料；⑥有关社会团体推荐的公民应当提交身份证件和符合本解释第87条规定条件的证明材料。

陷阱与规律

委托代理人分为一般授权和特别授权两种，所以代理案件时，需要提交授权委托书，向法院表明其是否具有承认、放弃、变更诉讼请求，进行和解，提出反诉或者提起上诉的权利。

一句话背诵

代理人要向法院提交委托书、执业证和律所证明，不需要交委托合同。

低频考点23 ▶ 外国当事人委托代理人的特殊规则 ☆

51 ›››

某市法院受理了中国人郭某与外国人珍妮的离婚诉讼，郭某委托黄律师作为代理人，授权委托书中仅写明代理范围为“全权代理”。关于委托代理的表述，下列哪一选项是正确的？（2013/3/42-单）

A. 郭某已经委托了代理人，可以不出庭参加诉讼

B. 法院可以向黄律师送达诉讼文书，其签收行为有效

C. 黄律师可以代为放弃诉讼请求

D. 如果珍妮要委托代理人代为诉讼，必须委托中国公民

精析与思路

本题是一道关于委托代理的综合考题，虽然知识点非常零散，但是难度不大。很多同学很讨厌这种题目。你不应该讨厌它们，而应该喜欢这种题目。因为这种题目虽然考查面宽，但是由于没有深度，其实很容易得分。

A 选项考查的是代理人出庭问题。一般而言，当事人委托了代理人，自己就可以不出庭。但是离婚案件，即便委托了代理人，本人也必须出庭（本人不到庭无法查明案情）。A 选项错误。参见法条依据（1）。

B 选项考查的是送达问题。直接送达应送达给本人，本人不在，可以送达给“三代一家属”，“三代”就包括代理人（第一次听到这个说法的同学可以看下面“陷阱与规律”的说明）。所以向黄律师送达文书，相当于向当事人本人送达，属于直接送达的一种方式，签收行为有效。B 选项正确。参见法条依据（2）。

C 选项考查的是代理权问题。黄律师的代理权是“全权代理”，全权代理相当于一般授权。一般授权的代理人没有资格“承和反上”（承认、放弃、变更诉讼请求，进行和解，提起反诉或者上诉）。C 选项错误，不能放弃诉讼请求。参见法条依据（3）、（4）。

D 选项考查的是涉外委托代理问题。外国人在中国诉讼，可以委托中国律师或者外国公民作为代理人，不能委托外国律师以律师身份代理案件。也就是说，因为外国律师不能在中国执业，外国人委托了外国律师，外国律师应该以外国公民身份代理诉讼，而不是律师身份。D 选项中描述为只能委托中国公民，错误。参见法条依据（5）。

参考答案 B

法条依据

（1）《民事诉讼法》第 65 条：离婚案件有诉讼代理人的，本人除不能表达意思的以外，仍应出庭；确因特殊情况无法出庭的，必须向人民法院提交书面意见。

（2）《民诉解释》第 132 条：受送达人有诉讼代理人的，人民法院既可以向受送达人送达，也可以向其诉讼代理人送达。受送达人指定诉讼代理人为代收人的，向诉讼代理人送达时，适用留置送达。

（3）《民事诉讼法》第 62 条第 2 款：授权委托书必须记明委托事项和权限。诉讼代理人代为承认、放弃、变更诉讼请求，进行和解，提起反诉或者上诉，必须有委托人的特别授权。

（4）《民诉解释》第 89 条：当事人向人民法院提交的授权委托书，应当在开庭审理前送交人民法院。授权委托书仅写“全权代理”而无具体授权的，诉讼代理人无权代为承认、放弃、变更诉讼请求，进行和解，提出反诉或者提起上诉。适用简易程序审理的案件，双方当事人同时到庭并径行开庭审理的，可以当场口头委托诉讼代理人，由人民法院记入笔录。

（5）《民诉解释》第 526 条：涉外民事诉讼中的外籍当事人，可以委托本国人为诉讼代理人，也可以委托本国律师以非律师身份担任诉讼代理人；外国驻华使领馆官员，受本国公民的委托，可以以个人名义担任诉讼代理人，但在诉讼中不享有外交或者领事特权和豁免。

陷阱与规律

（1）直接送达应送达给本人，本人不在可以送给“三代一家属”，也视为送达给本人。“三代”指的是当事人的代理人、代表人或者代收人，“一家属”指的是当事人的同住成年家属。

（2）全权代理只是一般授权而已。

一句话背诵

代理人可代替当事人出庭、接收文书，当事人本人可以不出庭。但离婚案件，即便委托了代理人，当事人也要出庭。全权代理是一般授权，不可以“承和反上”。外国人委托代理，可以委托中国律师或外国公民，而外国律师也只能以公民身份参加诉讼。

级别管辖

核心考点24 ▶ 级别管辖★★★

52

根据《民事诉讼法》相关司法解释，下列哪些法院对专利纠纷案件享有管辖权？（2015/3/77-多）

A. 知识产权法院

B. 所有的中级法院

C. 最高法院确定的中级法院

D. 最高法院确定的基层法院

精析与思路

本题非常简单，就是问什么法院能管辖知识产权案件。

按照我们讲的内容，若专利纠纷发生在北京、上海或广州，则由知识产权法院管辖。参见法条依据（1）。若专利纠纷发生在北京、上海或广州之外的地方，则可以由最高法院确定的中级法院或者基层法院管辖。参见法条依据（2）。因此，A、C、D选项当选。

参考答案 ACD

法条依据

（1）《全国人民代表大会常务委员会关于在北京、上海、广州设立知识产权法院的决定》

第1条第1款：在北京、上海、广州设立知识产权法院。

第2条第1款：知识产权法院管辖有关专利、植物新品种、集成电路布图设计、技术秘密等专业技术性较强的第一审知识产权民事和行政案件。

（2）《民诉解释》第2条第1款：专利纠纷案件由知识产权法院、最高人民法院确定的中级人民法院和基层人民法院管辖。

陷阱与规律

要注意：

（1）若专利纠纷发生在北京、上海、广州，则只能由知识产权法院管辖，其他基层法院和中级法院一律不能管辖。但北京、上海、广州的基层法院还有可能审理著作权、商标权案件，只有专利纠纷是必须由知识产权法院管辖的。

(2) 除北京、上海、广州之外，不是所有的中级法院或者基层法院都能审理专利案件，必须强调是“最高法院确定”的中级法院或者基层法院才可以审理。

一句话背诵

专利纠纷原则由最高选定的中院管，最高选定的基层也可以管。专利纠纷发生在北上广，只能由知产法院管。

★重复考查过的其他类似题目

53

根据《民事诉讼法》和司法解释的相关规定，关于级别管辖，下列哪些表述是正确的？（2012/3/78-多）

A. 级别管辖不适用管辖权异议制度

B. 案件被移送管辖有可能是因为受诉法院违反了级别管辖的规定而发生的

C. 管辖权转移制度是对级别管辖制度的变通和个别的调整

D. 当事人可以通过协议变更案件的级别管辖

精析与思路

本题是围绕级别管辖制度展开的综合考查。

针对级别管辖和地域管辖，都可以提出管辖权异议。A 选项错误。参见法条依据（1）。

移送管辖的原因包括本院对案件没有地域管辖权和没有级别管辖权两种情况，违反级别管辖或者地域管辖都可能产生移送管辖，即存在地域管辖移送和级别管辖移送两种。B 选项正确。参见法条依据（2）。

管辖权转移，是指将案件从原来有管辖权的法院转移至无管辖权的法院，使无管辖权的法院因此而取得管辖权的情况，包括从上往下转和从下往上转两种情况。管辖权转移要么是为了使案件获得更好地审理，要么是为了分担法院的审判压力，便利当事人诉讼，属于对级别管辖的调整。C 选项正确。参见法条依据（3）。

协议管辖的对象只能是地域管辖，级别管辖不允许协议决定。D 选项错误。参见法条依据（4）。

参考答案 BC

法条依据

（1）《最高人民法院关于审理民事级别管辖异议案件若干问题的规定》第 1 条：被告在提交答辩状期间提出管辖权异议，认为受诉人民法院违反级别管辖规定，案件应当由上级人民法院或者下级人民法院管辖的，受诉人民法院应当审查，并在受理异议之日起 15 日内作出裁定：……

（2）《民事诉讼法》第 37 条：人民法院发现受理的案件不属于本院管辖的，应当移送有管辖权的人民法院，受移送的人民法院应当受理。……

（3）《民事诉讼法》第 39 条：上级人民法院有权审理下级人民法院管辖的第一审民事案件；确有必要将本院管辖的第一审民事案件交下级人民法院审理的，应当报请其上级人民法院批准。下级人民法院对它所管辖的第一审民事案件，认为需要由上级人民法院审理的，可以报请上级人民法院审理。

（4）《民事诉讼法》第 35 条：合同或者其他财产权益纠纷的当事人可以书面协议选择被告住所地、合同履行地、合同签订地、原告住所地、标的物所在地等与争议有实际联系的地点的人民法院管辖，但不得违反本法对级别管辖和专属管辖的规定。

陷阱与规律

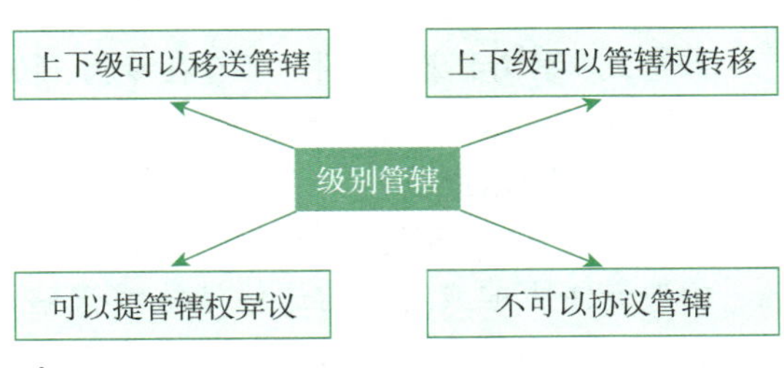

一句话背诵

级别管辖错误也可以提管辖权异议，异议成立，移送管辖。但是不允许协议级别管辖。管辖权转移是对管辖权的变通。

地域管辖

核心考点25 ▶ 一般地域管辖 ★★

54 >>>

A市东区居民朱某（男）与A市西县刘某结婚，婚后双方住A市东区。1年后，公司安排刘某赴A市南县分公司工作。3年之后，因感情不和朱某向A市东区法院起诉离婚。东区法院受理后，发现刘某经常居住地在南县，其对该案无管辖权，遂裁定将案件移送南县法院。南县法院收到案件后，认为无管辖权，将案件移送刘某户籍所在地西县法院。西县法院收到案件后也认为无管辖权。关于本案的管辖问题，下列哪些说法是正确的？（2016/3/77-多）

A. 东区法院有管辖权

B. 南县法院有管辖权

C. 西县法院有管辖权

D. 西县法院认为自己没有管辖权，应当裁定移送有管辖权的法院

精析与思路

这是一道考查一般地域管辖的经典例题。要做对这种题最重要的是思路，其次才是知识！

那么该用什么样的思路呢？我来教你：

首先，本案属于离婚案件，不存在专属、协议和特殊地域管辖。那么，就应该按照一般地域管辖来确定管辖法院。

正常情况下，一般地域管辖应是原告就被告，由被告住所地或者经常居住地法院管辖。特殊情况下，由原告住所地管辖，或者原告、被告住所地都可以管辖。

按照特别法优先于一般法的思路，应先考虑是否存在特殊的情况。

本案中，朱某为原告，刘某为被告。同时，题目交代朱某住所地是A市东区，刘某住所地是A市西县。刘某去南县工作了3年，符合法定情形“被告离开住所地1年以上”，由此可以确定，本案应适用一般地域管辖的特殊情况，即原、被告住所地或者经常居住地都可以管辖本案。这也就是我给大家讲的口诀，“被告异地抚扶赡，离家1年离婚案，原被告地都可管”。参见法条依据（1）。

其次，我们来确定原、被告的住所地或者经常居住地。原告朱某住所地是A市东区，婚后其也一直在此居住，而且他从来没有离开过住所地，因此不存在经常居住地。

刘某住所地是A市西县，但其离开西县，在南县连续居住1年以上，南县是其经常居住地。住所地和经常居住地不一致的，应该由经常居住地法院优先管辖。参见法条依据（2）。

所以，本案有管辖权的法院应该是原告住所地东区法院或者被告经常居住地南县法院。A、B选项正确。

接下来又考了一个移送管辖的问题。西县法院虽然确实对本案没有管辖权，但是它接到移送之后，不得自行移送，应报请自己的上级法院指定管辖。所以，可以排除C、D选项。参见法条依据（3）、（4）。

参考答案 AB

法条依据

（1）《民诉解释》第12条：夫妻一方离开住所地超过1年，另一方起诉离婚的案件，可以由原告住所地人民法院管辖。夫妻双方离开住所地超过1年，一方起诉离婚的案件，由被告经常居住地人民法院管辖；没有经常居住地的，由原告起诉时被告居住地人民法院管辖。

（2）《民事诉讼法》第22条第1款：对公民提起的民事诉讼，由被告住所地人民法院管辖；被告住所地与经常居住地不一致的，由经常居住地人民法院管辖。

（3）《民事诉讼法》第 37 条：人民法院发现受理的案件不属于本院管辖的，应当移送有管辖权的人民法院，受移送的人民法院应当受理。受移送的人民法院认为受移送的案件依照规定不属于本院管辖的，应当报请上级人民法院指定管辖，不得再自行移送。

（4）《民诉解释》第 211 条：对本院没有管辖权的案件，告知原告向有管辖权的人民法院起诉；原告坚持起诉的，裁定不予受理；立案后发现本院没有管辖权的，应当将案件移送有管辖权的人民法院。

陷阱与规律

这种案例题和辨析题不一样。辨析题主要考查知识点掌握的准确程度，所以很多题目考查得非常细致。案例题主要考查对知识的灵活运用，所以更强调解题的技巧和思路。

这道题的思路堪称样本。大家必须掌握：

先确定是不是按照一般地域管辖

↓

是的话，再确定是按照一般地域管辖的一般情况还是特殊情况管辖（当然要优先考虑特殊情况）

↓

确定了原告就被告或者被告就原告之后，再判断原、被告的经常居住地或者住所地

↓

经常居住地优先于住所地管辖

一句话背诵

夫妻一方离开住所地超 1 年的，原、被告住所地都可以管辖，有经常居住地的，经常居住地优先。

核心考点 26 ▶ 专属管辖 ★★★

55 »»

关于管辖，下列哪一表述是正确的？（2014/3/39-单）

A. 军人与非军人之间的民事诉讼，都应由军事法院管辖，体现了专门管辖的原则

B. 中外合资企业与外国公司之间的合同纠纷，应由中国法院管辖，体现了维护司法主权的原则

C. 最高法院通过司法解释授予部分基层法院专利纠纷案件初审管辖权，体现了平衡法院案件负担的原则

D. 不动产纠纷由不动产所在地法院管辖，体现了管辖恒定的原则

精析与思路

军事法院专门管辖军人和军人之间的民事诉讼，这种专门法院管辖专门案件的制度被称为专门管辖。但是，A 选项错误，军人与非军人之间的民事诉讼，可以由军事法院管辖，也可以由地方法院管辖。只有军人和军人之间的诉讼，才必须由军事法院管辖。参见法条依据（1）。

B 选项考查的是涉外专属管辖。属于涉外专属管辖的三种纠纷，指的是中方和外方在履行中外合资经营企业合同、中外合作经营企业合同、中外合作勘探开发自然资源合同过程中产生的纠纷，而这些中外合资企业、中外合作企业和其他主体产生的纠纷不属于涉外专属管辖。因此，B 选项错误。参见法条依据（2）。

C 选项的描述是正确的。专利案件最初由最高法院确定的中院管辖，为了平衡法院负担，降低中院审理压力，最高法院才通过司法解释授予部分基层法院专利纠纷案件初审管辖权。参见法条依据（3）。

D 选项错误。不动产纠纷由不动产所在地法院管辖体现的是专属管辖制度，而非管辖权恒定原则。参见法条依据（4）~（7）。其中（4）阐述的是专属管辖制度，（5）~（7）才是对管辖权恒定原则的描述。

参考答案 C

法条依据

（1）《民诉解释》第 11 条：双方当事人均为军人或者军队单位的民事案件由军事法院管辖。

（2）《民事诉讼法》第279条：下列民事案件，由人民法院专属管辖：①因在中华人民共和国领域内设立的法人或者其他组织的设立、解散、清算，以及该法人或者其他组织作出的决议的效力等纠纷提起的诉讼；②因与在中华人民共和国领域内审查授予的知识产权的有效性有关的纠纷提起的诉讼；③因在中华人民共和国领域内履行中外合资经营企业合同、中外合作经营企业合同、中外合作勘探开发自然资源合同发生纠纷提起的诉讼。

（3）《民诉解释》第2条第1款：专利纠纷案件由知识产权法院、最高人民法院确定的中级人民法院和基层人民法院管辖。

（4）《民事诉讼法》第34条：下列案件，由本条规定的人民法院专属管辖：①因不动产纠纷提起的诉讼，由不动产所在地人民法院管辖；②因港口作业中发生纠纷提起的诉讼，由港口所在地人民法院管辖；③因继承遗产纠纷提起的诉讼，由被继承人死亡时住所地或者主要遗产所在地人民法院管辖。

（5）《民诉解释》第37条：案件受理后，受诉人民法院的管辖权不受当事人住所地、经常居住地变更的影响。

（6）《民诉解释》第38条：有管辖权的人民法院受理案件后，不得以行政区域变更为由，将案件移送给变更后有管辖权的人民法院。判决后的上诉案件和依审判监督程序提审的案件，由原审人民法院的上级人民法院进行审判；上级人民法院指令再审、发回重审的案件，由原审人民法院再审或者重审。

（7）《民诉解释》第39条第1款：人民法院对管辖异议审查后确定有管辖权的，不因当事人提起反诉、增加或者变更诉讼请求等改变管辖，但违反级别管辖、专属管辖规定的除外。

陷阱与规律

专属管辖解决的是某一类案件只能由某一个或某几个特定法院管辖的问题，需要具体到是哪个法院。

专门管辖解决的是特殊的案件只能由专门法院管辖的问题，不关注具体哪个法院管辖。

专门管辖包括三种情况：

（1）特定的知识产权案件由知识产权法院管辖；

（2）双方都是军人的案件由军事法院管辖；

（3）海商、海事案件由海事法院管辖。

一句话背诵

只有双方都是军人的案件，才必须由军事法院管辖；中方和外方的纠纷才属于涉外专属管辖（不是该企业和别的企业的纠纷）；为分担审判负担，最高挑选的基层也能审理专利纠纷；不动产纠纷由不动产所在地法院管辖，属于专属管辖。

核心考点27 ▶ 协议管辖 ★★★★★

56

A区的甲与B区的乙签订合同后又签订补充协议，协议约定发生纠纷后由合同履行地C区法院管辖。后经乙同意，甲将合同中的权利义务转让给D区的丙，但丙对补充协议毫不知情。再后，乙、丙又约定因履行合同发生纠纷由D区法院管辖。丙诉请乙履行，乙主张转让合同的行为无效。本案由哪个法院管辖？（2021-回忆版-单）

A. A区　　B. B区

C. C区　　D. D区

精析与思路

我感觉这道题也超级简单，不需要怎么解析。原来当事人是甲和乙，债权让与后，当事人变成丙和乙，二者之间的协议管辖约定也从最开始的约定改变成了由新的法院管辖。在协议管辖这个问题上，尊重当事人的意思自治，相当于用新约定修改了旧约定，因此，对请求履行合同和转让行为效力的问题，也属于因履行合同产生的争议，应由D区法院管辖。D选项当选。

参考答案 D

重复考查过的其他类似题目

57

住所地在H省K市L区的甲公司与住所地在F省E市D区的乙公司签订了一份钢材买卖合同，价款数额为90万元。合同在B市C区签订，双方约定合同履行地为W省Z市Y区，同时约定如因合同履行发生争议，由B市仲裁委员会仲裁。合同履行过程中，因钢材质量问题，甲公司与乙公司发生争议，甲公司欲申请仲裁解决。因B市有两个仲裁机构，分别为丙仲裁委员会和丁仲裁委员会（两个仲裁委员会所在地都在B市C区），乙公司认为合同中的仲裁条款无效，欲向有关机构申请确认仲裁条款无效。

如相关机构确认仲裁条款无效，甲公司欲与乙公司达成协议，确定案件的管辖法院。关于双方可以协议选择的管辖法院，下列选项正确的是：（2016/3/96-任）

A. H省K市L区法院
B. F省E市D区法院
C. B市C区法院
D. W省Z市Y区法院

精析与思路

本题实在是多年来少见的良心考题，只考查了一个问题，就是协议管辖可以选择的法院范围。

协议管辖可以选择的法院包括原告住所地、被告住所地、合同的签订地、合同的履行地和标的物所在地法院。参见法条依据。

本案的原告是甲公司，被告是乙公司。H省K市L区法院是原告住所地法院，A选项正确。F省E市D区法院是被告住所地法院，B选项正确。B市C区法院是合同签订地法院，C选项正确。W省Z市Y区法院是合同履行地法院，D选项正确。

参考答案 ABCD

法条依据

《民事诉讼法》第35条：合同或者其他财产权益纠纷的当事人可以书面协议选择被告住所地、合同履行地、合同签订地、原告住所地、标的物所在地等与争议有实际联系的地点的人民法院管辖，但不得违反本法对级别管辖和专属管辖的规定。

陷阱与规律

本题几乎没有陷阱。但是要注意一个问题，协议管辖中，只能约定法定范围内的法院作为管辖法院，超出法定范围，约定其他没有实际联系的法院管辖的，协议管辖将无效。

一句话背诵

协议管辖可供选择的法院范围包括：原、被告住所地法院，合同的签订、履行地法院，标的物所在地法院。

58

主要办事机构在A县的五环公司与主要办事机构在B县的四海公司于C县签订购货合同，约定：货物交付地在D县；若合同的履行发生争议，由原告所在地或者合同签订地的基层法院管辖。现五环公司起诉要求四海公司支付货款。四海公司辩称已将货款交给五环公司业务员付某。五环公司承认付某是本公司业务员，但认为其无权代理本公司收取货款，且付某也没有将四海公司声称的货款交给本公司。四海公司向法庭出示了盖有五环公司印章的授权委托书，证明付某有权代理五环公司收取货款，但五环公司对该授权书的真实性不予认可。根据案情，法院依当事人的申请通知付某参加（参与）了诉讼。

对本案享有管辖权的法院包括：（2015/3/95-任）

A. A县法院　　B. B县法院
C. C县法院　　D. D县法院

精析与思路

本题属于典型的合同争议，属于财产纠纷。而题目中表明，“若合同的履行发生争议，由原告所在地或者合同签订地的基层法院管辖”，说明存在协议管辖。

而原告住所地和合同签订地都是法定可以协议管辖的法院范围。参见法条依据（1）。而

且同时协议选择两个法院的协议管辖也是有效的。参见法条依据（2）。这说明本案的协议管辖有效。

协议管辖优先于合同案件的特殊地域管辖适用。所以，本案应由原告所在地或者合同签订地法院管辖。本案中，五环公司起诉，A县法院为原告所在地基层法院。C县法院为合同签订地的基层法院。A、C选项当选。

参考答案 AC

法条依据

（1）《民事诉讼法》第35条：合同或者其他财产权益纠纷的当事人可以书面协议选择被告住所地、合同履行地、合同签订地、原告住所地、标的物所在地等与争议有实际联系的地点的人民法院管辖，但不得违反本法对级别管辖和专属管辖的规定。

（2）《民诉解释》第30条第2款：管辖协议约定2个以上与争议有实际联系的地点的人民法院管辖，原告可以向其中1个人民法院起诉。

陷阱与规律

本题提示我们注意三个问题：

（1）在题目中看到存在协议管辖时，必须进一步判断这种协议管辖是否有效，有可能出现无效的协议管辖。

（2）按照新法，协议管辖可以选择的法院不限于1个，选择2个以上法院作为管辖的法院也是有效的。

（3）要注意各种管辖方法的适用顺序。按照约定优先于法定的原则，协议管辖优先于特殊地域管辖和一般地域管辖适用。

一句话背诵

协议管辖优先于特殊地域管辖。

核心考点28 ▸ 合同案件的特殊地域管辖 ★★★★★

59 ▸▸▸

王某向张某借款，双方约定因借款产生的纠纷由王某所在地甲地法院管辖，后张某又与刘某就该借款合同签订保证合同，约定就保证合同产生的纠纷，由刘某所在地乙地法院管辖。后王某未归还借款，则张某应如何救济？（2021-回忆版-多）

A. 若起诉王某和刘某，甲地法院有管辖权

B. 若起诉王某和刘某，乙地法院有管辖权

C. 若只起诉王某，甲地法院有管辖权

D. 若只起诉刘某，乙地法院有管辖权

精析与思路

我个人认为这是一道出得极其好的题。要顺利解答本题，就要搞明白两个前提：①关于保证人的保证形式对于诉讼形态的影响；②债权合同与担保合同关系对管辖的影响。

首先分析，本案中没有约定保证的形式。根据《民法典》第686条的规定，保证的方式包括一般保证和连带责任保证。当事人在保证合同中对保证方式没有约定或者约定不明确的，按照一般保证承担保证责任。本案应认定为属于一般保证。

其次，既然是一般保证，可以单独起诉债务人王某，此时，应由王某住所地甲地法院管辖。C选项是没问题的。如果一并起诉刘某和王某的话，两个被告住所地不是同一个地方，此时，从随主走，应按照主合同确定管辖。法条依据是《最高人民法院关于适用〈中华人民共和国民法典〉有关担保制度的解释》第21条：主合同或者担保合同约定了仲裁条款的，人民法院对约定仲裁条款的合同当事人之间的纠纷无管辖权。债权人一并起诉债务人和担保人的，应当根据主合同确定管辖法院。债权人依法可以单独起诉担保人且仅起诉担保人的，应当根据担保合同确定管辖法院。本案中存在两个协议管辖，都是有效的。那么，起诉二者时，就应按照约定由甲地法院管辖。A选项当选，B选项不当选。既然是一般保证，则不允许单独起诉保证人刘某。事实上，如果单独起诉刘某，是可以向乙地法院起诉的。但后续的程序操作是通过释明追加王某进入诉讼，此时，又变成两个被告，那么，乙地法院就没有管辖权了。乙地法院还是要移送管辖给甲地法院。据此可以

排除 D 选项。

参考答案 AC

★ 重复考查过的其他类似题目

60 »»

住所地在 H 省 K 市 L 区的甲公司与住所地在 F 省 E 市 D 区的乙公司签订了一份钢材买卖合同，价款数额为 90 万元。合同在 B 市 C 区签订，双方约定合同履行地为 W 省 Z 市 Y 区，同时约定如因合同履行发生争议，由 B 市仲裁委员会仲裁。合同履行过程中，因钢材质量问题，甲公司与乙公司发生争议，甲公司欲申请仲裁解决。因 B 市有两个仲裁机构，分别为丙仲裁委员会和丁仲裁委员会（两个仲裁委员会所在地都在 B 市 C 区），乙公司认为合同中的仲裁条款无效，欲向有关机构申请确认仲裁条款无效。

如仲裁条款被确认无效，甲公司与乙公司又无法达成新的协议，甲公司欲向法院起诉乙公司。关于对本案享有管辖权的法院，下列选项正确的是：（2016/3/97-任）

A. H 省 K 市 L 区法院

B. F 省 E 市 D 区法院

C. W 省 Z 市 Y 区法院

D. B 市 C 区法院

精析与思路

本题考查合同纠纷的管辖。

首先，仲裁条款被确认无效，甲公司与乙公司又无法达成新的协议，本案一定是由法院而非仲裁委管辖。

其次，本题中不存在专属管辖、协议管辖，那么，就应该按照合同案件的特殊地域管辖来确定管辖法院。

再次，本题明确表明“合同履行过程中”，说明合同已经实际履行，就应由被告住所地或者合同履行地人民法院管辖。参见法条依据（1）。

最后，甲公司欲向法院起诉乙公司，被告是乙公司，F 省 E 市 D 区法院有管辖权。B 选项正确。在本题前面的案情表述中已经提到“双方约定合同履行地为 W 省 Z 市 Y 区”，因此，W 省 Z 市 Y 区法院也有管辖权。C 选项正确。参见法条依据（2）。

参考答案 BC

法条依据

（1）《民事诉讼法》第 24 条：因合同纠纷提起的诉讼，由被告住所地或者合同履行地人民法院管辖。

（2）《民诉解释》第 18 条第 1 款：合同约定履行地点的，以约定的履行地点为合同履行地。

陷阱与规律

本题还是需要注意解题思路：

一方面是管辖方式的确定。当我们拿到一道考查地域管辖的题，应按照下列思路来确定管辖法院：

先确定是否存在专属管辖

↓

没有专属管辖的话，再确定是否有协议管辖及协议管辖是否有效

↓

没有协议管辖的话，再确定有没有特殊地域管辖

↓

没有特殊地域管辖的话，就按照一般地域管辖确定管辖；要判断是一般地域管辖的特殊情况还是一般地域管辖的一般情况

另一方面，要注意的做题思路是合同案件特殊地域管辖的确定。只要合同实际履行了，那么确定合同案件的特殊地域管辖就很容易，就应由合同履行地和被告住所地法院管辖。

如果合同没有实际履行，但是约定了履行地，且约定的履行地与原、被告住所地任何一个都不重合，这三个条件都同时满足时，才由被告住所地法院一个地方管辖。

一句话背诵

合同案件由合同履行地和被告住所地法院管辖。

61

2009年2月，家住甲市A区的赵刚向家住甲市B区的李强借了5000元，言明2010年2月之前偿还。到期后赵刚一直没有还钱。

2010年3月，李强找到赵刚家追讨该债务，发生争吵。赵刚因所牵宠物狗易受惊，遂对李强说："你不要大声喊，狗会咬你。"李强不理，仍然叫骂，并指着狗叫喊。该狗受惊，扑向李强并将其咬伤。李强治伤花费6000元。

李强起诉要求赵刚返还欠款5000元、支付医药费6000元，并向法院提交了赵刚书写的借条、其向赵刚转账5000元的银行转账凭证、本人病历、医院的诊断书（复印件）、医院处方（复印件）、发票等。

赵刚称，其向李强借款是事实，但在2010年1月卖给李强一块玉石，价值5000元，说好用玉石货款清偿借款。当时李强表示同意，并称之后会把借条还给赵刚，但其一直未还该借条。

赵刚还称，李强故意激怒狗，被狗咬伤的责任应由李强自己承担。对此，赵刚提交了邻居孙某出具的书面证词，该证词描述了李强当时骂人和骂狗的情形。

赵刚认为，李强提交的诊断书、医院处方均为复印件，没有证明力。

关于李强与赵刚之间欠款的诉讼管辖，下列选项正确的是：(2012/3/95-任)

A. 甲市A区法院

B. 甲市B区法院

C. 甲市中级法院

D. 应当专属甲市A区法院

精析与思路

本题属于借贷合同纠纷，不存在专属管辖、协议管辖。因此，应按照合同纠纷的特殊地域管辖确定管辖法院。

本案的借款合同显然已经履行，应由被告住所地或者合同履行地人民法院管辖。参见法条依据（1）。被告住所地就是赵刚的住所地甲市A区。

至于合同履行地，本案中没有约定，应按照法律规定确定管辖法院。借贷纠纷属于给付货币的纠纷，争议标的为给付货币的，接收货币一方所在地为合同履行地。参见法条依据（2）。李强诉赵刚把钱还给他（赵刚应把钱还给李强），因此，李强是接收货币一方，李强所在的甲市B区是合同履行地。

综上，被告住所地甲市A区和合同履行地甲市B区法院都有管辖权。A、B选项正确。

参考答案 AB

法条依据

（1）《民事诉讼法》第24条：因合同纠纷提起的诉讼，由被告住所地或者合同履行地人民法院管辖。

（2）《民诉解释》第18条：合同约定履行地点的，以约定的履行地点为合同履行地。合同对履行地点没有约定或者约定不明确，争议标的为给付货币的，接收货币一方所在地为合同履行地；交付不动产的，不动产所在地为合同履行地；其他标的，履行义务一方所在地为合同履行地。即时结清的合同，交易行为地为合同履行地。合同没有实际履行，当事人双方住所地都不在合同约定的履行地的，由被告住所地人民法院管辖。

陷阱与规律

这道题有一个小陷阱，就是借贷合同中，谁是接收货币一方。债权人诉债务人还钱，债务人要把钱还给债权人，债权人所在地才是接收货币一方所在地。

另外一个要注意的地方是合同履行地的确定。有约定履行地的，以约定地作为合同履行地；没有约定履行地的，才按照法律规定确定履行地。

一句话背诵

借贷合同纠纷由被告住所地和合同履行地法院管辖，贷款方所在地就是合同履行地。

核心考点29 侵权案件的特殊地域管辖★★★★

62

2009年2月，家住甲市A区的赵刚向家住甲市B区的李强借了5000元，言明2010年2月之前偿还。到期后赵刚一直没有还钱。

2010年3月，李强找到赵刚家追讨该债务，发生争吵。赵刚因所牵宠物狗易受惊，遂对李强说："你不要大声喊，狗会咬你。"李强不理，仍然叫骂，并指着狗叫喊。该狗受惊，扑向李强并将其咬伤。李强治伤花费6000元。

李强起诉要求赵刚返还欠款5000元、支付医药费6000元，并向法院提交了赵刚书写的借条、其向赵刚转账5000元的银行转账凭证、本人病历、医院的诊断书（复印件）、医院处方（复印件）、发票等。

赵刚称，其向李强借款是事实，但在2010年1月卖给李强一块玉石，价值5000元，说好用玉石货款清偿借款。当时李强表示同意，并称之后会把借条还给赵刚，但其一直未还该借条。

赵刚还称，李强故意激怒狗，被狗咬伤的责任应由李强自己承担。对此，赵刚提交了邻居孙某出具的书面证词，该证词描述了李强当时骂人和骂狗的情形。

赵刚认为，李强提交的诊断书、医院处方均为复印件，没有证明力。

关于李强要求赵刚支付医药费的诉讼管辖，下列选项正确的是：（2012/3/96-任）

A. 甲市A区法院
B. 甲市B区法院
C. 甲市中级法院
D. 应当专属甲市A区法院

精析与思路

本题考查侵权案件的管辖法院。侵权纠纷由侵权行为地或者被告住所地人民法院管辖。参见法条依据。就本题来讲，本案中赵刚是被告，狗在赵刚家咬伤李强，因此侵权行为地与被告住所地均为甲市A区，甲市A区法院对于本案有管辖权。所以，A选项正确。

参考答案 A

法条依据

《民事诉讼法》第29条：因侵权行为提起的诉讼，由侵权行为地或者被告住所地人民法院管辖。

陷阱与规律

侵权行为地，包括侵权行为实施地和侵权结果发生地。

侵权纠纷由侵权行为地和被告住所地法院管辖。

低频考点30 运输案件的特殊地域管辖☆

本考点在近20年的真题中没有独立考查过，但大家仍需准确掌握理论卷中对相应知识的讲解。

低频考点31 海事案件的特殊地域管辖☆☆

本考点在近20年的真题中没有独立考查过，但大家仍需准确掌握理论卷中对相应知识的讲解。

低频考点32 公司诉讼的特殊地域管辖☆☆

63

甲县的葛某和乙县的许某分别拥有位于丙县的云峰公司50%的股份。后由于二人经营理念不合，已连续4年未召开股东会，无法形成股东会决议。许某遂向法院请求解散公司，并在法院受理后申请保全公司的主要资产（位于丁县的一块土地的使用权）。

专题10

依据法律，对本案享有管辖权的法院是：(2014/3/96-任)

A. 甲县法院　　B. 乙县法院

C. 丙县法院　　D. 丁县法院

精析与思路

公司设立、解散、分立、合并、变更登记纠纷；公司决议、分配利润、增减资纠纷；公司确认股东资格、股东名册记载、股东知情权纠纷均属于公司诉讼，应由公司住所地法院管辖。参见法条依据。本案中，许某请求解散公司，属于典型的公司诉讼，应由公司住所地法院管辖。因此，C选项当选。

参考答案 C

法条依据

《民事诉讼法》第27条：因公司设立、确认股东资格、分配利润、解散等纠纷提起的诉讼，由公司住所地人民法院管辖。

陷阱与规律

考试中遇到当事人中有公司的管辖问题，一定要小心地甄别是否属于公司诉讼。若属于公司诉讼，则属于特殊地域管辖，不可以按照原告就被告的原则确定管辖。

一句话背诵

解散公司诉讼属于公司诉讼，公司诉讼由公司住所地法院管辖。

低频考点33 保险合同纠纷、票据纠纷和监护纠纷的特殊地域管辖 ☆

64

A公司为自己名下的货车购买了F区甲保险公司的保险。某日，该货车在B区与D区的张某驾驶的越野车相撞，事后证明张某没有驾驶证，负全责，该越野车系张某从其好友C区李某处借得。李某为越野车购买了E区乙保险公司的保险。甲保险公司赔付A公司以后进行追偿，应由何地法院管辖？(2018-回忆版-多)

A. B区法院　　B. C区法院

C. D区法院　　D. E区法院

精析与思路

这道题非常混乱。首先要明确的是，本题中涉及保险的险种是什么。大家应该对车辆保险中常见的几种情况有一个清晰的把握。如果你的车被别人的车撞了，别人的保险公司赔付你，这是对方的交强险在起作用；你的保险公司因你的车辆受损赔付你，这是车损险在起作用；如果碰撞中造成了第三人的损害，责任方的保险公司赔付，这叫第三者险；事故中造成自己车内的其他人受伤，这是座位险的范畴。按照以往出题的规律，没有特殊说明，我们一般就按照常规的交强险处理。

其次，本题要搞清楚法律关系。本题中存在侵权关系和保险关系。本案中侵权关系的加害人是张某和李某。本案中，李某应知道好友张某没有驾驶证，仍将车借给他驾驶，具有过错，应承担一定责任。所以，李某的保险公司乙公司应该在交强险范围内赔偿A公司的损失。但是这道题非常特殊，它问的是“甲保险公司赔付A公司以后进行追偿”，也就是说，甲保险公司并非在交强险的范畴赔偿，而是在车损险的范畴进行赔偿，而本题考查的就是甲保险公司的代位求偿权问题。甲保险公司赔偿A公司的损失后，可以向责任人张某、李某及其交强险承保公司追偿。

再次，在进行追偿时，要清楚，根据《保险法》第60条第1款的规定，因第三者对保险标的的损害而造成保险事故的，保险人自向被保险人赔偿保险金之日起，在赔偿金额范围内代位行使被保险人对第三者请求赔偿的权利。保险人的代位求偿权，是指保险人依法享有的，代位行使被保险人向造成保险标的损害负有赔偿责任的第三者请求赔偿的权利。保险人代位求偿权源于法律的直接规定，属于保险人的法定权利，并非基于保险合同而产生的约定权利。因第三者（张某、李某）对保险标的的损害造成保险事故，保险人向被保险人A公司赔偿保险金后，代位行使被保险人对第三者请求赔偿的权利而提起诉讼的，就不再是一个保险合同纠纷，而是应根据保险人所代位的被保险人与第三者之间的法律关系确定管辖法院。本案中若以保险合同纠纷起诉，属于对运输工具进行保险后产生的合同纠纷，应依据《民诉解释》第21条第1款的规定确定管辖，即因财产保险合同纠纷提起的诉讼，如果保险标的物是运输工具或者运输中的货物，可以由运输工具登记注册地、运输目的地、保险事故发生地人民法院管辖。而本案属于交通事故侵权纠纷，不应适用财产保险合同纠纷管辖的规定，不应以保险标的物所在地作为管辖依据。根据《民事诉讼法》第30条的规定，因铁路、公路、水上和航空事故请求损害赔偿提起的诉讼，由事故发生地或者车辆、船舶最先到达地、航空器最先降落地或者被告住所地人民法院管辖。就本案而言，碰撞发生的侵权行为地在B区，若原告同时起诉三被告，而三被告中，张某位于D区，李某位于C区，乙保险公司位于E区，则B、C、D、E区的法院对本案均有管辖权。A、B、C、D选项均当选。

参考答案 ABCD

低频考点34 ▶ 选择管辖 ☆

本考点在近20年的真题中没有独立考查过，但大家仍需准确掌握理论卷中对相应知识的讲解。

低频考点35 ▶ 涉外案件的牵连管辖 ☆

65 »»

关于涉外民事诉讼管辖的表述，下列哪一选项是正确的？（2013/3/47-单）

A. 凡是涉外诉讼与我国法院所在地存在一定实际联系的，我国法院都有管辖权，体现了诉讼与法院所在地实际联系原则

B. 当事人在不违反级别管辖和专属管辖的前提下，可以约定各类涉外民事案件的管辖法院，体现了尊重当事人原则

C. 中外合资经营企业与其他民事主体的合同纠纷，专属我国法院管辖，体现了维护国家主权原则

D. 重大的涉外案件由中级以上级别的法院管辖，体现了便于当事人诉讼原则

精析与思路

这道题是关于涉外案件管辖问题的集中考查，考点比较分散。

A选项考查涉外牵连管辖。只要诉讼与法院所在地有实际联系，我国法院就可以管，这是为了扩大我国司法主权（只要有牵连，我们就能管）。因此，A选项正确。参见法条依据（1）。有一点我要说明，法条中强调了，能适用牵连管辖的案件仅限于除身份关系以外的诉讼。所以，其实A选项是不够严谨的，因为A选项说的是“凡是涉外民事诉讼”，相当于扩大了牵连管辖的外延。但是，这道题实在没有其他选项可以选择了，大家理解这个题就可以了。

B选项考查涉外协议管辖。涉外协议管辖和国内协议管辖，在《民事诉讼法》中，除了涉外协议管辖可以选择的范围比国内协议管辖要大之外，其他的规则都是一样的。国内和涉外协议管辖都是只能协议财产纠纷案件的管辖法院，并非可以协议各种案件的管辖法院。因此，B选项错误。参见法条依据（2）。

C选项考查涉外专属管辖。属于涉外专属管辖的三种纠纷，指的是中方和外方在履行中外合资经营企业合同、中外合作经营企业合同、中外合作勘探开发自然资源合同过程中产生的纠纷，而这些中外合资企业、中外合作企业和其他主体产生的纠纷不属于涉外专属管辖。因此，C选项错误。这个考点在前面2014年卷三第39题中考查过一次。参见法条依据（3）。

D选项考查涉外案件的级别管辖。法律规定重大的涉外案件由中级以上级别的法院管辖，主要是从保障公正审理的角度考虑。否则的话，就近诉讼才能便于当事人诉讼，绝大多数案件由基层法院进行一审，就是为了便于当事人诉讼。因此，D选项错误。

参考答案 A

法条依据

（1）《民事诉讼法》第276条：因涉外民

事纠纷，对在中华人民共和国领域内没有住所的被告提起除身份关系以外的诉讼，如果合同签订地、合同履行地、诉讼标的物所在地、可供扣押财产所在地、侵权行为地、代表机构住所地位于中华人民共和国领域内的，可以由合同签订地、合同履行地、诉讼标的物所在地、可供扣押财产所在地、侵权行为地、代表机构住所地人民法院管辖。除前款规定外，涉外民事纠纷与中华人民共和国存在其他适当联系的，可以由人民法院管辖。

（2）《民事诉讼法》第35条：合同或者其他财产权益纠纷的当事人可以书面协议选择被告住所地、合同履行地、合同签订地、原告住所地、标的物所在地等与争议有实际联系的地点的人民法院管辖，但不得违反本法对级别管辖和专属管辖的规定。

（3）《民事诉讼法》第279条：下列民事案件，由人民法院专属管辖：①因在中华人民共和国领域内设立的法人或者其他组织的设立、解散、清算，以及该法人或者其他组织作出的决议的效力等纠纷提起的诉讼；②因与在中华人民共和国领域内审查授予的知识产权的有效性有关的纠纷提起的诉讼；③因在中华人民共和国领域内履行中外合资经营企业合同、中外合作经营企业合同、中外合作勘探开发自然资源合同发生纠纷提起的诉讼。

陷阱与规律

这道题可谓是涉外管辖案件的集大成的例题，几个陷阱都很有代表性。要重点关注，涉外协议管辖可以选择的范围广于国内协议管辖。这是因为，涉外案件可以选择侵权行为地或者外国法院作为管辖法院，而国内协议管辖则是不可以的。除此之外，涉外协议管辖和国内协议管辖的规则都是一样的。

一句话背诵

对于涉外案件，存在牵连管辖；涉外案件和国内案件一样，只能协议管辖除身份关系以外的纠纷案件；中外合资经营企业纠纷中，只有中方和外方的纠纷才属于涉外专属管辖（不是该企业和别的企业的纠纷）；重大涉外案件由中院管辖，更能保障公正审理。

专题11 裁定管辖

核心考点36 ▶ 移送管辖 ★★★★

66

根据《民事诉讼法》和相关司法解释的规定，法院的下列哪些做法是违法的？（2014/3/78-多）

A. 在一起借款纠纷中，原告张海起诉被告李河时，李河居住在甲市A区。A区法院受理案件后，李河搬到甲市D区居住，该法院知悉后将案件移送D区法院

B. 王丹在乙市B区被黄玫打伤，以为黄玫居住乙市B区，而向该区法院提起侵权诉讼。乙市B区法院受理后，查明黄玫的居住地是乙市C区，遂将案件移送乙市C区法院

C. 丙省高院规定，本省中院受理诉讼标的额1000万元至5000万元的财产案件。丙省E市中院受理一起标的额为5005万元的案件后，向丙省高院报请审理该案

D. 居住地为丁市H区的孙溪要求居住地为丁市G区的赵山依约在丁市K区履行合同。后因赵山下落不明，孙溪以赵山为被告向丁市H区法院提起违约诉讼，该法院以本院无管辖权为由裁定不予受理

精析与思路

这道题看上去真的好麻烦，但是我们还要静下心一点点地做。

A 选项竟然考查了两个考点。

首先，要确定本案的法定管辖。本案属于借贷合同纠纷，不存在专属管辖和协议管辖，应按照合同案件的特殊地域管辖确定管辖法院，所以，应该由被告住所地和合同履行地法院管辖。A 区法院作为被告住所地法院，对本案是有管辖权的。

插播一个题外话，除了被告住所地，另一个有管辖权的法院是合同履行地法院。本题中没有约定履行地，就应按照法律规定，由接收货币方所在地作为合同履行地。而在借贷合同中，债权人（贷款人）住所地作为接收货币方所在地，即合同履行地。当然，说这个属于题外话，是因为这道题并没有问哪里是合同履行地。不过，这个考点在 2012 年卷三第 95 题中考过一次。

其次，按照上面的分析，既然 A 区法院受理时是有管辖权的，A 区法院受理案件后，李河搬到甲市 D 区居住，会不会导致 A 区法院丧失管辖权呢？不会！因为存在管辖权恒定原则。起诉时对案件享有管辖权的法院，不因确定管辖的相关因素在诉讼过程中发生变化而影响其管辖权。A 区法院对该案件依然有管辖权。

最后，A 区法院将案件移送 D 区法院，就不是从无到有，该做法违反了移送管辖的规定。A 选项当选。

这样，A 选项才算是做完了。参见法条依据（1）、（2）、（4）。

B 选项是一个侵权案件，应由侵权行为地和被告住所地法院管辖。乙市 B 区是侵权行为地，乙市 C 区是被告住所地，这两个地方的法院对案件都是有管辖权的。所以，乙市 B 区法院受理后，将案件移送乙市 C 区法院同样违反了移送管辖从无到有的要求，是违法的。B 选项当选。参见法条依据（3）。

C 选项明确了中院的管辖标准是 1000 万元至 5000 万元，所以，该中院对于标的额为 5005 万元的案件是没有管辖权的。该中院受理案件后，应把该案件移送到高院审理，这就是所谓"从无到有"的移送管辖，而不需要向丙省高院报请审理该案。C 选项当选。

向丙省高院报请审理该案的做法属于管辖权转移，其实质是从有到无，即中院本来对该案有管辖权时，可以报请没有管辖权的高院审理。若中院根本没有管辖权，则应直接移送给高院，不需要报请。参见法条依据（4）、（5）。

D 选项是一个合同纠纷，应由合同履行地和被告住所地法院管辖。丁市 G 区是被告赵山住所地，丁市 K 区是合同履行地，这两地的法院对本案都有管辖权。丁市 H 区作为原告住所地，对本案是没有管辖权的。孙溪向丁市 H 区法院起诉，该法院对本案没有管辖权，不予受理的做法是正确的。D 选项不当选。参见法条依据（1）、（6）、（7）。

有的同学提出，D 选项是否可以认定为合同尚未实际履行呢？但从 D 选项的描述看，只是说债务人下落不明，这并不足以说明合同尚未履行。债务人在下落不明前履行完毕或者债务人下落不明不影响合同的履行，这都是有可能的。所以，就不要自己加戏了。

参考答案 ABC

法条依据

（1）《民事诉讼法》第 24 条：因合同纠纷提起的诉讼，由被告住所地或者合同履行地人民法院管辖。

（2）《民诉解释》第 37 条：案件受理后，受诉人民法院的管辖权不受当事人住所地、经常居住地变更的影响。

（3）《民事诉讼法》第 29 条：因侵权行为提起的诉讼，由侵权行为地或者被告住所地人民法院管辖。

（4）《民事诉讼法》第 37 条：人民法院发现受理的案件不属于本院管辖的，应当移送有管辖权的人民法院，受移送的人民法院应当受理。受移送的人民法院认为受移送的案件依照规定不属于本院管辖的，应当报请上级人民法院指定管辖，不得再自行移送。

（5）《民事诉讼法》第 39 条：上级人民法院有权审理下级人民法院管辖的第一审民事案件；确有必要将本院管辖的第一审民事案件交下级人民法院审理的，应当报请其上级人民法院批准。下级人民法院对它所管辖的第一审民事案件，认为需要由上级人民法院审理的，可以报请上级人民法院审理。

（6）《民事诉讼法》第122条：起诉必须符合下列条件：①原告是与本案有直接利害关系的公民、法人和其他组织；②有明确的被告；③有具体的诉讼请求和事实、理由；④属于人民法院受理民事诉讼的范围和受诉人民法院管辖。

（7）《民事诉讼法》第126条：人民法院应当保障当事人依照法律规定享有的起诉权利。对符合本法第122条的起诉，必须受理。符合起诉条件的，应当在7日内立案，并通知当事人；不符合起诉条件的，应当在7日内作出裁定书，不予受理；原告对裁定不服的，可以提起上诉。

陷阱与规律

我要强调的是D选项，会有许多同学这样解题：虽然被告赵山下落不明，但是本案并非属于身份关系诉讼，所以依然应由被告住所地法院管辖，而不应该由原告住所地法院管辖。

按照这种观点，依然可以得到该法院对案件不予受理的做法是正确的结论。但是解题的思路就完全错误了。

这种错误在于，本案属于合同纠纷，存在特殊地域管辖。按照我教大家的解决地域管辖问题的思路，应按照“专属管辖—协议管辖—特殊地域管辖——般地域管辖”的思路去解决。本题中有特殊地域管辖，根本不需要考虑一般地域管辖的原告就被告或者被告就原告问题。

一定要注意！

一句话背诵

合同纠纷由合同履行地和被告住所地法院管辖，借贷合同中贷款方所在地就是合同履行地；侵权纠纷由侵权行为地和被告住所地法院管辖；移送管辖和管辖权转移不同，移送管辖是从无到有，管辖权转移是从有到无；只要起诉时是对案件有管辖权的法院，它就对该案件一直都有管辖权。

核心考点37 ▶ 管辖权转移 ★★★

67

关于管辖制度的表述，下列哪些选项是不正确的？（2013/3/79-多）

A. 对下落不明或者宣告失踪的人提起的民事诉讼，均应由原告住所地法院管辖

B. 因共同海损或者其他海损事故请求损害赔偿提起的诉讼，被告住所地法院享有管辖权

C. 甲区法院受理某技术转让合同纠纷案后，发现自己没有级别管辖权，将案件移送至甲市中院审理，这属于管辖权的转移

D. 当事人可以书面约定纠纷的管辖法院，这属于选择管辖

精析与思路

这也是一道关于管辖的综合问题。

A选项考查了一般地域管辖的例外规定，该选项不正确，当选。在被告下落不明或者被宣告失踪时，只有有关身份关系的诉讼，才能由原告住所地法院管辖。参见法条依据（1）。

B选项不正确，当选。共同海损诉讼，被告住所地法院没有管辖权。参见法条依据（2）。

C选项不正确，当选。发现自己没有管辖权而移送出去，本质上是从无到有的移送，属于移送管辖，而非管辖权转移，管辖权转移的实质是从有到无。参见法条依据（3）。

D选项不正确，当选。当事人可以书面约定纠纷的管辖法院，这属于协议管辖。选择管辖，是指当2个以上的法院对诉讼都有管辖权时，当事人可以选择其中一个法院提起诉讼。参见法条依据（4）、（5）。

参考答案 ABCD

法条依据

（1）《民事诉讼法》第23条：下列民事诉讼，由原告住所地人民法院管辖；原告住所地与经常居住地不一致的，由原告经常居住地人民法院管辖：①对不在中华人民共和国领域内居住的人提起的有关身份关系的诉讼；②对下落不明或者宣告失踪的人提起的有关身份关系

的诉讼；……

(2)《民事诉讼法》第 33 条：因共同海损提起的诉讼，由船舶最先到达地、共同海损理算地或者航程终止地的人民法院管辖。

(3)《民事诉讼法》第 37 条：人民法院发现受理的案件不属于本院管辖的，应当移送有管辖权的人民法院，受移送的人民法院应当受理。……

(4)《民事诉讼法》第 36 条：2 个以上人民法院都有管辖权的诉讼，原告可以向其中 1 个人民法院起诉；原告向 2 个以上有管辖权的人民法院起诉的，由最先立案的人民法院管辖。

(5)《民事诉讼法》第 35 条：合同或者其他财产权益纠纷的当事人可以书面协议选择被告住所地、合同履行地、合同签订地、原告住所地、标的物所在地等与争议有实际联系的地点的人民法院管辖，但不得违反本法对级别管辖和专属管辖的规定。

陷阱与规律

(1) 这里提醒大家一个重要区别：移送管辖是从无到有，管辖权转移是从有到无。

(2) 然后我做一个重要总结：三种海事案件，被告住所地没有管辖权——共同海损纠纷、海难救助纠纷和海洋环境污染民事公益诉讼。

此外，继承纠纷、诉前保全错误和被保全人索赔的案件，被告住所地都没有管辖权。

一句话背诵

对下落不明或失踪人提起的身份关系诉讼，由原告住所地管辖；共同海损纠纷，被告住所地没有管辖权；移送管辖的实质是从无到有；书面约定管辖法院属于协议管辖。

核心考点 38 ▶ 指定管辖 ★★

68 »»

某省甲市 A 区法院受理一起保管合同纠纷案件，根据被告管辖权异议，A 区法院将案件移送该省乙市 B 区法院审理。乙市 B 区法院经审查认为，A 区法院移送错误，本案应归甲市 A 区法院管辖，发生争议。关于乙市 B 区法院的做法，下列哪一选项是正确的？(2010/3/39-单)

A. 将案件退回甲市 A 区法院

B. 将案件移送同级第三方法院管辖

C. 报请乙市中级法院指定管辖

D. 与甲市 A 区法院协商不成，报请该省高级法院指定管辖

精析与思路

本题综合考查指定管辖和移送管辖。本题中，甲市 A 区法院将案件移送管辖给了乙市 B 区法院，乙市 B 区法院认为移送管辖是错误的，与甲市 A 区法院发生了管辖权争议。

针对以上案情，首先要回答：若甲市 A 区法院的移送管辖是错误的，乙市 B 区法院能不能移送回去或者移送给第三方法院呢？答案是否定的。如果允许乙市 B 区法院移送回去或者移送出去，很可能会导致案件将不停地在各个法院之间流转，而当事人无法及时获得司法救济。所以，若受移送的法院认为移送法院的移送管辖是错误的，应报自己的上级（受移送法院的上级），请自己的上级法院指定管辖。参见法条依据（1）。

其次，如果不仅仅是乙市 B 区法院认为自己没有管辖权，而是乙市 B 区和甲市 A 区两个法院发生了管辖权争议，就不再是乙市 B 区法院自己的事，此时该如何做？此时，该先协商，协商不成，逐级报共同上级指定管辖。参见法条依据（2）。

由此，本题中，若乙市 B 区法院认为甲市 A 区法院移送管辖错误，既不得将案件退回甲市 A 区法院，也不得将案件移送同级第三方法院管辖。本题中，已经明确说明两法院“发生争议”，涉及两个法院，此时，已经不能报乙市 B 区法院的上级指定管辖，而应报甲市 A 区、乙市 B 区两法院的共同上级法院指定管辖。甲市 A 区法院和乙市 B 区法院的共同上级法院是省高级人民法院。所以，D 选项正确。

参考答案 D

专题 11

法条依据

（1）《民事诉讼法》第37条：……受移送的人民法院认为受移送的案件依照规定不属于本院管辖的，应当报请上级人民法院指定管辖，不得再自行移送。

（2）《民事诉讼法》第38条第2款：人民法院之间因管辖权发生争议，由争议双方协商解决；协商解决不了的，报请它们的共同上级人民法院指定管辖。

陷阱与规律

要注意这个规律：

如果甲法院移送案件给乙法院，乙法院认为自己没管辖权，只需要报乙法院自己的上级指定管辖。

如果甲法院移送案件给乙法院，乙法院认为自己没管辖权，和甲法院发生了争议，最终必须报甲、乙两法院共同的上级指定管辖。

关键要看有没有"发生争议"。

一句话背诵

某法院接到移送管辖的案件后，认为移送管辖错误，和移送法院发生争议，不得移送回去或者移送给第三方，应报双方共同的上级法院指定管辖。

核心考点39 ▶ 管辖权异议 ★★★★★

69

住所在A市B区的甲公司与住所在A市C区的乙公司签订了一份买卖合同，约定履行地为D县。合同签订后尚未履行，因货款支付方式发生争议，乙公司诉至D县法院。甲公司就争议的付款方式提交了答辩状。经审理，法院判决甲公司败诉。甲公司不服，以一审法院无管辖权为由提起上诉，要求二审法院撤销一审判决，驳回起诉。关于本案，下列哪一表述是正确的？（2017/3/36-单，改编）

A. D县法院有管辖权，因D县是双方约定的合同履行地

B. 二审法院对上诉人提出的管辖权异议不予审查

C. 二审法院应裁定撤销一审判决，发回一审法院重审

D. 二审法院应裁定撤销一审判决，将案件移送有管辖权的法院审理

精析与思路

这是一道难度非常大的试题。本题有三个考查层次，考生在解题时也应严格按照以下三个层次进行分析：

首先，本题考查法定管辖当事人的合同案件的特殊地域管辖。本题属于买卖合同纠纷，不存在专属管辖和协议管辖，应按照特殊地域管辖确定管辖法院。从本案看，当事人约定了合同履行地，但是合同没有实际履行，合同约定的履行地D县与原告住所地C区、被告住所地B区都不重合（就是我们讲的有约定、未履行、不重合）。此时，应由被告住所地法院管辖，即真正对本案有地域管辖权的法院是B区法院，故排除A选项。参见法条依据（1）、（2）。

其次，管辖权异议应在一审答辩期间内提出，在二审程序中、发回重审和按照一审程序再审等程序中均不得提出管辖权异议。参见法条依据（3）、（4）。就B选项本身看，二审法院对上诉人提出的管辖权异议不予审查，说法是正确的。只不过，题目中并没有提及上诉人提出过管辖权异议，可能是出题的微小疏漏。

你要注意，法院正确的做法是不！予！审！查！而并非驳回管辖权异议。原因是，当事人在二审中既然无权提出管辖权异议，法院当然没有审查的义务。若当事人是在一审答辩期内提出管辖权异议，则法院必须审查，审查后作出支持或驳回的裁定。

最后，本案中，虽然D县法院对本案没有管辖权，但是甲公司就争议的付款方式提交了答辩状，而没有提出管辖权异议，构成了应诉管辖，视为D县法院有管辖权。参见法条依据（3）的第2款。因此，二审法院的正确做法是驳回上诉请求，维持原裁定。C选项中的发回重审和D选项中的移送管辖都是错误的。

参考答案 B

法条依据

（1）《民事诉讼法》第 24 条：因合同纠纷提起的诉讼，由被告住所地或者合同履行地人民法院管辖。

（2）《民诉解释》第 18 条第 3 款：合同没有实际履行，当事人双方住所地都不在合同约定的履行地的，由被告住所地人民法院管辖。

（3）《民事诉讼法》第 130 条：人民法院受理案件后，当事人对管辖权有异议的，应当在提交答辩状期间提出。人民法院对当事人提出的异议，应当审查。异议成立的，裁定将案件移送有管辖权的人民法院；异议不成立的，裁定驳回。当事人未提出管辖异议，并应诉答辩或者提出反诉的，视为受诉人民法院有管辖权，但违反级别管辖和专属管辖规定的除外。

（4）《民诉解释》第 39 条第 2 款：人民法院发回重审或者按第一审程序再审的案件，当事人提出管辖异议的，人民法院不予审查。

陷阱与规律

这道题有两个隐藏陷阱：①满足了有约定、未履行、不重合的情形，合同履行地法院没有管辖权；②被告的行为构成了应诉管辖，合同履行地法院因此取得了管辖权。如果考生没有注意到，即便排除了 C、D 选项，也会误选 A 选项。此题可谓险象环生。

由此可见，现在考试题的难度非常大，远非背背法条就能应对，必须能对知识综合地、灵活地运用。

一句话背诵

满足有约定、未履行、不重合三个条件，只有被告住所地法院有管辖权。应诉管辖成立，受理法院即取得管辖权。管辖权异议应在一审答辩期内提出。

重复考查过的其他类似题目

70

甲县的甲起诉要求乙县的乙还钱，乙在答辩期内提交了答辩状、未提出管辖权异议，开庭时，甲未到庭参加诉讼。乙前来开庭，并表示甲、乙之间订立了管辖协议，法院审查后发现甲、乙的合同约定了管辖法院。关于本案，下列说法正确的是：（2019-回忆版-单）

A. 因乙未提出管辖权异议，法院对本案有管辖权

B. 未提出管辖权异议，法院应该移送管辖

C. 法院应缺席判决

D. 合同履行地和被告住所地都在乙县

精析与思路

本题属于对管辖问题的综合考查。综合考查了合同案件的特殊地域管辖、应诉管辖、管辖权异议和缺席判决等知识。题目的描述简明扼要，但是考查的内容却非常的丰富。这也体现了现在考试命题的基本趋势和综合性要求。

本题的 A 选项是正确的，因为乙在答辩期内没有提出管辖权异议，又提交了答辩状，视为该法院有管辖权。即便该法院本来对此案件没有管辖权，也会因此而取得对本案的管辖权。值得注意的是，在本案中，当事人的协议管辖是有效的，所以应当优先按照协议管辖的内容来确定管辖法院。从这个意义上看，乙县法院对本案本来应当是没有管辖权的，只是因为应诉管辖取得了对本案的管辖权。

既然该法院已经取得了对本案的管辖权，所以，B 选项就是错误的。在法院对案件有管辖权的情况下，不得将案件移送管辖，移送管辖必须符合从无到有的要求。

C 选项是错误的。因为本案中没有到庭的是甲，而甲在本案中属于原告。原告不到庭，法院应裁定按撤诉处理而非缺席判决。

D 选项是错误的。按照特殊地域管辖的要求，本案作为借贷合同纠纷，应当由合同履行地和被告住所地的法院管辖。而本案的被告住所地为乙县，合同履行地是接收货币一方住所地，本案中接收货币一方住所地是债权人甲所居住的甲县，故合同履行地是甲县，被告住所地才是乙县。

参考答案 A

71 ⋙

A 想在乙区买一个店铺，和甲县的 B 签居间合同，和乙区的 C 签店铺买卖合同。C 不肯交房并办理过户。A 将 B、C 起诉到甲县法院要求交付店铺并办理过户，法院判决 C 交付店铺并办理过户，以 B 主体不适格为由裁定驳回起诉。C 不服上诉，认为裁定 B 主体不适格，那么甲县法院就管辖错误，故而在二审中提出管辖权异议。二审法院应当如何处理？（2019-回忆版-单）

A. 二审法院应移送管辖

B. 二审法院应指定管辖

C. 二审法院应驳回管辖权异议

D. 二审法院继续审理

精析与思路

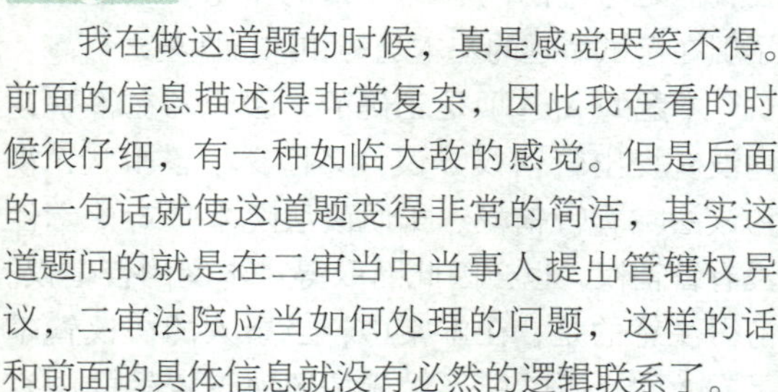

我在做这道题的时候，真是感觉哭笑不得。前面的信息描述得非常复杂，因此我在看的时候很仔细，有一种如临大敌的感觉。但是后面的一句话就使这道题变得非常的简洁，其实这道题问的就是在二审当中当事人提出管辖权异议，二审法院应当如何处理的问题，这样的话和前面的具体信息就没有必然的逻辑联系了。

我反复强调过要提出管辖权异议，应当在一审的答辩期间，而这道题已经到了二审阶段，当事人再提出管辖权异议，法院是不应予以审查的。既然不进行审查，就谈不上驳回管辖权异议，更不会因此而启动移送管辖或者指定管辖的程序。所以，只有 D 选项当选，二审法院不予审查而继续审理。

要提醒同学们注意的是，如果在一审的答辩期内，当事人提出了有效的管辖权异议，法院审查之后认为管辖权异议不成立，则应当驳回管辖权异议；而在二审当中提出管辖权异议，二审法院根本就不应当予以审查。这两种处理方法是有差异的。

参考答案 D

72 ⋙

法院受理案件后，被告提出管辖异议，依据法律和司法解释规定，其可以采取下列哪些救济措施？（2016/3/78-多）

A. 向受诉法院提出管辖权异议，要求受诉法院对管辖权的归属进行审查

B. 向受诉法院的上级法院提出异议，要求上级法院对案件的管辖权进行审查

C. 在法院对管辖异议驳回的情况下，可以对该裁定提起上诉

D. 在法院对案件审理终结后，可以以管辖错误作为法定理由申请再审

精析与思路

本题考查的是管辖权异议的提出和救济。

被告提出管辖权异议，应向受理（受诉）法院提出。所以，A 选项当选，B 选项不当选。参见法条依据（1）。

管辖权异议被驳回，可以对该裁定提起上诉。C 选项当选。参见法条依据（2）。

2012 年《民事诉讼法》修正生效后，管辖错误已经不再是申请再审的法定事由。D 选项不当选。参见法条依据（3）。值得注意的是，即便是违反专属管辖和级别管辖的案件也不能以管辖错误作为法定理由申请再审。

参考答案 AC

法条依据

（1）《民事诉讼法》第 130 条：人民法院受理案件后，当事人对管辖权有异议的，应当在提交答辩状期间提出。人民法院对当事人提出的异议，应当审查。异议成立的，裁定将案件移送有管辖权的人民法院；异议不成立的，裁定驳回。当事人未提出管辖异议，并应诉答辩或者提出反诉的，视为受诉人民法院有管辖权，但违反级别管辖和专属管辖规定的除外。

（2）《民事诉讼法》第 157 条：裁定适用于下列范围：①不予受理；②对管辖权有异议的；③驳回起诉；④保全和先予执行；⑤准许或者不准许撤诉；⑥中止或者终结诉讼；⑦补正判决书中的笔误；⑧中止或者终结执行；⑨撤销或者不予执行仲裁裁决；⑩不予执行公证机关赋予强制执行效力的债权文书；⑪其他需要裁定解决的事项。对前款第 1 项至第 3 项裁定，可以上诉。裁定书应当写明裁定结果和

作出该裁定的理由。裁定书由审判人员、书记员署名，加盖人民法院印章。口头裁定的，记入笔录。

（3）《民事诉讼法》第 211 条：当事人的申请符合下列情形之一的，人民法院应当再审：①有新的证据，足以推翻原判决、裁定的；②原判决、裁定认定的基本事实缺乏证据证明的；③原判决、裁定认定事实的主要证据是伪造的；④原判决、裁定认定事实的主要证据未经质证的；⑤对审理案件需要的主要证据，当事人因客观原因不能自行收集，书面申请人民法院调查收集，人民法院未调查收集的；⑥原判决、裁定适用法律确有错误的；⑦审判组织的组成不合法或者依法应当回避的审判人员没有回避的；⑧无诉讼行为能力人未经法定代理人代为诉讼或者应当参加诉讼的当事人，因不能归责于本人或者其诉讼代理人的事由，未参加诉讼的；⑨违反法律规定，剥夺当事人辩论权利的；⑩未经传票传唤，缺席判决的；⑪原判决、裁定遗漏或者超出诉讼请求的；⑫据以作出原判决、裁定的法律文书被撤销或者变更的；⑬审判人员审理该案件时有贪污受贿，徇私舞弊，枉法裁判行为的。

陷阱与规律

对于管辖权问题和再审程序的联系，要记住以下三种考查角度：

（1）再审中不能提出管辖权异议；

（2）对管辖权异议裁定不服，不能申请再审；

（3）不能以管辖权错误为由申请再审。

应向受诉法院提出管辖权异议，被驳回后可以向上级法院上诉。

管辖权恒定

核心考点 40 ▶ 管辖权恒定原则

★★★★

73 »»

根据相关规定，C 省某市中院审理标的额为 3000 万元人民币以上的案件。某基层法院审理一个标的额为 2900 万元的民事纠纷，原告在开庭后又增加了一个诉讼请求，要求对方当事人再承担 290 万元的违约金。关于本案，法院如何处理？（2020-回忆版-单）

A. 根据管辖恒定原则，因为基层已经受理，该增加的诉讼请求与原请求一起由基层法院一并审理

B. 若被告提出该管辖权异议，基层法院应当以受理时有管辖权，诉讼请求不会改变管辖权为由对案件继续审理

C. 法院应继续审理，并告知当事人增加诉讼请求会超出法院管辖范围

D. 因不属于基层法院的管辖范围，法院受理后应移送至中院管辖

精析与思路

要顺利解答这道题，必须要掌握我们讲的管辖权恒定原则。

所谓管辖恒定，是指判断受诉法院对特定诉讼有无管辖权，以程序进行的某个时点为准。受诉法院在该时点具有管辖权的，不因确定管辖因素的变更而丧失；受诉法院虽在该时点没有管辖权，但诉讼中因情势变更又具有管辖权的，视为自始具有管辖权。之所以要确立管辖恒定原则，乃是为了避免管辖一再调整，同一诉讼在不同法院重复进行，造成当事人诉讼成本及法院司法资源的无谓浪费。故为了尽可能

维护程序的安定性，理论上将管辖恒定作为一项程序原则而非例外。

2015 年《民诉解释》在第 37～39 条三个条文中对此原则予以规定。从最新的司法解释来看，《民诉解释》第 37、38 条沿袭了原《最高人民法院关于适用〈中华人民共和国民事诉讼法〉若干问题的意见》的规定：案件受理（立案）后，当事人住所地、经常居住地或行政区域的变更不影响受诉法院的地域管辖权。《民诉解释》第 39 条第 1 款规定："人民法院对管辖异议审查后确定有管辖权的，不因当事人提起反诉、增加或者变更诉讼请求等改变管辖，但违反级别管辖、专属管辖规定的除外。"仅就这一规定看，关于原告增加诉讼请求数额，超过受诉法院的级别管辖标准，会构成管辖恒定原则的例外。也就是说，当事人提起反诉、增加或者变更诉讼请求使得诉讼标的额发生变化的，一般不会影响地域管辖（除非违反专属管辖），但会影响级别管辖。也就是我总结的那个口诀：地域恒定永不变，级别区分主客观。这一个口诀记住，就能解决这方面的所有问题了。

在本案中，当事人在起诉时，基层人民法院对本案是有管辖权的。但是当事人增加诉讼请求属于主观原因。所以，当总标的额达到 3000 万元以上的时候，基层法院就丧失了管辖权。如果法院丧失了管辖权怎么办呢？

根据《最高人民法院关于审理民事级别管辖异议案件若干问题的规定》第 1 条的规定，被告在提交答辩状期间提出管辖权异议，认为受诉人民法院违反级别管辖规定，案件应当由上级人民法院或者下级人民法院管辖的，受诉人民法院应当审查，并在受理异议之日起 15 日内作出裁定：①异议不成立的，裁定驳回；②异议成立的，裁定移送有管辖权的人民法院。根据该规定第 6 条的规定，当事人未依法提出管辖权异议，但受诉人民法院发现其没有级别管辖权的，应当将案件移送有管辖权的人民法院审理。

本题中，没有提到当事人提出管辖权异议的事，所以，本案中不再适用管辖权恒定原则，法院受理后应当移送至中院管辖。D 选项当选。

参考答案 D

重复考查过的其他类似题目

2008 年 7 月，家住 A 省的陈大因赡养费纠纷，将家住 B 省甲县的儿子陈小诉至甲县法院，该法院受理了此案。2008 年 8 月，经政府正式批准，陈小居住的甲县所属区域划归乙县管辖。甲县法院以管辖区域变化对该案不再具有管辖权为由，将该案移送至乙县法院。乙县法院则根据管辖恒定原则，将案件送还至甲县法院。下列哪些说法是正确的？（2009/3/80-多）

A. 乙县法院对该案没有管辖权

B. 甲县法院的移送管辖是错误的

C. 乙县法院不得将该案送还甲县法院

D. 甲县法院对该案没有管辖权

精析与思路

本题综合考查了移送管辖和管辖权恒定原则。解决这种题目仍然需要整理案情：本案属于原告陈大诉陈小赡养费纠纷，赡养费纠纷未规定专属管辖、不允许协议管辖、不存在特殊地域管辖，因此按照一般地域管辖来确定管辖法院。一般地域管辖的基本原则是原告就被告，应到被告陈小住所地甲县法院起诉。参见法条依据（1）。甲县法院受理后，甲县区域的行政区划变动，划归乙县，现在，陈小的住所地应该为乙县。

既然原告就被告，现在被告住所地变为了乙县，关键的问题是，甲县法院是否因此而丧失管辖权呢？这时候我们就需要运用管辖权恒定原则来解答。我给大家提供过口诀"地域恒定永不变，级别区分主客观"，只要起诉的时候对案件有管辖权的法院，不管确定管辖的因素因主观原因发生变化还是因客观原因发生变化，都不会导致有管辖权的法院丧失管辖权。参见法条依据（2）。

就本题来看，甲县法院在受理的时候具有管辖权，不管是行政区划变更或者是其他原因，甲县法院都不会丧失对本案的地域管辖权。甲县法院有管辖权，乙县法院就不会取得管辖权。这样，甲县法院将案件移送到乙县法院，即不符合移送管辖制度“从无到有”的要求，所以移送管辖是错误的。还要注意，即便甲县法院的移送管辖是错误的，接受移送的乙县法院也不能将案件再送还甲县法院，应报请乙县法院的上级法院来指定管辖。因此，A、B、C 选项正确，D 选项错误。参见法条依据（3）。

参考答案 ABC

法条依据

（1）《民事诉讼法》第 22 条第 1 款：对公民提起的民事诉讼，由被告住所地人民法院管辖；被告住所地与经常居住地不一致的，由经常居住地人民法院管辖。

（2）《民诉解释》第 37 条：案件受理后，受诉人民法院的管辖权不受当事人住所地、经常居住地变更的影响。

（3）《民事诉讼法》第 37 条：人民法院发现受理的案件不属于本院管辖的，应当移送有管辖权的人民法院，受移送的人民法院应当受理。受移送的人民法院认为受移送的案件依照规定不属于本院管辖的，应当报请上级人民法院指定管辖，不得再自行移送。

陷阱与规律

若客观因素发生变化，受理案件的法院不会丧失级别管辖权，也不会丧失地域管辖权；若主观因素发生变化，受理案件的法院会丧失级别管辖权，但不会丧失地域管辖权。

这就叫“地域恒定永不变，级别区分主客观”。

一句话背诵

行政区划变化，受理案件的法院不会丧失地域管辖权，该法院以此为由移送管辖，是错误的。受移送法院应报请自己的上级法院指定管辖。

证明对象

低频考点41 ▶ 待证事实 ☆☆

75 »»

刘月购买甲公司的化肥，使用后农作物生长异常。刘月向法院起诉，要求甲公司退款并赔偿损失。诉讼中甲公司否认刘月的损失是因其出售的化肥质量问题造成的，刘月向法院提供了本村吴某起诉甲公司损害赔偿案件的判决书，以证明甲公司出售的化肥有质量问题且与其所受损害有因果关系。关于本案刘月所受损害与使用甲公司化肥因果关系的证明责任分配，下列哪一选项是正确的？（2016/3/40-单）

A. 应由刘月负担有因果关系的证明责任

B. 应由甲公司负担无因果关系的证明责任

C. 应由法院依职权裁量分配证明责任

D. 应由双方当事人协商分担证明责任

精析与思路

本题问的是谁证明损害结果和产品质量问题的因果关系，但其实解题的关键在于对免证事实这一考点的把握。

首先明确，证明责任分配是法定的，即法律会明确规定证明责任的分配，因此排除由法院依职权裁量分配证明责任和由双方当事人协商分担证明责任的可能。C、D选项错误。

其次，按照我们讲的，法定的证明责任分配的基本原则“谁主张，谁举证”：谁主张该事实成立或存在，谁就要对该事实负担证明责任。该因果关系事实是原告刘月主张的，所以，该因果关系事实（我们称为待证事实——要证明的事实）应该由刘月证明。

但如果这个题这么考就太简单，大家都会做了。我们注意到，题中说：“刘月向法院提供了本村吴某起诉甲公司损害赔偿案件的判决书，以证明甲公司出售的化肥有质量问题且与其所受损害有因果关系。”这就说明，“甲公司出售的化肥有质量问题且与其所受损害有因果关系”这一事实已经为生效裁判所确认，该事实就是我们讲的免证事实，主张该事实的当事人无需举证了。要提醒同学们的是，证明责任包含双重含义，既包括证据应由谁提出，也包括最后败诉风险应该由谁负担。而在本题中，需要强调的是，证明责任中的证据应该由谁提出的问题，既然当事人刘月主张所受损害与使用甲公司化肥有因果关系的事实已经由生效判决证明，其就不再需要提供证据加以证明。证明责任只能单方负担，因此，对方当事人甲公司主张刘月所受损害与使用甲公司化肥没有因果关系的事实，就应该由对方当事人提出证据加以证明。参见法条依据（1）、（2）。

这样，证明责任只能单方负担，刘月不用证明，就应由其对方当事人甲公司证明。A 选项错误，B 选项正确。

参考答案 B

法条依据

（1）《民诉解释》第 93 条：下列事实，当事人无须举证证明：……⑤已为人民法院发生法律效力的裁判所确认的事实；……第 5 项至第 7 项规定的事实，当事人有相反证据足以推翻的除外。

（2）《民诉证据规定》第 10 条：下列事实，当事人无须举证证明：①自然规律以及定理、定律；②众所周知的事实；③根据法律规定推定的事实；④根据已知的事实和日常生活经验法则推定出的另一事实；⑤已为仲裁机构的生效裁决所确认的事实；⑥已为人民法院发生法律效力的裁判所确认的基本事实；⑦已为有效公证文书所证明的事实。前款第 2 项至第 5 项事实，当事人有相反证据足以反驳的除外；第 6 项、第 7 项事实，当事人有相反证据足以推翻的除外。

陷阱与规律

免证事实	自然规律以及定理	不可以推翻或反驳
	根据法律或经验推定出的事实	可以推翻或反驳
	众所周知的事实	
	自认的事实	
	已为法院、仲裁委、公证处作出的生效裁判、裁决、公证书确认的事实	

一句话背诵

当事人对生效的判决书、裁决书、公证书中认定的事实免于举证。

核心考点 42 ▶ 自认 ★★★★★

76 关于民事诉讼中的自认，下列说法中构成自认的有：（2020-回忆版-多）

A. 开庭结束回去的路上，甲对乙说："你在法庭上说我欠你 5 万元，这是事实。但法官问我，我就不承认，气死你。"

B. 原告拿出了被告在庭前写的材料，材料内容是被告承认他向原告借钱的事实、时间、地点

C. 甲说乙向他借钱了，法官问乙的时候，乙说："我是和好多同事借钱了，但我不记得有没有甲。"法官说："请你确认。"乙说："我真记不清楚了。"

D. 本来庭前质证的时候被告承认向原告借了 3 万元，但辩称自己已经还钱，庭审的时候原告说被告借了没还，于是被告说："既然你不承认我还了钱，那我也不承认我借了你的钱。"

精析与思路

本题是从各个角度对自认制度进行考查。

A 选项考查的是自认的阶段。一方当事人在诉讼过程中口头自认，或者在起诉状、答辩状、代理词等书面材料中明确承认于己不利的事实的，另一方当事人无需举证证明。因此，口头自认须在本案诉讼过程中，向本案审判法官作出。A 选项的情形发生在开庭结束回去的路上，不属于发生在庭审过程中的情形，更不是对法官作出，因此不构成自认。A 选项不当选。

B 选项考查的是自认的形式。自认包括书面自认和口头自认，在起诉状、答辩状、代理词中书面承认的，才构成书面自认。根据 B 选项中的描述，被告是在庭前写的书面材料中描述了相关事实，但是该材料并不是答辩状，因此

不构成自认。B选项不当选。

C选项考查的是默示自认的法律效果。一方当事人对于另一方当事人主张的于己不利的事实既不承认也不否认，经审判人员说明并询问后，其仍然不明确表示肯定或者否定的，视为对该事实的承认。C选项中乙的确有向他人借款的行为，经法官说明后仍向法官表述自己记不清楚，可以构成默示自认。C选项当选。

D选项考查的是自认的撤回。被告已经承认了借款事实，该事实已经构成自认，后面关于对原告表示“既然你不承认我还了钱，那我也不承认我借了你的钱”不构成对于自认的撤回。自认的撤回需要满足以下条件之一：①经对方当事人同意的；②自认是在受胁迫或者重大误解情况下作出的。因此D选项被告陈述的事实应构成自认，具备自认的效力。D选项当选。

有的同学提出问题，D选项是不是附条件的自认呢？不是。附条件的自认是一方当事人对另一方当事人主张的于己不利的事实有所限制或者附加条件予以承认。这种承认不同于无条件的自认，并非完全认可对方所主张的事实，而是使自认的效力与所附条件相关联。其常见情形包括两种：①附停止条件的自认。例如，在争夺子女抚养权时，一方可能承认另一方有抚养孩子的能力，但提出若对方能保证孩子在固定的优质学区内生活和学习，就愿意放弃抚养权。②附解除条件的自认。例如，被告承认在类似商品上使用了与原告商标近似的标识，但附加条件为，如果经商标评审机构认定该商标不具有显著性或存在其他不应获得商标权的情形，那么自己的使用行为不构成侵权。D选项不符合上述两种情形。如果按照附条件的自认来理解，就得表达为：“如果你不承认我还了钱，我就不承认我借了你的钱。”但实践中根本不可能这样表达。D选项中也明确说了，被告承认借钱，那么借钱事实就自认了，他又主张还钱，争议点就仅仅是还没还钱了。

参考答案 CD

77

张三在甲超市买了某方便面，食用后食物中毒，遂起诉甲超市，要求其承担违约责任。经甲超市申请，法院通知该方便面制造商乙公司加入诉讼。乙公司在庭前向法院递交的答辩状中承认该批方便面质量不达标，但开庭时又对此予以否认，称是律师笔误，现在已经和律师解除委托。甲超市称自己不知情，不发表意见。本案说法正确的有：(2022-回忆版-多)

A. 乙公司在答辩状里的意思表示构成自认

B. 法院不允许乙公司撤回自认

C. 甲超市的拒绝表态构成默示自认

D. 乙公司的自认对甲超市不发生效力

精析与思路

本题难度是比较大的，从题目当中的关键信息来看，考查的是自认的相关制度。但是这道题目非常灵活，必须对我们讲过的知识加以灵活地运用，并且做适度地推理，才能够很好地解答。这种题是很考验人的。

一般而言，在解答这种问题的时候，应先对本案的法律关系和当事人结构做一个简单的梳理。在本案当中，张三属于原告无疑，本案的被告是销售者甲超市，而张三起诉的诉讼标的是一个违约的法律关系，由于合同具有相对性，甲超市申请追加的制造商乙公司不是合同关系的主体，乙公司不能作为共同被告加入诉讼。由此推知，乙公司应当是作为本案的无独立请求权第三人参加到诉讼当中来。

由此可知，乙公司在答辩状里面所陈述的对自己不利的事实就构成了自认。所以，A选项正确。

B选项中，乙公司要求撤回自认，法院是否应该允许呢？依据禁反言原则和诚信原则，一旦当事人对于己不利的相关事实承认，就不得随意撤回。要想撤回自认，则需要满足比较苛刻的法定条件。根据《民诉证据规定》第9条的规定，有下列情形之一，当事人在法庭辩论终结前撤销自认的，人民法院应当准许：①经对方当事人同意的；②自认是在受胁迫或者重大误解情况下作出的。人民法院准许当事人撤销自认的，应当作出口头或者书面裁定。根据本条规定，当事人在经对方当事人同意或者因不能抗拒或者不敢抗拒的原因作出的违背其真实意思表示的自认，在法庭辩论终结前可以撤销。可知，题目当中所描述的律师笔误并不是撤回自认的合法条件，法院不应允许乙公司撤回自认。所以，B 选项正确。

至于 C 选项，甲超市的拒绝表态，在诉讼法学术语上被称之为“不知陈述”，即向法院表达自己对相关事实不知情、不了解、不清楚。当事人这样的表态是否会构成默示自认，需要分情况来讨论。一般而言，如果争议事实涉及当事人亲身经历的、本应知情的事实，但当事人却作不知陈述，那么法院往往会理解为他不想对此事实进行真实陈述，从而认定该方当事人构成默示自认。但是如果涉及的系争事实本身就不是当事人亲身经历的或者当事人本无知情义务的，那么当事人作不知陈述，法院往往不会认定其构成默示自认。这也是可以从人之常情角度分析得到的结论。从本题的情况来看，甲超市只是从乙公司进货，因此，对于该批货物的生产情况，其表示自己不知情也是能够理解的，在这种情况下，对于甲超市作出来的不知陈述，不宜认定为默示自认。所以，C 选项错误。

D 选项中，一般而言，当事人的自认只对自己有约束力，因此，乙公司的自认对本案的被告甲超市是没有约束力的，正如我们讲过的，在普通共同诉讼中，部分当事人自认只对自认的当事人生效的法理是一样的。所以，D 选项正确。

参考答案 ABD

★ 重复考查过的其他类似题目

78 下列哪一情形可以产生自认的法律后果？（2015/3/40-单）

A. 被告在答辩状中对原告主张的事实予以承认

B. 被告在诉讼调解过程中对原告主张的事实予以承认，但该调解最终未能成功

C. 被告认可其与原告存在收养关系

D. 被告承认原告主张的事实，但该事实与法院查明的事实不符

精析与思路

本题考查自认的成立。B、C、D 选项分别是调解中对事实的承认、对身份关系事实的承认和与法院查明的事实不符的事实的承认，这都不产生自认的效果。B、C、D 选项不当选。参见法条依据（1）~（4）。

至于 A 选项，在答辩状中对原告主张的事实予以承认，属于典型的书面自认。A 选项当选。

可能有的同学会提出，应该是对“于己不利的事实”的承认，才成立自认。亲，请你认真审题，题目说的是可以产生自认的后果，也就是说有这种可能。而 B、C、D 选项都不可能产生自认的后果。

参考答案 A

法条依据

（1）《民诉解释》第 92 条：一方当事人在法庭审理中，或者在起诉状、答辩状、代理词等书面材料中，对于己不利的事实明确表示承认的，另一方当事人无需举证证明。对于涉及身份关系、国家利益、社会公共利益等应当由人民法院依职权调查的事实，不适用前款自认的规定。自认的事实与查明的事实不符的，人民法院不予确认。

（2）《民诉解释》第 107 条：在诉讼中，当事人为达成调解协议或者和解协议作出妥协而认可的事实，不得在后续的诉讼中作为对其不利的根据，但法律另有规定或者当事人均同意的除外。

（3）《民诉证据规定》第 8 条：《最高人民法院关于适用〈中华人民共和国民事诉讼法〉的解释》第 96 条第 1 款规定的事实，不适用有关自认的规定。自认的事实与已经查明的事实不符的，人民法院不予确认。

（4）《民诉解释》第 96 条第 1 款：民事诉讼法第 67 条第 2 款规定的人民法院认为审理案件需要的证据包括：①涉及可能损害国家利益、社会公共利益的；②涉及身份关系的；③涉及民事诉讼法第 58 条规定诉讼的；④当事人有恶意串通损害他人合法权益可能的；⑤涉及依职权追加当事人、中止诉讼、终结诉

讼、回避等程序性事项的。

陷阱与规律

自认可以书面自认也可以口头自认。要注意，书面自认只能在起诉状、答辩状、代理词等书面材料中承认事实；口头自认只能出现在法庭审理中。

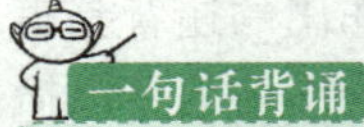

在答辩状、起诉状、代理词中对事实的承认属于书面自认。在调解、和解中，对身份事实承认与法院认定事实不符的，不成立自认。

专题14 举证责任

核心考点43 ▶ 举证责任分配的基本理论 ★★★

79 »»

针对当事人主张的下列事实，下列哪一选项中的当事人在案件事实真伪不明的时候要承担败诉的风险？（2020-回忆版-单）

A. 原告向合议庭申请回避，主张审判员是被告诉讼代理人的同学

B. 环境污染纠纷中，被告主张自己无过错

C. 债权债务纠纷中，被告主张原告已经免除了自己的债务

D. 被告主张原告提出的私文书证不真实

精析与思路

案件事实真伪不明的情况下，谁承担结果意义上的证明责任，法院就判决谁败诉。但需要注意，当事人需要承担结果意义上的证明责任的事实必须是要件事实，也就是说，决定着当事人主张的权利是否能够成立的事实。所以，A选项中，同学关系并非回避适用的法定情形，因此，并非回避成立的要件事实。当事人不需要对此承担证明责任。故A选项不当选。

B选项同理。环境污染案件属于典型的承担无过错责任的案件，无论被告是否有过错，均需要承担责任，过错事实并不是待证事实，不需要承担结果意义上的证明责任（败诉风险）。故B选项也不当选。

C选项中，被告主张的事实属于债权债务已经消灭的事实，属于权利消灭要件。相当于被告承认自己和原告之间曾经存在过成立的债权债务关系，但是现在原告已经免除了自己的债务。相对于是否存在债权债务纠纷而言，原告是否已经免除了被告的债务，则是一个新的事实，这个事实是否存在直接决定了原、被告之间的债权债务关系是否已经消灭。因此，对于该事实成立与否仍然遵循谁主张事实成立、谁举证的基本原则，应当由被告承担败诉风险，被告需要承担结果意义上的证明责任。故C选项当选。

D选项比较简单。我们反复强调过，私文书证的真实性应由提出私文书证的当事人进行证明，也就意味着提出私文书证的当事人应对其真实性负担证明责任。就本题而言，主张原告提出的私文书证不真实的被告不需要对该私文书证的真实性负担证明责任，而应当由原告对其真实性负担证明责任。故D选项不当选。

参考答案 C

重复考查过的其他类似题目 ★

80 »»

薛某雇杨某料理家务。一天，杨某乘电梯去楼下扔掉厨房垃圾时，袋中的碎玻璃严重划伤电梯中的邻居乔某。乔某诉至法院，要求赔偿其各项损失3万元。关于本案，下列哪

一说法是正确的？（2017/3/40-单）

A. 乔某应起诉杨某，并承担杨某主观有过错的证明责任

B. 乔某应起诉杨某，由杨某承担其主观无过错的证明责任

C. 乔某应起诉薛某，由薛某承担其主观无过错的证明责任

D. 乔某应起诉薛某，薛某主观是否有过错不是本案的证明对象

精析与思路

这道题考查的是两个知识点，一个是当事人确定，一个是证明责任分配。

本题中，薛某为接受劳务一方，杨某为提供劳务一方，杨某因劳务造成邻居乔某受损害，所以，应以接受劳务一方，即薛某为被告。参见法条依据。由此可以排除 A、B 选项。

C、D 两个选项的差别在于“薛某是否有主观过错”这一事实的证明责任分配上。

大家要按照下面的思路处理证明责任问题，才能比较稳妥。

首先是确定待证事实是什么。不是待证事实，就谈不上证明责任分配问题（因为根本不需要证明）。

↓

然后再分析对该事实有没有证明责任分配的特殊规则。

↓

如果没有特殊规则，就按照“谁主张，谁举证”的方式分配证明责任。

按照这样的思路，我们来分析这道题：作为待证事实（也就是需要证明的事实），必须是有争议，同时证明其对案件有意义的事实。在本案中，薛某作为雇主，承担的是无过错的替代责任。不管接受劳务的薛某有没有过错，都要承担责任。也就是说，薛某是否存在过错并不影响本案的法律效果。因此，薛某作为雇主的过错并不是本案争议的要件，不属于待证事实（对于本案没有任何意义），任何当事人都不需要对此事实负担证明责任。D 选项正确。

参考答案 D

法条依据

《民诉解释》第 57 条：提供劳务一方因劳务造成他人损害，受害人提起诉讼的，以接受劳务一方为被告。

陷阱与规律

这道题的难度在于，要求大家对民法中的归责原则有较为准确的把握。提供劳务的人造成侵权，要按照侵权的类型判断归责原则；而接受劳务的人，承担的是无过错责任，即不管接受劳务的人是否有过错，都必须承担替代责任。

一句话背诵

提供劳务的人因劳务致人损害，接受劳务的人作为被告，承担无过错替代责任。原告不需要证明接受人的过错。

81

主要办事机构在 A 县的五环公司与主要办事机构在 B 县的四海公司于 C 县签订购货合同，约定：货物交付地在 D 县；若合同的履行发生争议，由原告所在地或者合同签订地的基层法院管辖。现五环公司起诉要求四海公司支付货款。四海公司辩称已将货款交给五环公司业务员付某。五环公司承认付某是本公司业务员，但认为其无权代理本公司收取货款，且付某也没有将四海公司声称的货款交给本公司。四海公司向法庭出示了盖有五环公司印章的授权委托书，证明付某有权代理五环公司收取货款，但五环公司对该授权书的真实性不予认可。根据案情，法院依当事人的申请通知付某参加（参与）了诉讼。

本案需要由四海公司承担证明责任的事实包括：（2015/3/96-任）

A. 四海公司已经将货款交付给了五环公司业务员付某

B. 付某是五环公司业务员

C. 五环公司授权付某代理收取货款

D. 付某将收取的货款交到五环公司

精析与思路

这道题同样是证明责任的分配问题，上一道题已经讲解了处理这种问题的思路，这里不再赘述，直接开始分析：

[第 1 步] 本题中四个事实并非都是待证事实。待证事实必须是有争议、对案件证明有意义的事实。B 选项中，付某是五环公司业务员的事实，对方当事人已经自认，该事实成为免证事实（该事实已经没有争议），不再需要证明。B 选项不当选。

D 选项中，“付某将收取的货款交到五环公司”这一事实对于案件证明没有什么意义。从民法法律效果的角度，只要“付某是五环公司业务员”“五环公司授权付某代理收取货款”“四海公司已经将货款交付给了五环公司业务员付某”这三个事实成立，四海公司就履行了合同义务。至于付某是否将收取的货款交到五环公司，与本案是无关的。至于五环公司要求付某交付货款或者向付某索赔的问题，则是另外的法律关系，与本案的合同纠纷无关。D 选项不当选。

所以，我们确定只有 A 选项“四海公司已经将货款交付给了五环公司业务员付某”和 C 选项“五环公司授权付某代理收取货款”这两个事实，是有争议且对本案有意义的事实，属于待证事实。

[第 2 步] 我们回忆一下，对于这两个事实有没有特殊的证明责任分配规则呢？没有。

[第 3 步] 按照我们讲的，法定的证明责任分配的基本原则“谁主张，谁举证”：谁主张该事实成立或存在，谁就要对该事实负担证明责任。根据题目中的描述，这两个事实都是四海公司主张成立的，因此，四海公司对这两个事实负担证明责任。参见法条依据。A、C 选项当选。

参考答案 AC

法条依据

《民诉解释》第 91 条：人民法院应当依照下列原则确定举证证明责任的承担，但法律另有规定的除外：①主张法律关系存在的当事人，应当对产生该法律关系的基本事实承担举证证明责任；②主张法律关系变更、消灭或者权利受到妨害的当事人，应当对该法律关系变更、消灭或者权利受到妨害的基本事实承担举证证明责任。

陷阱与规律

证明责任这部分的内容，都是结合待证事实或者免证事实的考点命题的。其实证明责任的规则，在法考中并不算复杂，很多同学做题感到一筹莫展，主要是做题思路不清导致的。按照我教大家的思路，就能稳扎稳打。

一句话背诵

谁主张待证事实成立，谁对该事实负举证责任。但对方当事人自认的，可以免除主张方的举证责任。

核心考点 44 ▶ 侵权案件的举证责任分配 ★★★★★

82

甲路过乙家门口，被乙叠放在门口的砖头砸伤，甲起诉要求乙赔偿。关于本案的证明责任分配，下列哪一说法是错误的？（2012/3/37-单）

A. 乙叠放砖头倒塌的事实，由原告甲承担证明责任

B. 甲受损害的事实，由原告甲承担证明责任

C. 甲所受损害是由于乙叠放砖头倒塌砸伤的事实，由原告甲承担证明责任

D. 乙有主观过错的事实，由原告甲承担证明责任

精析与思路

本题是一个侵权纠纷证明责任问题，具体到案件类型，称为“堆放物倒塌致人损害”。在 2015 年卷三第 96 题和 2017 年卷三第 40 题中已经反复讲了解决这种问题的思路。

在新考点中，简单做个回顾，我们需要这样做：

首先是确定待证事实是什么。不是待证事实，就谈不上证明责任分配问题（因为根本不需要证明）。

⇩

然后再分析对该事实有没有证明责任分配的特殊规则。

⇩

如果没有特殊规则，就按照“谁主张，谁举证”的方式分配证明责任。

按照这种思路，回到本题中：

［第 1 步］A 选项描述的乙叠放砖头倒塌的事实属于违法行为事实，B 选项描述的甲受损害的事实属于损害结果事实，C 选项描述的甲所受损害是由于乙叠放砖头倒塌砸伤的事实属于因果关系事实，D 选项描述的乙有主观过错的事实属于主观过错事实。“堆放物倒塌致人损害”这种侵权的四个侵权要件事实都是需要证明的待证事实。

［第 2 步］回忆该案件证明责任分配的特殊规则。大家很容易想起，堆放物倒塌致人损害这种侵权的归责原则为过错推定责任，应由被告证明自己主观上没有过错，所以，D 选项是错误的，当选。参见法条依据。

［第 3 步］剩余待证事实没有证明责任的特殊分配规则。按照一般分配规则分配证明责任即可，谁主张该事实成立或存在，谁就要对该事实负担证明责任。这三个事实均系原告主张成立，应由原告负担证明责任，所以，A、B、C 选项是正确的，不当选。

参考答案 D

法条依据

《民法典》第 1255 条：堆放物倒塌、滚落或者滑落造成他人损害，堆放人不能证明自己没有过错的，应当承担侵权责任。

陷阱与规律

要注意民法上的“过错推定”归责原则的诉讼法意义。过错推定的本质属于过错责任，也就是过错要件依然是待证事实。但是民法上的过错推定和普通的过错责任的最大区别在于，民法上所有的过错推定，都是由被告证明自己无过错，属于证明责任分配的特殊规则。

一句话背诵

堆放物倒塌属于过错推定归责原则，应由被告证明自己无过错。（民法里所有的过错推定，在民诉里都是由被告证明自己无过错）

83

村集体雇了专业公司甲公司开飞机洒农药，飞机飞得低，且途经乙养鸡场。后乙养鸡场向丙履约，因为鸡的重量低于合同要求，损失 10 万元。乙养鸡场就认为是飞机把肉鸡吓得食欲下降饿瘦了，乙养鸡场和甲公司协商无果，将甲公司诉至法院。关于本案，下列说法正确的是：（2020-回忆版-单）

A. 乙养鸡场应当对有因果关系承担证明责任

B. 甲公司应当对没有因果关系承担证明责任

C. 乙养鸡场应当对甲公司有过错承担证明责任

D. 甲公司应当对自己没有过错承担证明责任

精析与思路

本题考查环境污染案件的证明责任分配。觉得眼熟不？这就是我之前上课讲过的例子的变形。飞机低空飞过可能导致噪音污染，环境污染属于典型的适用无过错责任的案件类型，同时属于因果关系倒置的适用情形，因此原告应当就侵权行为和损害结果的事实承担证明责任，被告就无因果关系和存在减免责事由的事实承担证明责任。掌握这个就可以轻松解答本题。

因果关系的事实因为证明责任倒置，应当由被告甲公司就无因果关系的事实承担证明责任。故 A 选项错误，B 选项正确。因环境污染案件的归责原则为无过错责任，因此原告、被告均无需就是否有过错的事实承担证明责任。故 C、D 选项错误。

参考答案 B

重复考查过的其他类似题目 

84

夏某在回宿舍的楼道里，不小心被季某堆放

在楼梯过道的衣柜绊倒受伤。关于本案中证明责任的分配，下列说法正确的是：（2019-回忆版-单）

A. 法院承担证明责任

B. 过错不是本案的证明对象

C. 由季某证明自己没有过错

D. 由夏某证明季某有过错

精析与思路

本题其实难度不大，但是具备迷惑性。有些同学刚看到这个题目，可能会觉得本题考查的是堆放物侵权致人损害纠纷当中的证明责任问题。根据《民法典》第1255条的规定，堆放物倒塌、滚落或者滑落造成他人损害，堆放人不能证明自己没有过错的，应当承担侵权责任。由此可知，堆放物倒塌致人损害，属于典型的过错推定归责原则，因此过错要件事实和相关的免责事实应当由被告证明；其他的侵权成立要件，具体包括违法行为、损害结果和因果关系应当由原告负担证明责任。但在本题中，你仔细看可以发现，案情并非如此，而是“不小心被季某堆放在楼梯过道的衣柜绊倒受伤”，不是堆放物倒塌、滚落或者滑落造成他人损害。有些同学又会考虑《民法典》第1256条的规定：在公共道路上堆放、倾倒、遗撒妨碍通行的物品造成他人损害的，由行为人承担侵权责任。公共道路管理人不能证明已经尽到清理、防护、警示等义务的，应当承担相应的责任。但本题中，宿舍楼道显然不属于“公共道路”的范畴。公共道路，一般指的是对社会一般人开放、可以同时供不特定的多数无轨车辆和行人通行的基础设施。按行政等级划分，公共道路可以区分为：国家公路、省公路、县公路、乡公路、村公路（分别简称为“国道”“省道”“县道”“乡道”“村道”）以及专用公路六个等级。一般把国道和省道称为干线，县道和乡道称为支线。所以，宿舍楼道并不在此列。

回到本案当中来，这就很清楚了。本题中的纠纷并非侵权编中的建筑物和物件损害责任，而是属于一个普通的一般侵权纠纷，应该由原告证明侵权要件成立，而非由被告对侵权要件不成立负担证明责任。在原告不能证明被告存在过错的情况下，则由法院推定被告不存在过错。

首先可以排除A选项，A选项实在是太离谱了，证明责任只能由双方当事人之一承担，法院是不会承担证明责任的。在本案中，由于适用过错责任原则，所以过错当然是本案的证明对象，B选项是错误的。C、D选项是矛盾选项，应当选择由原告夏某证明被告季某存在过错，所以D选项是正确的，C选项是错误的。

参考答案 D

85 >>>

2009年2月，家住甲市A区的赵刚向家住甲市B区的李强借了5000元，言明2010年2月之前偿还。到期后赵刚一直没有还钱。

2010年3月，李强找到赵刚家追讨该债务，发生争吵。赵刚因所牵宠物狗易受惊，遂对李强说：“你不要大声喊，狗会咬你。”李强不理，仍然叫骂，并指着狗叫喊。该狗受惊，扑向李强并将其咬伤。李强治伤花费6000元。

李强起诉要求赵刚返还欠款5000元、支付医药费6000元，并向法院提交了赵刚书写的借条、其向赵刚转账5000元的银行转账凭证、本人病历、医院的诊断书（复印件）、医院处方（复印件）、发票等。

赵刚称，其向李强借款是事实，但在2010年1月卖给李强一块玉石，价值5000元，说好用玉石货款清偿借款。当时李强表示同意，并称之后会把借条还给赵刚，但其一直未还该借条。

赵刚还称，李强故意激怒狗，被狗咬伤的责任应由李强自己承担。对此，赵刚提交了邻居孙某出具的书面证词，该证词描述了李强当时骂人和骂狗的情形。

赵刚认为，李强提交的诊断书、医院处方均为复印件，没有证明力。

关于本案李强被狗咬伤的证据证明问题，下列选项正确的是：（2012/3/99-任）

A. 赵刚的证人提出的书面证词属于书证
B. 李强提交的诊断书、医院处方为复印件，肯定无证明力
C. 李强是因为挑逗赵刚的狗而被狗咬伤的事实的证明责任由赵刚承担
D. 李强受损害与被赵刚的狗咬伤之间具有因果关系的证明责任由李强承担

精析与思路

本题中A、B选项考查的是证据的种类，这两个选项都是错误的。

A选项是对证据种类判断的最基本考查方式，但是这种题目总是有同学掌握不准。我来教大家一个比较清晰而完整的判断方法。

当考试中遇到一个证据，而试题问你这个证据是什么类型时，我们应按照这样的顺序判断：

首先，看是不是鉴定意见或者勘验笔录。

鉴定意见是鉴定人制作，勘验笔录是勘验人（法官及其指导下的人）制作。这两种证据的制作主体最为特殊，所以只要是鉴定人制作的或者勘验人制作的，不论其形式，不管其内容，都应认定为鉴定意见或者勘验笔录。

其次，如果不是鉴定意见或者勘验笔录，就看是不是当事人陈述或证人证言。

这组证据的内容特殊，是典型的言词证据，是当事人说的话或者证人说的话，只要内容是当事人或者证人的言词，则不论形式如何，均为当事人陈述或证人证言。

再次，如果不是当事人陈述或证人证言，就看是不是电子数据或视听资料。

这组证据形式特殊，都具备特殊的载体。在电子设备中形成或者存储的数据资料均为电子数据，不是电子数据的视听影音资料就是视听资料。只要具备特殊的载体，不管其内容为何，都可以认定为电子数据或者视听资料。

最后，如果以上都不是，那它就是书证或者物证。

书证和物证是按照其证明案件事实的方式进行划分的，书证是用其内容证明案件事实，物证是用其内外特征证明案件事实。

总结下，对证据种类的判断思路就应该这样（这也是我在理论卷的讲授顺序）：

主体 ⇒ 内容 ⇒ 形式 ⇒ 证明方式

因此，只要是证人对案件事实的陈述，都应认定为证人证言而非书证。至于书面的证人证言，可以理解为证人对案情陈述的传来证据，该证人言词形式的证言是原始证据。所以，A选项错误。

B选项，复印件一般都有证明力，可以作为证据使用，只是复印件如果无法和原件原物核对，则不得单独作为认定案件事实的依据。所以，B选项错误。参见法条依据（1）。

C、D选项都是正确的。

还是先判断待证事实是什么。C选项的待证事实是免责事由（受害人过错），D选项的待证事实是因果关系事实。

然后回忆是否存在特殊的证明责任分配规则。饲养动物致人损害是无过错责任。特殊之处在于原告和被告均不需要证明被告的过错，其他要件没有特殊的分配规则。

那么，免责事由和因果关系就依然适用“谁主张，谁举证”的分配方式，免责事由是被告主张的，由被告负证明责任；因果关系是原告主张的，由原告负证明责任。参见法条依据（2）。

参考答案 CD

法条依据

（1）**《民诉证据规定》第90条**：下列证据不能单独作为认定案件事实的根据：①当事人的陈述；②无民事行为能力人或者限制民事行为能力人所作的与其年龄、智力状况或者精神健康状况不相当的证言；③与一方当事人或者其代理人有利害关系的证人陈述的证言；④存有疑点的视听资料、电子数据；⑤无法与原件、原物核对的复制件、复制品。

（2）**《民法典》第1245条**：饲养的动物造成他人损害的，动物饲养人或者管理人应当承担侵权责任；但是，能够证明损害是因被侵权人故意或者重大过失造成的，可以不承担或者减轻责任。

陷阱与规律

一定要注意我在上面讲解的对证据类型的判

断方法，这里经常命题。例如，电子形式的照片，依然属于电子数据；书面形式的证人证言，依然属于证人证言。

要区分下面两种证据：

（1）没有证明力的证据，要被排除，如非法证据；

（2）有证明力，但证明力弱的证据，可以使用，但不能单独作为认定案件事实的证据，如无法和原件、原物核对的复制品、复制件。

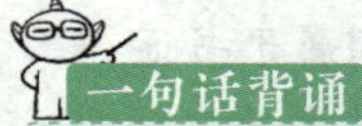

只要内容是证人的证言，不管什么形式都是证人证言。复制件如果可以和原件核对，可以单独作为认定案件事实的依据；如果不可以和原件核对，也可以作为证据，但不可以单独作为认定案件事实的依据。饲养动物致人损害，由受害人证明因果关系，由加害人证明免责事由。

证据的学理分类

核心考点45 ▶ 证据理论分类 ★★★

86 >>>

李兰起诉王虎归还借款5万元，并提交了借条。王虎辩称该笔借款已还，还提供了5万元的银行转账记录。李兰辩称该笔转账系偿还另一笔借款，并非本案中争议的5万元借款。关于当事人陈述，下列说法正确的有：（2024-回忆版-多）

A. 李兰辩称该笔转账是偿还另外一笔借款，对于本案还款事实而言是本证

B. 李兰辩称该笔转账是偿还另外一笔借款，对于本案还款事实而言是反证

C. 王虎称已偿还借款是反驳，不需要承担证明责任

D. 王虎称已偿还借款是主张债权消灭的抗辩，应承担证明责任

精析与思路

这道题目所考查的内容和做题的方法都是我们在课上反复强调过的重点内容，但是这样的一道题目依然不好做。首先，这样的题目中会涉及大量概念的汇集，这要求同学们对这些基础概念都有较为扎实的掌握。其次，熟练地运用解题方法才能够顺利得到正确的答案。

首先注意，本题中A、B选项是矛盾项。一般来讲，像这样的选项中会有一个选项是正确的。而本题当中所考查的是李兰辩称此笔转账是用来偿还另外一笔借款的。这个主张到底是属于本证还是反证？我们要考虑的第一个大前提就是它到底是不是一个证据？如它不是证据，那就既不是本证也不是反证。另外，如果它是证据，是什么证据？

在本案中，既然是当事人李兰的陈述，就可以认定其是一种法定证据，即当事人陈述。对于这个问题，很多同学会忽略，不认为当事人所陈述的内容是证据。这就说明对证据种类的相关理论没有学到位。

接下来，如果可以作为当事人的陈述这种证据存在，那么这种证据和案件的待证事实之间有没有关联性呢？当然是有的，因为他主张这笔钱是用来偿还其他借款的，就是想主张本案当中的5万元还款凭证，不是用来还本案中争议的5万元的。换言之，当事人想主张的是其要的5万元还没有偿还，即本案中王虎说的已经偿还这5万元的事实不成立。这个还款事实是由王虎主张成立的，就应当由被告王虎承担证明责任。这意味着，当事人李兰对此不承担证明责任。所以李兰辩称该笔转账是偿还其他借款的，也就是主张这里借款仍然未还，李兰对此不负证明责任，其提供的证据就是反证。A选项错误，

B 选项正确。

至于王虎所主张的内容到底是反驳还是抗辩，大家要搞懂反驳和抗辩的区别。所谓反驳就是主张对方当事人的主张或者证据不成立。如果当事人说有这件事，对方当事人说没有这件事，这就是反驳。而抗辩则是当事人主张一个对方当事人未主张的新事实，用他主张的新事实抵消掉对方当事人所主张事实的法律效果。也就是说，原告说有这件事，被告说是有这件事，但也有那件事。那件事发生之后这件事的法律效果就会被抵消掉。所以在本案中，李兰说你借了我钱，我要你还钱。而王虎说的是我是借了你的钱（自认），但是我已经还了，这就不叫反驳，因为他没有否认借钱的事。但是李兰说你借了我的钱，就是我们刚才所说的“这件事”，而王虎所说的我已经还了，就是刚才我们所说的“那件事”，那么李兰所主张的应该归还的法律效果就会被抵消掉。所以这叫抗辩，而不是反驳。C 选项错误，D 选项正确。

参考答案 BD

87

王某诉钱某返还借款案审理中，王某向法院提交了一份有钱某签名、内容为钱某向王某借款 5 万元的借条，证明借款的事实；钱某向法院提交了一份有王某签名、内容为王某收到钱某返还借款 5 万元并说明借条因王某过失已丢失的收条。经法院质证，双方当事人确定借条和收条所说的 5 万元是相对应的款项。关于本案，下列哪一选项是错误的？（2017/3/39-单）

A. 王某承担钱某向其借款事实的证明责任

B. 钱某自认了向王某借款的事实

C. 钱某提交的收条是案涉借款事实的反证

D. 钱某提交的收条是案涉还款事实的本证

精析与思路

这道题是证明责任和本、反证证据分类的综合考查。

A 选项还是证明责任问题，按照老套路就能解决。该选项的待证事实是借款事实，对于借款事实的证明责任分配没有特殊的规则，就按照“谁主张，谁举证”的方式确定证明责任。借款事实是原告王某主张，因此应由王某对借款事实承担证明责任。参见法条依据（1）。A 选项正确，不当选。

B 选项考查自认。题中明确，“经法院质证，双方当事人确定借条和收条所说的 5 万元是相对应的款项”。这就说明，被告已经承认借款事实，只不过又主张了新的事实——借款已经清偿，属于被告承认了不利于己的事实。另外，要注意，经法院质证，表明该承认是在庭审当中，符合口头自认的法定条件。B 选项正确，不当选。参见法条依据（2）。

这一点我要提醒大家，借款事实的证明责任应由原告承担，但若被告自认，就免除了原告对该要件负有的证明责任。A 选项是从法理角度问谁承担，而不是问自认的法律效果。

C、D 选项考查对本证和反证的判断。对待证事实负证明责任的当事人提供的，证明案件事实成立的证据是本证；对待证事实不负证明责任的当事人提供的，证明案件事实不成立的证据是反证。

我教大家本证、反证判断的三步法：

［第 1 步］先确定该证据要证明的待证事实——待证事实（双方争议的事实）；

［第 2 步］确定该待证事实的证明责任分配——证明责任（谁负担）；

［第 3 步］最后确定该证据由谁提供——证据来源。

按照这种思路，分析本题：

首先是借条，借条证明的待证事实是借款关系成立，该事实的证明责任由原告负担，证据由原告提供，所以该证据是本证；然后是收条，收条证明的待证事实是还款事实成立，该事实的证明责任由被告负担，证据由被告提供，所以该证据也是本证。C 选项错误，当选；D 选项正确，不当选。

参考答案 C

法条依据

（1）《民诉解释》第 91 条：人民法院应当依照下列原则确定举证证明责任的承担，但法律另有规定的除外：①主张法律关系存在的当事人，应当对产生该法律关系的基本事实承担举证证明责任；……

（2）《民诉解释》第92条第1款：一方当事人在法庭审理中，或者在起诉状、答辩状、代理词等书面材料中，对于己不利的事实明确表示承认的，另一方当事人无需举证证明。

陷阱与规律

在本题里，我重点向大家讲授了本证、反证判断的三步法。

本证、反证的划分问题曾经多次考查。只要按照我的三步法判断，就能得到正确的结论。一定要注意，不是原告提供的都是本证，也并非被告提供的都是反证。本证、反证判断的核心要诀是对该待证事实的证明责任归属的判断。

一句话背诵

借贷纠纷中，借款事实由原告主张，其证明责任由原告负担，原告提供的证明借款事实成立的证据属于本证；还款事实由被告主张，其证明责任由被告负担，被告提供的证明还款事实成立的证据也属于本证。

★重复考查过的其他类似题目

88

在某借贷纠纷中，原告方提供的转账凭证的复印件属于何种证据分类？（2022-回忆版-多）

A. 传来证据
B. 直接证据
C. 间接证据
D. 案涉还款事实的本证

精析与思路

这道题的难度并不大，但是要求同学们要细心，要看清，题干问的是本案当中原告提供的复印件属于何种证据分类。大家要明确，证据分类指的是证据属于直接证据还是间接证据、传来证据还是原始证据、本证还是反证这样的范畴。只有在询问证据种类时，我们讨论的才是书证、物证等证据类型。

首先，根据本题提供的关键信息可知，该证据属于复印件，即在转账凭证产生之后对其进行了复印，因此，该证据产生的时间晚于案件事实发生的时间，该证据属于传来证据。其次，由于该证据仅为原告提供的其向被告转账的凭证，只能证明原、被告之间曾经有过资金往来，而无法充分说明该资金属于一笔借款，因此，该证据只能证明本案当中的部分事实，属于典型的间接证据。最后，该证据是用于证明本案当中存在着借款事实，而非用于证明本案当中存在着还款事实，因此，该证据和还款事实之间不具备关联性，它既不是还款事实的本证也不是还款事实的反证。综上所述，A、C选项当选。

参考答案 AC

89

张某诉王某借款纠纷一案，庭审中，王某承认借过张某钱，但称已经返还，并出示张某书写的载明“收到王某返还借款10万元”的收条复印件。关于本案中的收条复印件，下列说法正确的是：（2021-回忆版-单）

A. 不具有证据能力　　B. 属于反证
C. 属于直接证据　　D. 不具有证明力

精析与思路

啊！为什么会有这么简单的题呢？费解。收条复印件与案件事实有关联性，且对证明案件事实有帮助，当然可以作为证据并具备证明力。轻松排除A、D选项。本案中争议的事实是是否已经还钱，那么该收条复印件已经足以证明借款已经返还，因此，该收条复印件应属于直接证据。C选项正确。而对于还款事实，是王某主张成立的事实，属于合同已经履行完毕的事实，应由王某负证明责任。那么王某提供的应由其负证明责任的事实成立的证据，就都是本证，排除B选项。

参考答案 C

90

甲借钱给乙，乙到期未还，甲遂起诉乙还钱。甲出示银行汇款单，乙主张甲汇款是为了购买他的二手手机，二者之间并不存在借

刘鹏飞真题卷

贷关系。关于本案，下列说法正确的有：（2019-回忆版-多）

A. 银行汇款单是直接证据

B. 借款事实由甲负证明责任

C. 银行汇款单是间接证据

D. 买手机的相关事实由乙负证明责任

精析与思路

我认为本题是一个相对来讲比较复杂的问题，综合考查了证明责任问题和证据的理论分类问题，但是前三个选项对于大家来讲并没有太大的难度，难度主要集中在D选项上。

A选项非常容易判断，银行的汇款单只能够证明曾经在甲、乙二人之间有一笔款项往来，却不足以独立证明该款项往来属于借款事实，因此银行汇款单属于典型的间接证据，所以A选项是错误的。这个考点在过去真题当中曾经考查过多次，相信大家是比较容易判断的。

至于B选项也不是一个难的问题，我们给大家讲过，证明责任分配的基本规则是：谁主张待证事实成立，谁对该事实负担证明责任。在本案中是甲主张乙借了自己的钱，换言之，甲主张甲、乙之间存在借款事实，而乙则主张，甲汇款是为了购买他的二手手机，也就是说乙认为该款项往来是一个买卖合同关系，而不存在借贷关系。甲主张借贷关系存在，乙主张借贷关系不存在，当然应当由甲对相关事实负担证明责任，所以B选项本身是正确的。

C选项和A选项是矛盾选项，银行汇款单是间接证据，C选项是正确的。

对于D选项，需要大家开动脑筋进行思考。我曾经给同学们讲过当事人需要负担证明责任的事实，必然是案件的要件事实，如果该事实不足以构成该案件的要件事实，则任何当事人都无需负担证明责任。例如，在无过错侵权责任当中，被告是否存在过错，并不是该案件侵权责任成立与否的法定要件，因此原告和被告都不需要对被告是否存在过错承担证明责任。回到本案当中来，本案当中借贷关系成立只需要证明两个事实，一个事实是双方当事人之间达成了借贷的合意，另外一个事实是双方当事人有借贷的转账行为，只要这两个事实都存在，借贷关系就成立了。而至于本案当中双方当事人是否存在着买卖合同关系，并不是本案中影响法律关系成立的要件事实。从这个角度来看，双方当事人都不需要对该事实负担证明责任，因此D选项是错误的。

所以，以后同学们在解决这类问题的时候，应当先找到本案的要件事实是什么，然后在要件事实的范围内进行证明责任的分配。可能有的同学会提出，在本案中如果买卖合同成立，则说明借贷合同不成立。对于这个问题你可以这样理解，当事人证明买卖合同成立只是为了证明借贷合同是否成立，所以讨论买卖合同成立与否只是为了证明要件事实是否成立，而买卖合同成立与否这个事实本身并不属于要件事实。大家能够在这个范畴内理解这个问题就足够了，因为这背后涉及证据法的直接事实、间接事实和辅助事实的理论区分问题，比较复杂，也没有必要给大家详细地讲解。

参考答案 BC

91

2009年2月，家住甲市A区的赵刚向家住甲市B区的李强借了5000元，言明2010年2月之前偿还。到期后赵刚一直没有还钱。

2010年3月，李强找到赵刚家追讨该债务，发生争吵。赵刚因所牵宠物狗易受惊，遂对李强说：“你不要大声喊，狗会咬你。”李强不理，仍然叫骂，并指着狗叫喊。该狗受惊，扑向李强并将其咬伤。李强治伤花费6000元。

李强起诉要求赵刚返还欠款5000元、支付医药费6000元，并向法院提交了赵刚书写的借条、其向赵刚转账5000元的银行转账凭证、本人病历、医院的诊断书（复印件）、医院处方（复印件）、发票等。

赵刚称，其向李强借款是事实，但在2010年1月卖给李强一块玉石，价值5000元，说好用玉石货款清偿借款。当时李强表示同意，并称之后会把借条还给赵刚，但其一直未还该借条。

赵刚还称，李强故意激怒狗，被狗咬伤的责任应由李强自己承担。对此，赵刚提交了邻居孙某出具的书面证词，该证词描述了李强当时骂人和骂狗的情形。

赵刚认为，李强提交的诊断书、医院处方均为复印件，没有证明力。

关于赵刚向李强借款5000元的证据证明问题，下列选项正确的是：（2012/3/98-任）

A. 李强提出的借条是本证

B. 李强提出的其向赵刚转账5000元的银行转账凭证是直接证据

C. 赵刚承认借款事实属于自认

D. 赵刚所言已用卖玉石的款项偿还借款属于反证

精析与思路

在读题的时候大家就应该注意到"赵刚称，其向李强借款是事实"，赵刚承认了借款事实，故C选项正确。参见法条依据。

B选项中涉及的证据——转账5000元的银行转账凭证只能证明赵刚和李强之间有资金往来，仅凭转账凭证无法证明该款项就是借款。所以该证据无法证明案件全部事实，对于借款事实而言，转账记录属于间接证据，故B选项错误。

A、D选项考查的是本证和反证的区分。第87题（2017年卷三第39题）已经详细叙述过本证、反证判断的三步法，这里对方法不再赘述，直接进行分析。

A选项的借条证明的待证事实是借款关系成立，借款关系成立是原告李强主张的，应由李强对该事实负担证明责任，该证据由李强提供，所以该证据属于本证，故A选项正确。

D选项赵刚所言"已用卖玉石的款项偿还借款"属于证据类型中的当事人陈述，而证据证明的是借款已经偿还。借款已经偿还是被告赵刚主张的，应由赵刚对该事实负担证明责任，该证据由赵刚提供，所以该证据仍然属于本证，故D选项错误。

参考答案 AC

法条依据

《民诉证据规定》第3条：在诉讼过程中，一方当事人陈述的于己不利的事实，或者对于己不利的事实明确表示承认的，另一方当事人无需举证证明。在证据交换、询问、调查过程中，或者在起诉状、答辩状、代理词等书面材料中，当事人明确承认于己不利的事实的，适用前款规定。

陷阱与规律

证据的分类问题，近几年考查最多的知识点就是本证和反证的划分。本题难度不大，但是要求大家准确地找到待证事实是什么。

一句话背诵

负担证明责任的人提出的证据是本证，不负证明责任的人提出的证据是反证。自认是对事实的承认。能证明案件部分事实的证据属于间接证据。

证据的法定种类

核心考点46 ▶ 证据的三大基本属性

★★

92 »»

战某打电话向牟某借款5万元，并发短信提供账号，牟某当日即转款。之后，因战某拒不还款，牟某起诉要求战某偿还借款。在诉讼中，战某否认向牟某借款的事实，主张牟某转的款是为偿还之前向自己借的款，并向法院提交了证据；牟某也向法院提供了一些证据，以证明战某向其借款5万元的事实。关于这些证据的种类和类别的确定，下列哪

一选项是正确的？（2016/3/39-单）

A. 牟某提供的银行转账凭证属于书证，该证据对借款事实而言是直接证据

B. 牟某提供的记载战某表示要向其借款 5 万元的手机短信属于电子数据，该证据对借款事实而言是间接证据

C. 牟某提供的记载战某表示要向其借款 5 万元的手机通话录音属于电子数据，该证据对借款事实而言是直接证据

D. 战某提供一份牟某书写的向其借款 10 万元的借条复印件，该证据对牟某主张战某借款的事实而言属于反证

精析与思路

这道题看上去很复杂，综合考查了证据种类、分类。做这种题目必须沉住气，仔细分析。

A 选项，银行转账凭证是用其内容证明案件事实的证据，属于书证。但是银行转账凭证只能证明牟某和战某间有资金往来，仅凭该转账凭证无法证明该款项就是借款。所以该证据无法证明案件全部事实，属于典型的间接证据。A 选项错误。

B 选项，手机短信存储在电子设备中，属于电子数据。与 A 选项一样，表示要借款的短信只能证明战某的借款意向，单凭该短信无法证明借款事实已经发生。所以该证据无法证明案件全部事实，属于间接证据。B 选项正确。参见法条依据。

C 选项，手机通话录音同样存储在电子设备中，属于电子数据。该证据与 B 选项的短信一样，只能证明战某的借款意向，属于间接证据。C 选项错误。

D 选项，问牟某书写的借条复印件是本证还是反证，很多同学开始急不可待地判断了。但是大家忽略了一个问题，就是证据必须具备真实性、合法性和关联性。三大特性缺一则不能作为证据使用。

关联性，即民事证据必须与待证的案件事实有内在的联系，这种内在联系具体表现为，证据应当是能够证明待证的案件事实的全部或一部分的客观事实。战某提供一份牟某书写的向其借款 10 万元的借条复印件，只能证明牟某曾经向他借款的事实，而本案争议的事实却是战某是否曾向牟某借款，所以该借条与本案在逻辑上没有联系，无法证明本案的争议事实，即与本案不存在关联性。因此，D 选项中的借条根本不能作为本案认定案件事实的依据，也就既不是本案的本证，也不是本案的反证。D 选项错误。

参考答案 B

法条依据

《民诉解释》第 116 条： 视听资料包括录音资料和影像资料。电子数据是指通过电子邮件、电子数据交换、网上聊天记录、博客、微博客、手机短信、电子签名、域名等形成或者存储在电子介质中的信息。存储在电子介质中的录音资料和影像资料，适用电子数据的规定。

陷阱与规律

在民诉法实体中，某一证据属于直接证据还是间接证据，不能一概而论，必须先搞懂该证据证明的待证事实是什么。有些证据相对于某种事实可能是直接证据，但相对于其他事实就是间接证据。例如，本案中，如果用转账凭证来证明借款关系，则转账凭证属于间接证据；如果用转账凭证来证明二者之间存在资金往来，则转账凭证属于直接证据。

还有，要注意，“免于证明的事实”（该事实不需要提供证据证明）和“不能使用的证据”（该证据不能作为认定案件事实的依据）完全是两回事，要清楚地区分开来。

一句话背诵

能证明案件部分事实的证据属于间接证据。有电子载体的证据属于电子数据。证据必须和案件有关联性。

93

巨星公司开发的软件屡遭盗版，其遂派公司人员假扮消费者与盗版商磋商，请公证人员用手机秘密拍摄磋商过程。公证处制作了公

证书，巨星公司据此向法院起诉盗版商索赔。关于公证书，下列说法正确的是：（2019-回忆版-单）

A. 公证人员制作的公证书属于书证

B. 公证书是原始证据

C. 假扮消费者有违公平原则，有损经济秩序，应排除

D. 公证处只应公证合法法律行为，该公证书有瑕疵，应予排除

精析与思路

不知道同学们在看到这道题目的时候，是否觉得似曾相识，这是根据一个著名的真实案例所改编的题目，而这个案例我在每年的授课当中，几乎都给同学们讲授过，因为它实在是太重要了。当然我在讲授这个案例的时候，主要还是从非法证据排除规则的角度来进行讲解，至于其他的选项都是从不同角度进行的考查。

A选项考查的是证据的法定种类，公证人员制作的公证书，是用其内容证明此案件中的侵权事实，因此当然属于书证。所以，A选项是正确的。

原始证据必须和案件事实同时产生，而在本案中与盗版商磋商，产生销售盗版软件案件事实的时候，公证书尚未发生，只是产生了偷拍得到的电子数据。依据电子数据，公证处在其后才制作了公证文书，因此公证书晚于案件事实产生，是典型的传来证据，而非原始证据。所以，B选项是错误的。

C选项就是我们多次强调的内容，本案当中系由相关公司人员假扮消费者进行取证，并由公证处的工作人员进行偷拍偷录取得了相关的证据，该证据是否属于非法证据呢？我们讲过，非法证据是严重侵害他人合法权益，违反法律的禁止性规定，或者违反公序良俗原则取得的证据。在本案当中，巨星公司的取证行为并没有侵害他人的合法权益，或者违反法律的禁止性规定，故以此取得的相关证据属于合法证据，可以作为定案依据而不应被排除。所以，C选项是错误的。

至于D选项，考查的是公证法的内容，并不是我们考纲的范围，但是即便大家不熟悉公证法的内容，也能够从常识角度判断出其是否正确。本案当中公证的是盗版商有盗版的侵权行为，这一事实显然是可以通过公证处公证的方式来固定证据的。回到立法当中来，根据《公证法》第36条的规定，经公证的民事法律行为、有法律意义的事实和文书，应当作为认定事实的根据，但有相反证据足以推翻该项公证的除外。也就是说，公证的事项除了法律行为之外，也包括具有法律意义的法律事实。本案中的侵权行为作为一种法律事实，当然属于公证的对象。所以，D选项是错误的。

参考答案 A

核心考点47 ▶ 勘验笔录和鉴定意见

★★★

94 »»

在一起侵权诉讼中，原告申请由其弟袁某（某大学计算机系教授）作为专家辅助人出庭对专业技术问题予以说明。下列哪些表述是正确的？（2014/3/38-多）

A. 被告以袁某是原告的近亲属为由申请其回避，法院应批准

B. 袁某在庭上的陈述是一种法定证据

C. 被告可对袁某进行询问

D. 袁某出庭的费用，由败诉方当事人承担

精析与思路

本题是在鉴定人标题项下考查其子知识点——专家辅助人制度。

专家辅助人不是法定的回避主体，不需要回避。A选项错误。参见法条依据（1）。

专家辅助人意见被视为当事人陈述，当事人陈述属于一种法定证据，所以，专家辅助人意见也应该定位成一种法定证据。B选项正确。参见法条依据（2）。

既然专家辅助人意见是一种法定证据，就应该在提出时接受对方当事人和法院的询问，这是“证据应接受质证”的基本要求。C选项正确。参见法条依据（3）。

专家辅助人出庭的费用由申请人负担。D选

项错误。

需要说明的是，这道题原本是一道单选题，但是由于立法和司法解释的修改，使得它的答案发生了变化。本书都是以最新的法条为依据作出的答案。

参考答案 BC（司法部原答案为 C）

法条依据

（1）《民事诉讼法》第 47 条：审判人员有下列情形之一的，应当自行回避，当事人有权用口头或者书面方式申请他们回避：①是本案当事人或者当事人、诉讼代理人近亲属的；②与本案有利害关系的；③与本案当事人、诉讼代理人有其他关系，可能影响对案件公正审理的。审判人员接受当事人、诉讼代理人请客送礼，或者违反规定会见当事人、诉讼代理人的，当事人有权要求他们回避。审判人员有前款规定的行为的，应当依法追究法律责任。前三款规定，适用于法官助理、书记员、司法技术人员、翻译人员、鉴定人、勘验人。

（2）《民诉解释》第 122 条：当事人可以依照民事诉讼法第 82 条的规定，在举证期限届满前申请 1 至 2 名具有专门知识的人出庭，代表当事人对鉴定意见进行质证，或者对案件事实所涉及的专业问题提出意见。具有专门知识的人在法庭上就专业问题提出的意见，视为当事人的陈述。人民法院准许当事人申请的，相关费用由提出申请的当事人负担。

（3）《民诉解释》第 123 条：人民法院可以对出庭的具有专门知识的人进行询问。经法庭准许，当事人可以对出庭的具有专门知识的人进行询问，当事人各自申请的具有专门知识的人可以就案件中的有关问题进行对质。具有专门知识的人不得参与专业问题之外的法庭审理活动。

陷阱与规律

专家辅助人意见和证人证言都应接受质证，都要接受法院和对方当事人的询问。专家辅助人和证人都不需要回避。不同的是，专家辅助人要求有专业知识，证人只要求了解案情、能正确陈述；专家辅助人的费用由申请方负担，证人的费用由败诉方负担。

一句话背诵

专家辅助人不需要回避，费用由申请人负担，其意见属于法定证据。对方当事人可以对专家询问。

重复考查过的其他类似题目 

95

甲公司诉乙公司专利侵权，乙公司是否侵权成为焦点。经法院委托，丙鉴定中心出具了鉴定意见书，认定侵权。乙公司提出异议，并申请某大学燕教授出庭说明专业意见。关于鉴定的说法，下列哪一选项是正确的？（2013/3/50-单）

A. 丙鉴定中心在鉴定过程中可以询问当事人

B. 丙鉴定中心应当派员出庭，但有正当理由不能出庭的除外

C. 如果燕教授出庭，其诉讼地位是鉴定人

D. 燕教授出庭费用由乙公司垫付，最终由败诉方承担

精析与思路

本题考查鉴定人制度。

A、B 选项考查鉴定人的权利和义务。鉴定人有知情权、鉴定义务和出庭义务（这些在理论卷中都有详细讲解）。根据知情权，鉴定人可以询问当事人和证人。A 选项正确。根据出庭义务，鉴定人原则上不需要出庭，除非当事人对鉴定意见有异议或者法院认为有必要的时候，鉴定人才需要出庭接受询问和质证。B 选项错误。参见法条依据（1）、（2）。

C、D 两项考查的是专家辅助人制度。燕教授作为具有专门知识的人出庭说明专业意见，并不从事鉴定，其诉讼地位应认定为专家辅助人。C 选项错误。专家辅助人的出庭费用由申请方负担。D 选项错误。参见法条依据（3）。

参考答案 A

法条依据

（1）《民事诉讼法》第 80 条第 1 款：鉴定人有权了解进行鉴定所需要的案件材料，必要

时可以询问当事人、证人。

（2）《民事诉讼法》第81条：当事人对鉴定意见有异议或者人民法院认为鉴定人有必要出庭的，鉴定人应当出庭作证。经人民法院通知，鉴定人拒不出庭作证的，鉴定意见不得作为认定事实的根据；支付鉴定费用的当事人可以要求返还鉴定费用。

（3）《民诉解释》第122条：当事人可以依照民事诉讼法第82条的规定，在举证期限届满前申请1至2名具有专门知识的人出庭，代表当事人对鉴定意见进行质证，或者对案件事实所涉及的专业问题提出意见。具有专门知识的人在法庭上就专业问题提出的意见，视为当事人的陈述。人民法院准许当事人申请的，相关费用由提出申请的当事人负担。

陷阱与规律

（1）专家辅助人有三个常考的角度：

❶专家辅助人无需回避；

❷专家辅助人的费用由申请方负担；

❸专家辅助人应具备专业知识并接受询问。

（2）鉴定人和专家辅助人不同：

❶鉴定人要有专业资质，而专家辅助人只要求有专业知识；

❷鉴定人并非必须出庭，专家辅助人应出庭；

❸鉴定人需要回避，专家辅助人不需要回避。

一句话背诵

鉴定人有权利询问当事人、证人，若当事人有异议，或者法院认为有必要，鉴定人必须出庭（不论是否有正当理由）。专家辅助人的费用由申请人负担。

核心考点48 ▶ 证人证言 ★★★★

96 ⋙

张志军与邻居王昌因琐事发生争吵并相互殴打，之后，张志军诉至法院要求王昌赔偿医药费等损失共计3000元。在举证期限届满前，张志军向法院申请事发时在场的方强（26岁）、路芳（30岁）、蒋勇（13岁）出庭作证，法院准其请求。开庭时，法院要求上列证人签署保证书，方强签署了保证书，路芳拒签保证书，蒋勇未签署保证书。法院因此允许方强、蒋勇出庭作证，未允许路芳出庭作证。张志军在开庭时向法院提供了路芳的书面证言，法院对该证言不同意组织质证。关于本案，法院的下列哪些做法是合法的？（2015/3/79-多）

A. 批准张志军要求事发时在场人员出庭作证的申请

B. 允许蒋勇出庭作证

C. 不允许路芳出庭作证

D. 对路芳的证言不同意组织质证

精析与思路

这道题和前面的2017年卷三第79题的考点异曲同工。考查证人出庭作证的程序、证人资格和证言效力。

A选项是合法的，当选。当事人在举证期限届满前可以申请证人出庭，法院批准证人出庭是符合法律规定的。考查的重点有两个：①原则上，证人应由当事人申请出庭，当事人不申请，不能临时请证人出庭；②当事人申请证人出庭应在举证期限届满前。参见法条依据（1）。

B选项是合法的，当选。蒋勇只有13岁，是个未成年人，但是依然可以作证。要注意：有行为能力的证人才需要签保证书，蒋勇没有诉讼行为能力，不签保证书也可以出庭作证。参见法条依据（2）。

C选项是合法的，当选。路芳是成年人，应先签保证书，然后才可以作证。但是，路芳拒签保证书，法院不应允许其出庭作证，而且路芳的必要费用也应由其自己承担。参见法条依据（3）。

D选项是合法的，当选。由于路芳不得作证，路芳的书面证言，法院不会采纳，也就不必组织质证。

参考答案 ABCD

法条依据

（1）《民诉解释》第117条：当事人申请证

人出庭作证的，应当在举证期限届满前提出。符合本解释第96条第1款规定情形的，人民法院可以依职权通知证人出庭作证。未经人民法院通知，证人不得出庭作证，但双方当事人同意并经人民法院准许的除外。

（2）《民诉解释》第119条：人民法院在证人出庭作证前应当告知其如实作证的义务以及作伪证的法律后果，并责令其签署保证书，但无民事行为能力人和限制民事行为能力人除外。证人签署保证书适用本解释关于当事人签署保证书的规定。

（3）《民诉解释》第120条：证人拒绝签署保证书的，不得作证，并自行承担相关费用。

陷阱与规律

对于证人证言的效力，很多同学搞不清楚，现在我们彻底把它们搞懂：

和当事人有利害关系的证人证言	可以作为证据使用，但证明力小（不得单独作为认定案件事实的依据）
未成年人作出的和年龄智力不适应的证人证言	
应签署保证书而拒不签署保证书的证人的证言	不能作为证据使用，要被排除
无正当理由未出庭的证人证言	

一句话背诵

有行为能力的证人必须签保证书，不签不得作证。未成年人可以作证。申请证人出庭作证，要在举证期届满前。

重复考查过的其他类似题目

97

杨青（15岁）与何翔（14岁）两人经常嬉戏打闹，一次，杨青失手将何翔推倒，致何翔成了植物人。当时在场的还有何翔的弟弟何军（11岁）。法院审理时，何军以证人身份出庭。关于何军作证，下列哪些说法不能成立？（2017/3/79-多）

A. 何军只有11岁，无诉讼行为能力，不具有证人资格，故不可作为证人

B. 何军是何翔的弟弟，应回避

C. 何军作为未成年人，其所有证言依法都不具有证明力

D. 何军作为何翔的弟弟，证言具有明显的倾向性，其证言不能单独作为认定案件事实的根据

精析与思路

本题是对证人证言证据类型的综合考查。

A选项说法不成立，当选。未成年人只要了解案情，并且可以正确表达，就可以作为证人。参见法条依据（1）、（2）。

B选项说法不成立，当选。证人具有不可替代性，因此，证人是不需要回避的。参见法条依据（3）。

C选项说法不成立，当选。未成年人所作的与其年龄和智力状况不相当的证言不得单独作为认定案件事实的依据，但是依然具有证明力，只是证明力较弱，有待补强。未成年人所作的与其年龄和智力状况相当的证言可以单独作为认定案件事实的依据。参见法条依据（4）。

D选项说法成立，不当选。何军和当事人何翔是近亲属，属于具有利害关系的证人。与一方当事人或者其代理人有利害关系的证人出具的证言不能单独作为认定案件事实的依据。参见法条依据（4）。

参考答案 ABC

法条依据

（1）《民事诉讼法》第75条：凡是知道案件情况的单位和个人，都有义务出庭作证。有关单位的负责人应当支持证人作证。不能正确表达意思的人，不能作证。

（2）《民诉证据规定》第67条：不能正确表达意思的人，不能作为证人。待证事实与其年龄、智力状况或者精神健康状况相适应的无民事行为能力人和限制民事行为能力人，可以作为证人。

（3）《民事诉讼法》第47条：审判人员有下列情形之一的，应当自行回避，当事人有权

用口头或者书面方式申请他们回避：①是本案当事人或者当事人、诉讼代理人近亲属的；②与本案有利害关系的；③与本案当事人、诉讼代理人有其他关系，可能影响对案件公正审理的。审判人员接受当事人、诉讼代理人请客送礼，或者违反规定会见当事人、诉讼代理人的，当事人有权要求他们回避。审判人员有前款规定的行为的，应当依法追究法律责任。前三款规定，适用于法官助理、书记员、司法技术人员、翻译人员、鉴定人、勘验人。

（4）《民诉证据规定》第90条：下列证据不能单独作为认定案件事实的根据：①当事人的陈述；②无民事行为能力人或者限制民事行为能力人所作的与其年龄、智力状况或者精神健康状况不相当的证言；③与一方当事人或者其代理人有利害关系的证人陈述的证言；④存有疑点的视听资料、电子数据；⑤无法与原件、原物核对的复制件、复制品。

陷阱与规律

证人证言的考题一般是从三方面出题：①证人资格；②证人出庭的程序规定；③证人证言的效力。

有三个易混淆点要记清：

（1）只要了解案情，能正确表达，就可以作为证人，未成年人和精神病人都有可能作为证人；

（2）证人原则上必须出庭，有正当理由可以不出庭；

（3）证人证言一般都可以作为证据使用，但证明力有高有低。

一句话背诵

证人不需要回避。未成年人可以作为证人，未成年人所作的与其年龄和智力状况不相当的证言以及具有利害关系的证人作出的证言，都可以作为认定案件事实的依据，但不得单独作为认定案件事实的依据。

核心考点49 ▶ 当事人陈述 ★★

本考点在近10年的真题中没有独立考查过，但大家仍需准确掌握理论卷中对相应知识的讲解。

核心考点50 ▶ 电子数据和视听资料 ★★★

98 ›››

张某驾车与李某发生碰撞，交警赶到现场后用数码相机拍摄了碰撞情况，后李某提起诉讼，要求张某赔偿损失，并向法院提交了一张光盘，内附交警拍摄的照片。该照片属于下列哪一种证据？（2014/3/48-单）

A. 书证　　B. 鉴定意见

C. 勘验笔录　　D. 电子数据

精析与思路

在核心考点44中的2012年卷三第99题里，我们讲授了判断证据类型的思路，即先观察该证据是否是鉴定意见或者勘验笔录；如不是，就观察该证据是否是当事人陈述或者证人证言；还不是，则观察该证据是否属于电子数据或者视听资料；最后才能考虑是否是书证或者是物证。

本案中问的是“光盘里存储的照片”属于何种证据类型。显然，光盘里的照片不可能是鉴定意见、勘验笔录（勘验笔录必须是法官及其指导下的人员制作的，本案中的光盘是李某制作的）、当事人陈述或者证人证言。B、C选项不当选。

而电子数据是电子形式的数据，形成或存储在电子设备中。本案中，光盘就是电子设备。所以，光盘里的照片属于电子数据。D选项当选。参见法条依据（1）、（2）。

参考答案 D

法条依据

（1）《民事诉讼法》第66条：证据包括：①当事人的陈述；②书证；③物证；④视听资料；⑤电子数据；⑥证人证言；⑦鉴定意见；⑧勘验笔录。证据必须查证属实，才能作为认定事实的根据。

（2）《民诉解释》第116条：视听资料包括

录音资料和影像资料。电子数据是指通过电子邮件、电子数据交换、网上聊天记录、博客、微博客、手机短信、电子签名、域名等形成或者存储在电子介质中的信息。存储在电子介质中的录音资料和影像资料，适用电子数据的规定。

陷阱与规律

对于照片，该如何判断其证据类型呢？

我的独门口诀是：先看形式，后看内容。

如果其形式是电子形式，则不用看内容，就认定为电子数据。

如果其形式不是电子形式，则要看其内容拍摄的是什么。拍摄的是书证，照片就是书证；拍摄的是物证，照片就是物证。

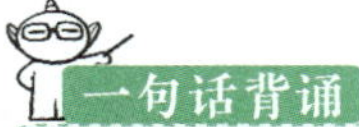

一句话背诵

具有电子表现形式的照片属于电子数据。

核心考点 51 书证和物证 ★★

99

陈某起诉要求任某还钱，任某主张已经归还所有欠款，并且提供有陈某签名的还款凭证，陈某主张该签名是任某伪造的。关于本案中证明责任的承担，下列说法正确的有：（2021-回忆版-多）

A. 陈某应对签名是伪造的这一事实提供证据证明

B. 任某应对签名是真实的这一事实提供证据证明

C. 由任某对还款凭证的真实性承担证明责任

D. 由陈某对还款凭证的真实性承担证明责任

精析与思路

本题是一道考查证明责任双重含义的经典题目，但是很简单。其实本案中争议的就只有一个事实——还款凭证的真伪问题。如果签名是伪造的，就等于它是假的，如果签名是真实的，就等于它是真的。签名是否是伪造的和还款凭证是否是真的其实是一个事。那么，主张是真的人，就应举证证明它是真的；主张是假的人，就应举证证明它是假的。但如果是真是假无法判断，事实陷入真伪不明，则应由主张真实的当事人负“证明责任”。

所以，对于一个争议事实，双方都应提供证据对自己的主张加以证明，但只有主张成立的一方对此事实负证明责任。A、B、C 选项正确。

参考答案 ABC

重复考查过的其他类似题目 ★

100

下列关于证明的哪一表述是正确的？（2014/3/45-单）

A. 经过公证的书证，其证明力一般大于传来证据和间接证据

B. 经验法则可验证的事实都不需要当事人证明

C. 在法国居住的雷诺委托赵律师代理在我国的民事诉讼，其授权委托书需要经法国公证机关证明，并经我国驻法国使领馆认证后，方发生效力

D. 证明责任是一种不利的后果，会随着诉讼的进行，在当事人之间来回移转

精析与思路

这是一道综合题，考查了书证的内容，也考查到了免证事实、涉外委托代理和证明责任，考点非常零散。

A 选项逻辑不成立。经过公证的书证有可能本身就是传来证据或者间接证据，公证并不会使传来证据变成原始证据，也不会使间接证据变成直接证据。例如，合同的复印件，一般都属于传来证据，即使公证过了，也是传来证据。间接证据也同理。所以，经过公证的书证也可能属于传来证据或者间接证据，说它的证明力一般大于传来证据和间接证据，就显得荒谬了。A 选项错误。

B 选项中，免证事实中有“众所周知的事实”，但并没有一项表述为“经验法则可验证的事实”，很多经验法则可验证的事实并不属于众所周知的事实（有些专业领域的经验法则显然不是众所周知的），所以不属于免证事实。B 选项错误。参见法条依据（1）。

C选项中，外国人委托代理人参加诉讼，应提交授权委托书。确定授权委托书的效力有三种模式，即外国公证、中国认证模式，中国公证模式和中国法官见证模式。本题中由法国公证机关公证，我国驻法国使领馆认证，属于外国公证、中国认证模式，用这种方式来确定授权委托书的效力是可以的。C选项正确。参见法条依据（2）。

D选项中，证明责任由哪一方当事人承担是由法律、法规或司法解释预先确定的，只能固定地分配给一方当事人。因此，在诉讼中不存在原告与被告之间相互转移证明责任的问题。D选项错误。

参考答案 C

法条依据

（1）《民诉解释》第93条：下列事实，当事人无须举证证明：①自然规律以及定理、定律；②众所周知的事实；③根据法律规定推定的事实；④根据已知的事实和日常生活经验法则推定出的另一事实；⑤已为人民法院发生法律效力的裁判所确认的事实；⑥已为仲裁机构生效裁决所确认的事实；⑦已为有效公证文书所证明的事实。前款第2项至第4项规定的事实，当事人有相反证据足以反驳的除外；第5项至第7项规定的事实，当事人有相反证据足以推翻的除外。

（2）《民事诉讼法》第275条：在中华人民共和国领域内没有住所的外国人、无国籍人、外国企业和组织委托中华人民共和国律师或者其他人代理诉讼，从中华人民共和国领域外寄交或者托交的授权委托书，应当经所在国公证机关证明，并经中华人民共和国驻该国使领馆认证，或者履行中华人民共和国与该所在国订立的有关条约中规定的证明手续后，才具有效力。

陷阱与规律

（1）先说两个结论：

❶传来证据和间接证据不是根据证明力进行的分类。传来证据的证明力不一定大于间接证据，直接证据的证明力不一定大于间接证据。

❷经过公证的证据一般认为是公文书，证明力一般大于私文书，但是并不绝对。

（2）再作一个延伸：

将题目中的命题略变一下，就看得更明显：

问题：经过公证的书证复印件A的证明力一定大于书证复印件B。这是正确的吗？

解析：不正确。不管有没有经过公证，书证复印件都是传来证据。如果书证复印件B也经过公证，则证明力就一样了。

一句话背诵

证明责任不可转移；经过公证的书证本身也有可能是间接证据或传来证据；经验法则并非免证事实，事实要达到众所周知的程度才可以免于证明；外国交来的授权委托书的真实性，可以经过外国机关公证，然后由中国驻该国使领馆认证。

核心考点52 ▶ 文书提出命令和最佳证据规则 ★★★★

101

叶某诉汪某借款纠纷案，叶某向法院提交了一份内容为汪某向叶某借款3万元并收到该3万元的借条复印件，上有"本借条原件由汪某保管，借条复印件与借条原件具有同等效力"字样，并有汪某的署名。法院据此要求汪某提供借条原件，汪某以证明责任在原告为由拒不提供，后又称找不到借条原件。证人刘某作证称，他是汪某向叶某借款的中间人，汪某向叶某借款的事实确实存在；另外，汪某还告诉刘某，他在叶某起诉之后把借条原件烧毁，汪某在法院质证中也予以承认。在此情况下，下列哪些选项是正确的？（2017/3/80-多）

A. 法院可根据叶某提交的借条复印件，结合刘某的证言对案涉借款事实进行审查判断

B. 叶某提交给法院的借条复印件是案涉借款事实的传来证据

C. 法院可认定汪某向叶某借款3万元的事实

D. 法院可对汪某进行罚款、拘留

精析与思路

这道题考的是书证的证据规则及书证内容里的“文书提出命令制度”，在我编写的考前模拟题里，有一道与此几乎一样的题目。有人说，我又没有做过，该如何？其实大家只要回忆起我讲的书证三大证据规则——公文书真实性推定、文书提出命令、最佳证据规则，这些问题就可以迎刃而解。

A 选项，能不能用借条结合证人证言审查判断呢？这就要搞懂两个问题：

（1）只提交借条复印件而不交原件，是否可以？

答案是肯定的。根据最佳证据规则，原则上应提交原件，但提交原件确有困难的，可以只提交复制品、复印件。其中，书证在对方当事人手中，属于典型的提交原件确有困难的情况。

（2）为什么要结合刘某的证言判断呢？

因为原告只提交了复印件，原件在对方当事人手中，复印件就没有办法和原件原物核对。无法和原件原物核对的复制品、复印件不得单独作为认定案件事实的依据。这就是说，该复印件的证明力比较弱，必须用其他证据补强其证明力。而刘某的证言则起到了补强复印件证明力的作用。参见法条依据（1）、（2）。

由此可知，A 选项正确，并且还可以据此认定 C 选项正确。虽然仅有复印件不得据以单独认定案件，但是，由于汪某在诉讼中将借条原件这个书证烧毁，属于故意毁坏证据的行为，产生的法律效果就是推定该书证证明的事实是成立的。加之，本案也可以结合证言，证明力就比较充分，可以认定案件事实。

至于 B 选项，考查的是原始证据和传来证据的划分。借条是与案件事实同时产生的，所以属于典型的原始证据，其复印件晚于案件事实产生，则属于典型的传来证据，B 选项正确。

D 选项考查的是文书提出命令的法律效果。如果对方当事人仅仅是拒不提交证据，只能推定证据内容为真。只有在对方毁坏证据或者令证据不能使用的时候，法院才可以对其适用罚款、拘留。本案中，汪某在叶某起诉之后把借条原件烧毁，属于诉讼中实施的毁坏书证的行为，法院可以对其罚款、拘留，D 选项正确。参见法条依据（3）、（4）。

参考答案 ABCD

法条依据

（1）《民诉证据规定》第 90 条：下列证据不能单独作为认定案件事实的根据：①当事人的陈述；②无民事行为能力人或者限制民事行为能力人所作的与其年龄、智力状况或者精神健康状况不相当的证言；③与一方当事人或者其代理人有利害关系的证人陈述的证言；④存有疑点的视听资料、电子数据；⑤无法与原件、原物核对的复制件、复制品。

（2）《民诉解释》第 111 条：民事诉讼法第 73 条规定的提交书证原件确有困难，包括下列情形：①书证原件遗失、灭失或者毁损的；②原件在对方当事人控制之下，经合法通知提交而拒不提交的；……人民法院应当结合其他证据和案件具体情况，审查判断书证复制品等能否作为认定案件事实的根据。

（3）《民诉解释》第 112 条：书证在对方当事人控制之下的，承担举证证明责任的当事人可以在举证期限届满前书面申请人民法院责令对方当事人提交。申请理由成立的，人民法院应当责令对方当事人提交，因提交书证所产生的费用，由申请人负担。对方当事人无正当理由拒不提交的，人民法院可以认定申请人所主张的书证内容为真实。

（4）《民诉解释》第 113 条：持有书证的当事人以妨碍对方当事人使用为目的，毁灭有关书证或者实施其他致使书证不能使用行为的，人民法院可以依照民事诉讼法第 114 条规定，对其处以罚款、拘留。

陷阱与规律

文书提出命令有三大法律效果：

（1）只要证明对方当事人持有证据，就可以申请法院责令对方提交；

（2）对方拒不提交，就可以推定书证内容为真；

（3）对方毁坏书证或者令书证不能使用，法院就可以对其适用强制措施——罚款、拘留。

一句话背诵

当事人原则上应提交原件原物，提交原件确有困难的，可以提交复制品或照片。无法与原件原物核对的复制品、复印件不能单独作为认定案件事实的依据，必须由其他证据补强其证明力。法院发出文书提出命令后，对方当事人拒不提交书证，可以推定书证内容为真。对方毁坏书证或者令书证不能使用的时候，法院可以对其罚款、拘留。

重复考查过的其他类似题目

102

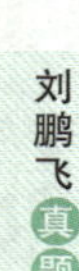

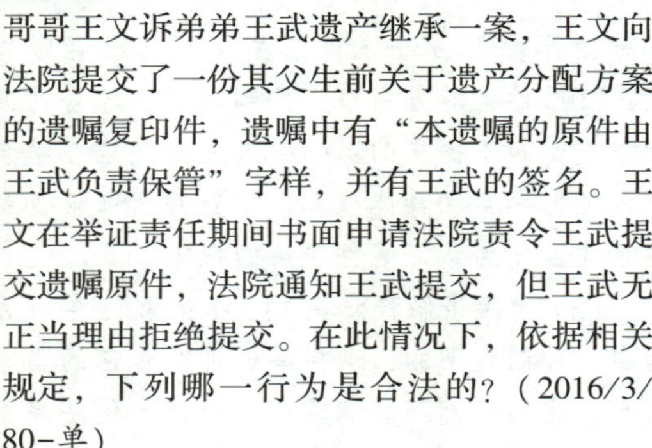

哥哥王文诉弟弟王武遗产继承一案，王文向法院提交了一份其父生前关于遗产分配方案的遗嘱复印件，遗嘱中有“本遗嘱的原件由王武负责保管”字样，并有王武的签名。王文在举证责任期间书面申请法院责令王武提交遗嘱原件，法院通知王武提交，但王武无正当理由拒绝提交。在此情况下，依据相关规定，下列哪一行为是合法的？（2016/3/80-单）

A. 王文可只向法院提交遗嘱的复印件

B. 法院可依法对王武进行拘留

C. 法院可认定王文所主张的该遗嘱能证明的事实为真实

D. 法院可根据王武的行为而判决支持王文的各项诉讼请求

精析与思路

这道题与上面那道题非常相似，考点也一样，都是重点考查书证的最佳证据规则和文书提出命令。所以，我们直接开始分析。

遗嘱在对方当事人手中，属于确有困难无法提交原件的情况，可以只提交复印件。A选项当选。

要对王武进行拘留的前提是王武“毁灭有关书证或者实施其他致使书证不能使用行为”，本案中，王武仅仅是拒绝提供书证，不可以对王武进行罚款、拘留。B选项不当选。

王武拒绝提供书证的法律效果是“可以认定申请人所主张的书证内容为真实”，而非遗嘱的内容证明的案情为真。当然，推定证据内容为真，更不是推定王文的各项诉讼请求成立，这是有显著差别的。因此，C、D两个选项看似是矛盾选项，其实都是错误的，都不当选。

参考答案 A（司法部原答案为AC）

法条依据

（1）《民诉证据规定》第90条：下列证据不能单独作为认定案件事实的根据：①当事人的陈述；②无民事行为能力人或者限制民事行为能力人所作的与其年龄、智力状况或者精神健康状况不相当的证言；③与一方当事人或者其代理人有利害关系的证人陈述的证言；④存有疑点的视听资料、电子数据；⑤无法与原件、原物核对的复制件、复制品。

（2）《民诉解释》第111条：民事诉讼法第73条规定的提交书证原件确有困难，包括下列情形：①书证原件遗失、灭失或者毁损的；②原件在对方当事人控制之下，经合法通知提交而拒不提交的；……人民法院应当结合其他证据和案件具体情况，审查判断书证复制品等能否作为认定案件事实的根据。

（3）《民诉解释》第112条：书证在对方当事人控制之下的，承担举证证明责任的当事人可以在举证期限届满前书面申请人民法院责令对方当事人提交。申请理由成立的，人民法院应当责令对方当事人提交，因提交书证所产生的费用，由申请人负担。对方当事人无正当理由拒不提交的，人民法院可以认定申请人所主张的书证内容为真实。

（4）《民诉解释》第113条：持有书证的当事人以妨碍对方当事人使用为目的，毁灭有关书证或者实施其他致使书证不能使用行为的，人民法院可以依照民事诉讼法第114条规定，对其处以罚款、拘留。

陷阱与规律

文书提出命令制度有几个误区，我再次提醒大家注意：

（1）只有书证在对方手中时，才能适用文书提出命令。如果书证在第三方手中，则不能申请法院责令第三方提交。

（2）文书提出命令只能适用于书证。如果物证等在对方当事人手中，则不能申请法院责令其提交。

（3）对方拒不提交，推定书证内容为真，而不是推定其诉讼请求成立。

（4）只有对方毁坏书证或者令书证不能使用，才可以拘留、罚款。仅仅不提交书证，不能拘留、罚款。

文书提出命令的法律效果：拒不提交推定书证内容为真，毁坏书证或令书证不能使用可以罚款、拘留。无法取得书证原件的当事人可以提交复印件。

保　全

核心考点53 ▶ 保全的类型 ★★★★

103 »»

李某与温某之间债权债务纠纷经甲市M区法院审理作出一审判决，要求温某在判决生效后15日内偿还对李某的欠款。双方均未提起上诉。判决履行期内，李某发现温某正在转移财产，温某位于甲市N区有可供执行的房屋一套，故欲申请法院对该房屋采取保全措施。关于本案，下列哪一选项是正确的？（2016/3/43-单）

A. 此时案件已经审理结束且未进入执行阶段，李某不能申请法院采取保全措施

B. 李某只能向作出判决的甲市M区法院申请保全

C. 李某可向甲市M区法院或甲市N区法院申请保全

D. 李某申请保全后，其在生效判决书指定的履行期间届满后15日内不申请执行的，法院应当解除保全措施

精析与思路

保全是一个常考点。保全的题目其实非常简单，但是常常有同学做不对。根据我多年的教学经验，发现还是思路的问题。

做保全的题目，要坚持“先定阶段，再看类型”的解题思路。所谓“先定阶段”，就是要先准确地判断是诉前、诉中还是执行前保全。所谓“再看类型”，就是要明确判断是财产保全、证据保全还是行为保全。在此基础上，联想我讲过的知识，就非常容易做题了。

回到题目中，题目中明确说“判决生效后”“履行期内”，这就说明保全的阶段是执行前保全。题目中说“李某发现温某正在转移财产，温某位于甲市N区有可供执行的房屋一套”，说明保全的类型属于财产保全。

这样，问题就清晰了。

A选项表示未进入执行阶段就不能保全了，显然是错误的，我国立法中存在执行前保全的规定。

B、C选项考查的是执行前财产保全的管辖问题。显然，执行前财产保全应当由执行法院

管辖。下一步，我们应判断哪个法院是有权执行的法院（即执行的管辖法院）。该案执行的是法院的生效判决，所以应由一审法院及与一审法院同级的被执行财产所在地法院管辖。B 选项错误。参见法条依据（2）。本案中，一审法院是甲市 M 区法院；因为房屋在甲市 N 区，所以甲市 N 区法院是与一审法院同级的被执行财产所在地法院。综上，甲市 M 区法院和甲市 N 区法院都是有执行权的法院，执行前保全，可以向这两个法院申请。C 选项正确。

D 选项考查的是执行前保全的解除。债权人在法律文书指定的履行期间届满后“5 日内”不申请执行的，人民法院应当解除保全，而不是“15 日内”。D 选项错误。参见法条依据（1）。

参考答案 C

法条依据

（1）《民诉解释》第 163 条：法律文书生效后，进入执行程序前，债权人因对方当事人转移财产等紧急情况，不申请保全将可能导致生效法律文书不能执行或者难以执行的，可以向执行法院申请采取保全措施。债权人在法律文书指定的履行期间届满后 5 日内不申请执行的，人民法院应当解除保全。

（2）《民事诉讼法》第 235 条第 1 款：发生法律效力的民事判决、裁定，以及刑事判决、裁定中的财产部分，由第一审人民法院或者与第一审人民法院同级的被执行的财产所在地人民法院执行。

陷阱与规律

除了要牢记我上面讲的“先定阶段，再看类型”的解题思路外，还有两个问题容易混淆，我要强调一下：

（1）执行前保全由执行法院管辖，而有权执行的法院要分情况讨论：

❶法院作出的文书，由一审法院或与一审法院同级的被执行财产所在地法院负责执行；

❷其他机构作出的文书，由债务人住所地法院或被执行财产所在地法院负责执行；

❸支付令、确认调解协议案和实现担保物权案的裁定，由作出法院或与作出法院同级的财产所在地法院负责执行。

（2）采取执行前保全措施后，债权人在法律文书指定的履行期间届满后 5 日内不申请执行的，法院应当解除保全；而采取诉前保全措施后，申请人在法院采取保全措施后 30 日内不起诉或申请仲裁的，法院应当解除保全（这里 2012 年《民事诉讼法》作了修改，2007 年《民事诉讼法》规定的是 15 日，2012 年《民事诉讼法》将期间延长了 1 倍）。这两个时间的长度和起算点是不同的。

一句话背诵

执行前可以向负责执行的法院申请保全。法院作出的法律文书由一审法院或与一审法院同级的被执行财产所在地法院执行。履行期满 5 日内，申请人不申请执行的，解除执行前保全。

核心考点 54 ▶ 保全的条件 ★★★★

104 »»

甲公司生产的“晴天牌”空气清新器销量占据市场第一，乙公司见状，将自己生产的同类型产品注册成“清天牌”，并全面仿照甲公司产品，使消费者难以区分。为此，甲公司欲起诉乙公司侵权，同时拟申请诉前禁令，禁止乙公司销售该产品。关于诉前保全，下列哪些选项是正确的？（2015/3/81-多）

A. 甲公司可向有管辖权的法院申请采取保全措施，并应当提供担保

B. 甲公司可向被申请人住所地法院申请采取保全措施，法院受理后，须在 48 小时内作出裁定

C. 甲公司可向有管辖权的法院申请采取保全措施，并应当在 30 天内起诉

D. 甲公司如未在规定期限内起诉，保全措施自动解除

精析与思路

在上一题中，我已经讲过，做保全的题目，必须坚持“先定阶段，再看类型”的解题思路，先准确地判断是诉前、诉中还是执行前保全，

再进一步判断是财产保全、证据保全还是行为保全。

就本题而言，先确定阶段，显然属于诉前保全；再确定类型，题中说明“申请诉前禁令，禁止乙公司销售该产品”，是要求对方不得做某种行为，属于典型的行为保全。所以，所有的规则都应按照诉前行为保全确定。

诉前行为保全必须提供担保。同时，因为没有起诉，所以就没有受诉法院，诉前行为保全应向被申请人住所地或有管辖权的法院提出申请。所以，A、B、C 选项中的管辖法院都是正确的。同时，A 选项的描述也符合法律规定。A 选项正确。

诉前行为保全一定是情况紧急的，所以法院必须在 48 小时内作出裁定。B 选项正确。参见法条依据（1）。

申请人申请采取诉前保全措施后，应在 30 日内起诉，如不起诉，则法院解除诉前保全措施。C 选项正确。

保全措施不会自动解除，而是由法院解除。D 选项错误。参见法条依据（2）。

参考答案 ABC

法条依据

（1）《民事诉讼法》第 104 条：利害关系人因情况紧急，不立即申请保全将会使其合法权益受到难以弥补的损害的，可以在提起诉讼或者申请仲裁前向被保全财产所在地、被申请人住所地或者对案件有管辖权的人民法院申请采取保全措施。申请人应当提供担保，不提供担保的，裁定驳回申请。人民法院接受申请后，必须在 48 小时内作出裁定；裁定采取保全措施的，应当立即开始执行。申请人在人民法院采取保全措施后 30 日内不依法提起诉讼或者申请仲裁的，人民法院应当解除保全。

（2）《民诉解释》第 166 条：裁定采取保全措施后，有下列情形之一的，人民法院应当作出解除保全裁定：①保全错误的；②申请人撤回保全申请的；③申请人的起诉或者诉讼请求被生效裁判驳回的；④人民法院认为应当解除保全的其他情形。解除以登记方式实施的保全措施的，应当向登记机关发出协助执行通知书。

陷阱与规律

注意两点：

（1）诉前财产保全的管辖法院是被保全财产所在地、被申请人住所地或者对案件有管辖权的法院。这里的“有管辖权的法院”指的是对起诉的案件有管辖权的法院。例如，合同案件的诉前财产保全，当事人可以向被保全财产所在地、被申请人住所地或者对案件有管辖权的法院申请保全，其中“有管辖权的法院”指的是合同履行地和被告住所地法院。

（2）保全措施不会自动解除，保全法院及其上级法院可以解除保全措施。

一句话背诵

诉前行为保全可以向被申请人住所地和有管辖权的法院申请。诉前行为保全必须提供担保，法院必须在 48 小时内作出保全裁定。保全后，申请人应在 30 日内起诉；不起诉的，法院将解除保全措施。

重复考查过的其他类似题目

105

甲县的葛某和乙县的许某分别拥有位于丙县的云峰公司 50%的股份。后由于二人经营理念不合，已连续 4 年未召开股东会，无法形成股东会决议。许某遂向法院请求解散公司，并在法院受理后申请保全公司的主要资产（位于丁县的一块土地的使用权）。

关于许某的财产保全申请，下列说法正确的是：（2014/3/97-任）

A. 本案是给付之诉，法院可作出保全裁定

B. 本案是变更之诉，法院不可作出保全裁定

C. 许某在申请保全时应提供担保

D. 如果法院认为采取保全措施将影响云峰公司的正常经营，应驳回保全申请

精析与思路

首先，这是一道极其特殊的题，说它特殊，是因为这道题具有极强的时效性，是为了应对当年《公司法解释（二）》的出台做的相应考

查。本题考查的知识点有一个超出了民事诉讼法考试大纲的范围，大家通过此题记忆就可以。这个知识点是，股东起诉解散公司，申请财产或者证据保全的，必须提供担保且不影响公司正常经营。担保是股东解散公司诉讼的必备条件。参见法条依据。（这种题目大家只要特事特记，用来查缺补漏就可以）

其次，此题还问到了股东起诉解散公司是何种诉讼类型。股东要求将成立的公司解散，是变更了法律关系（将既存的和公司有关的法律关系消灭掉），属于变更之诉。只要符合了条件，法院当然可以保全。所以，C、D 选项正确，A 选项错在"本案是给付之诉"，B 选项错在"法院不可作出保全裁定"。

参考答案 CD

法条依据

《公司法解释（二）》第 3 条：股东提起解散公司诉讼时，向人民法院申请财产保全或者证据保全的，在股东提供担保且不影响公司正常经营的情形下，人民法院可予以保全。

陷阱与规律

在我们这么多年的考试真题里，像这样具有时效性的题目并不是很多。这种考点往往和当年最热的立法修改有关。在我后期的授课中，都会结合当年的修法情况进行预测，大家不用担心。

至于这道题，大家作为查缺补漏，记住这个知识点即可，不用花费过多精力。

一句话背诵

解散公司诉讼是股东告公司，属于变更之诉。在该诉讼中，股东申请财产保全必须提供担保。

低频考点 55 ▶ 保全的范围 ☆☆

106 李根诉刘江借款纠纷一案在法院审理，李根申请财产保全，要求法院扣押刘江向某小额贷款公司贷款时质押给该公司的两块名表。法院批准了该申请，并在没有征得该公司同意的情况下采取保全措施。对此，下列哪些选项是错误的？（2015/3/80-多）

A. 一般情况下，该小额贷款公司保管的两块名表应交由法院保管

B. 该小额贷款公司因法院采取保全措施而丧失了对两块名表的质权

C. 该小额贷款公司因法院采取保全措施而丧失了对两块名表的优先受偿权

D. 法院可以不经该小额贷款公司同意对其保管的两块名表采取保全措施

精析与思路

本题考查的是财产保全的范围，考点非常集中，问题也非常明确，难度不大。

此问题的基本观点是：对设定担保物权的物依然可以保全，担保物权人可以优先受偿，担保物一般由担保物权人保管。参见法条依据（1）、（2）。

本案中，保全的财产是设有质权的名表，法院依然可以不经该小额贷款公司的同意对其保管的两块名表采取保全措施。所以，D 选项正确，不当选。该小额贷款公司不会丧失质权，因此仍然可以优先受偿。所以，B、C 选项错误，当选。该两块名表仍然由质权人——该小额贷款公司保管。所以，A 选项错误，当选。

参考答案 ABC

法条依据

（1）《民诉解释》第 157 条：人民法院对抵押物、质押物、留置物可以采取财产保全措施，但不影响抵押权人、质权人、留置权人的优先受偿权。

（2）《民诉解释》第 154 条第 2 款：查封、扣押、冻结担保物权人占有的担保财产，一般由担保物权人保管；由人民法院保管的，质权、留置权不因采取保全措施而消灭。

陷阱与规律

法院的财产保全行为并不会转移所有权，只是令该财产无法被转移。这和先予执行有本质区别。所以，作为优先受偿的担保物权，并不会受到影响。

一句话背诵

法院可以对设定担保物权的财产采取保全措施，担保物权不会因此消灭，担保物权人依然可以优先受偿，保全财产也由担保物权人保管。

低频考点56 ▶ 保全的解除 ☆

本考点在近10年的真题中没有独立考查过，但大家仍需准确掌握理论卷中对相应知识的讲解。

核心考点57 ▶ 保全的救济 ★★

107 甲公司欲起诉乙公司侵犯其专利权，遂向法院申请冻结乙公司的账户，并以自己的A厂房作为担保。法院依申请冻结了乙公司的账户。后法院判决驳回甲公司的全部诉讼请求，乙公司欲对保全造成的损失进行救济。下列选项正确的是：(2024-回忆版-任)

A. 乙公司可以直接申请变卖A厂房

B. 乙公司可以申请实现对A厂房的担保物权

C. 乙公司可以申请保全A厂房

D. 乙公司可以向法院起诉请求甲公司赔偿

精析与思路

这道题看上去是比较陌生的，但实际上只要能够回忆起我们讲的知识点，平心静气地去做，都能够得到正确的答案。

通过这道题我们能想到什么？在本案中，存在着甲公司的保全行为，而在甲公司申请法院采取的保全行为作出之后，对方当事人有两种救济手段，具体是什么还能想到吗？

第一种是针对法院作出的错误的保全裁定，被保全人可以向本级法院申请复议；第二种是如果法院最后作出了保全裁定，但是保全是错误的，被保全人遭受损失后可以向法院起诉，要求对方赔偿因错误保全而造成的损失。

在本案中，不涉及复议问题，法院最终判决驳回甲公司的全部诉讼请求，大家就会发现，保全是错误的，给乙公司造成了损失。此时，乙公司可以起诉索赔。

既然是起诉索赔，那就需要提起一个独立的诉讼。D选项正确。

此外，作为一个普通诉讼，就应当具备诉讼当中的其他程序手段。例如，在本案中，甲公司申请保全的时候，以A厂房作为担保，那么A厂房就是甲公司的财产，现在乙公司起诉甲公司索赔，可以申请普通诉讼都可以申请的财产保全，A厂房作为甲公司的财产，自然可以作为保全的标的物，这是诉讼的常规手段。C选项正确。

同学们还需要注意到，本案中，甲公司在启动保全的时候是以A厂房作为担保的，那么相当于为乙公司在A厂房上设立了担保物权。既然是担保物权，那么B选项就是正确的。甲公司保全错误之后，乙公司想要针对甲公司进行索赔，可以对A厂房申请实现担保物权，此时采取的是非讼程序，而不是诉讼程序。

也就是说，此时乙公司想要获得赔偿，可以走诉讼程序，直接起诉，要求甲公司赔偿因保全错误造成的损失；也可以走非讼程序。之所以在这里可以走实现担保物权程序，是因为本案中确实存在着担保物权。

只有A选项错误。为什么A选项错误呢？因为直接申请变卖A厂房已经属于要求法院采取执行措施了，必须要有执行依据。而在本案中，虽然甲公司的保全错误，但是乙公司对于甲公司却并不具备执行依据。我们走诉讼程序或非讼程序，都是为了先取得对甲公司的执行依据，然后才能开始执行甲公司的财产。

参考答案 BCD

重复考查过的其他类似题目 ★

108 妻子被丈夫家暴，遂向法院申请人身安全保护令。丈夫说只是因为妻子出轨了，两人发生了争执，并没有家暴，欲向法院申请撤销人身安全保护令。下列哪一选项是正确的？(2023-回忆版-单)

A. 丈夫应向原法院申请复议撤销人身安全保护令
B. 丈夫应向上一级法院申请复议撤销人身安全保护令
C. 丈夫应向原法院提起诉讼撤销人身安全保护令
D. 丈夫应向上一级法院提起诉讼撤销人身安全保护令

精析与思路

2022 年 7 月 14 日，最高人民法院制定并颁布了《关于办理人身安全保护令案件适用法律若干问题的规定》。该规定在《反家庭暴力法》的基础上，在人身安全保护令的申请、审查、作出、执行等方面作出了更加详尽的规定，重点突出人身安全保护令制度的预防功能和时效性要求，在更大程度上发挥人身安全保护令制度的作用，维护家庭暴力受害人的合法权益。向人民法院申请人身安全保护令，不以提起离婚等民事诉讼为条件。根据上述司法解释第 10 条的规定，《反家庭暴力法》第 29 条第 4 项规定的“保护申请人人身安全的其他措施”可以包括下列措施：①禁止被申请人以电话、短信、即时通讯工具、电子邮件等方式侮辱、诽谤、威胁申请人及其相关近亲属；②禁止被申请人在申请人及其相关近亲属的住所、学校、工作单位等经常出入场所的一定范围内从事可能影响申请人及其相关近亲属正常生活、学习、工作的活动。

这样看，人身安全保护令的主要内容是责令或者禁止被申请人作出一定行为，其本质与民事诉讼法中规定的行为保全的裁定是类似的。对于行为保全的裁定，被申请人是可以向作出裁定的法院申请复议 1 次的。事实上，人身安全保护令的救济制度也是如此。当然，如果从立法的依据上来看，同学们可以参阅《反家庭暴力法》第 31 条的规定：申请人对驳回申请不服或者被申请人对人身安全保护令不服的，可以自裁定生效之日起 5 日内向作出裁定的人民法院申请复议 1 次。人民法院依法作出人身安全保护令的，复议期间不停止人身安全保护令的执行。这就不仅仅是从法理方面进行的推导，而是实实在在的实体法的明文规定。

当然，还是那句话，即便你不了解这个实体法的规定，也完全可以依据上述我日常给同学们讲解的民事诉讼法的基本原理推导出正确的答案，这就是学好民事诉讼法基本原理给我们的底气。

因此，A 选项正确。

参考答案 A

陷阱与规律

因为在民事诉讼法当中，并没有子程序明确规定人身安全保护令，所以，做对这道题的关键在于判断人身安全保护令是何种性质的程序。而要对此准确理解，仍然依赖大家对于实体法的掌握程度。2016 年实施的《反家庭暴力法》设立了人身安全保护令制度，规定遭受家庭暴力或者面临家庭暴力的现实危险的当事人，可以向人民法院申请人身安全保护令。

109

甲无业，居住在舅舅乙家，乙嫌弃甲不思进取，就经常辱骂他。甲向法院申请禁令，禁止乙辱骂自己，法院准许。乙可如何救济？（2021-回忆版-单）

A. 向上一级法院提出上诉
B. 向作出禁令的法院申请再审
C. 向上一级法院申请再审
D. 向作出禁令的法院申请复议

精析与思路

本题其实考查的是《民法典》中的人格权禁令制度。《民法典》第 997 条规定：“民事主体有证据证明行为人正在实施或者即将实施侵害其人格权的违法行为，不及时制止将使其合法权益受到难以弥补的损害的，有权依法向人民法院申请采取责令行为人停止有关行为的措施。”这就是学术界常说的人格权禁令。至于其性质，囿于考试培训的问题，就不做过多探讨了。从考试的角度看，既然是“申请采取责令行为人停止有关行为的措施”，那么就可以把它纳入行为保全的范畴。对于行为保全的裁定，乙可以通过向本院申请复议来进行救济。本院就是作出禁令的法院。D选项当选。

参考答案 D

先予执行

核心考点58 ▶ 先予执行 ★★★

110 »»

关于财产保全和先予执行，下列哪些选项是正确的？（2012/3/82-多）

A. 二者的裁定都可以根据当事人的申请或法院依职权作出

B. 二者适用的案件范围相同

C. 当事人提出财产保全或先予执行的申请时，法院可以责令其提供担保，当事人拒绝提供担保的，驳回申请

D. 对财产保全和先予执行的裁定，当事人不可以上诉，但可以申请复议1次

精析与思路

本题将财产保全制度和先予执行制度放在一起做比较考查，要求大家很好地掌握这两种制度。

A选项中，考查二者的程序启动。先予执行只能依申请启动，诉前保全只能依申请启动，诉中保全可以依职权启动。所以，A选项错误。

B选项中，考查二者的适用范围。保全制度适用于对财产的保全、对行为的保全和对证据的保全，至于案件类型，则没有明确的限制；先予执行则对案件类型有明确的限制，仅适用于四费一金、劳动报酬和其他生产生活急迫需要的案件。所以，B选项错误。

C选项中，考查二者的启动条件。出题老师描述财产保全和先予执行都属于“可担保”——法院可以责令申请人提供担保。从本题看，出题老师所提及的“财产保全”意指诉中财产保全。所以，C选项正确，诉中财产保全和先予执行都是可以要求提供担保的。但是，严格来讲，财产保全包括三个阶段，其中，诉前财产保全是必须要求当事人提供担保的。所以，C选项不够严谨。不过大家不用担心，这种不够严谨的题目在历年真题中比较罕见。参见法条依据（1）、（2）。

D选项中，对财产保全和先予执行的裁定，可以向作出裁定的法院申请复议1次，但不允许上诉。所以，D选项正确。参见法条依据（3）。

参考答案 CD

法条依据

（1）《民事诉讼法》第103条第2款：人民法院采取保全措施，可以责令申请人提供担保，申请人不提供担保的，裁定驳回申请。

（2）《民事诉讼法》第110条第2款：人民法院可以责令申请人提供担保，申请人不提供担保的，驳回申请。申请人败诉的，应当赔偿被申请人因先予执行遭受的财产损失。

（3）《民事诉讼法》第111条：当事人对保全或者先予执行的裁定不服的，可以申请复议1次。复议期间不停止裁定的执行。

陷阱与规律

先予执行制度的四个重要考点，大家要牢记：

（1）有案件范围限制：适用于追索四费一金、劳动报酬的案件；

（2）只能依申请启动；

（3）可以要求申请人提供担保；

（4）只存在于起诉之后。

一句话背诵

先予执行的裁定只能依申请作出。四费一金、劳动报酬案件可以申请先予执行；法院可以责令申请先予执行的当事人提供担保。对于先予执行和保全的裁定，可以向本级法院申请复议。

专题 19

强制措施

核心考点 59 ▶ 强制措施 ★★★

本考点在近 10 年的真题中没有独立考查过，但大家仍需准确掌握理论卷中对相应知识的讲解。要注意，本考点可能和举证期、执行程序等知识综合考查。

专题 20

期间与送达

核心考点 60 ▶ 期间的计算与补救 ★★★

111

关于《民事诉讼法》规定的期间制度，下列哪一选项是正确的？（2012/3/38-单）

A. 法定期间都属于绝对不可变期间

B. 涉外案件的审理不受案件审结期限的限制

C. 当事人从外地到法院参加诉讼的在途期间不包括在期间内

D. 当事人有正当理由耽误了期间，法院应当依职权为其延展期间

精析与思路

本题是关于期间问题的综合考查。

A 选项考查的是期间的类型。期间分为法定期间和指定期间两种：法定期间就是法律规定的期间，如对判决的上诉期是 15 天；指定期间是法院根据案情指定的期间，如举证期可以由法院指定。法定期间并非绝对不可变期间，如上诉期被耽误后，若当事人有正当理由，则可以补救，可以申请法院顺延期限。A 选项错误。

涉外案件的复杂性决定了其没有审限。B 选项正确。参见法条依据（1）。

C 选项考查的是期间计算三大法则的第二项：期间不包括在途时间。但是要提醒大家注意，在途时间仅仅指的是法律文书在邮寄途中用的时间，不包括当事人在途中用的时间。C 选项错误。参见法条依据（2）。

当事人有正当理由耽误了期间，可以补救，但是，应由当事人向法院申请延长，而非法院依职权延展期间。D 选项错误。参见法条依据（3）。

参考答案 B

法条依据

（1）《民事诉讼法》第 287 条：人民法院审理涉外民事案件的期间，不受本法第 152 条、第 183 条规定的限制。

（2）《民事诉讼法》第 85 条第 4 款：期间不包括在途时间，诉讼文书在期满前交邮的，不算过期。

（3）《民事诉讼法》第 86 条：当事人因不可抗拒的事由或者其他正当理由耽误期限的，在障碍消除后的 10 日内，可以申请顺延期限，是否准许，由人民法院决定。

陷阱与规律

民事诉讼法中规定的绝对不变期间有限，只有五种，包括：

第三人撤销之诉期间	自知道或者应当知道其民事权益受到损害之日起 6 个月内

专题 19

续表

当事人申请再审期间	6个月；有《民事诉讼法》第211条第1、3、12、13项规定的情形，自知道或者应当知道之日起6个月内
确认调解协议、实现担保物权案利害关系人异议期间	自知道或者应当知道其民事权益受到损害之日起6个月内
撤销除权判决期间	自知道或者应当知道判决公告之日起1年内
申请检察监督期间	自确定无法从法院得到救济之日起2年内

涉外案件没有审限。当事人可以申请顺延期间，因此期间一般都是可变的。在途时间仅仅指法律文书邮寄的时间。

刘鹏飞真题卷

★ 重复考查过的其他类似题目

112

张兄与张弟因遗产纠纷诉至法院，一审判决张兄胜诉。张弟不服，却在赴法院提交上诉状的路上被撞昏迷，待其经抢救苏醒时已超过上诉期限1天。对此，下列哪一说法是正确的？（2015/3/41-单）

A. 法律上没有途径可对张弟上诉权予以补救

B. 因意外事故耽误上诉期限，法院应依职权决定顺延期限

C. 张弟可在清醒后10日内，申请顺延期限，是否准许，由法院决定

D. 上诉期限为法定期间，张弟提出顺延期限，法院不应准许

精析与思路

为公平起见，当事人有正当理由耽误期限的，在障碍消除后的10日内，可以申请顺延期限。

本题中，张弟是在去上诉的路上被撞昏迷的（多么悲惨），属于不可抗力，是典型的正当事由，当然可以申请顺延期限。参见法条依据。

A选项错误，并非没有渠道可以救济，完全可以申请顺延期限。

B选项错误，只能依申请顺延，法院不会主动顺延。

D选项错误，法定期间除了绝对不可变期间外，其他期间都是可以变化的，张弟有正当理由，法院应该准许，并非法定期间就不能顺延。

C选项的描述符合法条规定，正确。

参考答案 C

法条依据

《民事诉讼法》第86条：当事人因不可抗拒的事由或者其他正当理由耽误期限的，在障碍消除后的10日内，可以申请顺延期限，是否准许，由人民法院决定。

陷阱与规律

因为当事人耽误期限有正当理由，在逻辑上，法院是不知情的，法院既然不知情，怎么可能依职权顺延期限？所以，只能依据当事人申请顺延期限。

你懂得法理，就容易记忆。

一句话背诵

当事人因为正当理由耽误期限的，可以在障碍消除后的10日内申请顺延期间。

核心考点61 ▶ 送达方式 ★★★★

113

关于法院的送达行为，下列哪些选项是正确的？（2013/3/39-多）

A. 陈某以马某不具有选民资格向法院提起诉讼，由于马某拒不签收判决书，法院向其留置送达

B. 法院通过邮寄方式向葛某送达开庭传票，葛某未寄回送达回证，送达无效，应当重新送达

C. 法院在审理张某和赵某借款纠纷时，委托赵某所在学校代为送达起诉状副本和应诉通知

D. 经许某同意，法院用电子邮件方式向其送达证据保全裁定书

精析与思路

本题考查法院的各种具体的送达方式。

A 选项考查留置送达。留置送达适用的前提条件是“拒绝签收”，A 选项符合；调解书不能留置送达，判决书可以留置送达。A 选项正确。参见法条依据（1）。

B 选项考查邮寄送达。邮寄送达以送达回执上记录的时间作为送达时间，当事人不邮寄回送达回证，不影响送达生效。B 选项错误。参见法条依据（2）。

C 选项曲解了委托送达的意思。委托送达只能是法院委托其他法院进行送达。C 选项中委托学校代为送达，不能称之为委托送达。C 选项错误。参见法条依据（2）。

D 选项考查电子送达。旧的《民事诉讼法》规定，不能用电子邮件等方式送达判决书、裁定书和调解书。但根据 2021 年修正的《民事诉讼法》的规定，只要当事人同意，完全可以采用电子方式送达判决书、裁定书和调解书。所以，D 选项现在应该是正确的。参见法条依据（3）。

本题原来是单选题，现在答案为 AD。

参考答案 AD（司法部原答案为 A）

法条依据

（1）《民事诉讼法》第 89 条：受送达人或者他的同住成年家属拒绝接收诉讼文书的，送达人可以邀请有关基层组织或者所在单位的代表到场，说明情况，在送达回证上记明拒收事由和日期，由送达人、见证人签名或者盖章，把诉讼文书留在受送达人的住所；也可以把诉讼文书留在受送达人的住所，并采用拍照、录像等方式记录送达过程，即视为送达。

（2）《民事诉讼法》第 91 条：直接送达诉讼文书有困难的，可以委托其他人民法院代为送达，或者邮寄送达。邮寄送达的，以回执上注明的收件日期为送达日期。

（3）《民事诉讼法》第 90 条：经受送达人同意，人民法院可以采用能够确认其收悉的电子方式送达诉讼文书。通过电子方式送达的判决书、裁定书、调解书，受送达人提出需要纸质文书的，人民法院应当提供。采用前款方式送达的，以送达信息到达受送达人特定系统的日期为送达日期。

陷阱与规律

注意，送达回执和送达回证不同。

送达回证，是指人民法院或者其他司法机关按照法定格式制作的，用以证明送达法律文书的凭证，表示的是受送达人收到了该法律文书。

送达回执，主要是指邮寄送达中的快递单据或者挂号信回执。邮寄送达中，不把送达回证邮寄回法院，就以回执上记载的送达日期为准。

一句话背诵

判决书可以留置送达；邮寄送达以送达回执上记录的日期为送达日期；委托送达是由法院委托法院送达；允许电子送达裁定、判决、调解书。

专题20

重复考查过的其他类似题目

114

李某与赵某发生诉讼，法院多次向赵某送达应诉通知书，均没人接收，亦无法联系到赵某。后通过赵某的邻居了解到，赵某在外出差，已有 1 年多没有回来居住。下列选项中，法院的送达方式正确的是：（2023-回忆版-单）

A. 可采取电子送达的方式

B. 可采取留置送达的方式

C. 可采取邮寄送达的方式

D. 可采取公告送达的方式

精析与思路

本题主要考查公告送达的适用条件。公告送达是一种不得已才使用的送达手段，一般而言，在受送达人下落不明或者采用其他方式无法送达的时候，才能考虑适用公告送达的方式。而在本案中，法院无法联系到赵某，而了解的实际情况也是没办法对赵某进行直接送达，自然

也不存在赵某拒收的问题。电子送达，必须要受送达人同意，而在本案中，根本无法联系到赵某，所以无法获得赵某的同意，也不能适用。而邮寄送达也要获得赵某的邮寄地址，显然也不是合适的送达方式。综上所述，公告送达是在此种情况下唯一可以适用的送达方式。故D选项正确。

参考答案 D

法条依据

《民事诉讼法》第95条：受送达人下落不明，或者用本节规定的其他方式无法送达的，公告送达。自发出公告之日起，经过30日，即视为送达。公告送达，应当在案卷中记明原因和经过。

115

张某诉美国人海斯买卖合同一案，由于海斯在我国无住所，法院无法与其联系，遂要求张某提供双方的电子邮件地址，电子送达了诉讼文书，并在电子邮件中告知双方当事人在收到诉讼文书后予以回复，但开庭之前法院只收到张某的回复，一直未收到海斯的回复。后法院在海斯缺席的情况下，对案件作出判决，驳回张某的诉讼请求，并同样以电子送达的方式送达判决书。关于本案诉讼文书的电子送达，下列哪些做法是合法的？(2014/3/42-多)

A. 向张某送达举证通知书

B. 向张某送达缺席判决书

C. 向海斯送达举证通知书

D. 向海斯送达缺席判决书

精析与思路

本题考查了电子送达这种送达方式。要进行电子送达，必须同时满足三个要件：①要经受送达人同意；②必须确认受送达人收悉；③判决书、裁定书、调解书目前也允许电子送达。参见法条依据。

本题中，如第113题的解析中所描述的，2021年修正的《民事诉讼法》允许电子送达判决书、裁定书和调解书，因此本题中的四种法律文书都是可以通过电子方式送达的。但题中明确，“开庭之前法院只收到张某的回复，一直未收到海斯的回复”。这就是告诉我们，没有确认海斯收悉，违反了电子送达的第二个要件。因此，只有A、B选项符合电子送达的要件，当选。

本题原来是单选题，现在答案为AB。

参考答案 AB（司法部原答案为A）

法条依据

《民事诉讼法》第90条：经受送达人同意，人民法院可以采用能够确认其收悉的电子方式送达诉讼文书。通过电子方式送达的判决书、裁定书、调解书，受送达人提出需要纸质文书的，人民法院应当提供。采用前款方式送达的，以送达信息到达受送达人特定系统的日期为送达日期。

陷阱与规律

电子送达必须经过受送达人同意。这个规定有一个例外，就是在简易程序中，可以使用简便送达的方式。简便送达的方式自然包含电子送达。在简易程序中，采用电子送达这种简便送达方式并不需要当事人同意。

一句话背诵

电子送达必须要求受送达人同意并收悉，允许电子送达判决、裁定、调解书。

116

法院作出判决后，以电子邮件的形式通知A当事人前来领取，A当事人告知他的代理人B律师，让B律师去法院领取。B律师到达法院后发现己方败诉，不愿意签收判决书，法院遂进行留置送达。关于本案的送达方式，下列说法错误的是：(2018-回忆版-单)

A. 向A当事人以电子邮件的形式送达通知书是正确的

B. 向A当事人的代理人B律师送达判决书是正确的

C. 向B律师留置送达是正确的

D. 本案不得适用公告送达

精析与思路

首先，法院以电子邮件的形式送达了通知书——通知 A 当事人来领取判决书，这是合法的。只不过要注意，若本案适用简易程序，电子送达不需要当事人同意；若本案适用普通程序，电子送达必须征得当事人同意。A 选项正确，不当选。

其次，法院告知 A 当事人来领取后，B 律师得到 A 当事人的授权前来领取判决书，该事项属于一般授权事项，立法允许 A 当事人这样做。B 选项正确，不当选。

再次，代理人当面拒签判决书，即视为法院已经送达，这属于直接送达的特殊形式。本案中，法院按照留置送达的规定操作是不合法的。C 选项错误，当选。

最后，只有当事人下落不明或用其他方式无法送达时，方可公告送达。D 选项正确，不当选。

参考答案 C

低频考点 62 ▶ 涉外送达 ☆

117 »»

2012 年 1 月，中国甲市公民李虹（女）与美国留学生琼斯（男）在中国甲市登记结婚，婚后两人一直居住在甲市 B 区。2014 年 2 月，李虹提起离婚诉讼，甲市 B 区法院受理了该案件，适用普通程序审理。关于本案，下列哪些表述是正确的？（2014/3/84-多）

A. 本案的一审审理期限为 6 个月

B. 法院送达诉讼文书时，对李虹与琼斯可采取同样的方式

C. 不服一审判决，李虹的上诉期为 15 天，琼斯的上诉期为 30 天

D. 美国驻华使馆法律参赞可以个人名义作为琼斯的诉讼代理人参加诉讼

精析与思路

本题考查的是涉外审限、涉外上诉期、涉外送达和涉外委托代理的特殊规定。

A 选项在第 111 题讲授过，因为涉外案件具有复杂性，所以涉外案件没有审理期限的限制。A 选项错误。参见法条依据（1）。

B 选项考查的是涉外送达。在本题中，送达的双方是李虹和琼斯。虽然一个是中国人，一个是外国人，但是二者都住在中国境内，所以，对二者应采用相同的送达方式。B 选项正确。参见法条依据（2）。要注意，涉外送达，适用于对在中国领域内没有住所的当事人送达诉讼文书的情况。涉外送达，必须采用特殊的方式。本案中，对中国人李虹和外国人琼斯都不能采用涉外送达的方式。只有一方在境内、一方在境外的，才能采用不同的送达方式（一个国内送达，一个涉外送达）。参见法条依据（2）。

C 选项，二者的上诉期都是 15 天。只有在中国领域内没有住所的当事人，上诉期才是 30 天。本案中，李虹和琼斯都在中国境内居住，都不适用涉外上诉期的规定。C 选项错误。参见法条依据（3）。

D 选项，外国人在中国进行民事诉讼，可以委托中国人为诉讼代理人，也可以委托本国律师以非律师身份担任诉讼代理人，不能委托外国律师以律师身份代理自己的诉讼。D 选项正确。参见法条依据（4）。

参考答案 BD

法条依据

（1）《民事诉讼法》第 287 条：人民法院审理涉外民事案件的期间，不受本法第 152 条、第 183 条规定的限制。

（2）《民事诉讼法》第 283 条第 1 款：人民法院对在中华人民共和国领域内没有住所的当事人送达诉讼文书，可以采用下列方式：……

（3）《民事诉讼法》第 286 条：在中华人民共和国领域内没有住所的当事人，不服第一审人民法院判决、裁定的，有权在判决书、裁定书送达之日起 30 日内提起上诉。被上诉人在收到上诉状副本后，应当在 30 日内提出答辩状。当事人不能在法定期间提起上诉或者提出答辩状，申请延期的，是否准许，由人民法院决定。

（4）《民诉解释》第 526 条：涉外民事诉讼中的外籍当事人，可以委托本国人为诉讼代理人，也可以委托本国律师以非律师身份

担任诉讼代理人；外国驻华使领馆官员，受本国公民的委托，可以以个人名义担任诉讼代理人，但在诉讼中不享有外交或者领事特权和豁免。

陷阱与规律

关于涉外民事诉讼，有几个概念要澄清一下：

所谓涉外民事诉讼，我做过界定，只要诉讼中，人涉外、物涉外、事实涉外三选一即可，即：①当事人一方或者双方是外国人、无国籍人、外国企业或者组织的，或当事人一方或者双方的经常居所地在中华人民共和国领域外的；②标的物在中华人民共和国领域外的；③产生、变更或者消灭民事关系的法律事实发生在中华人民共和国领域外的。三个条件满足一个就是涉外民事诉讼。

只要是涉外民事诉讼，就没有审限。

但是，要高度注意：涉外送达、涉外上诉期和答辩期只适用于在中国领域内没有住所的当事人。不管是中国人还是外国人，只要不在中国境内住，就适用涉外送达和涉外期限。

涉外委托代理仅适用于外国当事人。不管在中国境内还是中国境外，只要是外国国籍的人，就适用涉外委托代理的规定。

因此，所谓涉外案件的规定其实是以多重标准在适用，有的是以地域为标准，有的是以国籍为标准。

涉外案件没有审限；涉外送达是对不在中国境内的人的送达；不在中国境内的当事人的上诉期为30天；可以聘请外国人以非律师身份参加诉讼。

刘鹏飞真题卷

调解的适用

118

村民甲、乙因相邻关系发生纠纷，甲诉至法院，要求判决乙准许其从乙承包的土地上通过。审理中，法院主动了解和分析甲通过乙土地的合理性，听取其他村民的意见，并请村委会主任做双方工作，最终促成双方同意调解。调解时邀请了村中有声望的老人及当事人的共同朋友参加，双方互相让步达成协议，恢复和睦关系。关于法院的做法，下列哪一说法是正确的？（2012/3/35-单）

A. 法院突破审判程序，违反了依法裁判原则

B. 他人参与调解，影响当事人意思表达，违反了辩论原则

C. 双方让步放弃诉求和权益，违反了处分原则

D. 体现了司法运用法律手段，发挥调解功能，能动履职的要求

精析与思路

要理解本题，需要掌握两个诉讼法的基本原理。

首先，调解和审判都是法院解决纠纷的有效手段。审判以国家的强制力作为保障，严格遵守不告不理的原则要求，受到处分原则和辩论原则的制约，也就是当事人提出来的诉讼请求和事实证据对法院都有约束力，法院处于消极中立的地位。调解遵循自愿合法原则，调解协议的达成以双方当事人自愿为基础，不得违反法律的禁止性规定。所以，在调解过程中，法院可以灵活地处理各种问题，表现出积极的态度。

其次，先行调解和调解同时存在于诉讼当中。先行调解有2次，都是必经程序；而调解广泛存在于诉讼程序当中，法院认为有必要调解或者当事人申请调解的，都可以调解。

所以，本案中，法院主动分析案情，采用邀请相关人员参与调解的方式，体现了法院在调解中的能动性。法院在诉讼中启动调解是符合法律规定的。A、B、C选项错误，D选项正确。

参见法条依据。

参考答案 D

法条依据

《调解规定》第1条第1款：根据民事诉讼法第95条（现为第98条）的规定，人民法院可以邀请与当事人有特定关系或者与案件有一定联系的企业事业单位、社会团体或者其他组织，和具有专门知识、特定社会经验、与当事人有特定关系并有利于促成调解的个人协助调解工作。

陷阱与规律

要顺利做对本题，要求大家在法理上对调解制度有较好的把握（然而其实你不懂法理，凭感觉也可以做对，这就很尴尬了）。

除了理解调解的能动性之外，还有一个问题要注意：法院调解有两种方式，都是立法允许的，简单来说，就是"走出去"和"引进来"——

"走出去"是委托调解，由法院委托法院之外的人作为调解主体进行调解工作，如委托村委会主任进行调解。

"引进来"是协助调解，由法院邀请相关人员参与到法院的调解工作中来。本案就是典型的协助调解。参见法条依据。

一句话背诵

调解具有能动性，可以邀请法院之外的人参与调解，也可以委托法院之外的人进行调解。

核心考点64 ▶ 调解的方式 ★★★★

本考点在近10年的真题中没有独立考查过，但大家仍需准确掌握理论卷中对相应知识的讲解。

低频考点65 ▶ 调解担保 ☆

119 >>>

甲公司因合同纠纷向法院提起诉讼，要求乙公司支付货款280万元。在法院的主持下，双方达成调解协议。协议约定：乙公司在调解书生效后10日内支付280万元本金，另支付利息5万元。为保证协议履行，双方约定由丙公司为乙公司提供担保，丙公司同意。法院据此制作调解书送达各方，但丙公司反悔拒绝签收。关于本案，下列哪一选项是正确的？（2016/3/42-单）

A. 调解协议内容尽管超出了当事人诉讼请求，但仍具有合法性

B. 丙公司反悔拒绝签收调解书，法院可以采取留置送达

C. 因丙公司反悔，调解书对其没有效力，但对甲公司、乙公司仍具有约束力

D. 因丙公司反悔，法院应当及时作出判决

精析与思路

本题考查调解的范围和调解担保。

本题的第一个考点是调解的范围。调解以自愿合法为原则，只要双方当事人自愿，即使调解协议内容超出了当事人的诉讼请求，立法也是允许的。A选项正确。参见法条依据（1）。

第二个考点是调解担保。调解担保的担保协议自担保人在担保协议上签字，并且符合了《民法典》关于担保的规定时起生效。担保人不签收调解书的，不影响调解书的效力。调解书只需要当事人签收，就可以生效。参见法条依据（2）~（4）。所以担保人丙公司反悔，不签收调解书，不影响调解书的效力。B、C、D选项错误。

参考答案 A

法条依据

（1）《调解规定》第7条：调解协议内容超出诉讼请求的，人民法院可以准许。

（2）《民诉解释》第149条：调解书需经当事人签收后才发生法律效力的，应当以最后收到调解书的当事人签收的日期为调解书生效日期。

（3）《调解规定》第9条：调解协议约定一方提供担保或者案外人同意为当事人提供担保的，人民法院应当准许。案外人提供担保的，人民法院制作调解书应当列明担保人，并将调解书送交担保人。担保人不签收调解书

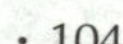

的，不影响调解书生效。当事人或者案外人提供的担保符合民法典规定的条件时生效。

（4）《调解规定》第 15 条第 1 款：调解书确定的担保条款条件或者承担民事责任的条件成就时，当事人申请执行的，人民法院应当依法执行。

陷阱与规律

关于调解担保，还要注意一个问题：担保人不签收调解书的，不影响调解书的效力。若调解书生效后，债务人不履行调解书的义务，则债权人可以直接凭借调解书和担保协议执行调解担保人的财产。

另外，调解书是不可以留置送达的。

一句话背诵

担保条件成就（签署协议或登记）的，调解担保就成立，担保人不签收调解书的，不影响调解书的效力。调解的内容可以超出诉讼请求。调解书不能留置送达。

专题22 调解协议与调解书

核心考点66 调解书的制作和生效

★★★★

120

李某和张某婚后育有一子，后两人感情不和，张某向法院起诉离婚。两人就财产分割问题达成调解协议，就孩子抚养权问题无法达成协议。法院经核实，发现此时两人的实际年龄均为 20 周岁。此时法院应如何处理？（2023-回忆版-多）

A. 判决准予离婚

B. 判决婚姻无效

C. 就离婚案件制作调解书

D. 就财产分割问题制作调解书

精析与思路

这个题目超级简单，因为我们是年年重点讲，几乎每个阶段的课程都会提到一嘴。这是由于本题考查的知识点的特殊性所导致的。这道题必须紧紧结合民法中的婚姻家庭部分的规定才能正确解答。

首先，你需要意识到，本题中，虽然当事人起诉离婚，但事实上存在婚姻无效的事由。《民法典》第 1051 条规定，有下列情形之一的，婚姻无效：①重婚；②有禁止结婚的亲属关系；③未到法定婚龄。本题中，“法院经核实，发现此时两人的实际年龄均为 20 周岁”，即男方未达到法定婚龄，二人的婚姻系无效婚姻。那么，当事人请求离婚的，法院应如何操作呢？正确的做法是：不再处理离婚问题，而直接作出确认婚姻无效的判决。依据就是《婚姻家庭编解释（一）》第 12 条的规定：人民法院受理离婚案件后，经审理确属无效婚姻的，应当将婚姻无效的情形告知当事人，并依法作出确认婚姻无效的判决。

然后就是关于判决部分该如何处理。这也是本题考查的核心内容。首先，可以排除 A 选项，不可以判决准予离婚。其次，可以排除 C 选项，本案必须判决宣告婚姻无效，那就不可以就离婚案件制作判决书或者调解书了。B 选项当选。

至于 D 选项，虽然婚姻是无效的，但也会存在男女双方的共同财产问题和子女抚养问题。当双方当事人就财产分割问题达成了调解协议的时候，法院完全可以依据调解协议制作调解书；而在就子女抚养权问题没有达成调解协议的情况下，法院可以作出判决书。这个处理方案的依据是《婚姻家庭编解释（一）》第 11 条的规定：人民法院受理请求确认婚姻无效案件后，原告申请撤诉的，不予准许。对婚姻效力的审理不适用调解，应当依法作出判决。涉及财产分割和子女抚养的，可以调解。调解达成协议的，另行制作调解书；未达成调解协议的，应当一并作出判决。D选项当选。

参考答案 BD

重复考查过的其他类似题目

121

关于法院制作的调解书，下列哪一说法是正确的？（2015/3/42-单）

A. 经法院调解，老李和小李维持收养关系，可不制作调解书

B. 某夫妻解除婚姻关系的调解书生效后，一方以违反自愿为由可申请再审

C. 检察院对调解书的监督方式只能是提出检察建议

D. 执行过程中，达成和解协议的，法院可根据当事人的要求制作成调解书

刘鹏飞真题卷

精析与思路

本题是一道围绕调解制度命题的综合题目。

A选项考查调解书的制作。原则上，只要当事人达成调解协议，法院就应制作调解书。但是，存在法定不制作调解书和协议不制作调解书两种情况。参见法条依据（1）。A选项中的维持收养关系，属于法定不制作调解书的情况，可以不制作调解书。A选项正确。

B选项中，调解书本身不能上诉，可以申请再审，但是解除婚姻关系的调解书是不能申请再审的。其实这与调解书或者判决书无关，解除婚姻关系案件本身就是不能申请再审的。B选项错误。参见法条依据（2）。

C选项中，检察院对调解书既可以提出检察建议，也可以向法院提出抗诉。C选项错误。参见法条依据（3）。

D选项中，在执行中只能由双方当事人自愿和解，不允许法院进行调解。所以，不允许依据和解协议制作调解书。D选项错误。

参考答案 A

法条依据

（1）《民事诉讼法》第101条：下列案件调解达成协议，人民法院可以不制作调解书：①调解和好的离婚案件；②调解维持收养关系的案件；③能够即时履行的案件；④其他不需要制作调解书的案件。对不需要制作调解书的协议，应当记入笔录，由双方当事人、审判人员、书记员签名或者盖章后，即具有法律效力。

（2）《民事诉讼法》第213条：当事人对已经发生法律效力的解除婚姻关系的判决、调解书，不得申请再审。

（3）《民事诉讼法》第219条：最高人民检察院对各级人民法院已经发生法律效力的判决、裁定，上级人民检察院对下级人民法院已经发生法律效力的判决、裁定，发现有本法第211条规定情形之一的，或者发现调解书损害国家利益、社会公共利益的，应当提出抗诉。地方各级人民检察院对同级人民法院已经发生法律效力的判决、裁定，发现有本法第211条规定情形之一的，或者发现调解书损害国家利益、社会公共利益的，可以向同级人民法院提出检察建议，并报上级人民检察院备案；也可以提请上级人民检察院向同级人民法院提出抗诉。各级人民检察院对审判监督程序以外的其他审判程序中审判人员的违法行为，有权向同级人民法院提出检察建议。

陷阱与规律

（1）有一个问题要解释：

调解的目的是解决纠纷，执行程序和非讼程序，因为不解决纠纷，所以不允许调解。

（2）有一个问题要强调：

解除婚姻关系的判决书和调解书是不能申请再审的，维持婚姻关系的判决书和调解书是可以申请再审的。

解除婚姻关系的判决书和调解书不能申请再审，指的是涉及人身关系部分不能申请再审，涉及财产关系和子女抚养关系部分是可以申请再审的。

一句话背诵

维持收养关系的案件可以不制作调解书；解除婚姻关系的调解书不能申请再审；检察院可以对调解书提出抗诉或者检察建议；执行中不能调解，所以不允许制作调解书。

低频考点 67 ▶ 依据调解协议制作判决书 ☆

本考点在近 10 年的真题中没有独立考查过，但大家仍需准确掌握理论卷中对相应知识的讲解。

核心考点 68 ▶ 双方当事人自行和解 ★★

122 »»

甲诉乙损害赔偿一案，双方在诉讼中达成和解协议。关于本案，下列哪一说法是正确的？（2012/3/39-单）

A. 当事人无权向法院申请撤诉

B. 因当事人已达成和解协议，法院应当裁定终结诉讼程序

C. 当事人可以申请法院依和解协议内容制作调解书

D. 当事人可以申请法院依和解协议内容制作判决书

精析与思路

双方当事人在诉讼中和解后，有三种可能：可以向法院申请撤诉，也可以申请法院对和解协议确认后制作调解书结案；若双方当事人不申请制作调解书，也不撤诉，则法院继续审理。A 选项错误。参见法条依据。

B 选项，达成和解协议的三种可能里没有法院裁定终结诉讼程序。究其原因是诉讼和解时，法院没有参与，并不知情，自然就不会主动做出程序措施。B 选项错误。

C、D 选项是矛盾选项。在特殊情况下，依据调解协议制作判决书还是有可能的，但是依据和解协议只能制作调解书。C 选项正确，D 选项错误。

参考答案 C

法条依据

《民诉解释》第 337 条：当事人在第二审程序中达成和解协议的，人民法院可以根据当事人的请求，对双方达成的和解协议进行审查并制作调解书送达当事人；因和解而申请撤诉，经审查符合撤诉条件的，人民法院应予准许。

陷阱与规律

和解和调解不同，和解没有法院参与，属于一种自力救济。依据和解协议只能制作调解书，不能制作判决书。

有些程序不能调解，但是可以和解，如执行程序。

达成和解协议后，可以撤诉，也可以申请法院依据和解协议制作调解书；若既不撤诉也不制作调解书，法院继续审理。

第七讲 一审普通程序

起诉与受理

核心考点69 ▶ 起诉 ★★★★

123

夏某因借款纠纷起诉陈某，法院决定适用简易程序审理。法院依夏某提供的被告地址送达时，发现有误，经多方了解和查证也无法确定准确地址。对此，法院下列哪一处理是正确的？（2017/3/43-单）

A. 将案件转为普通程序审理

B. 采取公告方式送达

C. 裁定中止诉讼

D. 裁定驳回起诉

精析与思路

本题非常有趣，考查的是简易程序中被告地址无法送达的问题。

对于该情况的区分处理，法条有明文规定：若原告提供了准确地址，仍无法送达，转为普通程序；若原告无法提供准确地址，驳回起诉。参见法条依据（1）。

但是如果就这么算了，显然增加大家记忆的负担，显得我有点不负责。所以，我还得进一步深度解说：

起诉的条件包含四个：①有适格的原告；②有明确的被告；③有具体的诉讼请求和事实、理由；④找到正确的管辖法院。参见法条依据（2）。

其中，被告明确，是指能提供被告准确的个人信息，包括姓名、性别、年龄、住址、联系方式等内容。所以，如果原告无法提供被告准确的个人信息，则属于没有明确的被告，应不予受理或驳回起诉。

但是，如果原告提供了明确的被告住址，仍然无法送达（如被告下落不明），则本案有明确的被告，只是送达不到而已。此时，对于被告应采用公告送达。如果本案适用简易程序，而简易程序不允许公告送达，则只能转为普通程序审理，然后公告送达。

本题中，原告提供的被告地址有误，且无法确定准确地址，显然属于被告不明确，既然已经受理案件，应驳回起诉。D选项正确。

以上就是对于被告无法送达问题分情况讨论的法理基础，只要你听懂了我在理论卷当中讲解的知识，即便不知道下面的法条依据，依然可以做对题。这就是我上课不厌其烦地讲解诉讼法理的原因之所在，学会诉讼法理，可以事半功倍。

参考答案 D

法条依据

(1)《最高人民法院关于适用简易程序审理民事案件的若干规定》第8条：人民法院按照原告提供的被告的送达地址或者其他联系方式无法通知被告应诉的，应当按以下情况分别处理：①原告提供了被告准确的送达地址，但人民法院无法向被告直接送达或者留置送达应诉通知书的，应当将案件转入普通程序审理；②原告不能提供被告准确的送达地址，人民法院经查证后仍不能确定被告送达地址的，可以被告不明确为由裁定驳回原告起诉。

(2)《民事诉讼法》第122条：起诉必须符合下列条件：①原告是与本案有直接利害关系的公民、法人和其他组织；②有明确的被告；③有具体的诉讼请求和事实、理由；④属于人民法院受理民事诉讼的范围和受诉人民法院管辖。

陷阱与规律

进一步总结本题的背景知识，可以得到下列重要结论：

(1) 若原告无法提供被告的地址，属被告不明确，应不予受理或者驳回起诉；

(2) 若原告提供了被告正确的地址，被告拒收，应留置送达；

(3) 若适用普通程序，原告提供了被告正确的地址，被告下落不明，应公告送达；

(4) 若适用简易程序，原告提供了被告正确的地址，被告下落不明，应转为普通程序后公告送达；

(5) 若原告提供了被告的地址，被告确认后(认可了该地址)下落不明，应向确认后的地址送达。

一句话背诵

若原告无法提供被告正确的地址，则被告不明确，法院应裁定不予受理或驳回起诉。

124

有限责任公司股东会决议解除甲的股东资格，甲不服该决议。公司决定提起诉讼，请求法院确认该股东会决议有效。关于本案，法院的正确做法是：(2018-回忆版-单)

A. 法院不应该受理，因为公司没有诉的利益

B. 甲是适格被告

C. 公司是适格原告

D. 除甲之外的其他股东是无独三

精析与思路

这是一道商经法和民事诉讼法交叉的考题，商经法搭台，作为考查材料的背景，民事诉讼法唱戏，重点考查大家对民事诉讼法相关理论的掌握。

所以，要先从公司法部门的相关规定考虑。这道题涉及的是公司法中公司决议效力的问题。从实体法角度，我们将公司决议效力瑕疵的情形区分为无效和可撤销两种。法条依据是《公司法》第25条、第26条第1款：公司股东会、董事会的决议内容违反法律、行政法规的无效。公司股东会、董事会的会议召集程序、表决方式违反法律、行政法规或者公司章程，或者决议内容违反公司章程的，股东自决议作出之日起60日内，可以请求人民法院撤销。简而言之，决议内容违反法律、行政法规的，为无效决议；决议程序违反法律、行政法规及内容违反公司章程的，为可撤销决议。

如何撤销和确认决议无效呢？《公司法解释(四)》第3条设定了救济的路径——向法院起诉，诉讼构造为：原告请求确认股东会或者股东大会、董事会决议不成立、无效或者撤销决议的案件，应当列公司为被告。对决议涉及的其他利害关系人，可以依法列为第三人。一审法庭辩论终结前，其他有原告资格的人以相同的诉讼请求申请参加前述规定诉讼的，可以列

专题23

为共同原告。

当我们回忆了以上法条后，就会发现立法及司法解释只规定了股东作为原告起诉公司的情形，而本题中恰恰是公司作出决议后，又向法院起诉股东。如果这样想，便会顺理成章地理解为公司为原告，案涉股东为被告，其他有利害关系的股东作为无独立请求权第三人。

但是，你错了，错在忽略了正确的思维顺序。我们首先要考虑的不是诉讼地位，而是这个诉讼是否能成立、是否能获得法院的实体审理。如果本案法院不给你审，你却在考虑诉讼中的角色定位，就本末倒置了呀亲！

这道题中设定的情况，法院是不应该受理的。为什么？因为本案中不存在诉的利益。什么叫诉的利益？常言道，无诉则无判，诉是发动审判权最本质性的前提。然而，是不是只要诉具备了法定的形式要件（原告、被告、管辖权、诉讼请求），实体审判就一定能够实施下去呢？绝非如此。诉最终能否获得审判，取决于诉的内容，即当事人的请求是否具备利用国家审判制度解决的实际价值或者必要性。这种实际价值和必要性就称之为诉的利益。这种诉的利益的理论是日本学者兼子一教授提出来的。原田尚彦教授认为，行政诉讼和民事诉讼一样，都必须具有诉的利益，才能获得法院的实体审理。

回到题目中来，为什么法律只规定股东可以起诉公司确认决议效力瑕疵，却没有规定公司可以起诉股东确认决议有效呢？因为公司本身的决议作出后，就推定该决议是有效的，公司就可以执行决议内容，实现其决议目的，并不需要假手他人。公司自己就完全可以实现的任务，为什么要请求法院先确认其决议有效呢？这种确认的请求既没有实际价值也没有必要性，也就不存在“诉的利益”。而对于股东而言，其利益受到决议侵害而无法进行自我救济，请求法院确认决议无效或者可撤销，才有“诉的利益”。如果用我们讲解过的比较熟悉的知识点来分析的话，大家也可以认为，在本案中，原告和案件没有直接的利害关系，即便提起本案，也不会对自己的利益产生任何影响，当然不符合起诉的条件。

综上，A选项当选。诉讼都无法受理，更谈不上彼此的诉讼地位。皮之不存，毛将焉附？

参考答案 A

125

甲（男，28岁）诉乙（女，22岁）离婚。法院查明，二人夫妻感情确已破裂，且乙结婚时不满20周岁。关于法院的做法，下列选项正确的是：（2022-回忆版-单）

A. 判决驳回离婚的诉讼请求

B. 裁定驳回起诉

C. 判决婚姻关系无效

D. 判决二人离婚

精析与思路

这道题依然是结合实体法的规定考查程序操作。由此可见，这种考法成为主流。做这道题需要判断夫妻双方的婚姻状况，即婚姻是否有效和婚姻中感情是否确已破裂。同样，我们先找法条依据。《民法典》第1051条规定，有下列情形之一的，婚姻无效：①重婚；②有禁止结婚的亲属关系；③未到法定婚龄。但根据《婚姻家庭编解释（一）》第10条的规定，当事人依据《民法典》第1051条规定向人民法院请求确认婚姻无效，法定的无效婚姻情形在提起诉讼时已经消失的，人民法院不予支持。

在本案中，虽然二人在结婚的时候不满足有效婚姻的要件，但是在起诉离婚的时候，此问题已经得以修复，即二人已经达到了法定婚龄。因此，法院不能判决二人婚姻关系无效。本案为离婚诉讼，当事人适格，有具体的事实、理由，题目中也没有任何情况明示或者暗示我们应驳回起诉。因此，既然感情确已破裂，那就应该判决支持二人的诉讼请求，即判决二人离婚。综上，D选项正确。

参考答案 D

重复考查过的其他类似题目

126

某路桥公司修路，到一公墓边上，不小心碰到李某舅舅的坟墓，导致骨灰盒有细微破损。

李某索要巨额赔偿 100 万元，该路桥公司不答应，未达成和解。李某诉至法院。法院应如何处理？（2019-回忆版-单）

A. 不予受理

B. 驳回诉讼请求

C. 全部支持李某的请求

D. 部分支持李某的请求

精析与思路

这道题目是一道民法和民事诉讼法紧密结合的考试题目，要求同学们既对民法有一定程度的掌握，也对民事诉讼法有相当程度的了解。首先，这道题目设置了一个陷阱，该路桥公司碰到李某舅舅的骨灰盒导致细微破损。大家如果关注到这个细节，就应该理解，本题的解题关键在于判定本案中骨灰盒的法律性质。有些同学可能认为这属于具有人身意义（精神纪念意义）的物品。在我国实践中，也有观点认为，骨灰系死者生前人格价值在死后的延续及亲属对死者寄托哀思的一种具有社会伦理意义的物。[1] 如果这么想，定性的问题不大。2020 年新修正的《最高人民法院关于确定民事侵权精神损害赔偿责任若干问题的解释》第 1 条规定："因人身权益或者具有人身意义的特定物受到侵害，自然人或者其近亲属向人民法院提起诉讼请求精神损害赔偿的，人民法院应当依法予以受理。"《民法典》第 1183 条也有类似规定："侵害自然人人身权益造成严重精神损害的，被侵权人有权请求精神损害赔偿。因故意或者重大过失侵害自然人具有人身意义的特定物造成严重精神损害的，被侵权人有权请求精神损害赔偿。"

这样，如果认为李某舅舅的骨灰盒的所有权属于李某，那么李某作为自然人就可以起诉要求精神损害赔偿。但是，这样理解不太符合一般生活逻辑。在适用上述法条的时候，大家还需要想到，起诉的原告应当是具有人格象征意义的纪念物品的所有权人。本案中，在常规意义上，作为外甥的李某不应该是其舅舅的骨灰盒的所有权人。所以，如果适用上述法条，则原告并不适格，李某不是纪念物品的所有权人，不是法律关系的主体。更重要的是，根据《民法典》第 1183 条第 2 款的规定，侵害具有人身意义的物品，必须是因故意或者重大过失，才承担赔偿责任。本题中明确说明"不小心"，应认定为一般过失，所以不应适用此法条。

那就需要另寻依据。骨灰盒中存放的骨灰在法律意义上，应定性为遗骨。2020 年新修正的《最高人民法院关于确定民事侵权精神损害赔偿责任若干问题的解释》第 3 条规定："死者的姓名、肖像、名誉、荣誉、隐私、遗体、遗骨等受到侵害，其近亲属向人民法院提起诉讼请求精神损害赔偿的，人民法院应当依法予以支持。"《民法典》第 994 条规定："死者的姓名、肖像、名誉、荣誉、隐私、遗体等受到侵害的，其配偶、子女、父母有权依法请求行为人承担民事责任；死者没有配偶、子女且父母已经死亡的，其他近亲属有权依法请求行为人承担民事责任。"但这个法条又涉及另外一个问题，就是民法当中所界定的近亲属的范围，只有近亲属才能以原告身份向法院起诉，要求法院保护自己的合法精神利益。《民法典》第 1045 条规定："亲属包括配偶、血亲和姻亲。配偶、父母、子女、兄弟姐妹、祖父母、外祖父母、孙子女、外孙子女为近亲属。配偶、父母、子女和其他共同生活的近亲属为家庭成员。"所以在本案中，李某并非死者（其舅舅）的近亲属，他的起诉不适格。综上所述，不管从哪个角度思考，对于李某的起诉，法院都不应当受理。所以，A 选项当选。

参考答案 A

核心考点 70 ▶ 立案登记 ★★★★★

127

张丽因与王旭感情不和，长期分居，向法院起诉要求离婚。法院向王旭送达应诉通知书，发现王旭已于张丽起诉前因意外事故死亡。关于本案，法院应作出下列哪一裁判？（2015/3/48-单）

---

〔1〕参见北京市第二中级人民法院（2019）京 02 民终 13152 号判决书。

A. 诉讼终结的裁定
B. 驳回起诉的裁定
C. 不予受理的裁定
D. 驳回诉讼请求的判决

精析与思路

本题貌似考查的是诉讼中特殊情况的处理，但其实考查的是对起诉条件的审查处理。

要看清，“王旭已于张丽起诉前因意外事故死亡”，即被告在原告起诉前就已经死了，说明起诉的时候已经没有被告了。法院发现本案没有明确被告，就应当不予受理。

再看清，“法院向王旭送达应诉通知书”，说明法院已经在走受理程序了。此时，应该驳回起诉。B 选项当选。参见法条依据（1）、（2）。

需要说明的是，如果法院受理后王旭才死亡，此时，诉讼的受理是正确的（因为受理时他还活着），但是此时离婚案件没有必要再进行，就应诉讼终结。参见法条依据（3）。

参考答案 B

法条依据

（1）《民事诉讼法》第 122 条：起诉必须符合下列条件：①原告是与本案有直接利害关系的公民、法人和其他组织；②有明确的被告；③有具体的诉讼请求和事实、理由；④属于人民法院受理民事诉讼的范围和受诉人民法院管辖。

（2）《民诉解释》第 208 条：人民法院接到当事人提交的民事起诉状时，对符合民事诉讼法第 122 条的规定，且不属于第 127 条规定情形的，应当登记立案；对当场不能判定是否符合起诉条件的，应当接收起诉材料，并出具注明收到日期的书面凭证。需要补充必要相关材料的，人民法院应当及时告知当事人。在补齐相关材料后，应当在 7 日内决定是否立案。立案后发现不符合起诉条件或者属于民事诉讼法第 127 条规定情形的，裁定驳回起诉。

（3）《民事诉讼法》第 154 条：有下列情形之一的，终结诉讼：①原告死亡，没有继承人，或者继承人放弃诉讼权利的；②被告死亡，没有遗产，也没有应当承担义务的人的；③离婚案件一方当事人死亡的；④追索赡养费、扶养费、抚养费以及解除收养关系案件的一方当事人死亡的。

陷阱与规律

关于当事人死亡的处理，一般是这样：

（1）受理前发现被告于受理前死亡（不要问我受理前原告死了怎么办），不予受理；

（2）受理后发现被告于受理前死亡，驳回起诉；

（3）受理后发现被告于受理后死亡，诉讼中止（如果是离婚案件，直接诉讼终结）；

（4）受理后发现被告于受理后死亡，又没有继承人和遗产，诉讼终结。

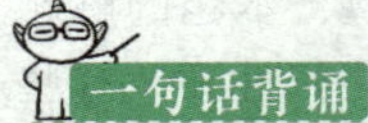

一句话背诵

被告在起诉前死亡的，属于没有明确的被告。若法院未受理，则不予受理；若法院已受理，则驳回起诉。

128

关于民事诉讼程序中的裁判，下列哪些表述是正确的？（2014/3/82-多）

A. 判决解决民事实体问题，而裁定主要处理案件的程序问题，少数涉及实体问题
B. 判决都必须以书面形式作出，某些裁定可以口头方式作出
C. 一审判决都允许上诉，一审裁定有的允许上诉，有的不能上诉
D. 财产案件的生效判决都有执行力，大多数裁定都没有执行力

精析与思路

本题考查的是裁定和判决的应用。我在理论卷核心考点 67 中对这部分知识作了详细讲解，同学们可以看本题的“陷阱与规律”进行回忆。

A 选项正确。判决解决实体问题；裁定处理程序问题，少数裁定也处理实体问题，如先予执行的裁定。

B 选项正确。判决都是书面的；裁定可以口头作出，如诉讼中止的裁定。参见法条依据

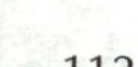

(1)、(2)。

C选项错误。判决都允许上诉是不对的，有的判决不能上诉，如小额诉讼程序的判决；裁定有的能上诉，有的不能上诉是对的，能上诉的裁定只有驳回起诉的裁定、不予受理的裁定和管辖权异议的裁定三种。参见法条依据（3）。

D选项错误。财产案件的生效判决都有执行力是错的，财产案件的生效判决有给付性内容的才有执行力，确认财产归属的确认判决，如果没有给付性内容，就没有执行力；大多数裁定没有执行力是对的。参见法条依据（4）。

参考答案 AB

法条依据

（1）《民事诉讼法》第155条：判决书应当写明判决结果和作出该判决的理由。判决书内容包括：①案由、诉讼请求、争议的事实和理由；②判决认定的事实和理由、适用的法律和理由；③判决结果和诉讼费用的负担；④上诉期间和上诉的法院。判决书由审判人员、书记员署名，加盖人民法院印章。

（2）《民事诉讼法》第157条：裁定适用于下列范围：①不予受理；②对管辖权有异议的；③驳回起诉；④保全和先予执行；⑤准许或者不准许撤诉；⑥中止或者终结诉讼；⑦补正判决书中的笔误；⑧中止或者终结执行；⑨撤销或者不予执行仲裁裁决；⑩不予执行公证机关赋予强制执行效力的债权文书；⑪其他需要裁定解决的事项。对前款第1项至第3项裁定，可以上诉。裁定书应当写明裁定结果和作出该裁定的理由。裁定书由审判人员、书记员署名，加盖人民法院印章。口头裁定的，记入笔录。

（3）《民事诉讼法》第158条：最高人民法院的判决、裁定，以及依法不准上诉或者超过上诉期没有上诉的判决、裁定，是发生法律效力的判决、裁定。

（4）《民诉解释》第461条：当事人申请人民法院执行的生效法律文书应当具备下列条件：①权利义务主体明确；②给付内容明确。法律文书确定继续履行合同的，应当明确继续履行的具体内容。

陷阱与规律

关于判决、裁定和决定的适用，有如下差别：

	判 决	裁 定	决 定
解决问题	解决实体问题	主要解决程序问题（个别涉及实体问题）	解决特殊问题（罚款、拘留、回避、延期）
形 式	必须书面	可以书面、口头	可以书面、口头
执行力	具有给付性内容的才具有强制执行力		

一句话背诵

判决解决实体问题，必须书面，一般可以上诉；裁定主要解决程序问题，可以口头，一般不能上诉。判决和裁定有给付性内容的，才具备强制执行力。

重复考查过的其他类似题目

129 关于民事诉讼的裁定，下列哪一选项是正确的？（2012/3/47-单）

A. 裁定可以适用于不予受理、管辖权异议和驳回诉讼请求

B. 当事人有正当理由没有到庭的，法院应当裁定延期审理

C. 裁定的拘束力通常只及于当事人、诉讼参与人和审判人员

D. 当事人不服一审法院作出的裁定，可以向上一级法院提出上诉

精析与思路

这题的考点与上一题相同。

A选项同样考查的是裁定的适用范围。我们马上想到裁定主要处理程序问题，所以，不予受理和管辖权异议确实都使用裁定处理。驳回诉讼请求是因为诉讼请求缺乏法律理由或者事实依据，属于实体问题，所以应判决驳回诉讼请求。A选项错误。注意：用裁定的是驳回起诉。参见法条依据（1）。

B选项，当事人不到庭可以延期审理，但不是用裁定，而是决定延期审理。B选项错误。参见法条依据（2）。

既然裁定处理的是程序问题，那么约束的就应该是参加程序的人——包括当事人、审判人员和诉讼参与人。不参加程序的主体，不会受到处理程序问题的裁定的约束。C选项正确。注意：判决的约束对象，除了参加程序的人，还包括未参加程序的人。例如，确认所有权的判决导致的物权变动的法律效力，对于所有人都有约束力。

对裁定不服，绝大多数情况是不能上诉的，能上诉的裁定只有三种。D选项错误。参见法条依据（1）。

参考答案 C

法条依据

（1）《民事诉讼法》第157条第1、2款：裁定适用于下列范围：①不予受理；②对管辖权有异议的；③驳回起诉；……对前款第1项至第3项裁定，可以上诉。

（2）《民事诉讼法》第149条：有下列情形之一的，可以延期开庭审理：①必须到庭的当事人和其他诉讼参与人有正当理由没有到庭的；……

陷阱与规律

有两个规律要记住：

（1）驳回起诉和驳回诉讼请求的区别

	驳回起诉	驳回诉讼请求
原　因	不符合起诉条件	缺乏事实依据或法律依据
法律文书	用裁定	用判决
法律效果	驳回后还可以就原纠纷再起诉	驳回后不能就原纠纷再起诉

（2）在民事诉讼法中，常考的使用决定处理的问题只有四个：决定罚款、决定拘留、决定回避、决定延期审理。

一句话背诵

裁定处理程序问题，只约束参加诉讼的人，所以驳回诉讼请求用判决；延期审理用决定；裁定一般都不能上诉。

核心考点71 ▶ 审查期的具体处理方式

★★★★

130 >>>

甲因咨询合同纠纷起诉乙，请求乙支付咨询费用2万元。法院经审理发现，咨询合同中约定的咨询费用为20万元，遂询问甲。甲明确表明，因乙的违约行为违反诚信原则，要通过分10次起诉的方式来惩罚乙。针对该情况，法院应如何处理？（2021-回忆版-单）

A. 直接判乙支付20万元，不违反处分原则

B. 判乙支付2万元，既判力客观上及于2万元

C. 判乙支付2万元，既判力客观上及于20万元

D. 法院要询问甲的意见，征得当事人的同意后决定是否按照20万元的诉讼请求进行裁判

精析与思路

这道题与我在2021年授课当中所讲授过的案例几乎一样，认真听课的同学一定能顺利解出。核心的问题是，如果将来甲真的分10次来起诉乙，法院到底应不应该受理呢？这就得按照我教大家的重复诉讼的判断标准来进行判定。法条依据是《民诉解释》第247条：当事人就已经提起诉讼的事项在诉讼过程中或者裁判生效后再次起诉，同时符合下列条件的，构成重复起诉：①后诉与前诉的当事人相同；②后诉与前诉的诉讼标的相同；③后诉与前诉的诉讼请求相同，或者后诉的诉讼请求实质上否定前诉裁判结果。当事人重复起诉的，裁定不予受理；已经受理的，裁定驳回起诉，但法律、司法解释另有规定的除外。这个法条大家是很熟悉的。这样就很容易判断，前后诉都是甲诉乙，都是同一个咨询合同纠纷，诉讼标的相同，而第一次起诉的诉讼请求和第二次起诉的诉讼请

求都是一样的，要求支付咨询费用。严格来说，应将诉讼请求相同，理解为请求权相同，就是本案中第一次主张和第二次主张的是同一笔债权。因此，构成重复起诉。同时，由于处分原则的限制，当事人提什么诉讼请求应由当事人说了算。所以，A 选项中，当事人只主张了 2 万元，法院是不可以直接判决给付 20 万元的。D 选项的操作也于法无据。那么，法院就应根据当事人的主张，判决给付 2 万元，但甲也不得再就剩余债权起诉了。这就是 C 选项的内容。

参考答案 C

陷阱与规律

所谓既判力，是指生效民事裁判的诉讼标的对双方当事人和法院所具有的强制性通用力。判决实质上的确定力，即既判力，是指法院作出的终局判决一旦生效，当事人和法院都应当受该判决内容的拘束，当事人不得在以后的诉讼中主张与该判决相反的内容，法院也不得在以后的诉讼中作出与该判决相冲突的判断。直白点说，就是有既判力的判决禁止重复诉讼。这就是说，这个案件判了 2 万元，当事人就不能就 20 万元的其他部分再重复起诉，这就叫既判力及于 20 万元。

131

张三被李四开车撞到后向法院起诉要求赔偿，法院作出生效判决，判决李四赔偿张三 10 万元。1 年后，张三发现自己腿骨断裂处，在天气不好时依然会疼痛，经医院检查，认定是车祸导致腿骨骨折的后遗症，于是起诉要求李四再赔偿 5 万元。关于该起诉，下列选项中正确的有：（2023－回忆版－多）

A. 属于既判力时前的事实，法院应不予受理

B. 属于重复起诉，法院应告知其申请再审

C. 属于重复起诉，法院应裁定驳回

D. 属于既判力时后的事实，法院应予以受理

精析与思路

这道题从案情上来看比较具有迷惑性，很容易让同学们陷入误区，从而做出错误的选择。因此，在解答这道题的时候，需要同学们认真分析。本题涉及重复起诉的基本原理，那我就把这部分原理先给同学们复习一下。对于同一事实，经法院作出过生效判决，当事人再次起诉的，属于重复起诉，基于诉讼效率的考虑，法院是不会受理的。而在判决生效之后又发生新事实的，则不受之前判决既判力的限制，可以再次起诉，要求法院予以判断。这里涉及既判力的概念，我在之前的课程中有所交代，这里再阐释一下：已经确定的判决所具备的实质上的确定力即既判力，具体是指法院作出的终局判决一旦生效，当事人和法院都应当受该判决内容的拘束，当事人不得在以后的诉讼中主张与该判决相反的内容，法院也不得在以后的诉讼中作出与该判决冲突的判断。由此可知，既判力的产生是法院禁止重复诉讼的理论来源。

因此，在本题中，我们需要判断的是，当事人已经通过诉讼获得了法院的生效判决，其再次主张的腿部存在车祸后遗症的事实到底是在判决确定之前就已经发生的事实，还是在判决确定之后产生的新事实呢？从生活经验来看，后遗症是当时的伤害所遗留下来的病症。从医学角度理解，一般治疗中是可以预判各种疾病和伤害产生的相应后遗症的。例如，心脑血管疾病容易产生偏瘫，而偏瘫会导致一个人出现手脚麻木的后遗症；又如，在交通事故当中伤及颅脑，由此会导致记忆力受损的后遗症；等等。那么，既然这种后遗症在医学上是可以在治疗的时候预见和考虑到的，那么，在诉讼中，向对方主张赔偿的时候，我们一般会考虑到后续的健康恢复及继续治疗的相关成本，以此一并向对方提出主张。据此可以判断，因为车祸导致当事人腿部受伤，必然会产生后续相应的不利后果。而在提出诉讼主张的时候，则应把此部分内容考虑在内。回到案情当中，当事人在当时已经考虑到后遗症的问题，其后又就此次伤害产生的损害结果向对方进一步主张赔偿，可以说是就同一个事实进行的重复诉讼，而此处所指的同一个事实，是指受害人因加害人的侵权行为而导致身体受到损害这一个事实，其损害结果包括即时出现的损害以及后续可能产生的后遗症在内。因此，后遗症的出现并不是新行为产生的新事实，而是法院已经评价过的行为产生的损害结果的一部分，不应该允许当

事人二次起诉。

综上所述，此事实是在原判决确定、生效及既判力产生之前就已经存在的事实，而非在原判决生效之后产生的新事实。因此，张三的起诉行为构成重复起诉，法院不应当受理；若受理，受理之后应裁定驳回起诉。在本题中，只有A、C选项正确。

参考答案 AC

132

A、B公司之间发生合同纠纷，A公司起诉B公司要求履行合同约定的发货义务。法院审理后查明，系B公司的上游公司因疫情没有供货，导致B公司无法发货，故驳回了A公司的诉讼请求。双方均未上诉。过了3个月，A公司发现B公司的上游公司在2个月前已经复工，并且开始向B公司持续供货，但是B公司依然没有履行合同。此时，A公司应如何救济？（2020-回忆版-单）

A. 向仲裁委申请仲裁

B. 就原判决向上级法院上诉

C. 再次就履行合同产生的纠纷向法院起诉，法院应当受理

D. 向中院申请再审

精析与思路

这道题非常简单，在本案当中可以认为在原审进行诉讼的时候，B公司的上游公司因为疫情无法供货，属于不可抗力因素，故法院驳回了A公司的诉讼请求。双方当事人在上诉期内均未上诉，原判决已经生效。判决作出之后的第3个月，早就已经过了上诉期，即便当事人对原判决不服，也无法再提出上诉。B选项不当选。

本案当中没有任何信息表明双方当事人已经在供货合同中达成了仲裁协议，依据协议仲裁原则，双方当事人无法向仲裁委申请仲裁。A选项不当选。

那么，我们就需要重点考虑C、D选项。应当认为，如果原审法院在原审中认定事实错误，我们就可以依据原判决向上级法院申请再审。但是，在本案当中，B公司的上游公司在2个月前已经复工的事实是在一审判决作出后发生的新事实。这就意味着，在原判决作出的时候该事实还没有发生。因此，原判决本身并没有对事实作出错误认定。那么，对于一审判决作出之后发生的新事实，我们该如何救济呢？在本案当中，我们只需要依据新发生的事实再次向法院起诉，要求法院作出判决就可以了。法条依据是《民诉解释》第248条：裁判发生法律效力后，发生新的事实，当事人再次提起诉讼的，人民法院应当依法受理。C选项当选。

参考答案 C

重复考查过的其他类似题目

133

甲、乙签订合同，约定定金20万元，后乙违约，甲起诉乙要求返还40万元。法院经审理认为乙无重大违约，判决乙返还甲20万元。后甲再次起诉，要求乙返还定金产生的利息。法院应如何处理？（2022-回忆版-单）

A. 判决既判力及于利息，法院应受理案件

B. 判决既判力及于利息，法院应裁定不予受理

C. 判决既判力不及于利息，法院应裁定不予受理

D. 判决既判力不及于利息，法院应受理案件

精析与思路

既判力是我们讲过的一个理论概念，是指生效民事判决的诉讼标的对双方当事人和法院所具有的强制性约束力。判决实质上的确定力，即既判力，是指法院作出的终局判决一旦生效，当事人和法院都应当受该判决内容的拘束，当事人不得在以后的诉讼中主张与该判决相反的内容，法院也不得在以后的诉讼中作出与该判决相冲突的判断。既禁止当事人重复起诉，也禁止法院重复裁判，是出于优化、节约司法资源的考虑。这些是咱们上课时明确说过的，这里带领大家做一个回忆。

而本题是非常简单的了，需要大家判断对本金的判决是否对于利息也有实质的约束力。这个点我们也说过，在民法上，一般认为本金的请求权和利息的请求权不是一种请求权，因此，法院第一次受理和审理的请求权无法覆盖当事人第二次起诉的请求权。直白点说，就是两次救济的是当事人不同的利益。因此，第一次判决的既判力就不应及于利息，当事人可以再次起诉，法院应受理案件。所以，D 选项当选。看上去挺凶的一个题，其实很温柔。

参考答案 D

134

甲、乙两公司签订了一份家具买卖合同，因家具质量问题，甲公司起诉乙公司要求更换家具并支付违约金 3 万元。法院经审理判决乙公司败诉，乙公司未上诉。之后，乙公司向法院起诉，要求确认该家具买卖合同无效。对乙公司的起诉，法院应采取下列哪一处理方式？(2017/3/42-单)

A. 予以受理

B. 裁定不予受理

C. 裁定驳回起诉

D. 按再审处理

精析与思路

这道题考查的是司法解释新增的重复起诉的判断标准问题。作为新增的重要内容，该考点是我考前预测的主要考点之一，这道题也和我去年上课讲的原题几乎一模一样。参见法条依据。

本案中存在着前后两次起诉：

第一次是甲公司起诉乙公司，诉讼请求是要求更换家具并支付违约金 3 万元，诉讼标的是家具买卖合同关系，法院作出生效判决（当事人未上诉）；

第二次是乙公司起诉甲公司，诉讼请求是要求确认该家具买卖合同无效，诉讼标的还是家具买卖合同关系。

构成重复起诉，要同时满足三个标准：

（1）当事人标准：前后诉的当事人相同；

（2）标的标准：前后诉的诉讼标的相同；

（3）请求标准：前后诉的诉讼请求相同或后诉的诉讼请求实质上否定前诉裁判结果。

据此判断，本案中前后两次起诉，当事人相同，都是甲公司和乙公司，满足第一个标准；前后两次起诉，都是同样的家具买卖合同关系，诉讼标的相同。

关键就在于第三个条件，前后诉的诉讼请求是不同的，第一次要求承担违约责任，第二次要求确认合同无效。但是，一旦后诉的请求成立，合同即被确认无效。若合同无效，则前诉的判决结果就变得不正确——合同无效就不需要承担违约责任。这就是后诉的诉讼请求实质上否定前诉裁判结果。

因此，前后诉构成重复起诉，对于乙公司的起诉，法院应不予受理。A 选项不当选，B 选项当选。

要注意，不能选 C 选项，只有法院已经受理后，发现不应受理的，才应驳回起诉；法院尚未受理，发现不应受理的，应不予受理。C 选项不当选。

参考答案 B

法条依据

《民诉解释》第 247 条：当事人就已经提起诉讼的事项在诉讼过程中或者裁判生效后再次起诉，同时符合下列条件的，构成重复起诉：①后诉与前诉的当事人相同；②后诉与前诉的诉讼标的相同；③后诉与前诉的诉讼请求相同，或者后诉的诉讼请求实质上否定前诉裁判结果。当事人重复起诉的，裁定不予受理；已经受理的，裁定驳回起诉，但法律、司法解释另有规定的除外。

陷阱与规律

判断重复起诉有两点需要注意：

（1）三个标准必须同时满足，而非三选一即可；

（2）前后诉的诉讼请求相同或者后诉的诉讼请求实质上否定前诉裁判结果，这两个条件只要满足其中一个，标准三就可以满足。

一句话背诵

前后诉的当事人相同、诉讼标的相同、诉

讼请求相同或者后诉的诉讼请求实质上否定前诉裁判结果，即构成重复起诉，对于后诉，法院应裁定不予受理。

135

关于起诉与受理的表述，下列哪些选项是正确的？（2012/3/79-多）

A. 法院裁定驳回起诉的，原告再次起诉符合条件的，法院应当受理

B. 法院按撤诉处理后，当事人以同一诉讼请求再次起诉的，法院应当受理

C. 判决不准离婚的案件，当事人没有新事实和新理由再次起诉的，法院一律不予受理

D. 当事人超过诉讼时效起诉的，法院应当受理

精析与思路

本题考查的是对审查起诉的处理方式。

A选项正确。裁定驳回起诉的，法院并没有作出实体处理（对案件作实体处理得用判决），那么裁定驳回起诉后，就还可以再起诉。

同学们要明白，为什么不让当事人重复起诉？那是因为法院已经作出生效判决，对该案件作出实体处理了，所以不再让当事人浪费国家的司法资源。而裁定驳回起诉的案件，法院从来没有审理过，没实体处理过，故应允许再起诉，允许当事人获得司法救济，获得法院的实体处理。参见法条依据（1）。

B选项和A选项同理。按撤诉处理意味着法院依然没有作出实体处理。按撤诉处理是程序问题，使用的是裁定。所以，被裁定按撤诉处理之后，当事人还可以再起诉。B选项正确。参见法条依据（2）。

C选项错误。判决不准离婚的案件，即使没有新事实、新理由，6个月后再起诉的，法院依然应受理。参见法条依据（3）。

D选项正确。诉讼时效经过的，请求权并没有消灭，向法院起诉，法院仍应受理。参见法条依据（4）。

参考答案 ABD

法条依据

（1）《民诉解释》第212条：裁定不予受理、驳回起诉的案件，原告再次起诉，符合起诉条件且不属于民事诉讼法第127条规定情形的，人民法院应予受理。

（2）《民诉解释》第214条：原告撤诉或者人民法院按撤诉处理后，原告以同一诉讼请求再次起诉的，人民法院应予受理。原告撤诉或者按撤诉处理的离婚案件，没有新情况、新理由，6个月内又起诉的，比照民事诉讼法第127条第7项的规定不予受理。

（3）《民事诉讼法》第127条：人民法院对下列起诉，分别情形，予以处理：……⑦判决不准离婚和调解和好的离婚案件，判决、调解维持收养关系的案件，没有新情况、新理由，原告在6个月内又起诉的，不予受理。

（4）《民诉解释》第219条：当事人超过诉讼时效期间起诉的，人民法院应予受理。受理后对方当事人提出诉讼时效抗辩，人民法院经审理认为抗辩事由成立的，判决驳回原告的诉讼请求。

陷阱与规律

（1）第一个规律，只要是没经过实体处理的案件，都可以再次起诉。具体包括：被裁定驳回起诉的、被裁定不予受理的、被裁定准予撤诉的、被裁定按撤诉处理的，这些用裁定处理的案件都可以再次起诉。

（2）第二个规律，诉讼时效问题。有三个原则，要熟记：

❶经过时效，法院还应受理；

❷被告不提，法院不应主动援引、不应主动释明；

❸一审不以时效抗辩，原则上二审就不能抗辩了。

一句话背诵

法院作出生效判决的，重复起诉不受理；未作出生效判决的（裁定驳回起诉、不予受理、当事人撤诉），再起诉可以受理。超过时效起诉，法院应受理。离婚案件不受一事不再理限制，但一定时间内不得受理。

低频考点 72 ▶ 起诉与受理的法律效果 ☆☆☆

136

何某因被田某打伤，向甲县法院提起人身损害赔偿之诉，法院予以受理。关于何某起诉行为将产生的法律后果，下列哪一选项是正确的？（2013/3/44-单）

A. 何某的诉讼时效中断

B. 田某的答辩期开始起算

C. 甲县法院取得排他的管辖权

D. 田某成为适格被告

精析与思路

起诉和受理的后果是不同的：

起诉的后果是诉讼时效中断。参见法条依据（1）。

受理的后果有三个方面：①受诉法院依法取得了对本案的审判权，排斥其他法院的管辖；②案件的利害关系人取得了本案诉讼当事人的地位；③法院的审限开始计算，一审普通程序审限为6个月，院长批准可延长6个月，上级法院批准可再延长。

而本题问的是"关于何某起诉行为将产生的法律后果"，问的是起诉，只能选A选项。

参考答案 A

法条依据

（1）《民法典》第195条：有下列情形之一的，诉讼时效中断，从中断、有关程序终结时起，诉讼时效期间重新计算：①权利人向义务人提出履行请求；②义务人同意履行义务；③权利人提起诉讼或者申请仲裁；④与提起诉讼或者申请仲裁具有同等效力的其他情形。

（2）《民事诉讼法》第128条第1款：人民法院应当在立案之日起5日内将起诉状副本发送被告，被告应当在收到之日起15日内提出答辩状。……

陷阱与规律

这道题是非常简单的，但有一个陷阱使很多同学栽进去。题目先描述过量的信息，然后在提问的时候进行限缩。这种命题方式在不少题里见到过，我认为是出题老师有意设置的。

以本题为例，题目中已经谈到了"法院予以受理"，很多同学认为问此时的法律效果，就顺理成章选了受理的法律效果。那么你就太单纯可爱了，因为最后人家问的竟然是"何某起诉行为将产生的法律后果"。这就对我们的审题提出了更高要求。

起诉的法律效果是中断时效，受理的法律后果是法院取得管辖权，当事人取得诉讼地位。

核心考点 73 ▶ 答辩 ★★★

本考点在近10年的真题中没有独立考查过，但大家仍需准确掌握理论卷中对相应知识的讲解。

审理前的准备

核心考点 74 ▶ 举证时限 ★★★★★

137

李某起诉王某要求返还10万元借款并支付利息5000元，并向法院提交了王某亲笔书写的借条。王某辩称，已还2万元，李某还出具了收条，但王某并未在法院要求的时间内提交证据。法院一审判决王某返还李某10万元并支付5000元利息，王某不服提起上诉，并称一审期间未找到收条，现找到了并

提交法院。关于王某迟延提交收条的法律后果，下列哪一选项是正确的？（2016/3/41-单）

A. 因不属于新证据，法院不予采纳
B. 法院应采纳该证据，并对王某进行训诫
C. 如果李某同意，法院可以采纳该证据
D. 法院应当责令王某说明理由，视情况决定是否采纳该证据

精析与思路

对于举证时限，立法规定得蛮复杂。其实整理下来，就是三条大的结论：

（1）只有该证据与案件基本事实无关，才可以被排除。只要该证据和案件基本事实有关，就必须采纳。

（2）即便与案件基本事实无关，只要对方当事人对逾期举证不提出异议，该证据也必须采纳。

（3）根据当事人的主观状况，处理结果不同。

本案中，逾期提交的证据是一个收条。该收条和案件基本事实（是否还款）有关。所以，对收条这一证据就绝对不能排除，必须采纳。

由此，可以排除A、C、D选项，只有B选项是正确的。

根据王某的主观过错程度进行处理，本案中，王某逾期举证是因为没找到收条，不能算是重大过错或者故意，仅为一般过错，所以可以进行训诫。参见法条依据（1）~（3）。

参考答案 B

法条依据

（1）《民事诉讼法》第68条：当事人对自己提出的主张应当及时提供证据。人民法院根据当事人的主张和案件审理情况，确定当事人应当提供的证据及其期限。当事人在该期限内提供证据确有困难的，可以向人民法院申请延长期限，人民法院根据当事人的申请适当延长。当事人逾期提供证据的，人民法院应当责令其说明理由；拒不说明理由或者理由不成立的，人民法院根据不同情形可以不予采纳该证据，或者采纳该证据但予以训诫、罚款。

（2）《民诉解释》第101条：当事人逾期提供证据的，人民法院应当责令其说明理由，必要时可以要求其提供相应的证据。当事人因客观原因逾期提供证据，或者对方当事人对逾期提供证据未提出异议的，视为未逾期。

（3）《民诉解释》第102条：当事人因故意或者重大过失逾期提供的证据，人民法院不予采纳。但该证据与案件基本事实有关的，人民法院应当采纳，并依照民事诉讼法第68条、第118条第1款的规定予以训诫、罚款。当事人非因故意或者重大过失逾期提供的证据，人民法院应当采纳，并对当事人予以训诫。当事人一方要求另一方赔偿因逾期提供证据致使其增加的交通、住宿、就餐、误工、证人出庭作证等必要费用的，人民法院可予支持。

陷阱与规律

做考查举证期限的题目，很多同学喜欢从逾期举证的人的主观状态入手，先考虑有没有主观过错和主观过错的程度，这样从逻辑上更讲得通，但是这样做就非常容易落入出题老师的圈套。

所以，我建议按照我的方法，先从证据的性质入手，然后再考虑主观过错。这是非常实用的方法。

一句话背诵

只要逾期提交的证据和案件基本事实相关，就必须采纳。采纳的同时，可以视主观过错予以训诫或罚款。

重复考查过的其他类似题目

138

大皮公司因买卖纠纷起诉小华公司，双方商定了25天的举证时限，法院认可。时限届满后，小华公司提出还有一份发货单没有提供，申请延长举证时限，被法院驳回。庭审时小华公司向法庭提交该发货单。尽管大皮公司反对，但法院在对小华公司予以罚款后仍对该证据进行质证。下列哪一诉讼行为不符合举证时限的相关规定？（2013/3/40-单）

A. 双方当事人协议确定举证时限

B. 双方确定了 25 天的举证时限
C. 小华公司在举证时限届满后申请延长举证时限
D. 法院不顾大皮公司反对，依然组织质证

精析与思路

本题考了三个层次：举证期限的确定、举证期限的延长和逾期举证的法律后果。

首先，举证期限最终应由法院确定。从具体方式来看，可以由法院指定，也可以经当事人协商，最终由法院同意。这两种举证期限的确定方式都是法院有最终决定权。本题中，A 选项言明，双方当事人协议确定举证时限是符合法律规定的具体确定方式。A 选项不当选。而不管是约定还是指定，对举证期限的长短，法律都作出了明确规定：普通程序不得少于 15 日，二审程序不得少于 10 日，简易程序不得长于 15 日，小额诉讼程序不得长于 7 日。所以本题中，双方确定了 25 天的举证期限，符合对普通程序的举证期要求。B 选项不当选。参见法条依据（1）。

其次，要延长举证期限，需要在举证期限届满前申请延长，是否同意由法院决定。C 选项说小华公司在举证时限届满后申请延长举证时限，违反了法律规定。C 选项当选。参见法条依据（2）。

最后，问的是逾期举证的后果。小华公司向法庭提交该发货单，该发货单和案件基本事实相关，法院就必须采纳。所以，尽管大皮公司反对，但法院在对小华公司予以罚款后仍对该证据进行质证的做法是正确的。D 选项不当选。

参考答案 C

法条依据

（1）《民诉解释》第 99 条：人民法院应当在审理前的准备阶段确定当事人的举证期限。举证期限可以由当事人协商，并经人民法院准许。人民法院确定举证期限，第一审普通程序案件不得少于 15 日，当事人提供新的证据的第二审案件不得少于 10 日。举证期限届满后，当事人对已经提供的证据，申请提供反驳证据或者对证据来源、形式等方面的瑕疵进行补正的，人民法院可以酌情再次确定举证期限，该期限不受前款规定的限制。

（2）《民诉解释》第 100 条：当事人申请延长举证期限的，应当在举证期限届满前向人民法院提出书面申请。申请理由成立的，人民法院应当准许，适当延长举证期限，并通知其他当事人。延长的举证期限适用于其他当事人。申请理由不成立的，人民法院不予准许，并通知申请人。

陷阱与规律

正常申请顺延期间，都是在期间届满之后：当事人因不可抗拒的事由或者其他正当理由耽误期限的，在障碍消除后的 10 日内，可以申请顺延期限，是否准许，由人民法院决定。

此时，期间被耽误是客观原因，相当于要求法院补足自己因客观原因不能利用的期间。

但是申请延长举证期限应在举证期届满之前，申请的原因一般是举证期不够用，相当于在原举证期的基础上进行宽限，增加了可以利用的举证期的长度。

一句话背诵

举证期可以由当事人协商并经法院同意；普通程序举证期不得少于 15 天；举证期届满前，当事人可以申请顺延；逾期举证的证据也可能被采纳。

低频考点 75 ▶ 证据收集 ☆

139 »»

关于法院依职权调查事项的范围，下列哪些选项是正确的？（2012/3/83-多）

A. 本院是否享有对起诉至本院案件的管辖权
B. 委托诉讼代理人的代理权限范围
C. 当事人是否具有诉讼权利能力
D. 合议庭成员是否存在回避的法定事由

精析与思路

本题考查法院依职权调查取证的范围，我概括为“身份、程序、公益”六个字。展开讲，包括涉及身份关系的案件，涉及依职权追加当事人、中止诉讼、终结诉讼、回避等程序性事项，

涉及可能损害国家利益、社会公共利益、有恶意串通损害他人合法权益可能三种情况。参见法条依据（1）、（2）。

本题中，管辖权问题、代理人的代理权问题、当事人是否有诉讼权利能力问题（即对该主体能不能做当事人的考虑）、合议庭成员是否存在回避问题，都跟实体法上的权利要件无关，都属于典型的程序问题。程序问题，法院都可以依职权调查取证。所以，A、B、C、D选项均正确。

参考答案 ABCD

法条依据

（1）《民事诉讼法》第67条第2款：当事人及其诉讼代理人因客观原因不能自行收集的证据，或者人民法院认为审理案件需要的证据，人民法院应当调查收集。

（2）《民诉解释》第96条：民事诉讼法第67条第2款规定的人民法院认为审理案件需要的证据包括：①涉及可能损害国家利益、社会公共利益的；②涉及身份关系的；③涉及民事诉讼法第58条规定诉讼的；④当事人有恶意串通损害他人合法权益可能的；⑤涉及依职权追加当事人、中止诉讼、终结诉讼、回避等程序性事项的。除前款规定外，人民法院调查收集证据，应当依照当事人的申请进行。

陷阱与规律

原则上，证据和事实应由当事人向法院提供，只有在特殊的法定条件下，法院才能主动去调查取证；只有符合法定要求，才能由当事人申请法院调查取证。

若法院不符合法定条件主动调查取证，则违反了辩论原则。

涉及程序事项的证据应由法官依职权调查。

核心考点76 ▶ 证据保全 ★★★★

140 »»

甲县吴某与乙县宝丰公司在丙县签订了甜橙的买卖合同，货到后发现甜橙开始腐烂，未达到合同约定的质量标准。吴某退货无果，拟向法院起诉，为了证明甜橙的损坏状况，向法院申请诉前证据保全。关于诉前保全，下列哪一表述是正确的？（2013/3/46-单）

A. 吴某可以向甲、乙、丙县法院申请诉前证据保全

B. 法院应当在收到申请15日内裁定是否保全

C. 法院在保全证据时，可以主动采取行为保全措施，减少吴某的损失

D. 如果法院采取了证据保全措施，可以免除吴某对甜橙损坏状况提供证据的责任

精析与思路

这道题同样应该沿用我们在核心考点53中讲解的解决保全问题的思路来解决，思路本身我就不再赘述，直接开始分析。题目中明确告诉我们“申请诉前证据保全”，这就不劳大家费心判断了。

一提到诉前保全，大家应马上想到，情况紧急，法院必须在48小时内作出裁定。所以B选项错误。诉前保全只能依申请启动，不可以依职权启动。所以C选项错误。参见法条依据（1）~（3）。

法院保全的证据可以证明甜橙的损坏状况，这样吴某就不再需要对此举证，因而免除了吴某对甜橙的损坏状况提供证据的责任。所以D选项正确。

比较疑难的是A选项。A选项考查的是诉前证据保全的管辖法院。诉前证据保全的管辖法院是被保全财产所在地、被申请人住所地或者对案件有管辖权的法院。本案中，乙县法院是被申请人住所地法院，对保全申请有管辖权，但是甲县是申请人住所地，丙县仅是合同签订地，甲县、丙县两个地方的法院对本案的保全申请是没有管辖权的。有的同学提出，题目中提到“货到后”这样的信息，那么，甲县是不是可以认定为被保全财产所在地呢？恐怕不能这么理解。大家要知道，从生活常识的角度来

看，货未必运到买受人的住所地，吴某所在地未必是“货到地”。所以A选项错误。参见法条依据（4）。

参考答案 D

法条依据

（1）《民事诉讼法》第84条第2款：因情况紧急，在证据可能灭失或者以后难以取得的情况下，利害关系人可以在提起诉讼或者申请仲裁前向证据所在地、被申请人住所地或者对案件有管辖权的人民法院申请保全证据。

（2）《民事诉讼法》第84条第3款：证据保全的其他程序，参照适用本法第九章保全的有关规定。

（3）《民事诉讼法》第104条第2款：人民法院接受申请后，必须在48小时内作出裁定；裁定采取保全措施的，应当立即开始执行。

（4）《民事诉讼法》第104条第1款：利害关系人因情况紧急，不立即申请保全将会使其合法权益受到难以弥补的损害的，可以在提起诉讼或者申请仲裁前向被保全财产所在地、被申请人住所地或者对案件有管辖权的人民法院申请采取保全措施。申请人应当提供担保，不提供担保的，裁定驳回申请。

陷阱与规律

有两个问题需要提醒：

（1）在分析保全的管辖法院时，一定要按照法条规定逐个确定能管辖的法院，不要想当然地觉得和案件有关的法院都能管。

（2）证据保全也是一种取证手段。保全得到的证据，可以免除当事人对相关事实提供证据的责任。

一句话背诵

诉前证据保全可以向证据所在地、被申请人住所地和有管辖权的法院申请；诉前保全只能依申请启动，法院必须在48小时内作出保全裁定；法院保全证据，可以免除当事人对相关事实的举证责任。

低频考点77 ▶ 证据交换和庭前会议 ☆

141

关于举证时限和证据交换的表述，下列哪一选项是正确的？（2009/3/41-单）

A. 证据交换可以依当事人的申请而进行，也可以由法院依职权决定而实施

B. 民事诉讼案件在开庭审理前，法院必须组织进行证据交换

C. 当事人在举证期限内提交证据确有困难的，可以在举证期限届满之后申请延长，但只能申请延长1次

D. 当事人在举证期限内未向法院提交证据材料的，在法庭审理过程中无权再提交证据

精析与思路

本题综合考查了举证时限和证据交换制度。

证据交换，就是在开庭前双方当事人交换己方提交的证据的过程。按照以前的立法，证据交换可以依职权启动，也可以依申请启动。因此，按照旧法，A选项是正确的。但是，《民诉证据规定》修正后，删除了当事人可以申请启动证据交换的规定，强调法院可以自主判断是否需要证据交换，将证据交换的适用完全交给法院依职权判断。这样就排除了当事人申请的空间。参见法条依据（1）。所以，按照新规定，A选项错误。证据交换并非案件必经的程序，如案件案情简单、证据较少，完全可以不组织证据交换。所以，B选项错误。

举证期限的时间长短可以由当事人协商；经法院同意，也可以由法院直接指定。所以，对举证期限有最终确定权的是法院。如果当事人在举证期内提供证据确有困难，可以在举证期限届满前向法院申请延长，是否准许也是由法院决定。所以，C选项错误，在举证期限届满之后申请延长举证期限是不被允许的。另外，可以申请延长几次、可以延长多久，立法都没有明确规定，这些内容都应由法院裁量决定。C选项中所说的“只能申请延长1次”是不符合立法规定的。参见法条依据（2）、（3）。

举证期限是鼓励当事人及时提交证据的制度，当事人逾期举证，也并非必然导致证据被

排除的法律后果，必须结合对方当事人的态度、逾期举证当事人的主观状态和证据与案件事实的关系来综合考查，才能确定逾期举证的法律后果。例如，当事人在举证期限内未向法院提交证据材料的，在举证期限届满之后提交证据，而对方当事人不提出异议的，该证据依然可以作为认定案件事实的依据。D选项中，“在法庭审理过程中无权再提交证据”的说法是错误的。参见法条依据（4）。

参考答案 无（司法部原答案为A）

法条依据

（1）《民诉证据规定》第56条：人民法院依照民事诉讼法第133条（现为第136条）第4项的规定，通过组织证据交换进行审理前准备的，证据交换之日举证期限届满。证据交换的时间可以由当事人协商一致并经人民法院认可，也可以由人民法院指定。当事人申请延期举证经人民法院准许的，证据交换日相应顺延。

（2）《民事诉讼法》第68条第2款：人民法院根据当事人的主张和案件审理情况，确定当事人应当提供的证据及其期限。当事人在该期限内提供证据确有困难的，可以向人民法院申请延长期限，人民法院根据当事人的申请适当延长。……

（3）《民诉解释》第100条：当事人申请延长举证期限的，应当在举证期限届满前向人民法院提出书面申请。申请理由成立的，人民法院应当准许，适当延长举证期限，并通知其他当事人。延长的举证期限适用于其他当事人。申请理由不成立的，人民法院不予准许，并通知申请人。

（4）《民事诉讼法》第68条第2款：……当事人逾期提供证据的，人民法院应当责令其说明理由；拒不说明理由或者理由不成立的，人民法院根据不同情形可以不予采纳该证据，或者采纳该证据但予以训诫、罚款。

陷阱与规律

关于证据交换，近年来考查非常少，大家谨记下面的口诀：

证据交换非必须，
依靠职权才能启。
审判人员来主持，
庭前会议二选一。
（证据交换和庭前会议可以二选一）

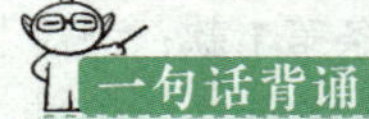

一句话背诵

证据交换并非必经程序，只能依职权启动；当事人可以在举证期届满前向法院申请延长举证期（未限制申请次数）；逾期举证并不必然导致证据被排除。

专题25 庭审程序

核心考点78 ▶ 审理方式 ★★★

142 »»

下列哪一选项中法院的审判行为，只能发生在开庭审理阶段？（2013/3/43-单）

A. 送达法律文书
B. 组织当事人进行质证
C. 调解纠纷，促进当事人达成和解
D. 追加必须参加诉讼的当事人

精析与思路

这道题提问的是“只能发生在开庭审理阶段的审判行为”，当看到题干的时候，不看选项，就应筛选出两个有效信息：①法院的行为；②这个行为只有庭审中才有。所以，A选项可以排除。简单的例外就是在开庭前，法院就存在向当事人送达传票的行为。

C选项可以排除。我们讲过的先行调解，一次是起诉到法院，一次是开庭审理前，都发生在庭审之外。

D 选项可以排除。法院受理案件后，发现有当事人需要追加的，就可以通知该当事人，并不是只有开庭中才能追加当事人。参见法条依据（1）~（3）。

那就只能选择 B 选项了。法院组织当事人进行质证只能发生在法庭审理的法庭调查阶段，是法院组织双方当事人对证据的真实性、合法性和关联性发表意见的过程。参见法条依据（4）。

需要说明的是，在开庭审理之前，尽管也有类似于质证的活动，如证据交换当中对证据发表意见，但通常并不将其称为质证，只是称之为“对证据发表意见”。

参考答案 B

法条依据

（1）《民事诉讼法》第 128 条：人民法院应当在立案之日起 5 日内将起诉状副本发送被告，被告应当在收到之日起 15 日内提出答辩状。答辩状应当记明被告的姓名、性别、年龄、民族、职业、工作单位、住所、联系方式；法人或者其他组织的名称、住所和法定代表人或者主要负责人的姓名、职务、联系方式。人民法院应当在收到答辩状之日起 5 日内将答辩状副本发送原告。被告不提出答辩状的，不影响人民法院审理。

（2）《民事诉讼法》第 136 条：人民法院对受理的案件，分别情形，予以处理：……②开庭前可以调解的，采取调解方式及时解决纠纷；……

（3）《民事诉讼法》第 135 条：必须共同进行诉讼的当事人没有参加诉讼的，人民法院应当通知其参加诉讼。

（4）《民事诉讼法》第 141 条：法庭调查按照下列顺序进行：①当事人陈述；②告知证人的权利义务，证人作证，宣读未到庭的证人证言；③出示书证、物证、视听资料和电子数据；④宣读鉴定意见；⑤宣读勘验笔录。

陷阱与规律

除了题目中出现的行为外，还要注意申请回避的时间限制。申请回避也并非只发生在庭审当中，庭审前可以申请回避，当庭也可以申请回避。具体而言，申请回避、增减变更诉讼请求、反诉，这三种行为的时间限制应该是在辩论终结前。

一句话背诵

只有质证发生在庭审中，送达、和解、追加当事人在庭前或庭审中都可以进行。

重复考查过的其他类似题目

143

关于民事案件的开庭审理，下列哪一选项是正确的？（2012/3/40-单）

A. 开庭时由书记员核对当事人身份和宣布案由

B. 法院收集的证据是否需要进行质证，由法院决定

C. 合议庭评议实行少数服从多数，形成不了多数意见时，以审判长意见为准

D. 法院定期宣判的，法院应当在宣判后立即将判决书发给当事人

精析与思路

本题考查开庭审理的程序设置。

开庭审理按照如下步骤进行：书记员宣读法庭纪律、审判长或者独任审判员核对当事人、法庭调查、法庭辩论。最后一次辩论结束后，由审判人员秘密评议、公开宣判。

书记员只负责宣读法庭纪律，核对当事人和宣布案由的工作由审判长或者独任审判员完成。A 选项错误。参见法条依据（1）。

B 选项考查的是质证程序。质证发生在法庭调查阶段。原则上，证据必须经过质证。立法明确规定只有当事人在审前准备阶段认可、经审判人员在庭审中说明后的证据及法院依职权调取的证据是不需要质证的。所以，证据是否需要质证是法律规定的，不是法院决定的。B 选项错误。参见法条依据（2）、（3）。

C 选项考查的是评议阶段。合议庭评议实行少数服从多数，形成不了多数意见时，只能提交审委会讨论决定。C 选项错误。（**要注意：这**

个内容是我在理论卷核心考点90当中讲解的）

定期宣判（审完改天再给审判结果）的，立即发给判决书；当庭宣判（审完当庭就给审判结果）的，10日内发给判决书。D选项正确。参见法条依据（4）。

参考答案 D

法条依据

（1）《民事诉讼法》第140条第2款：开庭审理时，由审判长或者独任审判员核对当事人，宣布案由，宣布审判人员、法官助理、书记员等的名单，告知当事人有关的诉讼权利义务，询问当事人是否提出回避申请。

（2）《民诉证据规定》第62条：质证一般按下列顺序进行：①原告出示证据，被告、第三人与原告进行质证；②被告出示证据，原告、第三人与被告进行质证；③第三人出示证据，原告、被告与第三人进行质证。人民法院根据当事人申请调查收集的证据，审判人员对调查收集证据的情况进行说明后，由提出申请的当事人与对方当事人、第三人进行质证。人民法院依职权调查收集的证据，由审判人员对调查收集证据的情况进行说明后，听取当事人的意见。

（3）《民诉解释》第103条：证据应当在法庭上出示，由当事人互相质证。未经当事人质证的证据，不得作为认定案件事实的根据。当事人在审理前的准备阶段认可的证据，经审判人员在庭审中说明后，视为质证过的证据。涉及国家秘密、商业秘密、个人隐私或者法律规定应当保密的证据，不得公开质证。

（4）《民事诉讼法》第151条第2款：当庭宣判的，应当在10日内发送判决书；定期宣判的，宣判后立即发给判决书。

陷阱与规律

在诉讼程序中，有些内容是法律明确规定的，法院基本没有裁量的空间，如是否能依职权调查取证、是否需要质证、上诉期的开始和结束等。

有些内容法院是可以自由裁量的，如逾期举证的处罚方式、举证期限的长短、是否给当事人顺延期限等。

一句话背诵

核对当事人由审判长或者独任审判员完成；是否需要质证是法定的；合议庭形不成多数人意见的，提交审委会讨论决定；定期宣判，马上发判决书；当庭宣判，10日内发判决书。

核心考点79 ▶ 质证 ★★

144

高某诉张某合同纠纷案，终审高某败诉。高某向检察院反映，其在一审中提交了偷录双方谈判过程的录音带，其中有张某承认货物存在严重质量问题的陈述，足以推翻原判，但法院从未组织质证。对此，检察院提起抗诉。关于再审程序中证据的表述，下列哪些选项是正确的？（2013/3/85-多）

A. 再审质证应当由高某、张某和检察院共同进行

B. 该录音带属于电子数据，高某应当提交证据原件进行质证

C. 虽然该录音带系高某偷录，但仍可作为质证对象

D. 如再审法院认定该录音带涉及商业秘密，应当依职权决定不公开质证

精析与思路

这是一道以质证为载体的综合考试题。

质证的主体只能是当事人，这是因为，只有当事人才享有辩论权。检察院不是质证的主体。A选项错误。参见法条依据（1）。

B选项考查的是录音带属于何种证据。录音带属于典型的视听资料。视听资料，是指以声音、图像及其他视听信息来证明案件待证事实的录像带、录音带等信息材料。如果该录音影像资料存储于电子设备中，则应认定为电子数据。本案中的录音带并非借助电子技术形成，声音的存储介质也并非电子设备，所以应认定为视听资料而非电子数据。B选项错误。至于高某应当提交证据原件进行质证的说法是正确的，

刘鹏飞真题卷

这是最佳证据规则的要求，应提交原件原物。

C 选项考查的是非法证据排除规则。偷拍、偷录的证据可以作为认定案件事实的依据。C 选项正确。但是如果在偷拍、偷录的过程中严重侵害他人合法权益、违反法律禁止性规定或者严重违背公序良俗，则该证据就属于非法证据，应被排除。参见法条依据（2）。

D 选项考查的是质证的方式。质证原则上应公开进行，涉及国家秘密、商业秘密、个人隐私或者法律规定应当保密的证据，不得公开质证。如果本案中的证据涉及商业秘密，是不得公开质证的。D 选项正确。注意：不得公开质证，就是法院依职权决定不公开质证（法院不让公开质证的意思）。参见法条依据（3）。

参考答案 CD

法条依据

（1）《最高人民法院关于适用〈中华人民共和国民事诉讼法〉审判监督程序若干问题的解释》第 29 条：民事再审案件的当事人应为原审案件的当事人。原审案件当事人死亡或者终止的，其权利义务承受人可以申请再审并参加再审诉讼。

（2）《民诉解释》第 106 条：对以严重侵害他人合法权益、违反法律禁止性规定或者严重违背公序良俗的方法形成或者获取的证据，不得作为认定案件事实的根据。

（3）《民诉解释》第 103 条：证据应当在法庭上出示，由当事人互相质证。未经当事人质证的证据，不得作为认定案件事实的根据。当事人在审理前的准备阶段认可的证据，经审判人员在庭审中说明后，视为质证过的证据。涉及国家秘密、商业秘密、个人隐私或者法律规定应当保密的证据，不得公开质证。

陷阱与规律

涉及商业秘密的案件不是不需要质证，而是必须质证，但不得公开质证。

涉及商业秘密的案件属于依申请不公开审理的案件。因此，可以公开审理，但不得公开质证。

只有当事人才有权质证；录音带属于视听资料；偷拍、偷录的证据原则上都可以采纳，但非法证据要排除；商业秘密案，不允许公开质证。

诉讼中的特殊情形

核心考点 80 ▶ 撤诉与缺席判决 ★★★

145

万某起诉吴某人身损害赔偿一案，经过两级法院审理，均判决支持万某的诉讼请求，吴某不服，申请再审。再审中万某未出席开庭审理，也未向法院说明理由。对此，法院的下列哪一做法是正确的？（2014/3/50-单）

A. 裁定撤诉，视为撤回起诉

B. 裁定撤诉，视为撤回再审申请

C. 裁定诉讼中止

D. 缺席判决

精析与思路

其实这道题一点都不难，但有大量的同学做错。

这是为什么呢？因为你没看清是谁在诉讼中出现了特殊情况，这个人的诉讼角色是什么。

一般情况下，原告经传票传唤无正当理由拒不到庭或者未经法庭许可中途退庭的，法院会裁定按撤诉处理；被告经传票传唤无正当理由拒不到庭或者未经法庭许可中途退庭的，法院会裁定缺席判决。

回到本题中，大家看到万某起诉吴某，立刻激动地发现，万某是原告，吴某是被告，然后看到万某没出庭。所以，是原告经传票传唤无

正当理由拒不到庭，法院应裁定按撤诉处理。这样你就做错了。

你如果读全题目就会发现，题目中说明，吴某不服，申请再审，万某是在再审中拒不到庭。而在再审程序中，吴某是申请人（相当于再审程序的原告），万某则成了被申请人（相当于再审程序的被告），所以万某经传票传唤无正当理由拒不到庭，法院应裁定缺席判决。参见法条依据（1）。D 选项正确，A、B 选项错误。

至于 C 选项，本题中并不符合诉讼中止的法定条件。C 选项错误。参见法条依据（2）。

参考答案 D

法条依据

（1）《民诉解释》第 398 条：审查再审申请期间，再审申请人撤回再审申请的，是否准许，由人民法院裁定。再审申请人经传票传唤，无正当理由拒不接受询问的，可以按撤回再审申请处理。

（2）《民事诉讼法》第 153 条：有下列情形之一的，中止诉讼：①一方当事人死亡，需要等待继承人表明是否参加诉讼的；②一方当事人丧失诉讼行为能力，尚未确定法定代理人的；③作为一方当事人的法人或者其他组织终止，尚未确定权利义务承受人的；④一方当事人因不可抗拒的事由，不能参加诉讼的；⑤本案必须以另一案的审理结果为依据，而另一案尚未审结的；⑥其他应当中止诉讼的情形。中止诉讼的原因消除后，恢复诉讼。

陷阱与规律

双方当事人在不同的诉讼程序中，有不同的角色和称谓。一审中称为原告和被告；二审中称为上诉人和被上诉人；再审中称为申请人和被申请人；执行中称为申请人和被申请人，也可以叫债权人和债务人（这是我最喜欢叫的名称，因为字少，省嘴）。

更要注意，一审原告很可能是二审被上诉人，二审上诉人很可能是再审被申请人。要注意题目中当事人角色和身份的变化。

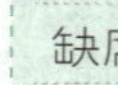

一句话背诵

再审被申请人无正当理由拒不到庭的，缺席判决。

重复考查过的其他类似题目

146 许某起诉要求葛某返还欠款。法院开庭后，许某因工作太忙，委托律师纪某出庭参审。由于欠款事实没有其他证据加以证明，法院遂再次传唤许某出庭，许某仍以工作太忙为由委托纪某出庭，而自己拒绝出庭。法院应如何处理？（2023-回忆版-单）

A. 视为撤诉

B. 法院应缺席判决，驳回许某的诉讼请求

C. 法院可以拘传许某

D. 因许某拒不到庭，法院可以认定许某未向葛某付过款

精析与思路

这道题简直太简单了。本题中，只需要了解一个重要原理，就是在诉讼中，如果当事人委托了委托代理人出庭，当事人本人是可以不用出庭的。但是如果法院认为有必要，为了查明事实的需要，是可以传唤当事人出庭的，此时当事人应当出庭；当事人无正当理由拒不出庭的，会遭到消极的评价。因此，本案中，既然律师已经出庭，就不能视为当事人拒不到庭，不可以对其裁定按撤诉处理。A 选项不当选。

C 选项，一般拘传主要适用于家事案件，而且主要是针对必须到庭的被告。本题中，即便原告不积极应诉，也完全没有必要在原告不积极行使权利的时候将原告抓到法院来强迫其行使权利，毕竟权利是可以放弃的。所以 C 选项不当选。

本案中，在欠款事实没有其他证据加以证明的情况下，就没办法将该欠款认定为一笔借款。所以，D 选项比较合理，法律依据为《民诉解释》第 110 条："人民法院认为有必要的，可以要求当事人本人到庭，就案件有关事实接受询问。在询问当事人之前，可以要求其签署保证书。保证书应当载明据实陈述、如有虚假陈述愿意接受处罚等内容。当事人应当在保证书上签名或者捺印。负有举证证明责任的当事人拒绝到庭、拒绝接受询问或者拒绝签署保证书，待证事实又欠缺其他证据证明的，人民法院对其主

张的事实不予认定。”而B选项中的缺席判决，一般适用于被告；只有当原告拒不到庭且不准许原告撤诉时，才能适用于原告。但本案中，原告委托代理人已经到庭，且本案并无不准许撤诉的情况，因此不能对其适用缺席判决。

综上，D选项当选。

参考答案 D

核心考点81 延期审理、诉讼中止与诉讼终结 ★★★

147 »»

王某和一公司打官司，被气得脑梗，变成植物人。针对此官司，王某的父亲老王主张撤诉，王某的老婆张某主张继续进行诉讼。法院应如何处理？（2021-回忆版-单）

A. 裁定追加张某为原告，继续审理

B. 裁定诉讼中止

C. 裁定张某为法定代理人，由张某继续进行诉讼

D. 根据老王的申请裁定准予撤诉

精析与思路

王某变成植物人，只是一个生活状态。如果用法学术语评价，属于可能已经“丧失民事行为能力”。但王某是否已经丧失民事行为能力，成为一个无民事行为能力人呢？这需要通过法定程序才能评价。正因本案中没有确定其已经丧失民事行为能力，监护人也没有确定，王某的父亲和妻子才对于诉讼程序如何进行产生争议。正确的操作是，应先把诉讼停下来（诉讼中止），由利害关系人申请认定王某无民事行为能力，法院作出认定的判决后，会指定王某的监护人是其父、其妻或者其他的近亲属等主体。然后，此时的监护人才能作为法定代理人代理王某从事诉讼活动，才有资格决定程序是撤回还是继续。所以，B选项当选。

参考答案 B

148 »»

对张男诉刘女离婚案（两人无子女，刘父已去世），因刘女为无行为能力人，法院准许其母李某以法定代理人身份代其诉讼。2017年7月3日，法院判决二人离婚，并对双方共有财产进行了分割。该判决同日送达双方当事人，李某对解除其女儿与张男的婚姻关系无异议，但对共有财产分割有意见，拟提起上诉。2017年7月10日，刘女身亡。在此情况下，本案将产生哪些法律后果？（2017/3/81-多）

A. 本案诉讼中止，视李某是否就一审判决提起上诉而确定案件是否终结

B. 本案诉讼终结

C. 一审判决生效，二人的夫妻关系根据判决解除，李某继承判决分配给刘女的财产

D. 一审判决未生效，二人的共有财产应依法分割，张男与李某对刘女的遗产均有继承权

精析与思路

这道题是我在课上讲过的原模型，考查的是诉讼终结和终结后的裁判效力。

本案中，双方当事人是张男和刘女，李某是刘女的法定代理人，双方进行离婚诉讼。法院于7月3日作出离婚案件的判决，因对判决上诉的上诉期是15日，而在上诉期内（7月10日），一方当事人死亡，故离婚诉讼没有必要再向下进行，就应裁定诉讼终结。A选项不当选，B选项当选。

由于案件在上诉期内终结，一审判决尚未生效。要注意，判决的生效时间：一审判决经过上诉期，当事人不上诉即生效；二审判决作出就生效。参见法条依据（1）、（2）。此时，诉讼终结，一审判决永远处于不生效的状态，二人的婚姻关系就未解除。这样，对于死者刘女的遗产，其夫、其母均属于法定继承人，均有继承权。C选项不当选，D选项当选。

参考答案 BD

法条依据

（1）《民事诉讼法》第154条：有下列情形之一的，终结诉讼：①原告死亡，没有继承人，或者继承人放弃诉讼权利的；②被告死

亡，没有遗产，也没有应当承担义务的人的；③离婚案件一方当事人死亡的；④追索赡养费、扶养费、抚养费以及解除收养关系案件的一方当事人死亡的。

（2）《民事诉讼法》第 171 条：当事人不服地方人民法院第一审判决的，有权在判决书送达之日起 15 日内向上一级人民法院提起上诉。当事人不服地方人民法院第一审裁定的，有权在裁定书送达之日起 10 日内向上一级人民法院提起上诉。

陷阱与规律

如果掌握了我的解题思路，本题难度不大。

但要提醒大家注意：一般而言，诉讼中当事人死亡的，直接的法律后果是诉讼中止，等待更换其继承人为当事人。但是，在离婚和解除收养关系的案件中，一旦一方当事人死亡，诉讼就没有必要再继续进行，所以应终结诉讼。

一句话背诵

离婚案件一审判决作出后，上诉期内一方当事人死亡的，应终结诉讼，一审判决不生效。

★ 重复考查过的其他类似题目

149 »»

在某法院审理案件过程中，陈某要求采用线下审理的方式，而杨某同意适用在线诉讼。在庭审过程中，杨某网络中断，经书记员电话询问，杨某表示无法连线成功。经联系网络公司后查明，确是网络暂时无法恢复。下列选项正确的是：（2024-回忆版-单）

A. 法院可以延期审理

B. 法院应拘传杨某

C. 法院应重新组织庭审

D. 法院应依职权查明网络中断的原因

精析与思路

本题看似是对在线诉讼规则的考查，但其实并不是，只是简单地考查了在诉讼中，因客观原因导致庭审无法继续进行的，该如何处理。本题中，只要牢牢把握两个特点，就非常容易得到正确结论：①本题中遇到的庭审障碍暂时无法克服，那么庭审就没办法正常继续进行，此时仅暂停庭审就可以，没必要把诉讼中的其他行为（如保全、取证等）都停止，因此应该延期审理而不是诉讼中止；②本题中的诉讼阻碍的克服是可以有明确时间判断的，只要网络恢复，就可以恢复庭审，因此，这也是人力可以干预和控制的，应该延期审理而不是诉讼中止。

A 选项正确。必须到庭的当事人和其他诉讼参与人有正当理由没有到庭的，法院可以延期审理。本题中，因网络原因导致杨某无法在线出庭参与诉讼，属于正当理由，可以延期审理。

B 选项错误。拘传的适用对象是必须到庭而无正当理由拒不到庭的当事人。本题中，一来无法确定杨某是必须到庭的当事人；二来其并非无正当理由拒不到庭；三来在民事诉讼中，对必须到庭的当事人，经 2 次传票传唤，无正当理由拒不到庭的，可以拘传，而本题中不存在 2 次传票传唤拒不到庭的情况。因此，不能对杨某实施拘传措施。

C 选项错误。在民事诉讼法中，并没有规定所谓重新组织庭审的程序规则，一般理解，在发回重审或者再审中，可能属于重新组织庭审，但本题显然不属于这种情况。

D 选项错误。法院依职权查明的事项包括：①涉及可能损害国家利益、社会公共利益的；②涉及身份关系的；③涉及公益诉讼的；④当事人有恶意串通损害他人合法权益可能的；⑤涉及依职权追加当事人、中止诉讼、终结诉讼、回避等程序性事项的。这个题很有意思，如果说法院依职权查明“网络中断，导致当事人无法参加审理”，就属于是否应延期审理的理由，属于程序事项，是合理的。但 D 选项中说的是，查明网络中断的“原因”，到底是光纤断裂，还是路由器故障，这些原因，显然不属于法院关注和查明的范畴。

参考答案 A

简易程序一般规定

★★★★★

150

甲起诉乙归还借款，法院依法适用小额诉讼程序审理。3月20日，法院向乙送达传票，乙不在家，乙的妻子代为签收。3月25日，乙离家出走，下落不明。法院应该如何处理？（2024-回忆版-单）

A. 缺席判决

B. 追加乙的妻子作为财产代管人参与诉讼

C. 裁定中止审理，等待乙的下落

D. 转为普通程序审理

精析与思路

看到这道题，我着实是有点激动的，原因是在我给同学们的模拟题当中，是有与这道题相类似的题目的。

这道题到底考的是什么？考的是小额诉讼程序的程序规则。大家都知道，小额诉讼程序是简易程序的一种，而在简易程序当中，是不允许公告送达的。所以，其程序规则是，如果起诉时被告下落不明，则不得适用简易程序，应转为普通程序继续审理。但是，这道题有一个小的陷阱，不知道大家注意到没有，就是在3月20日法院向乙送达传票的时候，乙不在家，而乙的妻子代为签收。首先，被告的妻子能不能代被告签收传票呢？这是毋庸置疑的，因为我给同学们讲过，应当将传票送达给本人；如果本人不在，可以送达给“三代一家属”。本案中，乙的妻子作为乙的近亲属，当然有资格代为签收传票。相应地，乙的妻子签收了传票，就相当于乙签收了传票。而3月25日，乙离家出走，下落不明，这就不是起诉时被告下落不明，而是在将来开庭的时候，被告才下落不明。这种情况下可以适用小额诉讼程序，而且被告下落不明，相当于被告无正当理由拒不到庭，法院直接进行缺席审理和判决就可以了。

综上所述，A选项当选。

参考答案 A

★ 重复考查过的其他类似题目

151 ›››

不同的审判程序，审判组织的组成往往是不同的。关于审判组织的适用，下列哪一选项是正确的？（2016/3/35-单）

A. 适用简易程序审理的案件，当事人不服一审判决上诉后发回重审的，可由审判员独任审判

B. 适用简易程序审理的案件，判决生效后启动再审程序进行再审的，可由审判员独任审判

C. 适用普通程序审理的案件，当事人双方同意，经上级法院批准，可由审判员独任审判

D. 适用选民资格案件审理程序的案件，应组成合议庭审理，而且只能由审判员组成合议庭

精析与思路

这道题看似考查审判组织，其实暗藏一个考点，就是简易程序的适用范围。

同学们必须清醒地看到，适用简易程序审理的案件被发回重审和被再审后，是不允许再适用简易程序进行审理的，发回重审和适用一审程序进行再审必须适用普通程序。这样A选项中适用简易程序审理的案件被发回重审的，重审时应适用普通程序。普通程序原则上必须组成合议庭审理，不允许独任审理。A选项错误。参见法条依据（1）。

B选项中对程序的描述，说明该案件适用简易程序作为一审程序，其后一审终审，当事人没有上诉，判决生效，否则不会表述为“适用简易程序审理的案件，判决生效后”，而应是“适用二审程序审理的案件，判决生效后如何”。但是，不管如何，再审的时候都不能适用简易程序审理，要么适用一审普通程序再审，要么适用二审程序再审，都必须组成合议庭审理。B选项错误。

按照旧的《民事诉讼法》的规定，适用普通程序审理的案件，都必须组成合议庭。但是有些同学会提到，根据2021年修正的《民事诉讼法》的规定，普通程序在一定条件下也能适用独任制，但条件是，基层人民法院审理的是基本事实清楚、权利义务关系明确的第一审民事案件。至于C选项中给出的条件，当事人双方同意，经上级法院批准，就可以适用独任制，没有任何立法依据。C选项错误。参见法条依据（2）。

选民资格案是宪法诉讼案件，必须组成合议庭开庭审理，且合议庭必须都是专业的审判员，不得吸收陪审员参加审理。D选项正确。参见法条依据（3）。

参考答案 D

法条依据

（1）《民事诉讼法》第41条：人民法院审理第二审民事案件，由审判员组成合议庭。合议庭的成员人数，必须是单数。中级人民法院对第一审适用简易程序审结或者不服裁定提起上诉的第二审民事案件，事实清楚、权利义务关系明确的，经双方当事人同意，可以由审判员一人独任审理。发回重审的案件，原审人民法院应当按照第一审程序另行组成合议庭。审理再审案件，原来是第一审的，按照第一审程序另行组成合议庭；原来是第二审的或者是上级人民法院提审的，按照第二审程序另行组成合议庭。

（2）《民事诉讼法》第40条第1、2款：人民法院审理第一审民事案件，由审判员、人民陪审员共同组成合议庭或者由审判员组成合议庭。合议庭的成员人数，必须是单数。适用简易程序审理的民事案件，由审判员一人独任审理。基层人民法院审理的基本事实清楚、权利义务关系明确的第一审民事案件，可以由审判员一人适用普通程序独任审理。

（3）《民事诉讼法》第185条：依照本章程序审理的案件，实行一审终审。选民资格案件或者重大、疑难的案件，由审判员组成合议庭审理；其他案件由审判员一人独任审理。

陷阱与规律

（1）简易程序展开的程序中，适用的审理程序是这样的：

若一个案件适用简易程序审理，则上诉后适

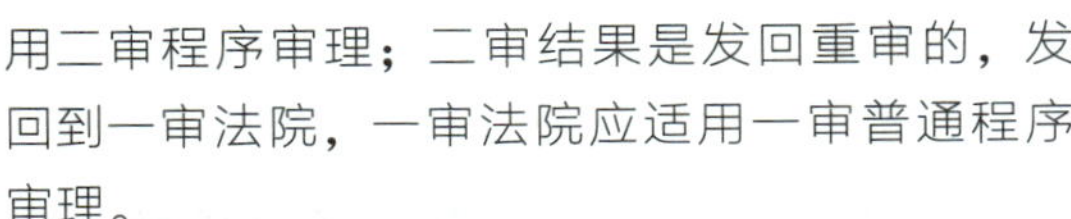

用二审程序审理；二审结果是发回重审的，发回到一审法院，一审法院应适用一审普通程序审理。

若一个案件适用简易程序审理，一审终审裁判生效后，对此案件再审，则当事人可以向原审法院申请再审，且应适用一审普通程序审理。

（2）关于各种程序的审判组织，合议制和独任制的适用，可以总结出如下规律：

❶一审普通程序原则上必须合议，合议庭可以吸收陪审员；

❷一审简易程序必须独任；

❸二审程序原则上必须合议，合议庭不可以吸收陪审员；

❹再审程序必须合议，能不能吸收陪审员要看是按照一审程序审理还是按照二审程序审理；

❺特别程序原则上应独任，选民资格案、重大疑难案、标的额超出基层管辖的实现担保物权案必须合议，且不能吸收陪审员；

❻督促程序和公示催告程序原则上应独任，但公示催告程序中的除权判决阶段必须合议。

一句话背诵

按照一审普通程序审理的案件原则上必须组成合议庭；发回重审和再审不能适用独任制；特别程序合议庭不得吸收陪审员。

152 »

当事人可对某些诉讼事项进行约定，法院应尊重合法有效的约定。关于当事人的约定及其效力，下列哪些表述是错误的？（2014/3/79-多）

A. 当事人约定“合同是否履行无法证明时，应以甲方主张的事实为准”，法院应根据该约定分配证明责任

B. 当事人在诉讼和解中约定“原告撤诉后不得以相同的事由再次提起诉讼”，法院根据该约定不能再受理原告的起诉

C. 当事人约定“如果起诉，只能适用普通程序”，法院根据该约定不能适用简易程序审理

D. 当事人约定“双方必须亲自参加开庭审理，不得无故缺席”，如果被告委托了代理人参加开庭，自己不参加开庭，法院应根据该约定在对被告 2 次传唤后对其拘传

精析与思路

事实上，这是一道很无厘头的综合题，因为四个选项考查了四个考点，这四个考点毫无关系，只是组织在“当事人约定的效力”这个命题之下。当然，为了迎合这种考试方法，我有时候也出这样的题，所以，有些同学做了我的模拟题之后责备我为什么出题这么难，但是你考试的时候一定会感谢我模拟得这么像真题。所以，我就把这道题放在了它考查的一个考点里（随便放在四个考点中的哪个都可以，但我总得放一个）。

A 选项考查的是证明责任的分配。证明责任是由立法明确分配的。从司法考试的角度看，立法是法官分配证明责任的标准，当事人是不允许约定证明责任的分配的。A 选项错误，当选。

B 选项考查的是起诉的限制。我们讲过一事不再理，在法院对某个诉讼标的作出了生效的裁判之后，当事人再就原纠纷起诉的，法院不受理。但是，当事人撤诉后，法院没有作出生效裁判，当事人再起诉的，法院应受理。参见法条依据（1）。当事人约定原告撤诉后不得以相同的事由再次提起诉讼，实际上是限制了当事人的诉权，违反了法律规定，这种约定是无效的。能不能起诉要看是否符合法定起诉条件、是否具备不得起诉的事由，当事人的约定不得和立法的规定相冲突。B 选项错误，当选。

C 选项考查的是简易程序的适用。简易程序与普通程序的适用是法院按照法律规定依职权决定的。只要是简单案件，法院就可以依职权适用简易程序。参见法条依据（2）。适用简易程序不需要征求当事人意见，所以，当事人约定不适用简易程序，只能适用普通程序是无效的。C 选项错误，当选。

D 选项考查的是拘传的对象。拘传适用于必须到庭的当事人，至于必须到庭的当事人的范围，也是立法明确规定的，不是依据当事人的

专题 27

约定来确定。所以，如果立法没有规定该当事人必须到庭，即使当事人约定其必须到庭，也不能对其适用拘传。D选项错误，当选。

参考答案 ABCD

法条依据

（1）《民诉解释》第214条：原告撤诉或者人民法院按撤诉处理后，原告以同一诉讼请求再次起诉的，人民法院应予受理。原告撤诉或者按撤诉处理的离婚案件，没有新情况、新理由，6个月内又起诉的，比照民事诉讼法第127条第7项的规定不予受理。

（2）《民事诉讼法》第160条：基层人民法院和它派出的法庭审理事实清楚、权利义务关系明确、争议不大的简单的民事案件，适用本章规定。基层人民法院和它派出的法庭审理前款规定以外的民事案件，当事人双方也可以约定适用简易程序。

陷阱与规律

其实，这道题背后有一个法理，只要你掌握了，做题就非常简单：民事诉讼法属于公法，公法和私法不同，公法的权利义务都必须由立法明确规定。立法没有赋予的权利，当事人不能随便创设；立法没有附加的义务，当事人不能随便增设。

所以，证明责任的分配、起诉的限制、简易程序的适用、拘传的对象都是立法明确规定的，当事人无权用约定改变立法的规定。因此，这些内容都是不能约定的。

一句话背诵

民事诉讼法是公法，权利义务法定。当事人不得约定证明责任的分配、不得约定放弃上诉权、不得约定排除适用简易程序、不得约定当事人必须出庭，这些都应由法律规定。

核心考点83 ▶ 简易程序转为普通程序

★★★

本考点在近10年的真题中没有被独立考查过，但大家仍需准确掌握理论卷中对相应知识的讲解。

核心考点84 ▶ 简易程序的特殊性

★★★

153 >>>

郑飞诉万雷侵权纠纷一案，虽不属于事实清楚、权利义务关系明确、争议不大的案件，但双方当事人约定适用简易程序进行审理，法院同意并以电子邮件的方式向双方当事人通知了开庭时间（双方当事人均未回复）。开庭时被告万雷无正当理由不到庭，法院作出了缺席判决。送达判决书时法院通过各种方式均未联系上万雷，遂采取了公告送达方式送达了判决书。对此，法院下列哪些行为是违法的？（2015/3/83-多）

A. 同意双方当事人的约定，适用简易程序对案件进行审理

B. 以电子邮件的方式向双方当事人通知开庭时间

C. 作出缺席判决

D. 采取公告方式送达判决书

精析与思路

本题考查了简易程序的特殊程序规定，侧重点在送达方式上。

A选项考查的是简易程序的适用。简易程序适用于两种案件：简单案件和虽不简单，但当事人和法院都同意适用简易程序的案件。A选项中，本案虽然不简单，但当事人同意适用，法院也可以适用简易程序。该做法符合法律规定。A选项不当选。参见法条依据（1）。

要明确，我们讲过七种送达方式：直接送达、留置送达、邮寄送达、电子送达、转交送达、委托送达和公告送达。简易程序里，不能适用公告送达，其他六种送达方式都可以适用。此外，简易程序里，允许简便送达（这个在普通程序里不允许适用），不限制送达的具体手段，但是必须确保受送达人收到。参见法条依据（2）。

由此，简易程序不得适用公告送达，自然不

得公告送达判决书。D 选项当选。

本题中，法院用简易程序审理案件，采用电子邮件送达的方式通知开庭时间，是被允许的。有的同学会质疑：电子邮件送达不是属于电子送达吗？电子送达不是得双方当事人同意吗？

你说对了。电子送达是这么规定的。

但是，本题非常特殊，因为本题适用的是简易程序，简易程序允许简便送达，所以，即便用电子邮件送达不符合电子送达的规定，也可以认定属于法律允许的简便送达（怎么送都行，送到就行）。不管是电子送达还是简便送达，都必须确认当事人收悉。题中描述，“双方当事人均未回复”，因此，未确认当事人收到。在这种情况下，就不应该作出缺席判决。如果作出缺席判决，相当于在当事人未得到传唤通知的情况下就作出了判决，剥夺了当事人的辩论权。参见法条依据（3）。

所以，B 选项以电子邮件的方式通知开庭时间是合法的，不当选。但没有确认当事人收到，就不允许作出缺席判决。C 选项当选。

参考答案 CD

法条依据

（1）《民事诉讼法》第 160 条：基层人民法院和它派出的法庭审理事实清楚、权利义务关系明确、争议不大的简单的民事案件，适用本章规定。基层人民法院和它派出的法庭审理前款规定以外的民事案件，当事人双方也可以约定适用简易程序。

（2）《民诉解释》第 140 条：适用简易程序的案件，不适用公告送达。

（3）《民诉解释》第 261 条：适用简易程序审理案件，人民法院可以依照民事诉讼法第 90 条、第 162 条的规定采取捎口信、电话、短信、传真、电子邮件等简便方式传唤双方当事人、通知证人和送达诉讼文书。以简便方式送达的开庭通知，未经当事人确认或者没有其他证据证明当事人已经收到的，人民法院不得缺席判决。适用简易程序审理案件，由审判员独任审判，书记员担任记录。

陷阱与规律

简易程序的简便送达，没有规定具体形式，但是必须确保受送达人收到。所以，在简易程序中，对送达的形式要求要比普通程序低。例如，在简易程序中，用电子方式送达，也可以认定是一种简便送达，所以，不需要当事人同意，可以直接采用。

不简单的案件，当事人也可以约定适用简易程序，最终由法院裁定；简易程序可以简便送达，但必须确保当事人收到；简易程序不能公告送达。

小额诉讼程序

核心考点 85 小额诉讼程序的适用

★★★★★

154 根据《民事诉讼法》相关司法解释，下列哪些案件不适用小额诉讼程序？（2015/3/84-多）

A. 人身关系案件
B. 涉外民事案件
C. 海事案件
D. 发回重审的案件

精析与思路

本题考查的是民事诉讼中小额诉讼程序的适用范围。

2021年修正的《民事诉讼法》对禁止适用小额诉讼程序的案件类型重新作了规定。概括一下，目前是六类案件不能适用小额诉讼程序，即涉及鉴定或评估的案件、人身关系案件、财产确权案件、涉外案件、一方当事人下落不明的案件、对方提出反诉的案件。A、B选项当选。参见法条依据（1）。

注意C选项，海事案件比较特殊。理论上，海事案件属于专门管辖案件，应由海事法院审理。而海事法院都属于中院，本来不应该管辖小额诉讼。但是立法为方便海事小额诉讼的审理，突破了一般规则，规定海事小额诉讼依然由海事法院审理。这就成了一个极特殊的例子。C选项不当选。参见法条依据（2）。

发回重审的案件不能适用简易程序，当然也不能适用小额诉讼程序。D选项当选。

参考答案 ABD

法条依据

（1）《民事诉讼法》第166条：人民法院审理下列民事案件，不适用小额诉讼的程序：①人身关系、财产确权案件；②涉外案件；③需要评估、鉴定或者对诉前评估、鉴定结果有异议的案件；④一方当事人下落不明的案件；⑤当事人提出反诉的案件；⑥其他不宜适用小额诉讼的程序审理的案件。

（2）《民事诉讼法》第165条：基层人民法院和它派出的法庭审理事实清楚、权利义务关系明确、争议不大的简单金钱给付民事案件，标的额为各省、自治区、直辖市上年度就业人员年平均工资50%以下的，适用小额诉讼的程序审理，实行一审终审。基层人民法院和它派出的法庭审理前款规定的民事案件，标的额超过各省、自治区、直辖市上年度就业人员年平均工资50%但在2倍以下的，当事人双方也可以约定适用小额诉讼的程序。

陷阱与规律

小额诉讼程序有明确的适用范围，包括适用的案件范围和法院范围。

注意两个问题：

（1）不是金额较小的财产纠纷都能适用小额诉讼程序。小额诉讼程序只能适用于金钱给付的给付之诉，财产确权的确认之诉不得适用小额诉讼程序。

（2）小额诉讼不是绝对只能由基层法院审理。海事法院作为中级法院，依然可以审理海事小额诉讼。

一句话背诵

人身关系、涉外案件不得用小额诉讼程序；发回重审的案件不能用简易程序，当然也就不能用小额诉讼程序；海事小额诉讼由海事法院审理。

155

赵洪诉陈海返还借款100元，法院决定适用小额诉讼程序审理。关于该案的审理，下列哪一选项是错误的？（2014/3/40-单）

A. 应在开庭审理时先行调解

B. 应开庭审理，但经过赵洪和陈海的书面同意后，可书面审理

C. 应当庭宣判

D. 应一审终审

精析与思路

本题考查的是小额诉讼程序的程序规定，四个选项分别考查的是四个方面。

A选项考查的是先行调解。立法在先行调解方面并未就普通程序和简易程序进行区分规定。也就是说，不管是普通程序还是简易程序（简易程序中包括小额诉讼程序），只要是适宜调解的案件，在首次开庭前，都应先行调解。A选项基本正确，不当选。参见法条依据（1）。但是，大家也注意到，题目表述为“应在开庭审理时”，严格来说不够准确，应是“应在开庭审理前”。不过司法部给的答案是正确的，有什么办法呢，只有选择接受它。

B选项考查的是小额诉讼程序的审理方式。这个一看就是错的。在民事诉讼法中，已经没有书面审的审理方式。但是书面审的方式在某些仲裁规则中仍然存在。

所谓书面审，就是指法官不开庭，直接阅读案卷，最后作出裁判。

我们讲过，在一审中，不管是普通程序还是简易程序（简易程序中包括小额诉讼程序），无论是什么类型的案件，都不允许不开庭，必须开庭审理。而在二审中，满足法定条件是允许不开庭审理的，这种方式称之为“迳行裁判”。迳行裁判要求法官阅卷、调查和询问当事人，并非仅以书面方式阅读案卷即可裁判，必须接触当事人。参见法条依据（2）。因此，B 选项表述的小额诉讼程序可以书面审是错误的，当选。

立法规定，简易程序应当庭宣判，这是出于诉讼经济、节省时间和提高效率的考虑。小额诉讼程序是一种简易程序，按照 2021 年修正的《民事诉讼法》的规定，小额诉讼程序原则上也要 1 次审结并当庭宣判。C 选项正确，不当选。参见法条依据（3）。当庭宣判的意思就是审理结束后，休庭，审判员退庭评议，然后马上回到法庭，宣布判决结果。

D 选项考查的是小额诉讼的裁判效力。小额诉讼程序本身就是一种简易程序，只不过小额诉讼程序中案件金额更小，应更加节省司法资源。所以，立法规定，一旦满足小额诉讼程序的条件，必须强制性剥夺当事人的上诉权，一审终审。D 选项正确，不当选。参见法条依据（4）。

参考答案 B

法条依据

（1）《民事诉讼法》第 136 条：人民法院对受理的案件，分别情形，予以处理：①当事人没有争议，符合督促程序规定条件的，可以转入督促程序；②开庭前可以调解的，采取调解方式及时解决纠纷；③根据案件情况，确定适用简易程序或者普通程序；④需要开庭审理的，通过要求当事人交换证据等方式，明确争议焦点。

（2）《民事诉讼法》第 176 条第 1 款：第二审人民法院对上诉案件应当开庭审理。经过阅卷、调查和询问当事人，对没有提出新的事实、证据或者理由，人民法院认为不需要开庭审理的，可以不开庭审理。

（3）《民事诉讼法》第 167 条：人民法院适用小额诉讼的程序审理案件，可以 1 次开庭审结并且当庭宣判。

（4）《民事诉讼法》第 165 条第 1 款：基层人民法院和它派出的法庭审理事实清楚、权利义务关系明确、争议不大的简单金钱给付民事案件，标的额为各省、自治区、直辖市上年度就业人员年平均工资 50% 以下的，适用小额诉讼的程序审理，实行一审终审。

陷阱与规律

有两个问题要进一步明确：

首先，小额诉讼程序是一种简易程序，并非和简易程序并列的特殊程序。

其次，小额诉讼程序本身有特殊的规定，如案件金额（金额较小）、适用范围（金钱给付）、裁判效力（一审终审）、适用法院（基层法院）、程序简化（缩短举证、答辩期，简化法律文书）等。除了这些特殊规定，小额诉讼程序没有规定的内容应适用简易程序的规定。

一句话背诵

小额诉讼程序也必须开庭审理、一审终审、当庭宣判；适宜调解的，先行调解。

重复考查过的其他类似题目

156

甲与乙借贷纠纷一案，法院适用小额诉讼程序审理。在适用小额诉讼程序审理过程中，针对法院的相关做法，下列选项正确的是：（2018-回忆版-单）

A. 在小额诉讼程序中，当事人放弃答辩期的，可以当庭提出管辖权异议

B. 在小额诉讼程序中，当事人提出的管辖权异议被驳回后，可以就驳回管辖权异议的裁定上诉

C. 在对适用小额诉讼程序审理后作出的判决上诉的二审程序中，当事人可以提出管辖权异议

D. 在小额诉讼程序发回重审后，当事人可以提出管辖权异议

精析与思路

在小额诉讼程序中，当事人在答辩期内可以提出管辖权异议，但被告放弃答辩期的，可以当庭答辩。因此，在当事人放弃答辩期的情况下，当庭答辩的时候，可以提出管辖权异议，主张受理的法院对本案没有管辖权。所以A选项是正确的。但若当事人认为该案件根本就不应该适用小额诉讼程序，可以在首次开庭前提出异议，这种异议事实上不属于管辖权异议，而是主管权异议。要注意哦，能不能用小额诉讼程序和该案件用了小额诉讼程序后应该由哪个法院管辖，这完全是两回事。若法院驳回了当事人提出的管辖权异议，当事人无权上诉，这是由小额诉讼程序一审终审的特色决定的。还要注意，对错误的管辖权异议裁定也不能申请再审。根据《民事诉讼法》的规定，能申请再审的裁定仅包括不予受理的裁定和驳回起诉的裁定。所以B选项是错误的。

适用小额诉讼程序审理后作出的判决本身就不能上诉，也就谈不上在二审中提出管辖权异议的问题。所以C选项是错误的。即便是对普通程序上诉的案件，若当事人在二审中提出管辖权异议，法院也应不予审查。要注意，一审答辩期内提出的管辖权异议，法院是必须审查，审查后可以支持或者不支持；二审中提出的管辖权异议，法院根本就不进行审查。小额诉讼程序被发回重审后，适用的虽然是一审普通程序，但是在发回重审程序和再审程序中，均不得提出管辖权异议。所以D选项是错误的。

参考答案 A

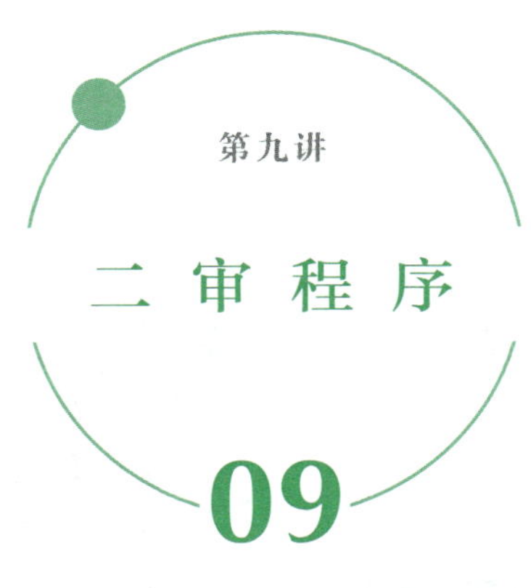

第九讲 二审程序

专题29 上诉

核心考点86 上诉 ★★★

157

下列哪些情况下，法院不应受理当事人的上诉请求？（2013/3/78-多）

A. 宋某和卢某借款纠纷一案，卢某终审败诉，宋某向区法院申请执行，卢某提出执行管辖异议，区法院裁定驳回卢某异议。卢某提起上诉

B. 曹某向市中院诉刘某侵犯其专利权，要求赔偿损失1元钱，中院驳回其请求。曹某提起上诉

C. 孙某将朱某打伤，经当地人民调解委员会调解达成协议，并申请法院进行了司法确认。后朱某反悔提起上诉

D. 尹某诉与林某离婚，法院审查中发现二人系禁婚的近亲属，遂判决二人婚姻无效。尹某提起上诉

精析与思路

本题考查的是上诉的条件。

要做对这道题，需要搞懂一件事，就是起诉和上诉是不同的。起诉要经过比较复杂的要件审查；上诉比较宽松，只要不是禁止上诉的案件，一般都受理上诉。

所以，只要分析一下该案件是不是禁止上诉的案件就可以了。

A选项中，对执行管辖异议的裁定不服的，应向上一级法院申请复议。对于执行管辖异议裁定不服不可以上诉。能上诉的裁定只有三种：驳回起诉的裁定、不予受理的裁定和管辖权异议的裁定。A选项当选。参见法条依据（1）。

B选项中，不存在立法特殊规定，中院一审的专利案件可以正常上诉。只有最高院作为一审法院的案件才不能上诉。B选项不当选。

C选项中，确认人民调解协议的裁定，属于非讼程序的裁定，不允许上诉。C选项当选。参见法条依据（2）。

D选项中，对于宣告婚姻无效案件的判决，在旧的规定中，人身关系部分是不可以上诉的。但《婚姻家庭编解释（一）》中将此规定删除了。所以，就现行法而言，确认婚姻无效案件变成了普通的确认之诉，是可以就全案上诉的。D选项不当选。

参考答案 AC（司法部原答案为ACD）

法条依据

（1）《最高人民法院关于适用〈中华人民共和国民事诉讼法〉执行程序若干问题的解释》第3条第1、2款：人民法院受理执行申请后，当事人对管辖权有异议的，应当自收到执行通知书之日起10日内提出。人民法院对当事人提出的异议，应当审查。异议成立的，应当撤销执行案件，并告知当事人向有管辖权的人民法院申请执行；异议不成立的，裁定驳回。当事人对裁定不服的，可以向上一级人民法院申请复议。

（2）《民事诉讼法》第185条：依照本章程序审理的案件，实行一审终审。选民资格案件或者重大、疑难的案件，由审判员组成合议庭审理；其他案件由审判员一人独任审理。

陷阱与规律

其实这个题就是问什么案件不能上诉。我总结一下：

（1）调解书一律不可以上诉。

（2）多数判决可以上诉，但以下判决不可以上诉：

❶最高院一审的判决；

❷小额诉讼程序的判决；

❸督促程序、公示催告程序、特别程序的判决。

（3）多数裁定不可以上诉，但以下裁定可以上诉：

❶不予受理的裁定；

❷驳回起诉的裁定；

❸管辖权异议的裁定。

一句话背诵

对驳回执行管辖异议的裁定可以向上一级法院申请复议；人民调解协议不能上诉；宣告婚姻无效案件判决的人身关系部分可以上诉，不能申请再审。

158 ›››

当事人提起上诉的同时，一审A区法院发现判决书利息计算错误，但当事人没有预交上诉费用。程序该如何继续进行？（2019-回忆版-单）

A. 二审法院按撤回上诉处理

B. 二审法院发回重审

C. A区法院启动审判监督程序

D. 二审法院进行二审

精析与思路

解答这道题最关键的问题是确定判决书利息计算错误的性质。如果一审得到的判决书有实质性错误，如我们常说的事实认定错误或者法律适用错误，即便是当事人申请撤回上诉，法院也不应准许。一旦法院准许当事人撤回上诉，此时错误的一审判决书就将生效。但是本案中的判决书利息计算错误并不能认定为判决书存在实质性错误，而应当归入我们所讲过的笔误的范畴。既然是笔误，应当由一审法院作出裁定予以纠正。因为本案中的当事人已经上诉，案件进入二审，但当事人没有预交上诉费用，所以二审法院应当裁定按照撤回上诉处理。一旦案件按照撤回上诉处理，一审判决随即生效，再由一审法院作出裁定，纠正一审判决书当中的笔误即可，并不需要启动审判监督程序或者发回重审。由于当事人没有预交上诉费用，二审法院当然也不会继续进行二审了。所以，只有A选项当选。

参考答案 A

159 ›››

锦宏公司诉得利公司合同纠纷一案，A市B区法院一审判决锦宏公司胜诉。得利公司不服一审判决，通过B区法院提出上诉，B区法院收到上诉状后，发现得利公司的上诉期已过。关于B区法院对本案的处理，下列哪

一选项是正确的？（2021-回忆版-单）

A. 报请 A 市中级法院裁定驳回得利公司的上诉

B. 直接裁定驳回得利公司的上诉

C. 不予接收得利公司的上诉状，告知 A 市中级法院后驳回

D. 向 A 市中级法院移送案卷材料，由 A 市中级法院裁定驳回

精析与思路

这道题是这样，首先你得明白上诉的程序操作。因为我们是向作出一审裁判的法院的上一级法院上诉，对吧？那么，本案真正有权处理上诉的就不是 B 区法院，而是 A 市中级法院。这样，得利公司向 B 区法院提交上诉状之后，这个基层法院就应该将上诉状连带一审的卷宗移送到二审法院去。如果超过上诉期，当事人丧失了法定的上诉权，也应该是由二审法院裁定驳回上诉，而不应该由基层法院处理。所以，D 选项是正确的。

参考答案 D

低频考点 87 ▶ 共同诉讼上诉人的确定 ☆☆

160 >>>

章佑与蒋浩离婚后，章佑的哥哥章佐起诉蒋浩归还借款 30 万元。法院受理后认为，借款系夫妻共同债务，遂追加章佑为共同被告，判决双方共同偿还。章佐认为法院不应追加章佑为共同被告，上诉请求改判蒋浩一人偿还。章佑认为借款是蒋浩的个人债务，上诉请求改判蒋浩一人偿还。关于本案二审中的当事人，下列哪一选项是正确的？（2024-回忆版-单）

A. 章佐为上诉人，章佑为被上诉人，蒋浩为被上诉人

B. 章佐为上诉人，章佑为上诉人，蒋浩为被上诉人

C. 章佐为上诉人，蒋浩为被上诉人，章佑按原审地位列明

D. 章佑为上诉人，蒋浩为被上诉人，章佐按原审地位列明

精析与思路

这道题目是比较简单的，考查的是我们反复讲过的二审当事人的地位。关于二审中当事人诉讼地位的列明，谨记这个规则就可以：谁上诉，谁是上诉人；对谁不满，谁是被上诉人；剩下的按照原审诉讼地位列明。

在本题中，一审的原告是章佐，被告是章佑和蒋浩。二审中，上诉的是章佐和章佑，二者均应作为上诉人，而二者均认为债务应由蒋浩一人偿还，章佐对章佑、章佑对章佐均无不满，因此被上诉人应只列蒋浩。B 选项正确。

参考答案 B

重复考查过的其他类似题目 ★

161 >>>

甲、乙、丙三人共同致丁身体损害，丁起诉三人要求赔偿 3 万元。一审法院经审理判决甲、乙、丙分别赔偿 2 万元、8000 元和 2000 元，三人承担连带责任。甲认为丙赔偿 2000 元的数额过低，提起上诉。关于本案二审当事人诉讼地位的确定，下列哪一选项是正确的？（2017/3/44-单）

A. 甲为上诉人，丙为被上诉人，乙为原审被告，丁为原审原告

B. 甲为上诉人，丙、丁为被上诉人，乙为原审被告

C. 甲、乙为上诉人，丙为被上诉人，丁为原审原告

D. 甲、乙、丙为上诉人，丁为被上诉人

精析与思路

这道题考查的点就一个，共同诉讼中上诉人和被上诉人地位的确定，简直简单到爆！

你们一定还记得我教你们的法则，三句话全搞定：

（1）谁上诉，谁就是上诉人；

（2）对谁不满，谁就是被上诉人；

（3）其他人按照原审诉讼地位列明。

回到本题，上诉的只有甲，那甲就是上诉人；甲对丙不满，那丙就是被上诉人；没有涉及乙和丁的权利义务分担，那乙和丁就依原审地位列明，乙列为原审共同被告，丁列为原审原告。参见法条依据。

所以，A 选项正确。简单不？

参考答案 A

法条依据

《民诉解释》第 317 条：必要共同诉讼人的一人或者部分人提起上诉的，按下列情形分别处理：①上诉仅对与对方当事人之间权利义务分担有意见，不涉及其他共同诉讼人利益的，对方当事人为被上诉人，未上诉的同一方当事人依原审诉讼地位列明；②上诉仅对共同诉讼人之间权利义务分担有意见，不涉及对方当事人利益的，未上诉的同一方当事人为被上诉人，对方当事人依原审诉讼地位列明；③上诉对双方当事人之间以及共同诉讼人之间权利义务承担有意见的，未提起上诉的其他当事人均为被上诉人。

刘鹏飞真题卷

一句话背诵

提出上诉的，是上诉人；和谁权利义务分担有争议，谁就是被上诉人；其他人依原审诉讼地位列明。没有承担责任的无独三不能上诉。

162 »»

甲对乙享有 10 万元到期债权，乙无力清偿，且怠于行使对丙的 15 万元债权，甲遂对丙提起代位权诉讼，法院依法追加乙为第三人。一审判决甲胜诉，丙应向甲给付 10 万元。乙、丙均提起上诉，乙请求法院判令丙向其支付剩余 5 万元债务，丙请求法院判令甲对乙的债权不成立。关于二审当事人地位的表述，下列哪一选项是正确的？（2013/3/48-单）

A. 丙是上诉人，甲是被上诉人

B. 乙、丙是上诉人，甲是被上诉人

C. 乙是上诉人，甲、丙是被上诉人

D. 丙是上诉人，甲、乙是被上诉人

精析与思路

本案是一个代位权诉讼。甲代了乙的位向丙主张债权。甲是原告，丙是被告，乙应作为无独三（本案的处理结果和乙有利害关系）。参见法条依据。

然后按照以前的套路，乙和丙提起了上诉，乙和丙貌似应作为上诉人。

但是，等等！

你有没有发现，乙是个无独三啊！一审判决的内容是“甲胜诉，丙应向甲给付 10 万元”，说明在一审判决中，乙没有被判决承担责任。没有被判决承担责任的无独三无权上诉。所以，只有丙可以作为上诉人。

接下来，再看丙的上诉请求：“判令甲对乙的债权不成立。”若甲对乙的债权不成立，则甲就没有权利向丙代位求偿。所以，核心诉求是丙不想给甲钱，而非不想给乙钱。如果不想给乙钱，应是请求法院判令乙对丙的债权不成立。这样就很清楚了，丙是对甲不满，而非对乙不满。所以，甲为被上诉人。

综上，A 选项正确。

参考答案 A

法条依据

《民事诉讼法》第 59 条第 2 款：对当事人双方的诉讼标的，第三人虽然没有独立请求权，但案件处理结果同他有法律上的利害关系的，可以申请参加诉讼，或者由人民法院通知他参加诉讼。人民法院判决承担民事责任的第三人，有当事人的诉讼权利义务。

陷阱与规律

这里经常设置的小陷阱除了没有涉及权利义务分担争议的人按照原审诉讼地位列明之外，还有一个点，就是如果无独三没有被判决承担责任，那么这个无独三可以成为被上诉人，却不能成为上诉人。

一句话背诵

提出上诉的，是上诉人；和谁权利义务分担有争议，谁就是被上诉人；其他人依原审诉讼地位列明。没有承担责任的无独三不能上诉。

163

甲、乙、丙诉丁遗产继承纠纷一案，甲不服法院作出的一审判决，认为分配给丙和丁的遗产份额过多，提起上诉。关于本案二审当事人诉讼地位的确定，下列哪一选项是正确的？（2016/3/44-单）

A. 甲是上诉人，乙、丙、丁是被上诉人

B. 甲、乙是上诉人，丙、丁是被上诉人

C. 甲、乙、丙是上诉人，丁为被上诉人

D. 甲是上诉人，乙为原审原告，丙、丁为被上诉人

精析与思路

解题思路我就不重复了，参见第 161 题，即 2017 年卷三第 44 题。

具体来说，本案中，上诉的是甲，甲就是上诉人；甲是认为法院分配给丙和丁的遗产份额过多，对丙和丁不满，丙和丁就是被上诉人；和乙之间没有权利义务争议，所以，没有被涉及的乙是原审共同原告。D 选项正确。参见法条依据。

参考答案 D

法条依据

《民诉解释》第 317 条：必要共同诉讼人的一人或者部分人提起上诉的，按下列情形分别处理：①上诉仅对与对方当事人之间权利义务分担有意见，不涉及其他共同诉讼人利益的，对方当事人为被上诉人，未上诉的同一方当事人依原审诉讼地位列明；②上诉仅对共同诉讼人之间权利义务分担有意见，不涉及对方当事人利益的，未上诉的同一方当事人为被上诉人，对方当事人依原审诉讼地位列明；③上诉对双方当事人之间以及共同诉讼人之间权利义务承担有意见的，未提起上诉的其他当事人均为被上诉人。

一句话背诵

提出上诉的，是上诉人；和谁权利义务分担有争议，谁就是被上诉人；其他人依原审诉讼地位列明。没有承担责任的无独三不能上诉。

核心考点 88 ▶ 二审撤诉 ★★★★★

164

张某诉新立公司买卖合同纠纷案，新立公司不服一审判决提起上诉。二审中，新立公司与张某达成协议，双方同意撤回起诉和上诉。关于本案，下列哪一选项是正确的？（2017/3/45-单）

A. 起诉应在一审中撤回，二审中撤回起诉的，法院不应准许

B. 因双方达成合意撤回起诉和上诉的，法院可准许张某二审中撤回起诉

C. 二审法院应裁定撤销一审判决并发回重审，一审法院重审时准许张某撤回起诉

D. 二审法院可裁定新立公司撤回上诉，而不许张某撤回起诉

精析与思路

本题考查的是二审中撤诉的条件。

如果题目仅表达为“撤诉”，有可能是撤回起诉，也有可能是撤回上诉。所以，我们要做的第一步就是判断本题中考的究竟是撤回起诉还是撤回上诉。

首先，我们要明确谁撤的是什么诉：张某是原告，新立公司是被告；新立公司是上诉人，张某是被上诉人。双方同意撤回上诉和撤回起诉，是各自将自己提起的诉撤销掉，那么张某撤回的是起诉，新立公司撤回的是上诉。

其次，这道题比较特殊，从表面来看，考的是撤回起诉和撤回上诉的条件，而非撤诉的法律效果。但实际上，要做对此题，不但要掌握撤诉的条件，更要熟悉撤诉的效果。本题的考查有明修栈道、暗度陈仓之意。逐一来看：

A 选项中，认为二审中不可以撤回起诉，显然是错的。立法允许在二审中撤回起诉。A 选项错误。

也有同学有疑问，立法中为什么允许二审撤回起诉呢？不是已经作出一审判决了吗？这是因为，虽然已经作出了一审判决，但由于当事人上诉，一审判决还没有生效。如果判决已经生效，就产生了既判力，则不能撤回起诉了。

B 选项正确。有两个问题需要解释：

第一个问题是：为什么在因双方达成合意撤回起诉和上诉时，法院可以准许撤回起诉？

大家跟我一起回忆一下，如果在一审辩论终结前，原告要撤回起诉，只需要法院同意；如果在一审辩论终结后，原告要撤回起诉，则需要法院和对方当事人都同意。

本题已经进入了二审程序，说明一审辩论早已经终结，所以，要撤回起诉，就需要法院和对方当事人都同意。题目中描述“双方同意撤回起诉和上诉”，这就说明被告同意原告撤诉，法院也可以准许原告撤回起诉。

第二个问题是：为什么只说法院准许撤回起诉，不说法院也准许撤回上诉呢？

这是因为，一方面，一旦法院同意撤回起诉，整个诉讼程序即告终结，法院同时撤销一审程序、一审裁判（尚未生效）和二审程序，本案归于消灭，但原告不可以就原纠纷再起诉。既然这样，二审程序也已经归于消灭，就没必要再同意撤回上诉。

另一方面，如果法院先同意撤回上诉，产生的法律效果就是一审判决随即生效，这样就没有办法撤回起诉了。这种操作的结果会违背当事人的意愿。

所以，在“双方达成合意撤回起诉和上诉”的时候，法院只需要同意撤回起诉就 OK 了。

C 选项没有立法依据。刚才我们分析了，一旦双方合意撤回起诉和上诉，法院同意，则本案所有程序归于消灭，谈不上发回重审。C 选项错误。

D 选项中，只准许撤回上诉，不准许撤回起诉的，也没有理由。按照我们前面的分析，本案只要被告和法院同意，就可以撤回起诉。D 选项错误。参见法条依据。

参考答案 B

法条依据

《民诉解释》第 336 条第 1 款：在第二审程序中，原审原告申请撤回起诉，经其他当事人同意，且不损害国家利益、社会公共利益、他人合法权益的，人民法院可以准许。准许撤诉的，应当一并裁定撤销一审裁判。

一句话背诵

原告和上诉人达成约定同时撤诉的，应直接允许撤回起诉，同时撤销一审判决，这样就没必要撤回上诉。

重复考查过的其他类似题目

165

王某诉赵某借款纠纷一案，法院一审判决赵某偿还王某债务，赵某不服，提出上诉。二审期间，案外人李某表示，愿以自己的轿车为赵某偿还债务提供担保。三人就此达成书面和解协议后，赵某撤回上诉，法院准许。1 个月后，赵某反悔并不履行和解协议。关于王某实现债权，下列哪一选项是正确的？（2016/3/47-单）

A. 依和解协议对赵某向法院申请强制执行

B. 依和解协议对赵某、李某向法院申请强制执行

C. 依一审判决对赵某向法院申请强制执行

D. 依一审判决与和解协议对赵某、李某向法院申请强制执行

精析与思路

这道题考的是撤回上诉的法律效果。

赵某是本案中的上诉人，因达成和解协议，赵某撤回上诉的法律效果是，二审诉讼程序结束，一审判决生效。而本案的判决具有给付性内容（偿还债务），所以一审判决生效后，王某可以申请法院强制执行一审判决。C 选项正确。

A、B、D 选项的错误比较明显。和解协议不能作为结案文书，在任何情况下都不具有强制执行力。所以，不可以依据和解协议强制执行。

值得一提的是，能不能依据一审判决执行李某的财产呢？不可以。因为李某不是本案的调解担保人，而是和解中的担保人。如果是调解担保人，则可以依据调解书执行担保人的财产。但是，和解协议没有强制执行力，不能依据和解协议执行担保人的财产。此外，本案最终生效的也不是和解协议，而是一审判决书，一审

判决书中没有让案外人李某承担责任，所以不能执行李某的财产。参见法条依据（1）~（3）。

参考答案 C

法条依据

（1）《民事诉讼法》第180条：第二审人民法院判决宣告前，上诉人申请撤回上诉的，是否准许，由第二审人民法院裁定。

（2）《民诉解释》第335条：在第二审程序中，当事人申请撤回上诉，人民法院经审查认为一审判决确有错误，或者当事人之间恶意串通损害国家利益、社会公共利益、他人合法权益的，不应准许。

（3）《民诉解释》第337条：当事人在第二审程序中达成和解协议的，人民法院可以根据当事人的请求，对双方达成的和解协议进行审查并制作调解书送达当事人；因和解而申请撤诉，经审查符合撤诉条件的，人民法院应予准许。

一句话背诵

和解后，上诉人撤回上诉的，一审判决生效，不能重新起诉，上诉人无权再次上诉；和解协议没有强制执行力。

166 »»

甲公司诉乙公司买卖合同纠纷一案，法院判决乙公司败诉并承担违约责任，乙公司不服提起上诉。在二审中，甲公司与乙公司达成和解协议，并约定双方均将提起之诉予以撤回。关于两个公司的撤诉申请，下列哪一说法是正确的？（2016/3/45-单）

A. 应当裁定准许双方当事人的撤诉申请，并裁定撤销一审判决

B. 应当裁定准许乙公司撤回上诉，不准许甲公司撤回起诉

C. 不应准许双方撤诉，应依双方和解协议制作调解书

D. 不应准许双方撤诉，应依双方和解协议制作判决书

精析与思路

这道题和第164题（2017年卷三第45题）的考点一样，表面上是考查撤诉的条件，实际也考查到了撤诉的法律效果。

同样的，本题没有明确告诉撤的是什么诉，所以要确定一下。本案中，甲公司是原告，乙公司是被告；乙公司是上诉人，甲公司是被上诉人。与第164题一样，双方合意撤回各自的诉，那么，甲公司撤回的是起诉，乙公司撤回的是上诉。

相关的法律效果在第164题里已经分析得很透彻了，这里我们直接看选项：

A选项说“应当裁定准许双方当事人的撤诉申请”，大家就应该明白，其实就是准许撤回起诉。一旦撤回起诉，所有诉讼程序都终结了，同时裁定撤销一审判决。A选项正确。

B选项中只准撤上诉，不准撤起诉，以及C、D选项中不准撤诉都是没道理的。本案中，双方当事人“达成和解协议，并约定双方均将提起之诉予以撤回”，说明被告已经同意原告撤回起诉。B、C、D选项错误。参见法条依据。

参考答案 A

法条依据

《民诉解释》第336条：在第二审程序中，原审原告申请撤回起诉，经其他当事人同意，且不损害国家利益、社会公共利益、他人合法权益的，人民法院可以准许。准许撤诉的，应当一并裁定撤销一审裁判。原审原告在第二审程序中撤回起诉后重复起诉的，人民法院不予受理。

陷阱与规律

这两道题给我们的启发是：

（1）从主体判断撤诉的类型是特别靠谱的方法。具体说，一审原告撤诉，撤的一定是起诉；二审上诉人撤诉，撤的一定是上诉。因撤的诉不同，法律效果也不同。

（2）如果双方约定同时撤回上诉和撤回起诉，法院只需要同意撤回起诉，就可以实现双方想要的法律效果，不可以先同意撤回上诉，因为一旦撤回上诉，就无法撤回起诉。

专题29

一句话背诵

原告和上诉人达成约定同时撤诉的，应直接允许撤回起诉，同时撤销一审判决，这样就没必要撤回上诉。

167

石山公司起诉建安公司请求返还86万元借款及支付5万元利息，一审判决石山公司胜诉，建安公司不服提起上诉。二审中，双方达成和解协议：石山公司放弃5万元利息主张，建安公司在撤回上诉后15日内一次性付清86万元本金。建安公司向二审法院申请撤回上诉后，并未履行还款义务。关于石山公司的做法，下列哪一表述是正确的？（2017/3/46-单）

A. 可依和解协议申请强制执行
B. 可依一审判决申请强制执行
C. 可依和解协议另行起诉
D. 可依和解协议申请司法确认

刘鹏飞真题卷

精析与思路

这道题简直就是2016年卷三第47题的翻版，案例和命题方式几乎一模一样。

石山公司是原告，建安公司是被告；建安公司是上诉人，石山公司是被上诉人。二者和解，建安公司撤回上诉。

撤回上诉的法律效果是一审判决生效，可以依据具有给付性内容（返还借款）的一审判决申请法院强制执行。所以B选项正确。

和解协议永远没有强制执行力，不能据以申请强制执行。所以A选项错误。本案一审判决已经生效，根据一事不再理原则，不允许另行起诉。所以C选项错误。能够申请司法确认的是人民调解委员会主持之下达成的人民调解协议，而不是诉讼中的当事人和解协议。所以D选项错误。参见法条依据（1）~（3）。

参考答案 B

法条依据

（1）《民事诉讼法》第180条：第二审人民法院判决宣告前，上诉人申请撤回上诉的，是否准许，由第二审人民法院裁定。

（2）《民诉解释》第335条：在第二审程序中，当事人申请撤回上诉，人民法院经审查认为一审判决确有错误，或者当事人之间恶意串通损害国家利益、社会公共利益、他人合法权益的，不应准许。

（3）《民诉解释》第337条：当事人在第二审程序中达成和解协议的，人民法院可以根据当事人的请求，对双方达成的和解协议进行审查并制作调解书送达当事人；因和解而申请撤诉，经审查符合撤诉条件的，人民法院应予准许。

一句话背诵

和解后，上诉人撤回上诉的，一审判决生效，不能重新起诉，上诉人无权再次上诉；和解协议没有强制执行力。

168

经审理，一审法院判决被告王某支付原告刘某欠款本息共计22万元，王某不服提起上诉。二审中，双方当事人达成和解协议，约定：王某在3个月内向刘某分期偿付20万元，刘某放弃利息请求。案件经王某申请撤回上诉而终结。约定的期限届满后，王某只支付了15万元。刘某欲寻求法律救济。下列哪一说法是正确的？（2012/3/42-单）

A. 只能向一审法院重新起诉
B. 只能向一审法院申请执行一审判决
C. 可向一审法院申请执行和解协议
D. 可向二审法院提出上诉

精析与思路

这道题和第165、167题简直是三胞胎。除了换换名字，连剧情都这么熟悉。

刘某是原告，王某是被告；王某是上诉人，刘某是被上诉人。王某和刘某和解后撤回上诉。

我来问大家几个问题：

撤回上诉后，二审程序结束，谁生效了？一审判决生效了。

能不能再起诉？不能，因为一审判决已经生效了。A选项错误。

能不能执行和解协议？不能，因为和解协议没有强制执行力。C 选项错误。

能不能再上诉？（哇！这是一个新的考点）不能。一方面，在本题中，因当事人约定的履行期是 3 个月，3 个月之后，债务人王某不履行和解协议的内容，此时肯定已经过了上诉期，刘某无法上诉。另一方面，上诉一旦被撤回，就视为当事人放弃了上诉权。无论是否超过上诉期，都不可以再上诉了。还记得我讲的上诉权的舍弃吗？就是这个。D 选项错误。参见法条依据（1）~（3）。

参考答案 B

法条依据

（1）《民事诉讼法》第 180 条：第二审人民法院判决宣告前，上诉人申请撤回上诉的，是否准许，由第二审人民法院裁定。

（2）《民诉解释》第 335 条：在第二审程序中，当事人申请撤回上诉，人民法院经审查认为一审判决确有错误，或者当事人之间恶意串通损害国家利益、社会公共利益、他人合法权益的，不应准许。

（3）《民诉解释》第 337 条：当事人在第二审程序中达成和解协议的，人民法院可以根据当事人的请求，对双方达成的和解协议进行审查并制作调解书送达当事人；因和解而申请撤诉，经审查符合撤诉条件的，人民法院应予准许。

陷阱与规律

第 165、167、168 题提醒我们注意以下四个问题：

（1）一旦和解后撤回上诉，生效的不是和解协议，而是一审判决。

（2）撤回上诉后，一审判决生效，根据一事不再理原则，不能就该案件再向法院重新起诉。

（3）撤回上诉后，上诉人就丧失了上诉权，不能再次上诉。

（4）和解协议永远没有强制执行力；调解书如果具备给付性内容，可以具有强制执行力。

一句话背诵

和解后，上诉人撤回上诉的，一审判决生效，不能重新起诉，上诉人无权再次上诉；和解协议没有强制执行力。

二审的审理

核心考点 89 ▶ 二审审理方式 ★★★

169

甲公司与乙公司在合同中约定，因合同履行发生争议的，由某基层法院管辖。后甲、乙公司发生纠纷，诉至该基层法院。该基层法院一审适用简易程序审理并作出判决。甲公司不服，提出上诉。二审法院指定张法官适用独任制审理，乙公司当庭提出异议。对此，下列说法正确的是：（2022-回忆版-单）

A. 二审案件应一律组成合议庭审理

B. 简易程序一审终审，不得上诉

C. 二审法院有权直接指定法官适用独任制审理

D. 二审法院应裁定转由合议庭审理

精析与思路

这道题是为迎合 2021 年《民事诉讼法》的修正热点而编制的一道题目，时效性非常强。具体而言，本题的核心考点是二审当中独任制的运用，这也是我在给大家做讲解时反复强调的内容。根据《民事诉讼法》第 41 条第 1、2 款的规定，人民法院审理第二审民事案件，由审判员组成合议庭。合议庭的成员人数，必须是单数。中级人民法院对第一审适用简易程序审

结或者不服裁定提起上诉的第二审民事案件，事实清楚、权利义务关系明确的，经双方当事人同意，可以由审判员一人独任审理。可知，在二审当中要适用独任制审理，必须同时满足以下四个条件：①二审案件是对一审适用简易程序审结或不服裁定提出的上诉；②二审案件是由中级法院审理；③案件事实清楚、权利义务关系明确；④双方当事人同意由审判员一人独任审理。在本案当中，乙公司当庭提出了异议，这就充分表明乙公司并不同意在二审程序中由张法官一人独任审理。因此，本案不应适用独任制进行审理。

又根据《民事诉讼法》第43条的规定，人民法院在审理过程中，发现案件不宜由审判员一人独任审理的，应当裁定转由合议庭审理。当事人认为案件由审判员一人独任审理违反法律规定的，可以向人民法院提出异议。人民法院对当事人提出的异议应当审查，异议成立的，裁定转由合议庭审理；异议不成立的，裁定驳回。因此，D选项正确。

参考答案 D

170

关于民事诉讼二审程序的表述，下列哪些选项是错误的？（2012/3/43-多）

A. 二审案件的审理，遇有二审程序没有规定的情形，应当适用一审普通程序的相关规定

B. 二审案件的审理，以开庭审理为原则

C. 二审案件调解的结果变更了一审判决内容的，应当在调解书中写明“撤销原判”

D. 二审案件的审理，应当由法官组成的合议庭进行审理

精析与思路

这道题的主体部分是考查二审的审理方式。

A选项正确，不当选。一审普通程序具有三大特性，使之成为民事诉讼法中最重要的程序。这三大特性就是系统性、典型性和普适性。其中，普适性是指简易程序、二审程序和再审程序在无特别规定时，适用普通程序的规定。

B选项正确，不当选。二审程序以开庭审理为原则；满足特殊条件的，才可以不开庭审理。参见法条依据（2）、（3）。

C选项错误，当选。若二审以调解书结案，且二审的调解书改变了一审判决，在调解书中不需要写明“撤销原判”。原因是，二审调解书送达当事人，当事人签收生效后，一审判决就视为撤销了。视为撤销的意思是自动撤销。参见法条依据（1）。

D选项错误，当选。二审原则上应组成合议庭审理，但在满足特殊条件的情况下，可以由法官独任审理。如果组成合议庭，则合议庭中必须是专业的审判员，因为二审是专业的纠错程序，不允许吸收陪审员参加审理。参见法条依据（4）。

参考答案 CD（司法部原答案为C）

法条依据

（1）《民事诉讼法》第179条：第二审人民法院审理上诉案件，可以进行调解。调解达成协议，应当制作调解书，由审判人员、书记员署名，加盖人民法院印章。调解书送达后，原审人民法院的判决即视为撤销。

（2）《民事诉讼法》第176条第1款：第二审人民法院对上诉案件应当开庭审理。经过阅卷、调查和询问当事人，对没有提出新的事实、证据或者理由，人民法院认为不需要开庭审理的，可以不开庭审理。

（3）《民诉解释》第331条：第二审人民法院对下列上诉案件，依照民事诉讼法第176条规定可以不开庭审理：①不服不予受理、管辖权异议和驳回起诉裁定的；②当事人提出的上诉请求明显不能成立的；③原判决、裁定认定事实清楚，但适用法律错误的；④原判决严重违反法定程序，需要发回重审的。

（4）《民事诉讼法》第41条第1、2款：人民法院审理第二审民事案件，由审判员组成合议庭。合议庭的成员人数，必须是单数。中级人民法院对第一审适用简易程序审结或者不服裁定提起上诉的第二审民事案件，事实清楚、权利义务关系明确的，经双方当事人同意，可以由审判员一人独任审理。

陷阱与规律

二审中达成调解协议的，必须制作调解书，不得以调解协议结案，因为要用调解书去撤销一审的判决书。

调解书送达后（送达后，就表示经过签收），一审判决自动撤销，在调解书中不需要写“撤销原判”。

一句话背诵

二审程序以组成专业合议庭审理为原则，以独任审理为例外；以开庭审理为原则，没有规定的，参照一审普通程序。二审调解书送达后，一审判决视为（即自动）撤销。

重复考查过的其他类似题目

171

关于民事诉讼二审程序的表述，下列哪些选项是正确的？（2014/3/83-多）

A. 二审既可能因为当事人上诉而发生，也可能因为检察院的抗诉而发生

B. 二审既是事实审，又是法律审

C. 二审调解书应写明撤销原判

D. 二审原则上应开庭审理，特殊情况下可不开庭审理

精析与思路

其实这道题是对二审程序的综合考查。

A 选项是利用大家对刑事诉讼法规定容易混淆的记忆弱项，制作出似是而非的选项。正如一审程序只能由当事人起诉启动一样，二审程序在民事诉讼法里，只能由当事人上诉启动。在刑事诉讼法里才存在抗诉启动二审的可能。民事诉讼法中，抗诉仅能启动再审程序。A 选项错误。参见法条依据（1）。

B 选项问的是二审的审理范围。对于审理范围，我有三句话的描述：二审既是事实审，也是法律审；不告不理；有错必纠。“既是事实审，也是法律审”的意思是二审既纠正一审的事实错误，也纠正一审的法律错误。当事人发现一审裁判事实错误或者法律错误的，都可以上诉，要求二审纠正。B 选项正确。参见法条依据（2）。

若二审以调解书结案，且二审的调解书改变了一审判决，在调解书中不需要写明“撤销原判”。原因是，二审调解书送达当事人，当事人签收生效后，一审判决就视为撤销了。C 选项错误。参见法条依据（3）。

二审程序以开庭审理为原则；满足特殊条件的，才可以不开庭审理。特殊条件指的是：对裁定上诉、程序错误、适用法律错误和上诉请求明显不成立。D 选项正确。参见法条依据（4）、（5）。

C、D 选项和上一题的考点完全重合。

参考答案 BD

法条依据

（1）《民事诉讼法》第 171 条：当事人不服地方人民法院第一审判决的，有权在判决书送达之日起 15 日内向上一级人民法院提起上诉。当事人不服地方人民法院第一审裁定的，有权在裁定书送达之日起 10 日内向上一级人民法院提起上诉。

（2）《民事诉讼法》第 175 条：第二审人民法院应当对上诉请求的有关事实和适用法律进行审查。

（3）《民事诉讼法》第 179 条：第二审人民法院审理上诉案件，可以进行调解。调解达成协议，应当制作调解书，由审判人员、书记员署名，加盖人民法院印章。调解书送达后，原审人民法院的判决即视为撤销。

（4）《民事诉讼法》第 176 条第 1 款：第二审人民法院对上诉案件应当开庭审理。经过阅卷、调查和询问当事人，对没有提出新的事实、证据或者理由，人民法院认为不需要开庭审理的，可以不开庭审理。

（5）《民诉解释》第 331 条：第二审人民法院对下列上诉案件，依照民事诉讼法第 176 条规定可以不开庭审理：①不服不予受理、管辖权异议和驳回起诉裁定的；②当事人提出的上诉请求明显不能成立的；③原判决、裁定认定事实清楚，但适用法律错误的；④原判决严重

违反法定程序，需要发回重审的。

陷阱与规律

在民事诉讼法的真题里，有一部分题就是利用容易和刑事诉讼法记忆混淆的部分来出题，不过这种考题不是太多。有一些地方，我做个简单总结：

(1) 民事诉讼在上诉期内撤回上诉，不能再上诉；刑事诉讼在上诉期内撤回上诉，可以再上诉。

(2) 民事诉讼抗诉只能启动再审；刑事诉讼抗诉可以启动再审或者二审。

(3) 民事诉讼简易程序都是独任的；刑事诉讼简易程序可以独任或者合议。

(4) 民事诉讼中对自然人的罚款限额是 10 万元以下；刑事诉讼中对自然人的罚款限额是 1000 元以下。

(5) 民事诉讼中证人作伪证不构成伪证罪；刑事诉讼中证人作伪证可能构成伪证罪。

一句话背诵

二审只能因上诉而启动；二审既是事实审，又是法律审，以开庭审理为原则，特殊情况下可以不开庭；二审调解书送达后，一审判决视为（即自动）撤销，不用写明“撤销原判”。

低频考点90 ▶ 二审审理范围和审限

☆☆

172 »»

甲起诉乙返还本金及利息，同时起诉丙承担一般担保责任。乙上诉，主张二审法院减少一审法院所判决的利息。二审审理中，丙向法院主张不存在担保责任。关于二审法院的审理范围，下列选项正确的是：(2024-回忆版-单)

A. 利息及担保责任

B. 仅利息

C. 本金及担保责任

D. 本金、利息及担保责任

精析与思路

这个题目非常简单，但是又很有意思，要求大家能够特别谨慎、仔细地审题。本题核心考查的是上诉的条件和二审的审理范围的相关内容。

在本题当中，我们首先回顾两个知识点：

第一，二审的审理范围是怎样确定的？我们在二审当中依然遵循不告不理的基本原则，以当事人提出的上诉请求范围为限。对于当事人没有上诉的一审判决部分，二审法院原则上是不予审理的。那么，在本案当中，上诉的当事人有两方，一方是乙，一方是丙，两个当事人均提出了具体的上诉请求。而对于本案的本金部分，当事人中没有人上诉，所以二审法院不应将其作为审理范围进行处理。

第二，上诉应具备法定条件，如上诉的主体范围、上诉的时间范围等。本案当中，丙虽然也提出了上诉，但是同学们要敏锐地注意到，本案已经进入二审审理当中，这就说明丙已经超过了上诉期，他在二审当中提出来的主张不能够作为上诉请求予以处理。

那么，能不能将丙的主张作为在二审当中提出来的反诉请求呢？答案是不可以。因为在本案当中，丙仅仅是对一审原告的主张进行了反驳，而没有提出独立的诉讼请求。他只是说“我不承担担保责任”，但是却没有提出自己的权利要求，因此也不能构成反诉，不能够作为二审法院的审理范围。

综上所述，只有 B 选项是正确的，二审法院只审理乙所提出来的上诉请求就足够了。

参考答案 B

重复考查过的其他类似题目 ★

173 »»

原告起诉被告请求其赔偿 2 万元，并赔礼道歉。一审法院判决赔偿 1.2 万元，对赔礼道歉未作出判决。原告上诉，请求法院改判赔偿金额为 2 万元。二审法院维持 1.2 万元的判决，但是同时判决被告赔礼道歉。关于二审法院的做法，下列说法正确的有：(2020-

回忆版－多）

A. 二审法院应当围绕上诉请求进行审理，作出判决

B. 二审法院不应超出上诉请求作出判决

C. 二审法院对上诉请求作出判决，对一审法院遗漏的请求进行调解；调解不成的，撤销原判，发回重审

D. 因一审法院遗漏诉讼请求，所以二审法院应直接撤销原判，发回重审

精析与思路

本题考查二审的审理范围。这个知识点是我每年都要反复强调的内容，如果你做错了，我将非常伤心。

这个题的实质是，一审中当事人提出了两项请求，可是法院却只判了一项。这不就是漏判吗？当事人都没有对此漏判的内容上诉，相当于放弃了纠正一审法院漏判错误的权利，二审法院就不应该再管了。从二审的审理范围来看，我们讲的是，不告不理，这也是《民诉解释》第 321 条的规定：第二审人民法院应当围绕当事人的上诉请求进行审理。当事人没有提出请求的，不予审理，但一审判决违反法律禁止性规定，或者损害国家利益、社会公共利益、他人合法权益的除外。漏判侵害的是权利人的利益，不会涉及国家、社会和他人的利益。因此，二审法院应当围绕上诉人的上诉请求进行审理。故 A、B 选项正确。二审法院对于遗漏的诉讼请求不应主动处理。需要注意，此处也不能进行调解，调解也是对上诉人未主张的情形进行处理。故 C、D 选项错误。

参考答案 AB

174

朱某诉力胜公司商品房买卖合同纠纷案，朱某要求判令被告支付违约金 5 万元；因房屋质量问题，请求被告修缮，费用由被告支付。一审法院判决被告败诉，认可了原告全部诉讼请求。力胜公司不服令其支付 5 万元违约金的判决，提起上诉。二审法院发现一审法院关于房屋有质量问题的事实认定，证据不充分。关于二审法院对本案的处理，下列哪些说法是正确的？（2017/3/82－多）

A. 应针对上诉人不服违约金判决的请求进行审理

B. 可对房屋修缮问题在查明事实的情况下依法改判

C. 应针对上诉人上诉请求所涉及的事实认定和法律适用进行审理

D. 应全面审查一审法院对案件的事实认定和法律适用

精析与思路

二审的审理范围，遵循不告不理原则，即上诉人要求纠正事实错误或者法律错误的，二审法院应当围绕当事人上诉请求的范围进行审理；当事人没有提出请求的，不予审理。但是也有例外，若一审判决违反法律禁止性规定，或者损害国家利益、社会公共利益、他人合法权益，即便当事人没有请求，法院也必须予以纠正。参见法条依据（2）。

本案中，上诉人只对违约金部分上诉，没有对修缮房屋部分上诉，而房屋质量是否有问题，只影响上诉人的利益，不会损害国家利益、社会公共利益、他人（这里的“他人”指的是案外人）合法权益。所以，法院不应审理上诉人未提出的房屋修缮部分，只对违约金部分进行审理即可。既然不应该审理当事人没提的房屋修缮问题，也就不应该全面审查一审判决的事实认定和法律适用问题。故 A 选项正确，B、D 选项错误。

二审既是事实审，也是法律审。意思是，在当事人的请求范围内，法院应对事实问题和法律问题进行审查。故 C 选项正确。参见法条依据（1）。

参考答案 AC

法条依据

（1）《民事诉讼法》第 175 条：第二审人民法院应当对上诉请求的有关事实和适用法律进行审查。

（2）《民诉解释》第 321 条：第二审人民法院应当围绕当事人的上诉请求进行审理。当

事人没有提出请求的，不予审理，但一审判决违反法律禁止性规定，或者损害国家利益、社会公共利益、他人合法权益的除外。

陷阱与规律

二审的审理范围，可以用三句话概括：

（1）二审审理时不告不理，当事人没提的上诉请求，原则上法院不予处理；

（2）二审有错必纠，一审判决违反法律禁止性规定，或者损害国家利益、社会公共利益、他人合法权益的，必须予以纠正；

（3）在审理当事人请求的时候，二审既是事实审，也是法律审，事实或者法律有误的，二审都要纠正。

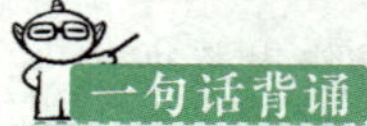

二审法院的审理应围绕上诉请求进行，上诉人没提出的上诉请求，法院原则上不予审理。在审理上诉请求的时候，二审法院既纠正一审的事实错误，也纠正一审的法律错误。

二审的裁判

核心考点91 具体情况的裁判

★★★★★

175

二审法院根据当事人上诉和案件审理情况，对上诉案件作出相应裁判。下列哪一选项是正确的？（2011/3/44-单）

A. 二审法院认为原判对上诉请求的有关事实认定清楚、适用法律正确，裁定驳回上诉，维持原判

B. 二审法院认为原判对上诉请求的有关事实认定清楚，但适用法律有错误，裁定发回重审

C. 二审法院认为一审判决是在案件未经开庭审理而作出的，裁定撤销原判，发回重审

D. 原审原告增加独立的诉讼请求，二审法院合并审理，一并作出判决

精析与思路

本题考查的是二审裁判。很多同学认为这种题目过于琐碎，很难得分。你错了！这种题目其实是最好得分的。因为这种命题，只要你能准确记忆即可，并不需要太灵活的运用，实质上是非常简单的。

原判决是正确的，确实要维持，但是，处理判决，也应用“判决”的形式。所以，应该“判决”驳回上诉，而不是“裁定”驳回上诉。相应地，若原裁定是正确的，需要维持，则是“裁定”驳回上诉。A选项是错误的。参见法条依据（1）。

适用法律错误，必须由二审法院直接改判，不允许发回重审。这个是立法明确规定的。你可能不禁要问：为什么呢？因为法律适用错误，二审法院直接改判最为经济。事实认定没有问题，就没必要把案件发回一审法院去纠正或者重新审查，只要二审法院直接适用正确的法律得到正确的裁判结果就可以了，这样可以最大限度地降低司法成本，也节约当事人的时间。B选项也是错误的。参见法条依据（1）。

C选项中描述的“一审判决是在案件未经开庭审理而作出的”，属于严重违反法定程序的情形。同学们可能会问，帅气的刘老师！你讲过，严重违反法定程序只有六种情形，包括遗漏当事人、违法缺席判决、审判组织的组成不合法、应当回避的审判人员未回避、无诉讼行为能力人未经法定代理人代为诉讼和违法剥夺当事人辩论权利，这其中并不包括应开庭而未开庭的情况啊。亲，学东西要灵活，应开庭而不开庭，属于严重违法剥夺了当事人的辩论权，剥夺了

当事人口头辩论的权利，当然属于严重违反法定程序。所以，应撤销原裁判，发回重审。C 选项是正确的。参见法条依据（1）、（2）。

D 选项考查的是二审中“增变反”的处理。二审中“增变反”，应该调解；调解不成的，告知当事人另行起诉，而不允许直接合并判决。直接合并判决的话，会剥夺当事人对“增变反”的新请求上诉的机会。D 选项是错误的。参见法条依据（3）。

参考答案 C

法条依据

（1）《民事诉讼法》第 177 条：第二审人民法院对上诉案件，经过审理，按照下列情形，分别处理：①原判决、裁定认定事实清楚，适用法律正确的，以判决、裁定方式驳回上诉，维持原判决、裁定；②原判决、裁定认定事实错误或者适用法律错误的，以判决、裁定方式依法改判、撤销或者变更；③原判决认定基本事实不清的，裁定撤销原判决，发回原审人民法院重审，或者查清事实后改判；④原判决遗漏当事人或者违法缺席判决等严重违反法定程序的，裁定撤销原判决，发回原审人民法院重审。原审人民法院对发回重审的案件作出判决后，当事人提起上诉的，第二审人民法院不得再次发回重审。

（2）《民诉解释》第 323 条：下列情形，可以认定为民事诉讼法第 177 条第 1 款第 4 项规定的严重违反法定程序：①审判组织的组成不合法的；②应当回避的审判人员未回避的；③无诉讼行为能力人未经法定代理人代为诉讼的；④违法剥夺当事人辩论权利的。

（3）《民诉解释》第 326 条：在第二审程序中，原审原告增加独立的诉讼请求或者原审被告提出反诉的，第二审人民法院可以根据当事人自愿的原则就新增加的诉讼请求或者反诉进行调解；调解不成的，告知当事人另行起诉。双方当事人同意由第二审人民法院一并审理的，第二审人民法院可以一并裁判。

陷阱与规律

二审的裁判这部分内容比较多，而且复杂。大家要谨记我的基本口诀，然后综合运用其他相关知识，才能完美解决。口诀是：

正确要维持，
瑕疵纠正它。
错误必改判，
程序往回发。
事实未查清，
两种都可呀。

一句话背诵

原判决正确，应判决维持；原判决适用法律错误，必须改判；严重违反法定程序，必须发回重审；二审中“增变反”，应调解，调解不成，告知另诉。

176 当事人不服一审判决上诉，二审法院受理以后，一审法院发现事实认定错误。据此，下列说法正确的是：（2019-回忆版-单）

A. 要求二审法院发回重审

B. 向二审法院告知一审中存在事实认定错误

C. 作出裁定，更正判决书

D. 收回判决书，重新作出

精析与思路

单就本题而言并不是很难，它的难度在于对于题干中描述的这种情况，我国在立法当中并没有任何规定，因此我们只能依据相关的诉讼法理论进行推理和判断。

首先我们可以排除的是 C、D 选项。C 选项中，用裁定更正判决书的做法，仅限于判决书存在笔误的情况，但是题干中已经明确说明，属于事实认定错误，并不属于笔误，因此不得使用裁定进行更正。D 选项属于我们反复强调的问题，不管是判决书、裁定书还是调解书，一经作出，即不得随意收回重作。

而和 A 选项相比，B 选项更具合理性。若一审的判决当中存在着事实认定错误，应当由二审法院查清事实后依法改判，而不应是发回重审。即便存在着可以发回重审的情况，也应当由二审法院进行审查之后作出判断，一审法院

专题 31

不得提出让二审法院发回重审的要求。B选项是一个较为可行的做法，属于一审法院和二审法院相互协调的具体操作方式。

值得注意的是，若当事人没有针对事实认定错误提出上诉，而该案件事实认定错误，又没有损害到国家、社会、他人的合法权益，即便一审法院告知二审法院本案在一审裁判当中存在着事实认定错误，二审法院也不得以此为由进行改判，这是不告不理原则的必然要求。

参考答案 B

低频考点92 二审裁判注意事项 ☆☆

177

某民事案件一审适用简易程序，由张法官一人独任审理。判决作出后，当事人不服，提起上诉。二审发回原审法院重审。下列选项正确的有：(2023-回忆版-多)

A. 张法官不得参加合议庭

B. 人民陪审员不得参加重审案件的审理

C. 可以适用普通程序独任审理

D. 可以适用简易程序独任审理

精析与思路

本题考查的内容相对基础，主要涉及合议庭等审判组织的组成形式及普通程序和简易程序的适用问题。这些问题难度不大，是我在课程当中反复强调和讲授的重点。相信大家只要把基础性问题掌握了，解出这道题的正确答案并不困难。

在本题当中，有一个关键信息需要同学们关注，即本案是一个适用简易程序一审的民事案件，且已经由二审法院发回重审。大家要了解的是，发回重审后应当另行组成审判组织，即原审的张法官不得再参加合议庭了。所以，A选项是正确的。而如果适用普通程序组成合议庭审理，则当然可以吸收人民陪审员参加审判。所以，B选项是错误的。此外，可以直接排除D选项，因为发回重审和再审的案件，不得适用简易程序独任审理，应适用普通程序审理。但这样的话，我们就需要考虑C选项的正确性。立法只是规定发回重审不得适用简易程序，但却未作出发回重审不得适用独任制审理的禁止性规定。由此可知，如果案情比较简单，那么在发回重审适用普通程序的时候，还是可以适用独任制审理的。所以，C选项是正确的。

参考答案 AC

陷阱与规律

这道题给我们的启发是，要能够区分普通程序、简易程序和独任制、合议制的对应关系。在传统的理解当中，我们都认为普通程序对应合议制，简易程序对应独任制。但是随着司法改革和立法的修改，这一认知已经被颠覆。简易程序当然应当适用独任制，但普通程序却不一定适用合议制了。所以在一道题目当中，完全可能出现既必须适用普通程序审理，又可以适用独任制审理的情况。这道题就是一个典型的例子。

重复考查过的其他类似题目 ★

178

甲诉乙人身损害赔偿一案，一审法院根据甲的申请，冻结了乙的银行账户，并由李法官独任审理。后甲胜诉，乙提出上诉。二审法院认为一审事实不清，裁定撤销原判，发回重审。关于重审，下列哪一表述是正确的？(2014/3/47-单)

A. 由于原判已被撤销，一审中的审判行为无效，保全措施也应解除

B. 由于原判已被撤销，一审中的诉讼行为无效，法院必须重新指定举证时限

C. 重审时不能再适用简易程序，应组成合议庭，李法官可作为合议庭成员参加重审

D. 若重审法院判决甲胜诉，乙再次上诉，二审法院认为重审认定的事实依然错误，则只能在查清事实后改判

精析与思路

这里要通过诉讼法理把这道题给大家讲清楚。

我们国家的二审称之为“续审制”，意思是说，二审是一审的继续。要注意，是继续而非重新开始。既然是继续，一审中的行为在二审中都有约束力，一审中提出的证据二审还可以

用，一审中作出的保全等行为可以延续到二审中。

而所谓二审中的发回重审，是指由二审法院将案件发回到一审法院重新审理一次。同样，要注意，既然是重审而不是一审，这个重审就必须建立在原来一审的基础之上，那么原来一审中举出的证据、进行的保全就依然在重审程序中有效。

大家懂这个法理，就可以排除 A、B 两个选项。一审中的保全、举证行为，在二审中、二审发回重审之后依然有效。

再继续拓展一下，一审中的保全要保全到何时呢？一般而言，财产保全是为了能顺利执行，所以，如果没过保全期限的话，一审中的保全会持续到执行结束。意思是说，若一个案件，一审中进行了保全（期限足够长），那么二审中、再审中、发回重审中、执行中，该财产都处于被保全的状态，执行完毕后，保全才解除。

发回重审后，若当事人有新的证据要提交，法院可以指定新的举证期限。但是，若当事人没有新的证据要提交，完全可以不指定新的举证期限。

C 选项错误。发回重审后，由于案件第一次没审清楚，所以不能适用简易程序，要适用普通程序审理，原来一审的审理法官李法官应回避，不得再参加合议庭了。参见法条依据（1）。

D 选项正确。发回重审只能发回 1 次，所以，二审法院认为重审认定的事实依然错误的，不得再次发回，只能查清事实后依法改判。参见法条依据（2）。

参考答案 D

法条依据

（1）《民事诉讼法》第 41 条第 3 款：发回重审的案件，原审人民法院应当按照第一审程序另行组成合议庭。

（2）《民事诉讼法》第 177 条第 2 款：原审人民法院对发回重审的案件作出判决后，当事人提起上诉的，第二审人民法院不得再次发回重审。

陷阱与规律

（1）不管因为什么原因发回重审，发回重审只能 1 次；

（2）发回重审后，原审法官必须回避；

（3）发回重审后，当事人又上诉到二审法院的，二审裁定发回重审的法官不需要回避。

一句话背诵

即便一审判决被撤销，一审程序中的保全、举证等行为依然有效；发回重审不得适用简易程序，应适用普通程序另行组成合议庭；发回重审只允许发回 1 次。

核心考点 93 ▶ 裁判文书 ★★★★

179

某死亡赔偿案件，二审法院在将判决书送达当事人签收后，发现其中死亡赔偿金计算错误（数学上的错误），导致总金额少了 7 万余元。关于二审法院如何纠正，下列哪一选项是正确的？（2016/3/46-单）

A. 应当通过审判监督程序，重新制作判决书

B. 直接作出改正原判决的新判决书并送达双方当事人

C. 作出裁定书予以补正

D. 报请上级法院批准后作出裁定予以补正

精析与思路

法院裁判的错误，可以分为笔误和实质错误两种。

所谓判决书、裁定书和调解书中的笔误，是指包括法律文字误写、误算，诉讼费用漏写、误算和其他笔误。简单来说，就是法院本身判对了，但在写的时候，不小心写错了。笔误不是严重错误，法院本身的裁判是没有问题的。所以，笔误应该用裁定补正。错误的裁判文书作出后，法院再发一个裁定，修正裁判中的笔误即可。

所谓判决书、裁定书和调解书中的实质错误，是指裁判中适用法律错误、认定事实不清、认定事实错误、严重违反法定程序等法院本身所犯的错误。这些错误，必须通过撤销或者改变错误的法律文书本身来救济。

专题 31

本题中，“发现其中死亡赔偿金计算错误（数学上的错误）”，属于第一种错误，即笔误，只需要法院作出裁定补正就可以了。C选项正确。参见法条依据（1）、（2）。

参考答案 C

法条依据

（1）《民事诉讼法》第157条第1款：裁定适用于下列范围：……⑦补正判决书中的笔误；……

（2）《民诉解释》第245条：民事诉讼法第157条第1款第7项规定的笔误是指法律文书误写、误算，诉讼费用漏写、误算和其他笔误。

陷阱与规律

记住口诀：

裁判笔误不可怕，
作出裁定修正它。
实质错误最烦人，
只能上诉或再审。

一句话背诵

用裁定书纠正裁判笔误（不小心的错误）。

刘鹏飞真题卷

重复考查过的其他类似题目

180

夫妻二人因离婚纠纷诉至法院。起诉后，法院进行调解并达成调解协议，制作成调解书。后送达当事人的时候，当事人发现调解书的内容和调解协议的内容不一致，提出异议。关于法院的做法，下列选项正确的是：（2019-回忆版-单）

A. 法院应对照调解协议补正调解书的内容

B. 法院应当收回调解书重新制作

C. 属于当事人反悔，及时判决

D. 调解书已生效，当事人应当申请再审

精析与思路

我认为这道题并不是一个很难的问题，但是它是一个非常灵活的问题，大家想要正确地解答这道题，就要对我们讲过的知识有一个比较灵活和扎实的把握。题目当中所描述的情况是调解书的内容和调解协议的内容不一致，最重要的就是对这个情况如何定性。

我们可以先排除B选项。这一点是我反复强调的，只要判决书、裁定书、调解书一经作出，就具备确定力，不得随意收回。

至于C选项，在当事人接收调解书的时候，如果反悔，法院确实应当及时判决，但是在本案中，并没有任何内容表明当事人已经反悔，只是发现调解书的内容和调解协议的内容不一致。因此C选项错误。

那么就有两种可能，如果调解书的内容本身违反了自愿合法原则，当事人是可以以此为由申请再审的。显然，本案不属于这种情况：调解协议的内容是双方当事人自愿达成的，并且没有任何信息告诉我们其违反了法律的强制性规定，因此我们就可以认定，本案调解书的内容和调解协议的内容不一致的情况，只是法院出现了笔误，不小心写错。在这种情况下，应当对照调解协议，对调解书的内容进行调整。而具体的调整方法是法院作出裁定，进行勘误。因此A选项正确，D选项错误。

讲到这种情况，大家就应当想起我们曾经讲过的知识了，如果判决书、裁定书或者调解书当中出现错误，应当由法院作出裁定加以补正。

这个题目难吗？我想你的内心活动是，哦，原来考的是这个点啊，这我也会啊。是啊，应该也会的，只是需要灵活运用一下。另外，还需要有一个科学的思路来解释这个问题。怎样才能很好地灵活运用呢？大前提是你能够扎实地掌握，你背得牢固、记得清楚，才有运用的可能。学习无捷径，要付出辛苦和努力。

参考答案 A

核心考点94 二审中的调解与和解

★★★★★

181

二审法院审理继承纠纷上诉案时，发现一审判决遗漏另一继承人甲。关于本案，下列哪些说法是正确的？（2010/3/80-多）

A. 为避免诉讼拖延，二审法院可依职权直接改判

B. 二审法院可根据自愿原则进行调解，调解不成的裁定撤销原判决发回重审

C. 甲应列为本案的有独立请求权第三人

D. 甲应是本案的共同原告

精析与思路

这道题非常简单，考查的是二审漏人的问题。题目的意思是，本题涉及的是继承纠纷，所以属于必要共同诉讼，所有的继承人都应追加进入诉讼一起审判。参见法条依据（1）。而本案在一审判决时遗漏了继承人甲，这样就属于二审中发现一审遗漏必要共同诉讼人的情况，简称“漏人”。要提醒大家注意的是，一审中遗漏了应一起参加诉讼的第三人，也可以产生漏人的法律效果。

对于漏人的处理，不可以在二审中将漏掉的人直接追加进来一并判决，这样会剥夺被漏掉的人上诉的权利。这是因为，在二审中追加其进入，其只能得到一份二审判决，而二审判决是不允许上诉的。

正确的做法是，二审法院应调解；调解不成的，把全案发回一审法院重审。显然，应该选择B、D两个选项。参见法条依据（2）。

参考答案 BD

法条依据

（1）《民诉解释》第70条：在继承遗产的诉讼中，部分继承人起诉的，人民法院应通知其他继承人作为共同原告参加诉讼；被通知的继承人不愿意参加诉讼又未明确表示放弃实体权利的，人民法院仍应将其列为共同原告。

（2）《民诉解释》第325条：必须参加诉讼的当事人或者有独立请求权的第三人，在第一审程序中未参加诉讼，第二审人民法院可以根据当事人自愿的原则予以调解；调解不成的，发回重审。

陷阱与规律

这里最大的难点不是二审漏人、漏判的处理，我相信这一知识点你们都会。最大的难点是，在二审中，即使被漏掉的当事人或者被漏掉请求的当事人同意由二审法院一并判决，也不允许二审法院一并判决，而必须发回重审。

二审漏人、漏判，应调解，调解不成，发回重审。

182

甲起诉乙要求支付货款，一审法院判决支持了甲的全部诉讼请求，乙不服，提起上诉。二审中，甲、乙达成和解协议，协议约定，若乙不按期履行，则按年12%的利率支付违约金。后乙撤回上诉。但是，合同到期后，乙拒绝履行。乙认为和解协议的内容显失公平，请求法院撤销该和解协议。关于本案，下列选项正确的是：（2022-回忆版-单）

A. 甲可以申请执行一审判决

B. 乙可以以显失公平为由撤销该和解协议

C. 法院应当支持乙申请撤销该和解协议的请求

D. 甲可以就该和解协议起诉要求乙支付违约金

精析与思路

这道题你要是不认真听我的课程，那是相当迷惑的。但是，只要你认真听课，天空飘来五个字，“那都不是事”。我明确说过，和解协议分为两种：诉讼中的和解协议和执行中的和解协议。诉讼中的和解协议不具备合同效力，而执行中的和解协议具备合同效力。这意味着什么？意味着在执行中，对方不履行和解协议的，你可以起诉他，要求他承担违约责任或者继续履行。但是，对于诉讼中的和解协议就不能这样操作了，因为其不具备合同效力。

回到本题的案情当中来，乙在得到一审判决之后，上诉至二审法院。在二审法院的审理过程中，甲、乙二人达成了和解协议。此时，乙撤回上诉，一审判决随即生效。而当乙不履行和解协议时，甲既不能够依据和解协议向法院起诉，要求乙支付和解协议当中约定的违约金，也没有必要更不可以申请法院撤销该和解协议，

因为和解协议本身并不具备合同效力。换言之，和解协议只能依靠双方当事人自愿履行。据此，在乙拒绝履行诉讼中的和解协议的情况下，甲只能向法院申请执行一审判决，因为此时的一审判决已经生效。所以，A 选项正确。

最后，我再次强调，在诉讼当中达成的和解协议并不具备合同效力，当然也没有强制执行力。如果对方当事人不履行和解协议，不能依据和解协议起诉，要求对方承担合同责任，更不能依据和解协议向法院申请强制执行。

参考答案 A

第十讲 审判监督程序

专题32 再审程序的启动

低频考点95 法院提起再审 ☆

183

甲公司诉乙公司货款纠纷一案，A市B区法院在审理中查明甲公司的权利主张已超过诉讼时效（乙公司并未提出时效抗辩），遂判决驳回甲公司的诉讼请求。判决作出后上诉期间届满之前，B区法院发现其依职权适用诉讼时效规则是错误的。关于本案的处理，下列哪一说法是正确的？（2012/3/41-单）

A. 因判决尚未发生效力，B区法院可以将判决书予以收回，重新作出新的判决

B. B区法院可以将判决书予以收回，恢复庭审并向当事人释明时效问题，视具体情况重新作出判决

C. B区法院可以作出裁定，纠正原判决中的错误

D. 如上诉期间届满当事人未上诉的，B区法院可以决定再审，纠正原判决中的错误

精析与思路

法院裁判的错误，可以分为笔误和实质错误两种。

所谓判决书、裁定书和调解书中的笔误，是指包括法律文字误写、误算，诉讼费用漏写、误算和其他笔误。简单来说，就是法院本身判对了，但在写的时候，不小心写错了。笔误不是严重错误，法院本身的裁判是没有问题的。所以，笔误应该用裁定补正。错误的裁判文书作出后，法院再发一个裁定，修正裁判中的笔误即可。

所谓判决书、裁定书和调解书中的实质错误，是指裁判中适用法律错误、认定事实不清、认定事实错误、严重违反法定程序等法院本身所犯的错误。这些错误，必须通过撤销或者改变错误的法律文书本身来救济。

但是，我们知道，法律文书一旦作出，就具有确定的效力（法院的法律文书不能随便撤销），要撤销生效的裁判、调解书，必须通过法定的程序才可以。

所以就分两种情况：①一审的裁判作出后，若当事人发现错误，可以在上诉期内上诉；②若上诉期经过了，当事人未上诉，此时一审裁判就会生效，只能通过再审救济，包括法院依职权启动再审程序。参见法条依据（1）。

回到本题，首先，题目明确说了，“判决作出后上诉期间届满之前，B区法院发现其依职权适用诉讼时效规则是错误的”，因此可以排除A、B选项，因为作出的裁判文书不能随意撤销或者收回。

其次，C选项的处理对象是笔误。本题中，法院错误适用诉讼时效规则（对时效问题，不能主动适用、不能主动释明），属于实质错误而非笔误，因此，应通过上诉或者再审进行救济。C选项错误。参见法条依据（1）、（2）。

所以选择D选项，若当事人不上诉，裁判就会生效，法院可以主动启动再审。

参考答案 D

法条依据

（1）《民诉解释》第242条：一审宣判后，原审人民法院发现判决有错误，当事人在上诉期内提出上诉的，原审人民法院可以提出原判决有错误的意见，报送第二审人民法院，由第二审人民法院按照第二审程序进行审理；当事人不上诉的，按照审判监督程序处理。

（2）《最高人民法院关于审理民事案件适用诉讼时效制度若干问题的规定》第2条：当事人未提出诉讼时效抗辩，人民法院不应对诉讼时效问题进行释明。

陷阱与规律

注意两个问题：

（1）上诉，这个行为只能是当事人的行为。意思是，如果当事人不上诉或者不起诉，法院不能主动上诉或者起诉。

但是，再审有三种启动方式：当事人申请、法院启动和检察院启动。

结论是：法院不能启动二审程序，但是可以启动再审程序。

（2）在民事诉讼中，检察院不能通过抗诉启动二审，但可以通过抗诉启动再审；在刑事诉讼中，检察院才能通过抗诉启动二审程序。

一句话背诵

时效问题不得释明，一审判决中违法释明，当事人未上诉的，法院可以启动再审程序纠正。

核心考点96 ▶ 当事人申请再审的条件

★★★★★

184 »»

郝某起诉姚某赔偿违约损失100万元，甲市乙区法院判决支持了其诉讼请求，双方均未上诉。乙区法院强制执行后，姚某以法律适用错误为由向甲市中院申请再审。关于本案，下列说法正确的是：（2020-回忆版-单）

A. 姚某可向乙区法院申请再审

B. 甲市中院应当裁定驳回姚某的再审申请

C. 甲市中院应当裁定将再审申请移送乙区法院审查

D. 乙区法院应裁定中止执行

精析与思路

本题是一道考查再审问题的中规中矩的题目，难度并不大。

首先，本案中，原审法院（作出生效裁判的法院）就是甲市乙区法院。首先，当事人向法院申请再审的，原则上向作出生效裁判法院的上一级法院申请；满足双方当事人都是公民或者一方当事人人数众多的条件的，也可以向原作出生效裁判的法院申请再审。本案中，因为双方当事人都是公民，所以，姚某可以向甲市中院申请再审，也可以向乙区法院申请再审。故A选项正确。

其次，适用法律错误属于《民事诉讼法》第211条第6项规定的当事人申请再审的法定情形，当事人可以向原作出生效裁判法院的上一级法院申请再审，而本题中并没有其他信息反映出姚某申请再审不符合法定条件，因此，甲市中院不应裁定驳回姚某的再审申请。故B选项错误。

再次，甲市中院作为接受再审申请的法院，

应当审查是否符合再审的受理条件，而非将再审申请移送乙区法院审查。一方面，甲市中院为了审查再审申请，也可以根据审查工作需要调取相关卷宗，并不需要将再审申请移送乙区法院审查；另一方面，甲市中院也不能指令原审乙区法院进行再审（指令和指定，不能回基层）。故 C 选项错误。

最后，当事人向法院申请再审后，在再审案件的审查期间，法院并不会作出中止执行的裁定。即使裁定再审的同时一并作出中止执行的裁定，一般也是由作出再审裁定的甲市中院作出。故 D 选项错误。

参考答案 A

低频考点 97 ▶ 当事人申请再审的审查程序 ☆☆

185 »»

当事人对一审判决不服，上诉至二审法院，二审制作判决书结案。当事人在执行过程中达成和解协议且已履行完毕，又发现二审判决存在错误，一方当事人遂以法律适用问题为由提起再审。在再审审查过程中，法院发现执行和解协议已履行完毕。法院应如何处理？（2019-回忆版-单）

A. 继续审查　　B. 驳回再审申请

C. 执行回转　　D. 终结审查

精析与思路

本题是一道极其复杂的问题，我认为这道题的难度非常的大。

本题应选择 D 选项。这种选择是有立法依据的。法条依据是《民诉解释》第 400 条：再审申请审查期间，有下列情形之一的，裁定终结审查：①再审申请人死亡或者终止，无权利义务承继者或者权利义务承继者声明放弃再审申请的；②在给付之诉中，负有给付义务的被申请人死亡或者终止，无可供执行的财产，也没有应当承担义务的人的；③当事人达成和解协议且已履行完毕的，但当事人在和解协议中声明不放弃申请再审权利的除外；④他人未经授权以当事人名义申请再审的；⑤原审或者上一级人民法院已经裁定再审的；⑥有本解释第 381 条第 1 款规定情形的。

相关的法理是什么呢？人民法院在执行程序中不得主动依职权进行调解，以变更执行依据所确定的权利义务关系。执行和解是双方当事人的自愿行为，而非人民法院依职权居中调解的结果。也就是说，一旦执行和解协议履行完毕，相当于当事人的权利诉求已经得以实现。既然当事人以意思自治的方式变通了实现权利的方式，且权利已经实现，这种意思自治就应当得到人民法院的尊重。至于原程序当中适用法律是否有问题，就此问题进行再审的，并没有实质意义，有可能浪费国家的司法资源。实施和解并不构成对生效法律文书的侵犯；相反，当事人通过执行和解协议改变法律文书所确认的权利义务关系，显示的正是对既判力的尊重与服从，当事人进行自我利益权衡的起点就是生效法律文书所记载的权利义务关系。“执行和解”不同于“执行调解”。在执行程序中，人民法院有责任行使执行权，实现生效法律文书所规定的内容，而不是行使审判权进行裁判，以确认或变更当事人的权利义务关系。

能够联想到与此有关的法律渊源是最高人民法院发布的指导案例 7 号：牡丹江市宏阁建筑安装有限责任公司诉牡丹江市华隆房地产开发有限责任公司、张继增建设工程施工合同纠纷案。该案件的裁判要点明确了，人民法院接到民事抗诉书后，经审查发现案件纠纷已经解决，当事人申请撤诉，且不损害国家利益、社会公共利益或第三人利益的，应当依法作出对抗诉案终结审查的裁定；如果已裁定再审，应当依法作出终结再审诉讼的裁定。也就是说，只要双方当事人的纠纷已经解决，实体的权利义务已经实现，而且没有损害到国家、社会或者第三人的利益，就没有必要再纠结于原诉讼程序的相关问题，而应当直接作出终结审查的裁定。

指导案例当中描述的情形和题干中的情形并不完全相同，但是在法理上具有一致性。当事人的权利已经完全实现，就丧失了继续审查的必要性。本案更谈不上执行回转。只有当原执行根据有错误的时候，才能出现执行回转的问题。而在本案当中，执行和解协议是自愿合法的，因此无法适用执行回转制度。事实上，最高人民法院在一个相同案情的案例“驳回王同乐的再审申请之诉”的裁判文书中，也持同样的观点。

之所以不选择B选项“驳回再审申请”，是因为如果人民法院在立案审查阶段未发现双方当事人已经达成执行和解协议并履行完毕的事实，再审中进行实体审理后才发现了该问题，应当裁定驳回当事人的再审申请之诉。而本案中在审查阶段已经发现这一问题，所以法院就不应驳回当事人的再审申请。但是由于此时再对再审申请进行审查，判断是否需要再审已经没有任何意义，因此就不再对再审申请进行审查，进而裁定终结审查。

挺难的吧。

参考答案 D

核心考点98 ▶ 当事人申请再审的管辖和审理 ★★★★

186 »»

韩某起诉翔鹭公司要求其依约交付电脑，并支付迟延履行违约金5万元。经县市两级法院审理，韩某均胜诉。后翔鹭公司以原审适用法律错误为由申请再审，省高院裁定再审后，韩某变更诉讼请求为解除合同，支付迟延履行违约金10万元。再审法院最终维持原判。关于再审程序的表述，下列哪些选项是正确的？（2013/3/82-多）

A. 省高院可以亲自提审，提审应当适用二审程序

B. 省高院可以指令原审法院再审，原审法院再审时应当适用一审程序

C. 再审法院对韩某变更后的请求应当不予审查

D. 对于维持原判的再审裁判，韩某认为有错误的，可以向检察院申请抗诉

精析与思路

本题综合考查了四个问题：当事人申请再审的管辖、适用程序、审理范围和救济方式。

做这种题目，思路依然是首要问题。

首先应确定该案件作出生效裁判的法院。本题“经县市两级法院审理”，表明是县级基层法院一审、市级中级法院二审。我国是两审终审制，所以，作出生效裁判的终审法院（原审法院）是二审法院。

然后，翔鹭公司可以向谁申请再审呢？我们的规则是，若双方当事人均为公民或者一方当事人人数众多，则既可以向终审法院中级法院申请再审，也可以向终审法院的上一级法院即高级法院申请再审。本题中，不满足均为公民或者人数众多的条件之一，因此只能向终审法院的上一级法院即高级法院申请再审。

上一级法院是高院，高院接到再审申请后，认为符合再审条件的，可以裁定提审、裁定指令原审中院审理，也可以指定原审中院同级的其他法院审理。这就是我们说的提审、指令再审和指定再审。关于向上一级法院申请再审，只有一个限制条件，就是指令、指定再审不能指回基层法院。在本题中，指令或者指定的都是中级法院。所以，是符合法律规定的。

但是，题目问的是，若省高院提审，应用什么程序？记住，提审一律用二审程序，指令再审用原审程序。本题提审就应用二审程序；若指令中院再审，中院审理的时候也应用原来它使用的二审程序。

A选项说的是可以提审，而非只能提审，是比较严谨的。B选项指令原审法院再审，原审法院审理的时候应该用原审程序，就是二审程序。A选项正确，B选项错误。参见法条依据（1）~（3）。

C选项考查的是再审的审理范围。再审属于纠错程序，只纠正原来的一审和二审中法院犯的错误。而当事人变更诉讼请求，属于当事人提出了新的请求，原审法院没有处理过，所以再审法院也不予审查。C选项正确。参见法条依据（4）。

D选项考查的是再审之后，再审裁判仍有错误的，当事人该如何救济。有两个重要原则可以解决这个问题，一个重要原则是“一个当事人就一个案件只能申请再审1次”，这样，当事人在申请再审之后，获得再审裁判，即便不服

也不能再申请再审；另一个重要原则是“先法后检”，对法院的再审判决仍然不服的，可以向检察院申请抗诉或者检察建议。D 选项正确。参见法条依据（5）。

参考答案 ACD

法条依据

（1）《民事诉讼法》第 210 条：当事人对已经发生法律效力的判决、裁定，认为有错误的，可以向上一级人民法院申请再审；当事人一方人数众多或者当事人双方为公民的案件，也可以向原审人民法院申请再审。当事人申请再审的，不停止判决、裁定的执行。

（2）《民事诉讼法》第 215 条第 2 款：因当事人申请裁定再审的案件由中级人民法院以上的人民法院审理，但当事人依照本法第 210 条的规定选择向基层人民法院申请再审的除外。最高人民法院、高级人民法院裁定再审的案件，由本院再审或者交其他人民法院再审，也可以交原审人民法院再审。

（3）《民事诉讼法》第 218 条第 1 款：人民法院按照审判监督程序再审的案件，发生法律效力的判决、裁定是由第一审法院作出的，按照第一审程序审理，所作的判决、裁定，当事人可以上诉；发生法律效力的判决、裁定是由第二审法院作出的，按照第二审程序审理，所作的判决、裁定，是发生法律效力的判决、裁定；上级人民法院按照审判监督程序提审的，按照第二审程序审理，所作的判决、裁定是发生法律效力的判决、裁定。

（4）《民诉解释》第 403 条第 1 款：人民法院审理再审案件应当围绕再审请求进行。当事人的再审请求超出原审诉讼请求的，不予审理；符合另案诉讼条件的，告知当事人可以另行起诉。

（5）《民事诉讼法》第 220 条：有下列情形之一的，当事人可以向人民检察院申请检察建议或者抗诉：①人民法院驳回再审申请的；②人民法院逾期未对再审申请作出裁定的；③再审判决、裁定有明显错误的。人民检察院对当事人的申请应当在 3 个月内进行审查，作出提出或者不予提出检察建议或者抗诉的决定。当事人不得再次向人民检察院申请检察建议或者抗诉。

陷阱与规律

在满足了人数众多或者均为公民条件之一的情况下，当事人有向上一级法院申请再审和向原审法院申请再审两种选择。

在当事人向上一级法院申请再审的时候，才有“指令、指定再审不得指回基层法院”的限制。若原审法院是基层法院，在当事人向原审法院申请再审的时候，基层法院依然可以审理该案件。

不满足人数众多或者均为公民条件之一的，当事人只能向上一级法院申请再审，此时的限制仍然为“指令、指定再审不得指回基层法院”。

一句话背诵

上一级法院裁定再审，可以提审、指令或者指定再审。提审用二审程序，指令、指定再审用原审诉讼程序审理。再审不允许增变反；对再审结果不服的，可以申请抗诉或者检察建议。

187

李某诉谭某返还借款一案，M 市 N 区法院按照小额诉讼案件进行审理，判决谭某返还借款。判决生效后，谭某认为借款数额远高于法律规定的小额案件的数额，不应按小额案件审理，遂向法院申请再审。法院经审查，裁定予以再审。关于该案再审程序适用，下列哪些选项是正确的？（2016/3/81-多）

A. 谭某应当向 M 市中级法院申请再审

B. 法院应当组成合议庭审理

C. 对作出的再审判决当事人可以上诉

D. 作出的再审判决仍实行一审终审

精析与思路

本题与上题类似，考查的还是再审案件的管辖与审理。特殊之处在于，本题的案件适用小额诉讼程序审理，所以，法律效果较为特殊。

还是按照老思路，先确定终审法院。本题既

然适用小额诉讼程序审理，自然是一审终审，终审法院就是M市N区法院。

接下来，我们回顾当事人申请再审的管辖。这部分有三句话来阐述：第一句话，在满足了人数众多或者均为公民条件之一的情况下，当事人有向上一级法院申请再审和向原审法院申请再审两种选择；第二句话，若不满足人数众多或者均为公民的条件之一，当事人只能向上一级法院申请再审；第三句话，适用小额诉讼程序的案件，只能向原审法院申请再审。本题即是典型的适用小额诉讼程序的案件。双方当事人虽然均为公民，但也要适用特殊规定，只能向原审法院申请再审，即向M市N区法院申请，而不得向M市中院申请。这样可以排除A选项。讲了好多话才排除一个选项，心好累。

当事人向原审法院M市N区法院申请再审的时候，应由N区法院审理，这就是向原审法院申请再审的时候，向谁申请由谁审理的规则。N区法院再审的时候不得适用简易程序，必须适用普通程序审理。所以，应组成合议庭。B选项正确。参见法条依据（1）。

按照一审普通程序审理，作出的裁判是一审裁判。正常情况下，一审裁判是可以上诉的。但是大家别忘记，本案属于对小额诉讼程序作出裁判进行再审的案件。我们的规则是，若因错误适用小额诉讼程序申请再审，再审得到的判决可以上诉；若因其他事由对小额诉讼程序的裁判申请再审，则再审得到的判决不可以上诉。本案中，谭某申请再审的事由是"认为借款数额远高于法律规定的小额案件的数额，不应按小额案件审理"，就是谭某认为法院错误适用小额诉讼程序。所以，对再审判决仍然有权上诉。C选项正确，D选项错误。参见法条依据（2）。

参考答案 BC

法条依据

（1）《民事诉讼法》第41条：人民法院审理第二审民事案件，由审判员组成合议庭。合议庭的成员人数，必须是单数。中级人民法院对第一审适用简易程序审结或者不服裁定提起上诉的第二审民事案件，事实清楚、权利义务关系明确的，经双方当事人同意，可以由审判员一人独任审理。发回重审的案件，原审人民法院应当按照第一审程序另行组成合议庭。审理再审案件，原来是第一审的，按照第一审程序另行组成合议庭；原来是第二审的或者是上级人民法院提审的，按照第二审程序另行组成合议庭。

（2）《民诉解释》第424条：对小额诉讼案件的判决、裁定，当事人以民事诉讼法第207条（现为第211条）规定的事由向原审人民法院申请再审的，人民法院应当受理。申请再审事由成立的，应当裁定再审，组成合议庭进行审理。作出的再审判决、裁定，当事人不得上诉。当事人以不应按小额诉讼案件审理为由向原审人民法院申请再审的，人民法院应当受理。理由成立的，应当裁定再审，组成合议庭审理。作出的再审判决、裁定，当事人可以上诉。

陷阱与规律

对于小额诉讼程序得到的裁判，当事人只能向原审法院申请再审。这是特别法的规定，应优先适用。

小额诉讼程序的裁判被撤销后发回重审、被再审的，都不得再适用小额诉讼程序审理。

小额诉讼程序只能向原审法院申请再审，原审法院用一审普通程序再审，得到的再审判决一般不能上诉，但因错误适用小额诉讼程序这个事由再审的，得到的再审判决可以上诉。

核心考点99 ▶ 检察院启动再审

★★★★★

188 ›››

关于检察监督，下列哪一选项是正确的？（2013/3/49-单）

A. 甲县检察院认为乙县法院的生效判决适用法律错误，对其提出检察建议

B. 丙市检察院就合同纠纷向仲裁委员会提出检察建议，要求重新仲裁

C. 丁县检察院认为丁县法院某法官在制作除权判决时收受贿赂，向该法院提出检察建议

D. 戊县检察院认为戊县法院认定某公民为无民事行为能力人的判决存在程序错误，报请上级检察院提起抗诉

精析与思路

本题全面考查检察院的监督方式——抗诉和检察建议。

A 选项考查的是检察建议的提出方式。我们讲的方式是"同一个地方的检察院对同级法院提出检察建议"。A 选项错误，错误比较隐蔽，甲县检察院不能监督乙县法院，不是一个地方的。

B 选项考查的是检察院的监督对象。检察院只监督诉讼程序的错误裁判、调解书或者法院的审判人员的违法行为。因此，仲裁委员会不是检察院的监督对象。B 选项错误。参见法条依据（1）。

同样地，C 选项中，"某法官在制作除权判决时收受贿赂"属于审判人员的违法行为，检察院可以提出检察建议。C 选项正确。参见法条依据（2）。

D 选项中，认定公民无行为能力案属于非讼程序，所得到的判决不是诉讼程序的判决。因此，检察院对非讼程序的判决既不能进行抗诉，也不允许提出检察建议，应通过异议程序进行救济。D 选项错误。参见法条依据（2）。

参考答案 C

法条依据

（1）《民事诉讼法》第 219 条第 2 款：地方各级人民检察院对同级人民法院已经发生法律效力的判决、裁定，发现有本法第 211 条规定情形之一的，或者发现调解书损害国家利益、社会公共利益的，可以向同级人民法院提出检察建议，并报上级人民检察院备案；也可以提请上级人民检察院向同级人民法院提出抗诉。

（2）《民事诉讼法》第 219 条第 3 款：各级人民检察院对审判监督程序以外的其他审判程序中审判人员的违法行为，有权向同级人民法院提出检察建议。

抗诉只能针对错误的裁判、调解书，不能针对违法行为。

但是要注意，只有诉讼程序的裁判、调解书才能抗诉，非讼程序的裁判不能抗诉，应通过异议程序纠正。

检察建议分为两种——再审检察建议和其他检察建议：

再审检察建议针对裁判、调解书。只有针对诉讼程序的裁判、调解书才能提出再审检察建议，针对非讼程序的裁判不能提出检察建议，应通过异议程序纠正。

其他检察建议针对违法行为。只要是审判人员的违法行为，都可以提出其他检察建议。

一句话背诵

检察建议是同地检察院对同级法院提出；只能针对审判人员的违法行为或者生效法律文书提出；特别程序的判决不能再审，所以检察院不得对其提出抗诉。

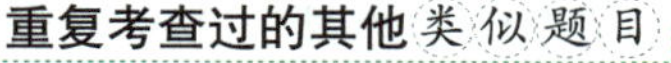

189

周某因合同纠纷起诉，甲省乙市的两级法院均驳回其诉讼请求。周某申请再审，但被驳回。周某又向检察院申请抗诉，检察院以原审主要证据系伪造为由提出抗诉，法院裁定再审。关于启动再审的表述，下列哪些说法是不正确的？（2013/3/81-多）

A. 周某只应向甲省高院申请再审

B. 检察院抗诉后，应当由接受抗诉的法院审查后，作出是否再审的裁定

C. 法院应当在裁定再审的同时，裁定撤销原判

D. 法院应当在裁定再审的同时，裁定中止执行

精析与思路

这道题依然是再审部分的综合考题。由于综

合度比较高，难度反而不大。

A选项考查再审的管辖。同样，我们先确定终审法院。本案是乙市两级法院审理后终审，所以，终审法院就应该为乙市中院。

然后回顾规则。在满足了人数众多或者均为公民条件之一的情况下，当事人有向上一级法院申请再审和向原审法院申请再审两种方式；若不满足人数众多或者均为公民的条件之一，当事人只能向上一级法院申请再审。这个规则大家想必都会了（如果你还不会，我希望你赶紧会）。本题的有趣之处在于，题目中只说明了一方当事人是周某，那么另一方呢？另一方没有说明。这样就需要分情况讨论了，若另一方也是公民或者另一方人数众多，则当事人有向上一级法院申请再审和向原审法院申请再审两种方式；若另一方不是公民而且人数谈不上众多，当事人只能向上一级法院申请再审。

A选项说周某只应向甲省高院申请再审过于绝对，犯了绝对化的错误。因对方当事人不能确定，周某有可能向原审法院乙市中院申请再审。A选项错误，当选。参见法条依据（1）。

只要检察院抗诉，法院经过审查就要裁定再审，而非裁定“是否再审”，绝对没有“否”的可能。B选项错误，当选。参见法条依据（2）。

C、D两个选项是典型的矛盾选项。一旦法院裁定再审，为了防止执行可能存在错误的裁判文书，应同时中止执行。所以，在裁定再审的时候，原则上要同时裁定中止执行。参见法条依据（3）。裁定再审的时候，还无法确定原裁判确有错误（经过再审的审理才能知道），所以谈不上直接撤销原判。如果是这样，再审就不需要审理了。C选项错误，当选；D选项正确，不当选。

参考答案 ABC

法条依据

（1）《民事诉讼法》第210条：当事人对已经发生法律效力的判决、裁定，认为有错误的，可以向上一级人民法院申请再审；当事人一方人数众多或者当事人双方为公民的案件，也可以向原审人民法院申请再审。当事人申请再审的，不停止判决、裁定的执行。

（2）《民事诉讼法》第222条：人民检察院提出抗诉的案件，接受抗诉的人民法院应当自收到抗诉书之日起30日内作出再审的裁定；有本法第211条第1项至第5项规定情形之一的，可以交下一级人民法院再审，但经该下一级人民法院再审的除外。

（3）《民事诉讼法》第217条：按照审判监督程序决定再审的案件，裁定中止原判决、裁定、调解书的执行，但追索赡养费、扶养费、抚养费、抚恤金、医疗费用、劳动报酬等案件，可以不中止执行。

陷阱与规律

有两个问题要注意：

（1）裁定再审的同时要裁定中止执行。这一点要注意一个问题，对于新法的解释，全国人大法工委的观点是，谁作出再审裁定，就由谁裁定中止执行。

（2）如果检察院抗诉，法院要对检察院的抗诉进行审查，但这种审查仅为形式审查，只要符合形式条件，法院就必须启动再审程序。

若双方均为公民，则可以向上一级法院或者原审法院申请再审；检察院抗诉的，法院必须裁定再审；裁定再审的同时要裁定中止执行。

核心考点100 ▶ 当事人申请再审与检察院抗诉或检察建议

★★★★★

190 ›››

就瑞成公司与建华公司的合同纠纷，某省甲市中院作出了终审裁判。建华公司不服，打算启动再审程序。后其向甲市检察院申请检察建议，甲市检察院经过审查，作出驳回申请的决定。关于检察监督，下列哪些表述是正确的？（2014/3/80-多）

A. 建华公司可在向该省高院申请再审的同时，申请检察建议

B. 在甲市检察院驳回检察建议申请后，建华公司可向该省检察院申请抗诉
C. 甲市检察院在审查检察建议申请过程中，可向建华公司调查核实案情
D. 甲市检察院在审查检察建议申请过程中，可向瑞成公司调查核实案情

精析与思路

本题考查先法后检原则以及检察院的调查核实权。

首先明确，当事人必须先向法院申请再审，申请后无法从法院处获得救济的，才能申请检察院检察监督。这就是学者们讲的“法院再审先行，检察监督断后”，也就是我给你们讲的“先法后检”——当事人不去找法院而直接去找检察院的，违反法定程序。参见法条依据（1）。由此，A选项是错误的，建华公司可在向该省高院申请再审后，申请检察建议，而不允许先检后法或者法检并行。

B选项也是错误的，因为一个当事人就一个案件只能请求检察院监督一次，可以选择请求检察院抗诉，也可以选择请求检察院提出检察建议，但都只有一次机会。具体来说，申请抗诉后，不得再次申请抗诉或者申请检察建议；申请检察建议后，也不得再次申请抗诉或者申请检察建议。再概括一下，就是可以选择申请抗诉或者检察建议，两种方式只能二选一，且只有一次申请的机会。

至于C、D两个选项，简单得令人愉悦。立法保障检察院的调查核实权，即人民检察院因履行法律监督职责提出检察建议或者抗诉的需要，可以向当事人或者案外人调查核实有关情况。调查核实权的作用对象，既包括当事人也包括案外人。所以C、D两个选项都是正确的。参见法条依据（2）。

参考答案 CD

法条依据

（1）《民事诉讼法》第220条：有下列情形之一的，当事人可以向人民检察院申请检察建议或者抗诉：①人民法院驳回再审申请的；②人民法院逾期未对再审申请作出裁定的；③再审判决、裁定有明显错误的。人民检察院对当事人的申请应当在3个月内进行审查，作出提出或者不予提出检察建议或者抗诉的决定。当事人不得再次向人民检察院申请检察建议或者抗诉。

（2）《民事诉讼法》第221条：人民检察院因履行法律监督职责提出检察建议或者抗诉的需要，可以向当事人或者案外人调查核实有关情况。

陷阱与规律

现行法律规定中，找法院是找检察院的前置条件。原则上，当事人不找检察院的，检察院不可以主动依职权去启动检察监督程序。但是在可能损害到国家利益、社会利益和他人合法权益的案件中，当事人不找检察院，检察院也可以主动启动检察监督程序。

一句话背诵

向法院申请再审是向检察院申请检察监督的前置程序；一个当事人就一个案件只能找检察院一次，抗诉、检察建议二选一；检察院有调查核实权。

再审程序的审理

低频考点101 ▶ 审理方式和范围 ☆☆

本考点在近10年的真题中没有独立考查过，但大家仍需准确掌握理论卷中对相应知识的讲解。

再审程序的裁判与调解

核心考点102 再审的裁判和调解

★★★

191

周立诉孙华人身损害赔偿案，一审法院适用简易程序审理，电话通知双方当事人开庭，孙华无故未到庭，法院缺席判决孙华承担赔偿周立医疗费。判决书生效后，周立申请强制执行，执行程序开始，孙华向一审法院提出再审申请。法院裁定再审，未裁定中止原判决的执行。关于本案，下列哪一说法是正确的？（2015/3/46-单）

A. 法院电话通知当事人开庭是错误的

B. 孙华以法院未传票通知其开庭即缺席判决为由，提出再审申请是符合法律规定的

C. 孙华应向二审法院提出再审申请，而不可向原一审法院申请再审

D. 法院裁定再审，未裁定中止原判决的执行是错误的

精析与思路

本题考查简易程序的程序规定和再审案件的审理。

本案一审适用简易程序。简易程序允许简便送达。题目中的电话通知就是简便送达的方式。所以在本案中，法院电话通知当事人开庭的做法是符合法律规定的。A选项错误。参见法条依据（1）。

让多数同学费解的是B选项。既然电话通知是符合法律规定的，那么孙华无故未到庭，法院缺席判决就是合法的。孙华又“以法院未传票通知其开庭即缺席判决为由，提出再审申请”显然就是不成立的嘛。这样理解就是没搞懂这个选项的文字表达。B选项说这样做是“符合法律规定的”，问的是以这个法定事由能不能申请再审，而不是问申请再审后，能不能成功。

我们讲的再审的13项事由中的确有一条是违法缺席判决，因此，以违法缺席判决为由申请再审，当然是符合法律规定的。这里讲的是孙华有这样的程序权利。但是，要注意，如果B选项的表达是“孙华以法院未传票通知其开庭即缺席判决为由，提出再审申请的理由是成立的”或者“孙华以法院未传票通知其开庭即缺席判决为由，提出再审申请，法院应进行再审”，就全部都是错的了。说白了，孙华能不能以缺席判决为由申请再审？能。法院能不能以此为由启动再审？不能，因为这个事由不成立。B选项正确。

C选项考查的是老生常谈的再审的管辖问题。本案中的表述为一审的“判决书生效后”，就说明本案属于基层法院一审终审。一审法院就是终审法院。周立诉孙华，说明双方当事人均为公民，由此，孙华既可以向一审法院这个原审法院申请再审，也可以向一审法院的上一级法院申请再审。本案根本就没有二审法院，所以谈不上向二审法院申请再审的问题。C选项错误。参见法条依据（2）。

D选项有一个小陷阱。一般而言，法院裁定再审的，应同时裁定中止执行。但是这个规定有例外：追索赡养费、扶养费、抚养费、抚恤金、医疗费用、劳动报酬等案件，可以不中止执行。本案恰恰是追索医药费！（一定要看到关键信息）所以，可以不中止执行。D选项说“未裁定中止原判决的执行是错误的”，这种表述是错误的。参见法条依据（3）。

参考答案 B

法条依据

（1）**《民诉解释》第261条**：适用简易程序审理案件，人民法院可以依照民事诉讼法第90条、第162条的规定采取捎口信、电话、短信、传真、电子邮件等简便方式传唤双方当事人、通知证人和送达诉讼文书。以简便方式送达的

开庭通知，未经当事人确认或者没有其他证据证明当事人已经收到的，人民法院不得缺席判决。适用简易程序审理案件，由审判员独任审判，书记员担任记录。

（2）《民事诉讼法》第 210 条：当事人对已经发生法律效力的判决、裁定，认为有错误的，可以向上一级人民法院申请再审；当事人一方人数众多或者当事人双方为公民的案件，也可以向原审人民法院申请再审。当事人申请再审的，不停止判决、裁定的执行。

（3）《民事诉讼法》第 217 条：按照审判监督程序决定再审的案件，裁定中止原判决、裁定、调解书的执行，但追索赡养费、扶养费、抚养费、抚恤金、医疗费用、劳动报酬等案件，可以不中止执行。

陷阱与规律

要注意题目的文字表达，不过这道题的文字陷阱并没有实际意义，大家了解出题的方式就可以了。

一句话背诵

违法缺席判决是再审的法定事由；简易程序用简便方式送达成功后，缺席判决并不违法；若双方均为公民，则可以向上一级法院或者原审法院申请再审；裁定再审的同时要裁定中止执行，追讨四费一金、劳动报酬案件可以不中止执行。

第十一讲 第三人撤销之诉

11

专题35

第三人撤销之诉的基本制度

核心考点103 ▶第三人撤销之诉的基本制度 ★★★★★

192 »

甲、乙之间的合同被法院判决无效。法院判决生效后，案外人丙提起第三人撤销之诉。法院受理后，经审理认为原审原告甲的证据是伪造的，但是丙无法证明原判侵害了自己的利益。法院应当如何处理？（2020-回忆版-单）

A. 裁定撤销原判

B. 裁定驳回起诉

C. 判决驳回诉讼请求

D. 判决撤销原判

精析与思路

本题看上去简单，其实很难，因为它考查了第三人撤销之诉的起诉条件和胜诉条件。根据《民诉解释》第290条的规定，第三人对已经发生法律效力的判决、裁定、调解书提起撤销之诉的，应当自知道或者应当知道其民事权益受到损害之日起6个月内，向作出生效判决、裁定、调解书的人民法院提出，并应当提供存在下列情形的证据材料：①因不能归责于本人的事由未参加诉讼；②发生法律效力的判决、裁定、调解书的全部或者部分内容错误；③发生法律效力的判决、裁定、调解书内容错误损害其民事权益。事实上，这个法条包含了第三人撤销之诉的程序要件和实体要件。

程序要件就是起诉的时候可以通过审查确定的内容，包括：①起诉的主体条件——应当是有独三或者无独三；②起诉的时间条件——应当自知道或者应当知道其民事权益受到损害之日起6个月内起诉；③起诉的必要性——第三人因不能归责于本人的事由未参加诉讼。这三个条件（是不是第三人、起诉的时间、起诉的必要性），都是起诉时进行形式审查就可以初步判断的，所以叫程序要件。

实体要件，包括：①作为撤销对象的判决、

裁定、调解书有全部或者部分内容错误；②生效判决、裁定、调解书的内容错误侵害到了起诉主体的合法权益。这两个条件有先行后续的关系，而且并非通过形式审查就能判断。因此，这两个条件必须经过实体审理才能确定。

综上所述，如果不符合起诉的程序要件，说明当事人根本没资格起诉，法院在受理后就应该驳回起诉；如果不符合起诉的实体要件，就说明经过实体审理，法院判定当事人不具备该条件，即法院在受理后就应该经过审理。

根据《民诉解释》第298条第1款的规定，对第三人撤销或者部分撤销发生法律效力的判决、裁定、调解书内容的请求，人民法院经审理，按下列情形分别处理：①请求成立且确认其民事权利的主张全部或部分成立的，改变原判决、裁定、调解书内容的错误部分；②请求成立，但确认其全部或部分民事权利的主张不成立，或者未提出确认其民事权利请求的，撤销原判决、裁定、调解书内容的错误部分；③请求不成立的，驳回诉讼请求。

因此，在第三人撤销之诉中，原告应当提供证据证明原裁判错误并且损害其民事权益。如果原告无法证明，属于实体要件不满足，原告应承担败诉风险，法院应当判决原告败诉，驳回原告诉讼请求。故C选项当选。

有的同学纠结D选项是否当选。注意：不要理解为原判决只要错了就可以撤销。第三人撤销之诉请求成立的条件是：原判决错误+侵害第三人利益。这就意味着，原判决错误，但没侵害第三人利益，第三人就不能申请撤销，因为和第三人无关。因此，原判决错误，但没有侵害第三人利益，只侵害了当事人利益的，当事人不要求撤销，就不用撤销。

参考答案 C

193

某环境污染案件中，张三提起诉讼，法院受理案件后发出了公告，后有30人进行了登记。法院经过审理后作出判决，判决被告赔偿每位原告5万元。法院作出生效判决后，权利同样受到侵害的王某发现了此情况，欲自己单独提起诉讼，但是王某的诉讼请求为要求被告赔偿10万元。法院受理后根据代表人诉讼判决的预决效力，判决赔偿王某5万元。后王某又欲提起第三人撤销之诉，撤销原来法院作出的代表人诉讼的判决。关于本案，下列说法正确的是：（2023－回忆版－单）

A. 法院应裁定撤销代表人诉讼中赔偿5万元的生效判决

B. 法院应判决撤销代表人诉讼中赔偿5万元的生效判决

C. 法院应裁定不予受理

D. 法院应判决驳回王某的诉讼请求

精析与思路

本题看上去非常复杂，很多同学在读题干的时候就感觉如临大敌。你看的时候肯定会想，这考的是环境污染纠纷？——这考的是代表人诉讼？——这考的是代表人诉讼裁判的效力？——这考的到底是什么？

其实以上都不是本题考查的内容。本题你只要知道一个规定和原理就可以解决掉，即第三人撤销之诉是不允许撤销公益诉讼和代表人诉讼的裁判的。这一点我们在课上重点强调过。原因是，公益诉讼和代表人诉讼涉及众多主体的利益，不能由单个主体撤销，否则会损及其他主体的利益。所以，既然这种判决不能撤销，那么就应该选择C选项了，法院应裁定不予受理；若法院受理，则应驳回起诉。至于D选项，不够合理，因为法院看到当事人要撤销的是代表人诉讼的判决，这种判决根本就不能作为第三人撤销之诉的对象，那为何还要具体审理呢？既然应该驳回起诉，那就不需要进行实体审理，也就更没必要驳回诉讼请求了。

参考答案 C

法条依据

《民诉解释》第295条：对下列情形提起第三人撤销之诉的，人民法院不予受理：①适用特别程序、督促程序、公示催告程序、破产程序等非讼程序处理的案件；②婚姻无效、撤销或者解除婚姻关系等判决、裁定、调解书中涉

专题35

及身份关系的内容；③民事诉讼法第57条规定的未参加登记的权利人对代表人诉讼案件的生效裁判；④民事诉讼法第58条规定的损害社会公共利益行为的受害人对公益诉讼案件的生效裁判。

★重复考查过的其他类似题目

194

关于第三人撤销之诉，下列哪一说法是正确的？（2014/3/41-单）

A. 法院受理第三人撤销之诉后，应中止原裁判的执行

B. 第三人撤销之诉是确认原审裁判错误的确认之诉

C. 第三人撤销之诉由原审法院的上一级法院管辖，但当事人一方人数众多或者双方当事人为公民的案件，应由原审法院管辖

D. 第三人撤销之诉的客体包括生效的民事判决、裁定和调解书

刘鹏飞真题卷

精析与思路

本题综合考查第三人撤销之诉的程序规定。

A选项考查的是第三人撤销之诉的效力。第三人撤销之诉与再审在效力方面的最大差别在于，法院裁定再审的同时，一般而言，应裁定中止执行；但为了防止当事人利用第三人撤销之诉来实现拖延诉讼、转移财产、阻碍执行等不正当目的，法院在受理第三人撤销之诉后，并不中止原裁判的执行。从这个意义上来看，第三人撤销之诉的效力要比再审弱。A选项错误。

B选项考查的是第三人撤销之诉的性质。第三人撤销之诉将生效的裁判、调解书撤销，改变了法院生效法律文书形成的法律关系。这就如同撤销合同关系，改变了既存的法律关系，属于典型的变更之诉而非确认之诉。B选项错误。

C选项考查的是第三人撤销之诉的管辖。第三人撤销之诉，应当向作出生效的错误裁判、调解书的法院提起，也就是说，谁作出了错误的法律文书，第三人撤销之诉就应当向谁提出。C选项中所描述的管辖方式不是第三人撤销之诉的管辖方式，而是再审的管辖方式。C选项错误。

D选项考查的是第三人撤销之诉的对象（客体）。第三人撤销之诉可以撤销生效的确有错误的民事判决、裁定和调解书。D选项正确。参见法条依据。

参考答案 D

法条依据

《民事诉讼法》第59条第3款：前两款规定的第三人，因不能归责于本人的事由未参加诉讼，但有证据证明发生法律效力的判决、裁定、调解书的部分或者全部内容错误，损害其民事权益的，可以自知道或者应当知道其民事权益受到损害之日起6个月内，向作出该判决、裁定、调解书的人民法院提起诉讼。人民法院经审理，诉讼请求成立的，应当改变或者撤销原判决、裁定、调解书；诉讼请求不成立的，驳回诉讼请求。

陷阱与规律

大家一定要注意，在我国现有的制度下，能够撤销生效的判决、裁定、调解书的程序有两种：一种是再审程序，一种是第三人撤销之诉。其中，第三人撤销之诉只能适用一审普通程序。因此，第三人撤销之诉的效力要比再审程序弱。

一句话背诵

第三人撤销之诉应向作出生效裁判、调解书的法院起诉，不能中止执行；可以撤销错误的裁判、调解书，属于变更之诉。

执行前对案外人的救济

核心考点104 执行前对案外人的救济

★★★★

195

公司代表人以公司长期以来经营陷入僵局为由向区法院提起公司解散诉讼。诉讼中，双方当事人达成和解协议，并制作调解书结案。后来，其他股东以此调解协议系以串通损害公司利益的方式达成为由，向法院寻求救济。此时，其他股东的救济方式为：（2018－回忆版－单）

A. 向市中院申请再审

B. 向区法院提出异议

C. 向区法院申请再审

D. 向区法院起诉

精析与思路

这道题看似简单，其实也是暗藏杀机。

做这种题，可以从诉讼地位入手，结合我们讲过的救济制度进行判断，否则就会非常麻烦。

题干中透露出的第一个信息是，本案的实体法载体是公司解散诉讼。熟悉公司法的同学都知道，根据《公司法解释（二）》第1条第1款的规定，单独或者合计持有公司全部股东表决权10%以上的股东，以法定事由提起解散公司诉讼，并符合《公司法》第231条规定的，人民法院应予受理。《公司法解释（二）》第4条规定，股东提起解散公司诉讼应当以公司为被告。原告以其他股东为被告一并提起诉讼的，人民法院应当告知原告将其他股东变更为第三人；原告坚持不予变更的，人民法院应当驳回原告对其他股东的起诉。原告提起解散公司诉讼应当告知其他股东，或者由人民法院通知其参加诉讼。其他股东或者有关利害关系人申请以共同原告或者第三人身份参加诉讼的，人民法院应予准许。按照该条的规定及相关规定构造的诉讼结构，应由单独或者合计持有公司全部股东表决权10%以上的股东作为原告，公司作为被告，其他股东可以作为共同原告或者被追加为无独三参加诉讼——符合起诉条件且提起诉讼的，列为共同原告；不符合起诉条件或者不提起诉讼的，可以列为无独三。再简化一下，就是一起起诉的股东都是共同原告；有的起诉有的没起诉，起诉的是原告，没起诉的可以作为无独三参加诉讼。显然，在本案中，是部分符合法定条件的股东对公司提起了公司解散诉讼，诉讼以调解书结案，其他股东没有参加诉讼。因此，起诉的股东是原告，公司是被告，其他股东没有起诉，若参加诉讼则为无独三，现在他们没有参加诉讼，应认定为案外第三人。

题干中透露出的第二个信息是，本案是以调解书结案。调解书是不允许上诉的。本案的一审法院为区法院——一个基层法院，它也是本案的终审法院。

所以就把一个复杂问题简化为：一个案件经一审终审后，得到生效的法律文书（调解书），案外第三人认为生效的法律文书有错误，致使自己的利益受损，该如何救济自己的权利呢？结论很简单，案外第三人提起第三人撤销之诉，把生效的错误法律文书撤销掉。

还有两个小点需要说明：

第一个点在于，同学们可能会问，其他股东为什么不能申请再审呢？我们强调过，在生效的法律文书作出后、进入执行程序前，可以通过申请再审的方式救济自己利益的案外人，只有案外必要共同诉讼人。这一点的法条依据是《民诉解释》第420条第1款：必须共同进行诉讼的当事人因不能归责于本人或者其诉讼代理人的事由未参加诉讼的，可以根据《民事诉讼法》第207条（现为第211条）第8项规定，自知道或者应当知道之日起6个月内申请再审，但符合本解释第421条规定情形的除外。本案中，其他股东并非案外必要共同诉讼人，而是案外第三人，因此只能通过第三人撤销之诉救济自己的权益，而不能申请再审。根据《民诉解释》第290条的规定，第三人对已经发生法律效力的判决、裁定、调解书提起撤销之诉的，应当自知道或者应当知道其民事权益受到损害之日起6个月内，向作出生效判决、裁定、调解书的人民法院提出。所以，其他股东提起第三人撤销之诉的，应以自己为原告，以起诉的股东和公司为被告，向作出生效调解书的区法院起诉。

第二个点在于，本案中其他股东没有参加公司解散诉讼，能不能就此纠纷另行向基层法院提起一个新的诉讼呢？这是绝对不可以的。有两个方面的考虑：①民事诉讼法中一事不再理的基本原则的制约。对于公司解散诉讼的实体纠纷，法院已经处理过一次了，不能反复起诉，浪费司法资源。②公司法中也有明确规定，对另行起诉是禁止的。《公司法解释（二）》第6条规定，人民法院关于解散公司诉讼作出的判决，对公司全体股东具有法律约束力。人民法院判决驳回解散公司诉讼请求后，提起该诉讼的股东或者其他股东又以同一事实和理由提起解散公司诉讼的，人民法院不予受理。

综上，D选项当选。其他股东要想救济自己的合法权益，可以向区法院起诉。但是，是提起第三人撤销之诉，而非另行起诉。

参考答案 D

第十二讲 增加、变更诉讼请求和反诉

12

反　诉

核心考点105 ▶ 反诉 ★★★★★

反诉部分主要考查以下两类题。

第一类是反诉的含义：

196 >>>

刘某与曹某签订房屋租赁合同，后刘某向法院起诉，要求曹某依约支付租金。曹某向法院提出的下列哪一主张可能构成反诉？（2014/3/43-单）

A. 刘某的支付租金请求权已经超过诉讼时效

B. 租赁合同无效

C. 自己无支付能力

D. 自己已经支付了租金

精析与思路

本题考查同学们对反诉本身含义的理解。

要做对这个题，需理解一个关键点、掌握一种方法。

这个关键点是：反诉一定是被告提出自己独立的权利主张（注意！是独立的权利主张，而不是独立的事实主张），提出独立的诉讼请求。提出这个诉讼请求是为了实现自己的权利。如果没有自己独立的权利主张，只是否定对方的权利要求，则属于反驳，而非反诉。

请求权已过时效、已经支付了租金，只是为了抗辩刘某的权利要求，没有提出要实现自己独立的权利主张。所以，A、D两个选项均属于反驳而非反诉。A、D选项不当选。至于C选项中的自己没有支付能力，没有任何法律意义，不属于反诉或者反驳。C选项不当选。只有B选项中的要求确认合同无效，可以作为一种独立的权利主张存在。B选项当选。

如果有的同学总觉得对这个关键点理解得不好，那么就可以使用我的一种方法。

这种方法是：反诉一定是独立的请求，也就是说，如果没有本诉，反诉本身也是有意义的，是可以独立提出的。这样，我们就可以把本诉去掉，看看没有本诉存在，这个主张能否独立存在，如果能够独立存在，属于反诉；如果不能独立存在，则属于反驳。

这样就能很好地区分A、D两个选项。如果没有要求支付租金的本诉，曹某是不可能单独向法院主张请求权已过时效或者自己已经支付了租金的，这两种主张都不可能在刘某没有主张租金的情况下独立提出。只有B选项，即使刘某不要求曹某给付租金，曹某也可以要求确认租赁合同无效。这个主张是可以独立存在的，显然属于反诉。参见法条依据（1）、（2）。

参考答案 B

法条依据

（1）**《民事诉讼法》第54条：**原告可以放弃或者变更诉讼请求。被告可以承认或者反驳诉讼请求，有权提起反诉。

（2）**《民诉解释》第239条：**人民法院准许本诉原告撤诉的，应当对反诉继续审理；被告申请撤回反诉的，人民法院应予准许。

陷阱与规律

真题在考查反诉含义的时候，一般的出题方法就是让考生对反诉和反驳两种行为进行辨析。在上面的解析中，我介绍了区分的方法。一定要注意，反诉是独立的诉，所以必然有独立的诉讼请求。本诉消灭了，反诉可以独立存在。

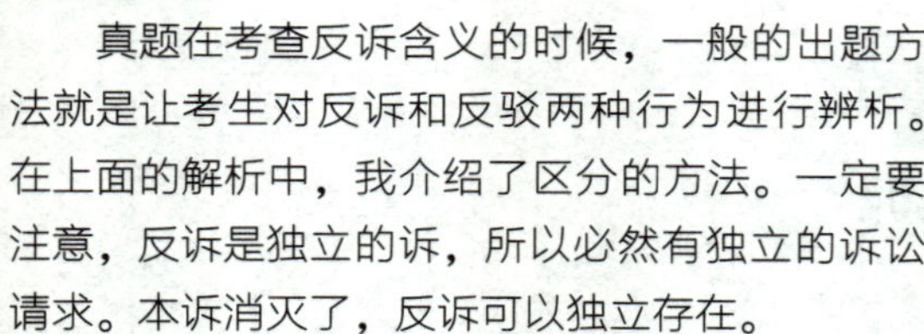

第二类是反诉的构成要件：

197 »»

关于反诉，下列哪些表述是正确的？（2013/3/80-多）

A. 反诉的原告只能是本诉的被告
B. 反诉与本诉必须适用同一种诉讼程序
C. 反诉必须在答辩期届满前提出
D. 反诉与本诉之间须存在牵连关系，因此必须源于同一法律关系

精析与思路

这道题考查的是反诉的程序性规定。关于反诉的程序，包括主体、时间、管辖、适用程序和牵连关系五个方面。

A选项是正确的。就本题而言，反诉的原告只能是本诉的被告，这是主体的特定要求。参见法条依据（2）。

B选项也是正确的。本反诉因为要合并审理，所以必须适用一样的程序，否则，就谈不上合并在一起审理。

C选项是错误的。根据《民诉解释》第232条的规定，反诉的提出时间并非答辩期限届满前，而是“本诉的最后一次辩论终结前”。也就是说，既然要把本诉和反诉合并审理，那么，只要本诉还没结束，就都可以提出反诉，然后将二者合并，而本诉审理结束的标志就是“辩论终结”。参见法条依据（1）。

D选项也是错误的。这种错误是典型的以偏概全。反诉和本诉之间的牵连关系有三种情况，即本反诉属于同一法律关系、本反诉基于同一原因事实或者本反诉请求之间有因果关系。满足这三种情况中的任一种，就可以认定反诉和本诉之间存在因果关系。所以，反诉与本诉之间须存在的是牵连关系，“必须源于同一法律关系”的说法过于绝对化。参见法条依据（2）。

参考答案 AB

法条依据

（1）**《民诉解释》第232条：**在案件受理后，法庭辩论结束前，原告增加诉讼请求，被告提出反诉，第三人提出与本案有关的诉讼请求，可以合并审理的，人民法院应当合并审理。

（2）**《民诉解释》第233条：**反诉的当事人应当限于本诉的当事人的范围。反诉与本诉的诉讼请求基于相同法律关系、诉讼请求之间具有因果关系，或者反诉与本诉的诉讼请求基于相同事实的，人民法院应当合并审理。反诉应由其他人民法院专属管辖，或者与本诉的诉讼标的及诉讼请求所依据的事实、理由无关联的，裁定不予受理，告知另行起诉。

陷阱与规律

要在答辩期内完成的行为主要有两种，一种是答辩，另一种是提出管辖权异议。而提出反诉、增加或变更诉讼请求只要在本诉辩论终结前完成就可以。

另外，还要注意，提出回避的时间限制也是在本诉辩论终结前。

一句话背诵

反诉只限于本诉被告在本诉辩论终结前对本诉原告提出；本反诉要合并审理需要有三种牵连关系之一；合并审理时要用相同的程序。

重复考查过的其他类似题目

198

关于反诉，下列哪些表述是正确的？（2012/3/80-多）

A. 反诉应当向受理本诉的法院提出，且该法院对反诉所涉及的案件也享有管辖权

B. 反诉中的诉讼请求是独立的，它不会因为本诉的撤销而撤销

C. 反诉如果成立，将产生本诉的诉讼请求被依法驳回的法律后果

D. 本诉与反诉的当事人具有同一性，因此，当事人在本诉与反诉中诉讼地位是相同的

精析与思路

这道题是前面两道题的综合，既考查了反诉的含义，也考查了反诉的程序规定。

B、C 两个选项是对反诉的含义的考查。要理解，反诉是独立的诉，即在反诉这个独立的诉中提出了独立的诉讼请求。因此，反诉和本诉都是独立的诉，本诉被撤销的，反诉不受影响，反之亦然。

既然是两个独立的诉，那么反诉的诉讼请求成立，不会影响本诉的诉讼请求。反诉的诉讼请求成立，本诉的诉讼请求完全有可能同时成立，但有时反诉的裁判结果有可能抵销或者吞并本诉的裁判效果。

据此，B 选项正确，反诉不会因为本诉的撤销而撤销；C 选项错误，反诉的诉讼请求成立，本诉的诉讼请求有可能被支持，也有可能被驳回。参见法条依据（2）。

A、D 两个选项考查的是反诉的程序规定。既然要将本诉和反诉合并审理，那么本诉和反诉就应该在一个法院审理。因为先有本诉，后有反诉，所以反诉就应该向审理本诉的法院提出。因此，审理本诉的法院必须对反诉也有管辖权。值得注意的是，如果从法定管辖的角度出发，审理本诉的法院对反诉没有管辖权的，还能合并审理吗？答案是可以的。根据《民诉解释》第 233 条的规定，只要本诉和反诉之间有牵连关系，审理本诉的法院就可以取得对反诉的管辖权，但反诉属于专属管辖的除外。这种管辖称之为牵连管辖。A 选项正确。虽然本诉和反诉的当事人具有同一性，但是本反诉中当事人的诉讼地位并非相同，而恰好是相反的。本诉的原告是反诉的被告，本诉的被告是反诉的原告。D 选项错误。参见法条依据（1）。

参考答案 AB

法条依据

（1）**《民诉解释》第 233 条：**反诉的当事人应当限于本诉的当事人的范围。反诉与本诉的诉讼请求基于相同法律关系、诉讼请求之间具有因果关系，或者反诉与本诉的诉讼请求基于相同事实的，人民法院应当合并审理。反诉应由其他人民法院专属管辖，或者与本诉的诉讼标的及诉讼请求所依据的事实、理由无关联的，裁定不予受理，告知另行起诉。

（2）**《民诉解释》第 239 条：**人民法院准许本诉原告撤诉的，应当对反诉继续审理；被告申请撤回反诉的，人民法院应予准许。

陷阱与规律

反诉和本诉的程序问题，可以概括为：

（1）当事人同一：本反诉必须在相同的当事人之间发生；

（2）程序同一：本反诉必须适用同一程序；

（3）管辖同一：同一法院对本反诉都有管辖权；

（4）时间特定：提出反诉时，本诉必须存续；

（5）相互牵连：分成三种牵连关系，包括本反诉属于同一法律关系、本反诉基于同一原因事实或者本反诉请求之间有因果关系。

一句话背诵

审理本诉的法院要对反诉有管辖权；本反诉是两个独立的诉，两个诉的诉讼请求可能都成立，只是本反诉当事人的诉讼地位相反。

专题38

增、变、反在诉讼程序中的具体处理

核心考点106 ▶ 增、变、反在诉讼程序中的具体处理 ★★★★★

199 »»

齐远、张红是夫妻，因感情破裂诉至法院离婚，提出解除婚姻关系、子女抚养、住房分割等诉讼请求。一审判决准予离婚并对子女抚养问题作出判决。齐远不同意离婚提出上诉。二审中，张红增加诉讼请求，要求分割诉讼期间齐远继承其父的遗产。下列哪一说法是正确的？（2015/3/44-单）

A. 一审漏判的住房分割诉讼请求，二审可调解，调解不成，发回重审

B. 二审增加的遗产分割诉讼请求，二审可调解，调解不成，发回重审

C. 住房和遗产分割的两个诉讼请求，二审可合并调解，也可一并发回重审

D. 住房和遗产分割的两个诉讼请求，经当事人同意，二审法院可一并裁判

刘鹏飞真题卷

精析与思路

这道题比较难，但也非常典型，很有学习价值。

本题主要考查对于一审漏判的住房分割请求和二审增加的遗产分割请求的处理方法。将这个问题简化一下，就是问一审漏判和二审增变反（增加、变更诉讼请求，反诉）的处理方法。

我们回忆一下相应的知识点。

对于一审漏判的处理方法是：可以调解；调解不成，要发回重审。为保护当事人的上诉权，不允许二审法院对漏判的内容直接进行判决。需要提醒大家的是，发回重审是将全案都发回，并非只是将漏判的内容发回重审。

而对于二审增变反的处理方法是：可以调解；调解不成，要告知另行起诉。为保护当事人的上诉权，不允许二审法院对增变反的内容直接进行判决。另外，对于二审中的增变反，如果当事人愿意由二审法院一并审理，二审法院可以一并裁判。

这样经过对比，我们发现，对于一审漏判和二审增变反都可以先调解；调解不成的，漏判要发回重审，增变反要告知另行起诉。当事人愿意由二审法院一并审理的，二审法院可以对增变反的新请求直接判决。但是，即便当事人愿意由二审法院一并审理，二审法院也不可以对漏判的请求直接判决。参见法条依据（1）、（2）。

因此，B、C两个选项中，对新增加的请求不能发回重审；D选项中，对于漏判，即便当事人同意，二审法院也不可以一并判决。所以，只能选A选项。

参考答案 A

法条依据

（1）《民诉解释》第324条：对当事人在第一审程序中已经提出的诉讼请求，原审人民法院未作审理、判决的，第二审人民法院可以根据当事人自愿的原则进行调解；调解不成的，发回重审。

（2）《民诉解释》第326条：在第二审程序中，原审原告增加独立的诉讼请求或者原审被告提出反诉的，第二审人民法院可以根据当事人自愿的原则就新增加的诉讼请求或者反诉进行调解；调解不成的，告知当事人另行起诉。双方当事人同意由第二审人民法院一并审理的，第二审人民法院可以一并裁判。

陷阱与规律

对于漏人漏判，法院可以调解，调解不成，发回重审；即便当事人愿意由二审法院一并审理，二审法院也不可以对漏掉的人和漏判的请求直接判决。

对于增变反，法院可以调解，调解不成，告

知另诉；当事人愿意由二审法院一并审理的，二审法院可以对增变反的新请求直接判决。

一句话背诵

对于一审法院漏判的请求，二审法院可以调解，调解不成，发回重审；当事人同意由二审法院一并判决的，二审法院也不能直接判决。对于二审增加的新请求，二审法院可以调解，调解不成，告知另诉；当事人同意由二审法院一并判决的，二审法院可以直接判决。

200

2019 年 1 月，甲男与乙女相识。3 月底，乙女发现意外怀孕。4 月，乙女威胁甲男与其结婚，否则要去甲男单位闹事。两人于 4 月 8 日登记结婚。5 月，乙女流产。6 月底，甲男起诉乙女要求撤销婚姻关系，一审法院判决驳回甲男的诉讼请求，甲男提起了上诉。10 月，二审中，甲男请求变更诉讼请求为解除婚姻关系。二审法院应如何处理？（2020-回忆版-单）

A. 裁定撤销原判，驳回起诉

B. 判决解除婚姻关系

C. 先行调解，调解不成的，发回重审

D. 先行调解，调解不成的，告知当事人另诉

精析与思路

要顺利解答此题目，就要准确识别本题中两个要点：①撤销婚姻关系和解除婚姻关系不同，实体法要件有巨大差异；②一审中要求撤销婚姻关系，二审中要求解除婚姻关系，属于变更了诉讼请求。那么，这个思路就很清楚了：在二审中增变反，法院的做法应该是先进行调解；调解不成的，告知当事人另行起诉。为什么不能直接审离婚请求呢？原因就是，如果二审中直接审离婚请求，而一审中并没有判断过是否存在夫妻感情破裂的事实（一审中判断的是婚姻是否应撤销），这样，相当于对离婚的要件事实进行了一审终审，不符合两审终审的原则。

但大家又发现，这道题非常详尽地叙述了他们的家庭情况，目的就是想告诉大家一个信息：甲男变更诉讼请求的时候，乙女才流产 5 个月。我们都学过，女方在怀孕期间、分娩后 1 年内或终止妊娠后 6 个月内，男方不得提出离婚。女方提出离婚的，或法院认为确有必要受理男方离婚请求的，不在此限。本案中，因为甲男于乙女终止妊娠后 6 个月内起诉离婚，所以法院不应受理离婚的诉讼请求，当然就不应该告知当事人另诉（即使当时告知他去另诉，法院也不会受理）。此时，当事人变更诉讼请求，相当于放弃了旧的请求，提出了新的请求。新的请求又因为特殊的期间限制不应当受理，而案件已经受理了，所以，二审法院就应驳回起诉。

综上，A 选项当选。裁定撤销一审法院的判决，驳回离婚案件的起诉。甲男可以等到诉讼冷静期 6 个月过后，再另行起诉离婚。

参考答案 A

重复考查过的其他类似题目

201

甲省规定超过 3000 万元的财产纠纷由中院管辖。A 公司在甲省乙市丙区法院起诉 B 公司，请求 B 公司支付货款 2000 万元。法庭辩论终结后，合议庭一致决定支持 A 公司的诉求。在撰写判决书期间，A 公司变更诉讼请求，请求 B 公司支付货款加违约金共计 3500 万元。关于本案，丙区法院应如何处理？（2021-回忆版-单）

A. 裁定移送管辖

B. 继续判决原告 A 公司胜诉，其可以获得 3500 万元货款和违约金

C. 按照 2000 万元的诉讼请求直接进行裁判，把判决结果送达双方当事人

D. 询问 B 公司的意见，在管辖权异议期内先中止审理

精析与思路

本题的难度不大，依次考查了两个考点，分别是变更诉讼请求的要件、管辖权恒定。这都是我们平时重点讲授的，大家也耳熟能详的知识点。

首先，本题中有一个关键信息，你看到了吗？看到了吗！“法庭辩论终结后”，当事人才变更诉讼请求。他早干什么去了？他应该什么时候变更！回答我!! 应该在法庭辩论终结前变更啊。这就说明，当事人变更诉讼请求的时候已经过了法定的时限，那么，法院可以不搭理他（不允许变更诉讼请求），直接按照原诉讼请求进行判决即可。C选项当选。

值得说明的问题是，如果当事人在辩论终结前变更诉讼请求为给付3500万元，因为是当事人主观原因导致的变更，所以会使得丙区法院丧失管辖权，它必须移送管辖给上级法院。参见法条依据（1）、（2）。

参考答案 C

法条依据

（1）《民诉解释》第39条：人民法院对管辖异议审查后确定有管辖权的，不因当事人提起反诉、增加或者变更诉讼请求等改变管辖，但违反级别管辖、专属管辖规定的除外。人民法院发回重审或者按第一审程序再审的案件，当事人提出管辖异议的，人民法院不予审查。

（2）《民诉解释》第232条：在案件受理后，法庭辩论结束前，原告增加诉讼请求，被告提出反诉，第三人提出与本案有关的诉讼请求，可以合并审理的，人民法院应当合并审理。

202

章俊诉李泳借款纠纷案在某县法院适用简易程序审理。县法院判决后，章俊上诉，二审法院以事实不清为由发回重审。县法院征得当事人同意后，适用简易程序重审此案。在答辩期间，李泳提出管辖权异议，县法院不予审查。案件开庭前，章俊增加了诉讼请求，李泳提出反诉，县法院受理了章俊提出的增加诉讼请求，但以重审不可提出反诉为由拒绝受理李泳的反诉。关于本案，该县法院的下列哪些做法是正确的？（2015/3/82-多）

A. 征得当事人同意后，适用简易程序重审此案
B. 对李泳提出的管辖权异议不予审查
C. 受理章俊提出的增加诉讼请求
D. 拒绝受理李泳的反诉

精析与思路

本题是一道综合题，综合考查了简易程序、管辖权异议制度和增变反的处理，这几个考点之间没有必然的逻辑联系，所以就一个一个说。

题干中说明了本案被发回重审，发回重审和再审的案件不能适用简易程序。A选项错误。参见法条依据（1）。

管辖权异议应在一审答辩期内提出，发回重审和再审中都不得提出管辖权异议。B选项正确。参见法条依据（2）。

C、D选项其实考查的是一个考点，就是发回重审中增变反的处理。增加、变更诉讼请求和反诉从本质上来看，都是提出新的诉讼请求，所以，对于增变反的处理方法应该是一样的。这样，C、D选项就成了矛盾项。

二审发回重审后，适用一审普通程序进行审理，增变反的处理就应该按照一审程序的规定办理，也就是说，只要在辩论终结前提出增变反的请求，法院都必须在受理后合并审理。C选项正确，D选项错误。参见法条依据（3）、（4）。

参考答案 BC

法条依据

（1）《民诉解释》第257条：下列案件，不适用简易程序：①起诉时被告下落不明的；②发回重审的；③当事人一方人数众多的；④适用审判监督程序的；⑤涉及国家利益、社会公共利益的；⑥第三人起诉请求改变或者撤销生效判决、裁定、调解书的；⑦其他不宜适用简易程序的案件。

（2）《民诉解释》第39条：人民法院对管辖异议审查后确定有管辖权的，不因当事人提起反诉、增加或者变更诉讼请求等改变管辖，但违反级别管辖、专属管辖规定的除外。人民法院发回重审或者按第一审程序再审的案件，当事人提出管辖异议的，人民法院不予审查。

（3）《民诉解释》第251条：二审裁定撤销一审判决发回重审的案件，当事人申请变更、增加诉讼请求或者提出反诉，第三人提出

与本案有关的诉讼请求的，依照民事诉讼法第 143 条规定处理。

（4）《民事诉讼法》第 143 条：原告增加诉讼请求，被告提出反诉，第三人提出与本案有关的诉讼请求，可以合并审理。

陷阱与规律

一定要注意，发回重审和再审不能适用简易程序！这个考过太多次了！

二审发回重审不得适用简易程序，不再审查管辖权异议；在辩论终结前，当事人可以增变反。

第十三讲 公益诉讼

专题39 公益诉讼的起诉条件

核心考点107 ▶ 公益诉讼的起诉条件

★★★★★

203 >>>

下列哪一主体可以提起环境污染公益诉讼？（2022-回忆版-单）

A. 连续10年从事环保工作的某企业
B. 在省民政部门登记设立的某环保联盟
C. 国外某环保协会
D. 在县民政部门登记设立的某环保协会

精析与思路

像这样的题目就非常基础和简单了，考查的内容也就是法律条文的规定。解这种题目有两个层次的要求，首先是回忆起我上课是怎么讲的，然后依据条文的内容对选项进行有效判断。《民事诉讼法》第58条对公益诉讼的主体资格作了明确规定：对污染环境、侵害众多消费者合法权益等损害社会公共利益的行为，法律规定的机关和有关组织可以向人民法院提起诉讼。人民检察院在履行职责中发现破坏生态环境和资源保护、食品药品安全领域侵害众多消费者合法权益等损害社会公共利益的行为，在没有前款规定的机关和组织或者前款规定的机关和组织不提起诉讼的情况下，可以向人民法院提起诉讼。前款规定的机关或者组织提起诉讼的，人民检察院可以支持起诉。

而《环境保护法》第58条则进一步规定了提起环境污染民事公益诉讼的具体要求：对污染环境、破坏生态，损害社会公共利益的行为，符合下列条件的社会组织可以向人民法院提起诉讼：①依法在设区的市级以上人民政府民政部门登记；②专门从事环境保护公益活动连续5年以上且无违法记录。符合前款规定的社会组织向人民法院提起诉讼，人民法院应当依法受理。提起诉讼的社会组织不得通过诉讼牟取经济利益。

这样看，A选项不当选，从事环保工作的企业是不可以提起环境污染公益诉讼的。同样地，还可以排除C选项，国外的环保协会没有在中国登记，无权在中国提起环境污染公益诉讼。在对 B 选项和 D 选项进行比较的时候，我们可以看到，B 选项是在设区的市级以上的民政部门登记过的环保组织，而 D 选项显然登记的级别不够。所以，B 选项当选。

当然，同学们很可能不太记得具体的条文，但是我们上课的时候就是按照这样的内容讲解的，所以你记住上课时讲解的内容就可以做对题目。

参考答案 B

204

根据《民事诉讼法》，关于公益诉讼的表述，下列哪一选项是错误的？（2013/3/35-单）

A. 公益诉讼规则的设立，体现了依法治国的法治理念

B. 公益诉讼的起诉主体只限于法律授权的机关或团体

C. 公益诉讼规则的设立，有利于保障我国经济社会全面协调发展

D. 公益诉讼的提起必须以存在实际损害为前提

精析与思路

在我国目前的社会问题中，消费侵权和环境污染的问题非常突出，生产经营者和污染环境方的违法行为对公共利益造成了严重侵害。为了应对这种社会现象，立法增设了公益诉讼的规定，这是依法治国的需要，也是保障我国经济社会全面协调发展的需要。显然，A、C 选项正确，不当选。

B 选项考查公益诉讼的原告，公益诉讼的原告仅限于法律规定的机关和团体。从目前来看，法定机关主要是检察院，法定团体包括环境污染公益诉讼中的环保组织和消费侵权公益诉讼中的消费者权益保护组织。因此，B 选项正确，不当选。参见法条依据（1）。

D 选项错误，当选。公益诉讼的提起不以存在实际损害为前提。虽然损害还没有发生，但存在损害风险的，也可以提起公益诉讼。参见法条依据（2）。

参考答案 D

法条依据

（1）**《民事诉讼法》第 58 条**：对污染环境、侵害众多消费者合法权益等损害社会公共利益的行为，法律规定的机关和有关组织可以向人民法院提起诉讼。人民检察院在履行职责中发现破坏生态环境和资源保护、食品药品安全领域侵害众多消费者合法权益等损害社会公共利益的行为，在没有前款规定的机关和组织或者前款规定的机关和组织不提起诉讼的情况下，可以向人民法院提起诉讼。前款规定的机关或者组织提起诉讼的，人民检察院可以支持起诉。

（2）**《环境公益诉讼解释》第 1 条**：……对已经损害社会公共利益或者具有损害社会公共利益重大风险的污染环境、破坏生态的行为提起诉讼，符合民事诉讼法第 119 条（现为第 122 条）第 2 项、第 3 项、第 4 项规定的，人民法院应予受理。

陷阱与规律

公益诉讼的提起并不以存在实际损害为前提，这点要注意。

另外要注意，检察院虽然属于可提起公益诉讼的法定机关，但其提起公益诉讼具有补充性，只有在其他组织不起诉的情况下，检察院才能提起公益诉讼。

一句话背诵

公益诉讼的原告限于法定的机关和组织，公益诉讼的提起不以存在实际损害为前提。

205

大洲公司超标排污导致河流污染，公益环保组织甲向 A 市中级法院提起公益诉讼，请求判令大洲公司停止侵害并赔偿损失。法院受理后，在公告期间，公益环保组织乙也向 A 市中级法院提起公益诉讼，请求判令大洲公司停止侵害、赔偿损失和赔礼道歉。公益案件审理终结后，渔民梁某以大洲公司排放的污水污染了其承包的鱼塘为由提起诉讼，请求判令赔偿其损失。

对乙组织的起诉，法院的正确处理方式是：（2017/3/98-任）

A. 予以受理，与甲组织提起的公益诉讼合并审理

B. 予以受理，作为另案单独审理

C. 属重复诉讼，不予受理

D. 允许其参加诉讼，与甲组织列为共同原告

精析与思路

其实这道题超级简单，因为它只考查了一个知识点，在现在的考题中，堪称一股清流。

公益诉讼不要求原告与本案有直接的法律上的利害关系，而原告的资格是法定的——法定的机关和组织可以提起公益诉讼。参见法条依据（1）。本案属于环境污染公益诉讼，专门从事环境保护公益活动连续5年以上且无违法记录、依法在设区的市级以上人民政府民政部门登记过的环保组织可以提起公益诉讼。

这样，符合条件的公益诉讼组织就有可能有多个。立法从诉讼经济角度出发，为了防止滥用诉权、浪费司法资源，规定某组织起诉后、开庭前，其他有资格起诉的组织也起诉的，应当受理，受理后列为共同原告。但如果其他组织没有要求参诉，却在公益诉讼判决作出之后另行起诉，法院应裁定不予受理，这也是一事不再理的基本要求。参见法条依据（2）。

本题中，甲组织提起公益诉讼，法院受理后，在公告期间，乙组织也向法院起诉，法院可以准予其参加诉讼，将其列为共同原告。所以，D选项当选。

参考答案 D

法条依据

（1）《民诉解释》第285条：人民法院受理公益诉讼案件后，依法可以提起诉讼的其他机关和有关组织，可以在开庭前向人民法院申请参加诉讼。人民法院准许参加诉讼的，列为共同原告。

（2）《民诉解释》第289条：公益诉讼案件的裁判发生法律效力后，其他依法具有原告资格的机关和有关组织就同一侵权行为另行提起公益诉讼的，人民法院裁定不予受理，但法律、司法解释另有规定的除外。

陷阱与规律

对本题中考查的公益诉讼原告的规定可以比照共同诉讼原告的规定来记忆，这样比较容易理解。如果两个原告一起起诉，或者一个原告先起诉，另一个在法定的期间内起诉，就都列为共同原告；如果一个原告起诉，法院审理完毕作出裁判，另一个原告也起诉，因为一事不再理，法院就不应受理。

一句话背诵

法院受理公益诉讼后，其他有权起诉的主体在开庭前要求参加诉讼的，法院可以受理，并将其列为共同原告。

206 >>>

A市一环保组织因某河流受到污染诉至A市法院，审理时，下游的B市一环保组织也因同一条河流受到污染向B市法院起诉。关于本案，应如何审理？（2019-回忆版-单）

A. 应直接将两环保组织作为共同原告继续审理

B. B市法院立案后，由B市法院将案件移送至A市法院

C. 合并审理，并分别判决

D. 报请上一级法院指定管辖

精析与思路

这道题所考查的内容是，某主体提起了公益诉讼之后，其他具有起诉资格的主体也就同一事件向法院提起公益诉讼的处理。

此类问题在过去几年的考试当中也已经有所考查，只不过本题当中的考查角度和以往的考查角度又有所不同。本题中描述的情况是，某一个环保组织已经起诉到了某个法院，而另一个环保组织，就同一个案件向其他法院起诉。按照我们所熟悉的程序规定，应当将两个起诉的主体作为共同原告一并审理，但是本案的特殊之处就在于，现在两个原告并非向同一个法院起诉，而是向两个不同的法院起诉，这两个原告都不在同一个法院，是没有办法把两个环

保组织直接作为共同原告一并审理的。所以，A选项不当选。

我们首先应当确定的是，这两个法院中哪个法院对本案具有管辖权的问题。按照我讲过的选择管辖的基本原理，对同一案件，有多个法院相继立案，最先立案的法院就取得对此案件的管辖权。在本案当中，A市法院优先立案，其就取得了对此公益诉讼的管辖权，B市法院不应再立案，而应告知相关主体也向A市法院起诉。但是若B市法院已经立案了，就应当把此案件移送到最先立案的A市法院去，由A市法院一并进行审理。所以，B选项当选。

C选项前半句的说法不够精确，在本案当中只存在着一个诉讼标的，所以谈不上合并审理的问题；而且后半句的说法是错误的，本题中只存在着一个环境污染公益诉讼案件，只有一个诉讼标的，只不过起诉的原告是两个，对此案件不可以分别判决，只能作出一个判决。所以，C选项不当选。

至于D选项，只有在两个法院发生管辖权争议的时候才需要这样操作，但是本题当中没有任何信息表明两法院出现了管辖权争议。所以，D选项不当选。

参考答案 B

专题40 公益诉讼的程序规定

核心考点108 公益诉讼的程序规定

★★★★

207

大洲公司超标排污导致河流污染，公益环保组织甲向A市中级法院提起公益诉讼，请求判令大洲公司停止侵害并赔偿损失。法院受理后，在公告期间，公益环保组织乙也向A市中级法院提起公益诉讼，请求判令大洲公司停止侵害、赔偿损失和赔礼道歉。公益案件审理终结后，渔民梁某以大洲公司排放的污水污染了其承包的鱼塘为由提起诉讼，请求判令赔偿其损失。

请回答第（1）、（2）题。

（1）公益环保组织因与大洲公司在诉讼中达成和解协议申请撤诉，法院的正确处理方式是：（2017/3/99-任）

A. 应将和解协议记入笔录，准许公益环保组织的撤诉申请

B. 不准许公益环保组织的撤诉申请

C. 应将双方的和解协议内容予以公告

D. 应依职权根据和解协议内容制作调解书

精析与思路

有些同学认为公益诉讼只能以判决结案，不能调解与和解。这是个误区。

公益诉讼中完全可以调解与和解，但是调解与和解不得损害社会公共利益。为了防止调解、和解损害社会公共利益，立法采取的手段是将调解或者和解协议进行公告，若调解、和解协议违反社会公共利益，不出具调解书，继续审理；若调解、和解协议不损害社会公共利益，则应当出具调解书。这就和私益诉讼中当事人达成和解的处理有所区别。在私益诉讼中，双方当事人如果达成和解协议，可以向法院申请撤诉，也可以申请法院依据和解协议制作调解书。在公益诉讼中，只要达成和解协议，只有一种可能，就是法院要将和解协议公告，如果不违反社会公共利益，就必须制作调解书。换句话说，不允许达成和解协议后撤诉。

我们观察到，我国立法对于公益诉讼中的撤诉有比较严格的限制。这是因为，撤诉是原告撤回权利主张的行为。公益诉讼的特殊性决定了原告起诉并不是为了维护自己的利益，而是为了维护社会公共利益。这就说明，如果允许原告为了社会公共利益提起诉讼后又随意撤诉，

就很有可能会损害到社会公共利益的实现。因此，立法规定，辩论终结后，原则上不允许原告撤诉。原告也不得以和解为由撤诉。这都是为了限制原告滥用处分权致使社会公共利益不能实现的行为。尤其是以和解为由撤诉，存在原被告达成某种损害社会公共利益的协议，而使原告放弃对被告追责。参见法条依据❶、❷。

这样看来，公益环保组织因与大洲公司在诉讼中达成和解协议申请撤诉时，法院应准予和解，但是却不能准许其以和解为由提出的撤诉；应同时将和解协议公告，若不损害社会公共利益，应依据和解协议制作调解书。所以，B、C、D 三个选项当选。

参考答案 BCD

法条依据

❶《民诉解释》第 287 条：对公益诉讼案件，当事人可以和解，人民法院可以调解。当事人达成和解或者调解协议后，人民法院应当将和解或者调解协议进行公告。公告期间不得少于 30 日。公告期满后，人民法院经审查，和解或者调解协议不违反社会公共利益的，应当出具调解书；和解或者调解协议违反社会公共利益的，不予出具调解书，继续对案件进行审理并依法作出裁判。

❷《环境公益诉讼解释》第 25 条：环境民事公益诉讼当事人达成调解协议或者自行达成和解协议后，人民法院应当将协议内容公告，公告期间不少于 30 日。公告期满后，人民法院审查认为调解协议或者和解协议的内容不损害社会公共利益的，应当出具调解书。当事人以达成和解协议为由申请撤诉的，不予准许。调解书应当写明诉讼请求、案件的基本事实和协议内容，并应当公开。

陷阱与规律

必须注意公益诉讼中和解与私益诉讼中和解的区别：

	公益诉讼中和解	私益诉讼中和解
申请撤诉	不可以	可 以
依据和解协议制作调解书	必须经过公告，不损害社会公共利益的，法院审查后应予制作	只要不违反自愿、合法原则，法院审查后即应予制作

一句话背诵

公益诉讼当事人和解后，不得以和解为由撤诉，可以申请法院制作调解书。法院将和解协议公告后，认为不损害社会公共利益的，依据和解协议制作调解书结案。

（2）对梁某的起诉，法院的正确处理方式是：(2017/3/100-任)

A. 属重复诉讼，裁定不予受理

B. 不予受理，告知其向公益环保组织请求给付

C. 应予受理，但公益诉讼中已提出的诉讼请求不得再次提出

D. 应予受理，其诉讼请求不受公益诉讼影响

精析与思路

梁某是环境污染行为的受害人，在公益环保组织针对环境污染行为提起公益诉讼之后，还能够就自己所受到的损害以污染方为被告向法院提起普通的侵权诉讼，来保障自己的合法权益。梁某所提起的侵权诉讼和公益诉讼并不属于重复诉讼，因为两个诉讼所保护的合法权益是不同的，梁某提起侵权诉讼是为了保护自己的合法权益，而公益诉讼则是为了保障社会公共利益，因此梁某提出的侵权诉讼的诉讼请求不受公益诉讼的影响。所以 D 选项当选。

但是大家要注意一个问题，在公益诉讼提起之后，被侵权人依然可以提起私益侵权诉讼，并且不属于一事不再理的范畴，也就是说，私益侵权诉讼的诉讼请求不受公益诉讼的影响，可以自由提出。参见法条依据。但公益诉讼中认定的事实对私益诉讼是有影响的，在公益诉讼当中认定的对受害人有利的事实，受害人在提起侵权诉讼的时候，就不需要证明了。

参考答案 D

法条依据

《民诉解释》第 286 条：人民法院受理公益诉讼案件，不影响同一侵权行为的受害人根据民事诉讼法第 122 条规定提起诉讼。

陷阱与规律

大家一定要注意，公益诉讼和侵权诉讼所保护的利益是不一样的。就环境污染而言，公益诉讼是为了恢复环境、维护社会公共利益，但是公益诉讼并不能起到补偿私人所受损害的作用。因此，我们允许在公益诉讼提起之后，由受害人再次提起独立的侵权诉讼，这两个诉讼在诉讼请求上是彼此独立的。

一句话背诵

公益诉讼提起之后，受害人依然可以提起侵权诉讼，保护个人的合法权益。

208

某公益组织提起环境污染之诉，当地居民甲为受害人，甲在庭审中要求加入。甲的诉讼地位是：（2019-回忆版-单）

A. 有独三　　B. 无独三

C. 共同原告　　D. 告知另诉

精析与思路

这道题目的考查也是另辟蹊径，和命题者以往的出题思路都不相同，某公益组织提起了环境污染诉讼之后，其他符合法定条件的公益组织也可以作为共同原告参加诉讼。本案属于公益诉讼，因此受害人甲没有办法作为共同原告参加。公益组织起诉是为了维护社会公共利益，个人起诉只是为了维护私人利益。这是完全不一样的诉讼标的，没有办法把两次起诉作为同一个诉讼标的合并审理。也就是说，并不能把公益组织和受害人甲作为共同原告一并审理。因此排除C选项。

对于公益诉讼而言，受害人甲并不存在独立的请求权，没有办法作为有独立请求权的第三人参加诉讼。因此排除A选项。

B选项也是不成立的，因为本案的处理结果和受害人甲之间并没有法律上的利害关系。公益诉讼中的公益组织即便胜诉了，受害人也未必能够胜诉；公益诉讼中的公益组织即便败诉了，受害人也未必败诉。例如，公益诉讼中的污染主体胜诉了，在其后的侵权诉讼当中，污染主体也不可直接利用公益诉讼中对其有利的判决，而应当另行证明。所以，受害人不应作为无独立请求权的第三人参加公益诉讼。

这样看就只能够选择D选项，由法院告知受害人甲另行起诉了。公益诉讼提起后，并不妨碍受害人甲提起普通的侵权诉讼，二者可以并行不悖。这个规定是大家非常熟悉的。

参考答案 D

209

因一家工厂排放污水，造成河流严重污染，绿友环保组织对此提起诉讼，要求赔偿100万元。法官经审查，发现100万元远远不够治理河流，建议绿友环保组织改成要求赔偿1000万元。最后法院判决绿友环保组织胜诉。下列哪一选项是正确的？（2021-回忆版-单）

A. 公益诉讼案件一审终审，不得上诉

B. 法官建议将赔偿请求从100万元改成1000万元，违反了处分原则

C. 环境污染案件的公益诉讼存在前置程序，环保组织在起诉前要先告知环保主管部门

D. 本案管辖法院为中院

精析与思路

本题以一个环境污染公益诉讼为载体，考查了公益诉讼的相关规则，题目中规中矩。选择A选项的就真心不应该。我可从来没讲过环境污染公益诉讼是一审终审的。你就琢磨，这么重要的案件怎么会一审终审呢。不可能的。

B选项的解决关键在于，要明白这种涉及社会公共利益的案件，法院的职权作用就必须充分发挥。因此，题目中说的法官建议，就是释明权的形式，当然是可以的。除了法理外，也有法条依据，即《环境公益诉讼解释》第9条：人民法院认为原告提出的诉讼请求不足以保护社会公共利益的，可以向其释明变更或者增加停止侵害、修复生态环境等诉讼请求。

D选项是正确的，这个太简单了，是我们讲的“海港专公”中的公益诉讼，应由中院管辖。法条依据是《环境公益诉讼解释》第6条第1款：第一审环境民事公益诉讼案件由污染环

境、破坏生态行为发生地、损害结果地或者被告住所地的中级以上人民法院管辖。

至于C选项，我从来没讲过起诉前要先告知环保主管部门。你们就按照错误选项处理即可。这个细节其实考查的是《环境公益诉讼解释》第12条：人民法院受理环境民事公益诉讼后，应当在10日内告知对被告行为负有环境资源保护监督管理职责的部门。起诉后告知一下就行了。也就是说，告知或不告知都不影响环保组织行使诉权。

参考答案 D

★ 重复考查过的其他类似题目

210

某品牌手机生产商在手机出厂前预装众多程序，大幅侵占标明内存，某省消费者保护协会以侵害消费者知情权为由提起公益诉讼，法院受理了该案。下列哪一说法是正确的？（2015/3/35-单）

A. 本案应当由侵权行为地或者被告住所地中级法院管辖

B. 本案原告没有撤诉权

C. 本案当事人不可以和解，法院也不可以调解

D. 因该案已受理，购买该品牌手机的消费者甲若以前述理由诉请赔偿，法院不予受理

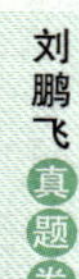

刘鹏飞真题卷

精析与思路

本题考查的是公益诉讼制度的管辖和相关的制度规定，考查对象非常明确，属于基本上没有难度的题目。

首先，从诉讼性质看，公益诉讼目前都属于侵权诉讼。所以，公益诉讼的管辖应符合侵权诉讼管辖的规定。大家明白这个法理，就更好掌握相关法条了。这样，即便我们不知道公益诉讼的管辖规定也能推导出，侵权诉讼应由侵权行为地或者被告住所地法院管辖。级别管辖上，公益诉讼应由中级法院管辖。所以，A选项中公益诉讼由侵权行为地或者被告住所地中级法院管辖的表述是正确的。参见法条依据（1）。

其次，我讲述过公益诉讼程序规定的“三可”与“三不可”。回忆一下，“三可”包括：公益诉讼提起后，受害人可提私益诉讼；当事人可和解、调解；公益诉讼需要的证据，法院可以主动调查。“三不可”包括：被告不可反诉；辩论终结后，原则上不允许原告撤诉；自认不可损害社会公共利益。据此，B选项中，认为原告没有撤诉权，过于绝对化，错误。辩论终结前，法院可以准予原告撤诉。参见法条依据（2）。C选项错误，在公益诉讼中，双方当事人可以和解和参与调解，只是要将和解、调解协议公告。参见法条依据（3）。D选项错误，公益诉讼提起后，消费者完全可以就自己受到的损害再提起侵权诉讼，法院应当受理。参见法条依据（4）。

参考答案 A

法条依据

（1）**《民诉解释》第283条第1款**：公益诉讼案件由侵权行为地或者被告住所地中级人民法院管辖，但法律、司法解释另有规定的除外。

（2）**《民诉解释》第288条**：公益诉讼案件的原告在法庭辩论终结后申请撤诉的，人民法院不予准许。

（3）**《民诉解释》第287条**：对公益诉讼案件，当事人可以和解，人民法院可以调解。当事人达成和解或者调解协议后，人民法院应当将和解或者调解协议进行公告。公告期间不得少于30日。公告期满后，人民法院经审查，和解或者调解协议不违反社会公共利益的，应当出具调解书；和解或者调解协议违反社会公共利益的，不予出具调解书，继续对案件进行审理并依法作出裁判。

（4）**《民诉解释》第286条**：人民法院受理公益诉讼案件，不影响同一侵权行为的受害人根据民事诉讼法第122条规定提起诉讼。

陷阱与规律

公益诉讼区别于一般的私益诉讼，有很多特殊规定，但是，公益诉讼适用一审普通程序，也有很多同一般私益诉讼相同的程序规定。

公益诉讼特殊程序规定的根源在于诉讼的目

的。因为公益诉讼是为了维护社会公共利益，所以不要求起诉的原告和被告之间有法律上的利害关系。因为二者之间没有直接利害关系，所以，不允许被告提起反诉。同一般的私益诉讼一样，在公益诉讼中，依然存在着和解、调解和撤诉等制度。

一句话背诵

公益诉讼由侵权行为地或被告住所地中院管辖，可以和解、调解，辩论终结后不准撤诉；受害人可以另行提起侵权诉讼（私益诉讼）。

第十四讲

特别、督促与公示催告程序

14

专题 41

特别程序

核心考点109 ▶ 选民资格案 ★★

211 >>>

关于《民事诉讼法》规定的特别程序的表述，下列哪一选项是正确的？（2012/3/44-单）

A. 适用特别程序审理的案件都是非讼案件

B. 起诉人或申请人与案件都有直接的利害关系

C. 适用特别程序审理的案件都是一审终审

D. 陪审员通常不参加适用特别程序案件的审理

精析与思路

这道题是对选民资格案件等特别程序案件的相关程序规定进行的考查。

A 选项错误，适用特别程序审理的案件并非都是非讼案件，最典型的例外就是选民资格案件，该案件属于宪法诉讼。提醒大家注意，选民资格案件属于诉讼案件，但并不属于民事诉讼案件。参见法条依据（1）。

B 选项错误，因为选民资格案件中，不要求起诉人和本案有直接利害关系。

C 选项正确，适用特别程序审理的案件都不允许上诉，不允许再审，一律一审终审。参见法条依据（2）。

D 选项错误，适用特别程序审理的案件，原则上是独任审理；只有选民资格案件，重大、疑难案件，标的额超过基层法院管辖的担保物权案件，要组成合议庭。但是，在这些合议庭当中也不得吸收陪审员，所以陪审员“绝对不能参加”适用特别程序案件的审理，而非“通常不参加”。参见法条依据（2）。

参考答案 C

法条依据

（1）《民事诉讼法》第 188 条：公民不服选举委员会对选民资格的申诉所作的处理决定，可以在选举日的 5 日以前向选区所在地基层人民法院起诉。

（2）《民事诉讼法》第 185 条：依照本章（特别程序）程序审理的案件，实行一审终审。选民资格案件或者重大、疑难的案件，由审判员组成合议庭审理；其他案件由审判员 1 人独任审理。

陷阱与规律

正因为选民资格案属于宪法诉讼，并不属于民事诉讼，所以说，适用特别程序审理的案件是由宪法诉讼和非讼案件组成的，因此，特别程序都属于非民事诉讼程序，而非都属于非讼程序。

一句话背诵

特别程序由一种宪法诉讼（选民资格案）和五种非讼程序组成，并非都是非讼程序，但都是一审终审。选民资格案的起诉人不要求与本案有利害关系。特别程序的合议庭不得吸收陪审员。

核心考点110 ▶ 宣告公民失踪、死亡案★

212

赵某下落不明满 2 年，赵妻申请宣告其失踪，法院指定赵妻为财产代管人，赵母有异议。赵妻希望法院指定其与赵某已成年的儿子赵乙作为财产代管人，赵母希望自己作为财产代管人。法院应如何处理？（2023-回忆版-多）

A. 赵妻向法院申请变更财产代管人，法院适用特别程序审理

B. 赵母以赵妻为被告向法院申请变更财产代管人，法院适用普通程序审理

C. 赵母以赵妻为被告向法院申请变更财产代管人，法院适用简易程序审理

D. 赵妻以赵乙为被告向法院申请变更财产代管人，法院适用普通程序审理

精析与思路

本题考查特别程序当中的宣告失踪案件。法院用判决的形式宣告某公民失踪之后，会指定财产代管人，想要变更代管人的，被指定的代管人可以放弃自己的权利，请求法院指定他人。此时并不存在权利争议，因此，当代管人申请变更指定的时候，适用特别程序即可。但若其他人也想做本案失踪人的财产代管人，此时代管权本属于法院指定的代管人，相当于想要做财产代管人的人和现在拥有代管权的人有了权利争议，而这样的案件相对而言就比较复杂，所以法院应当适用普通程序审理。这就是本题考查的理论背景。

结合本题的题干来看，法院指定赵妻作为失踪人赵某的财产代管人，而赵妻则希望变更自己已成年的儿子赵乙为代管人，此时只需要向法院申请变更财产代管人即可，法院应适用特别程序予以审查，并作出处理。而赵母则希望争夺代管权，此时应当由赵母做原告、赵妻做被告提起民事诉讼，法院审理的时候，必须适用普通程序。所以 A 选项和 B 选项是符合法律规定的正确选项。

参考答案 AB

法条依据

《民诉解释》第 342 条：失踪人的财产代管人经人民法院指定后，代管人申请变更代管的，比照民事诉讼法特别程序的有关规定进行审理。申请理由成立的，裁定撤销申请人的代管人身份，同时另行指定财产代管人；申请理由不成立的，裁定驳回申请。失踪人的其他利害关系人申请变更代管的，人民法院应当告知其以原指定的代管人为被告起诉，并按普通程序进行审理。

重复考查过的其他类似题目★

213

李某因债务人刘某下落不明申请宣告刘某失踪。法院经审理宣告刘某为失踪人，并指定刘妻为其财产代管人。判决生效后，刘父认为由刘妻代管财产会损害儿子的利益，要求变更刘某的财产代管人。关于本案程序，下列哪一说法是正确的？（2017/3/47-单）

A. 李某无权申请刘某失踪

B. 刘父应提起诉讼变更财产代管人，法院适用普通程序审理

C. 刘父应向法院申请变更刘妻的财产代管权，法院适用特别程序审理

D. 刘父应向法院申请再审变更财产代管权，法院适用再审程序审理

精析与思路

本题考查宣告失踪案。公民被宣告失踪后，要为其指定财产代管人。本案中指定了刘妻作为代管人。若代管人自己不想做代管人，则按照特别程序进行变更；若其他利害关系人想做代管人，可以起诉被指定的代管人，法院按照普通程序审理即可。

刘父认为刘妻不适合做代管人，应以刘父为原告、刘妻为被告提起民事诉讼，按照普通程序审理。这个结论很简单。所以B选项正确。

但是，这个规定背后的法理是什么呢？

若代管人自己不想做代管人，此时，属于代管人放弃自己的权利，也不想承担自己的义务，并没有和任何人发生纠纷，只要依据特别程序，重新指定代管人就可以了。但是如果其他利害关系人主张代管人不合格，希望自己做代管人，二者之间就因为权利义务问题发生了争议。此时，就只能通过民事诉讼解决了。另外，这样的案件一般比较复杂，法院要调查代管人是否会损害被申请人的利益，所以，应当适用普通程序。由此，排除C、D两个选项。参见法条依据。

至于A选项，李某是刘某的债权人，属于利害关系人的范畴，其有资格申请宣告刘某失踪。所以A选项错误。

参考答案 B

法条依据

《民诉解释》第342条：失踪人的财产代管人经人民法院指定后，代管人申请变更代管的，比照民事诉讼法特别程序的有关规定进行审理。申请理由成立的，裁定撤销申请人的代管人身份，同时另行指定财产代管人；申请理由不成立的，裁定驳回申请。失踪人的其他利害关系人申请变更代管的，人民法院应当告知其以原指定的代管人为被告起诉，并按普通程序进行审理。

陷阱与规律

关于被宣告失踪人的财产代管人，有两个考点：

（1）代管人可以以自己的名义起诉或应诉，保护失踪人的利益。就是代管人自己可以做原告或被告，但是维护的是失踪人的利益。

（2）代管人自己不想当的，请求法院用特别程序重新指定；别人想当代管人的，别人来告代管人。

一句话背诵

法院指定代管人之后，失踪人的其他利害关系人要求变更代管人的，应以代管人为被告起诉，适用普通程序审理。

214

甲县法院受理居住在乙县的成某诉居住在甲县的罗某借款纠纷案。诉讼过程中，成某出差归途所乘航班失踪，经全力寻找仍无成某生存的任何信息，主管方宣布机上乘客不可能生还，成妻遂向乙县法院申请宣告成某死亡。对此，下列哪一说法是正确的？（2015/3/43-单）

A. 乙县法院应当将宣告死亡案移送至甲县法院审理

B. 借款纠纷案与宣告死亡案应当合并审理

C. 甲县法院应当裁定中止诉讼

D. 甲县法院应当裁定终结诉讼

精析与思路

本题考查宣告死亡案和诉讼中止。

宣告死亡案，应由利害关系人向被申请人住所地基层法院提出申请，所以，本案中，成妻是其利害关系人，她应向成某住所地乙县法院提出申请。乙县法院对本案有管辖权，就不应该将案件移送到甲县法院审理。A选项错误。A选项要借助宣告死亡案管辖权的知识和移送管辖的知识才可以做对。参见法条依据（1）。

B选项考查的是宣告死亡案的案件性质。宣告死亡案属于非讼案件，而借款纠纷案则属于诉讼案件。我讲过诉的合并，是指2个诉讼案件的合并。因为诉讼案件和非讼案件适用的程序、审理的方式均不同，一个诉讼案件和一个非讼案件是没有办法合并审理的。B选项错误。举个

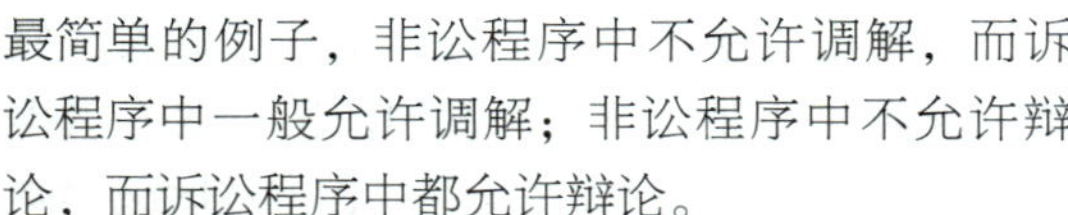

最简单的例子，非讼程序中不允许调解，而诉讼程序中一般允许调解；非讼程序中不允许辩论，而诉讼程序中都允许辩论。

C 和 D 两个选项是矛盾项。借款纠纷诉讼中，成妻向乙县法院申请宣告成某死亡，如果成某死亡，则要诉讼中止，更换当事人，参见法条依据（2）；如果成某未死亡，诉讼可以继续进行。因此，借款纠纷案的审理需要以宣告死亡案的审理结果为依据，然后才能裁定是继续审理，还是更换当事人。所以，既然宣告死亡案是借款纠纷案的前提依据，就应先将借款纠纷案诉讼中止，先审理宣告死亡案。C 选项正确，D 选项错误。

参考答案 C

法条依据

（1）《民事诉讼法》第 191 条：公民下落不明满 4 年，或者因意外事件下落不明满 2 年，或者因意外事件下落不明，经有关机关证明该公民不可能生存，利害关系人申请宣告其死亡的，向下落不明人住所地基层人民法院提出。申请书应当写明下落不明的事实、时间和请求，并附有公安机关或者其他有关机关关于该公民下落不明的书面证明。

（2）《民事诉讼法》第 153 条：有下列情形之一的，中止诉讼：①一方当事人死亡，需要等待继承人表明是否参加诉讼的；②一方当事人丧失诉讼行为能力，尚未确定法定代理人的；③作为一方当事人的法人或者其他组织终止，尚未确定权利义务承受人的；④一方当事人因不可抗拒的事由，不能参加诉讼的；⑤本案必须以另一案的审理结果为依据，而另一案尚未审结的；⑥其他应当中止诉讼的情形。中止诉讼的原因消除后，恢复诉讼。

陷阱与规律

这道题有两个地方非常值得注意：

（1）正常情况下，要经过法定期间（2 年或者 4 年），利害关系人才能申请宣告被申请人，即下落不明人死亡。本案中有个特殊情况，就是主管方已经宣布成某不可能生还，这样就不用受期间的限制，利害关系人可以直接申请宣告其死亡。

（2）本案之所以诉讼中止，是因为借款纠纷案需要以宣告死亡案的裁判结果为依据，而宣告死亡案尚未审结。宣告死亡案审结后，成某被宣告死亡，此时，借款纠纷案应继续诉讼中止，更换当事人。

一句话背诵

宣告死亡案由被申请人住所地基层法院管辖，诉讼案件以宣告死亡案的结果为依据的，应将诉讼案件裁定诉讼中止，等待宣告死亡案审结。

核心考点 111 ▶ 认定公民无、限制行为能力案 ★

本考点在近 10 年的真题中没有独立考查过，但大家仍需准确掌握理论卷中对相应知识的讲解。

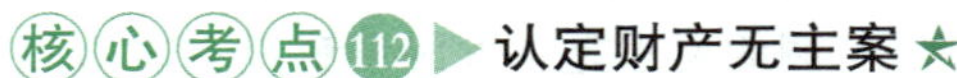

核心考点 112 ▶ 认定财产无主案 ★

本考点在近 10 年的真题中没有独立考查过，但大家仍需准确掌握理论卷中对相应知识的讲解。

核心考点 113 ▶ 确认调解协议案 ★★★★★

215

2015 年 4 月，居住在 B 市（直辖市）东城区的林剑与居住在 B 市西城区的钟阳（二人系位于 B 市北城区正和钢铁厂的同事）签订了一份借款合同，约定钟阳向林剑借款 20 万元，月息 1%，2017 年 1 月 20 日前连本带息一并返还。合同还约定，如因合同履行发生争议，可向 B 市东城区仲裁委员会仲裁。至 2017 年 2 月，钟阳未能按时履约。2017 年 3 月，二人到正和钢铁厂人民调解委员会（下称“调解委员会”）请求调解。调解委员会委派了 3 位调解员主持该纠纷的调解。

请回答第（1）~（3）题。

（1）如调解委员会调解失败，解决的办法有：（2017/3/95-任）

A. 双方自行协商达成和解协议

B. 在双方均同意的情况下，要求林剑居住地的街道居委会的人民调解委员会组织调解

C. 依据借款合同的约定通过仲裁的方式解决

D. 通过诉讼方式解决

精析与思路

我一共讲过四种解决纠纷的方法，也就是调解、和解、诉讼和仲裁。在调解委员会调解失败的情况下，双方当事人自行协商达成和解协议，这显然是可以的。

我将人民调解和诉讼的关系概括为：可调可诉、调后可调、调后可诉。

可调可诉的意思是，发生纠纷之后可以不经人民调解直接起诉，也可以直接去找人民调解。调解不是诉讼的前置程序，诉讼也不是调解的前置程序，这两种解决纠纷的方式是彼此独立的。

调后可调的意思是，人民调解没有次数限制，进行人民调解失败之后，只要双方当事人都愿意，还可以再请求其他调解委员会进行调解。为什么要求双方当事人都愿意呢？这是因为人民调解建立在双方当事人自愿、合法原则的基础之上。

调后可诉指的是，若在调解委员会调解下没有达成调解协议，当事人仍然有权就原纠纷向法院起诉；若在调解委员会调解下达成调解协议之后，一方当事人还可以向法院起诉，此时，只能起诉要求对方当事人履行调解协议的约定，而不能再就原纠纷向法院起诉了。参见法条依据❶。所以，A、B、D 选项当选。

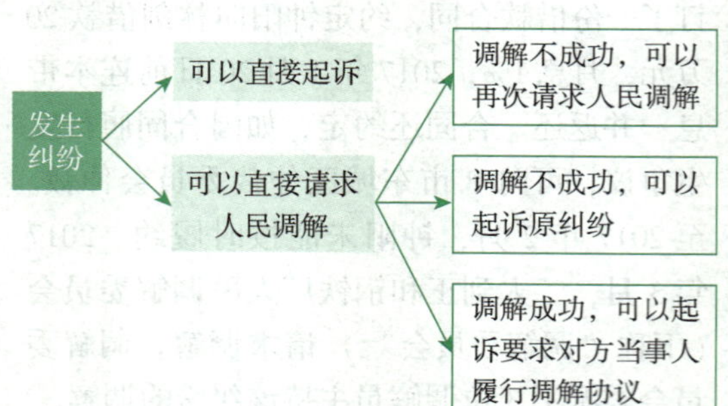

关键是 C 选项，从本案的案件性质看，属于金钱给付案件，符合仲裁的范围；双方当事人也明确约定了仲裁委员会——B 市东城区仲裁委员会。如果大家认为仲裁协议是有效的，那么，根据借款合同的约定，当然可以通过仲裁方式解决。

但是这个选项中暗含了一个知识点，就是区县一级不允许设立仲裁委员会！所以，B 市东城区仲裁委员会是根本不存在的，因此，仲裁协议是无效的，当事人不能够通过仲裁的方式解决纠纷。所以，C 选项不当选。参见法条依据❷。

参考答案 ABD

法条依据

❶《人民调解法》第 26 条：人民调解员调解纠纷，调解不成的，应当终止调解，并依据有关法律、法规的规定，告知当事人可以依法通过仲裁、行政、司法等途径维护自己的权利。

❷《仲裁法》第 10 条第 1 款：仲裁委员会可以在直辖市和省、自治区人民政府所在地的市设立，也可以根据需要在其他设区的市设立，不按行政区划层层设立。

陷阱与规律

两个地方需要注意：

❶解决纠纷的方式包括：

A. 自愿和解（任何时候都可以和解）；

B. 调解（包括法院调解、人民调解和仲裁调解等）；

C. 仲裁（限于财产纠纷，劳动纠纷通过劳动仲裁解决）；

D. 诉讼。

❷直辖市和地级市才有资格设立仲裁委员会。

一句话背诵

人民调解失败之后，可以再次请求人民调解，可以向法院起诉，双方当事人可以自行和解解决纠纷。只有直辖市和地级市才能够设立仲裁委员会。

（2）如调解成功，林剑与钟阳在调解委员会的主持下达成如下协议：2017 年 5 月 15 日之前，钟阳向林剑返还借款 20 万元，支付借款利息 2 万元。该协议有林剑、钟阳的签字，盖有调解委员会的印章和 3 位调解员的签名。钟阳未按时履行该调解协议，林剑拟提起诉讼。在此情况下，下列说法正确的是：（2017/3/96-任）

A. 应以调解委员会为被告

B. 应以钟阳为被告

C. 应以调解委员会和钟阳为共同被告

D. 应以钟阳为被告，调解委员会为无独立请求权的第三人

精析与思路

刚才提到了人民调解和诉讼的关系，包括可调可诉、调后可调、调后可诉三方面。这道题是对上面讲过的三方面含义的进一步考查。

题目当中，双方当事人已经成功达成了人民调解协议，还能不能再起诉了呢？既然是调后可诉，当然可以。但是，若在调解委员会调解下没有达成调解协议，当事人仍然有权就原纠纷向法院起诉；若在调解委员会调解下达成调解协议之后，一方当事人还可以向法院起诉，此时，只能起诉要求对方当事人履行调解协议的约定，而不能再就原纠纷向法院起诉了。参见法条依据。

这是因为，如果双方当事人达成了调解协议之后，还允许就原纠纷起诉，那么，人民调解协议将失去其约束力。所以，此时只能以对方当事人为被告、以违约为案由起诉，要求对方当事人履行人民调解协议。所以 B 选项正确。

有的同学会问，能不能选择 D 选项？这是不可以的，因为案件的处理结果和调解委员会没有法律上的利害关系，所以，调解委员会不可以作为无独立请求权的第三人参加诉讼。

参考答案 B

法条依据

《民诉解释》第 61 条：当事人之间的纠纷经人民调解委员会或者其他依法设立的调解组织调解达成协议后，一方当事人不履行调解协议，另一方当事人向人民法院提起诉讼的，应以对方当事人为被告。

陷阱与规律

在调解委员会调解下达成的人民调解协议与法院调解不同，人民调解协议没有强制执行力，只有合同效力。既然是合同，一方当事人不履行，对方当事人当然可以起诉该当事人，要求其履行合同。

一句话背诵

若双方当事人达成人民调解协议之后，对方当事人不履行调解协议，权利人可以起诉对方当事人，但不能起诉调解委员会，调解委员会也不能做无独三。

（3）如调解成功，林剑与钟阳在调解委员会的主持下达成了调解协议，相关人员希望该调解协议被司法确认，下列说法正确的是：（2017/3/97-任）

A. 应由林剑或钟阳向有管辖权的法院申请

B. 应由林剑、钟阳共同向有管辖权的法院申请

C. 应在调解协议生效之日起 30 日内提出申请，申请可以是书面方式，也可以是口头方式

D. 对申请的案件有管辖权的法院包括：B 市西城区法院、B 市东城区法院和 B 市北城区法院

精析与思路

因为人民调解协议不具备强制执行力，所以，可以由双方当事人在调解协议生效后的 30 日内，共同向当事人住所地、标的物所在地、调解组织所在地的基层法院申请司法确认。立法并没有要求申请必须是书面形式，参见法条依据❶、❷。一旦人民调解协议获得法院确认，法院将出具确认人民调解协议效力的裁定，权利人凭借该裁定可以向法院申请强制执行。

整理一下，确认人民调解协议的基本要求有以下四个：①共同申请；②30 天期限；③根据

2021年修正的《民事诉讼法》的规定，由当事人住所地、标的物所在地、调解组织所在地的基层法院管辖；④不限制申请形式。

A、B两个选项考查申请的当事人，应当由双方当事人共同申请，所以A选项错误，B选项正确。

C选项考查的是申请的时间和方式，表述是正确的。

D选项考查的是管辖法院，因双方当事人分别居住于B市东城区和B市西城区，而调解组织位于B市北城区，所以，B市东城区法院、西城区法院和北城区法院就都有管辖权。D选项正确。

参考答案 BCD（司法部原答案为BC）

法条依据

❶《民事诉讼法》第205条：经依法设立的调解组织调解达成调解协议，申请司法确认的，由双方当事人自调解协议生效之日起30日内，共同向下列人民法院提出：①人民法院邀请调解组织开展先行调解的，向作出邀请的人民法院提出。②调解组织自行开展调解的，向当事人住所地、标的物所在地、调解组织所在地的基层人民法院提出；调解协议所涉纠纷应当由中级人民法院管辖的，向相应的中级人民法院提出。

❷《民诉解释》第353条：当事人申请司法确认调解协议，可以采用书面形式或者口头形式。当事人口头申请的，人民法院应当记入笔录，并由当事人签名、捺印或者盖章。

陷阱与规律

民事诉讼法中明确规定必须采用书面形式，而考试又常考的诉讼行为包括：上诉、协议管辖、仲裁协议、支付令异议、执行行为异议、执行标的异议、参与分配异议。

一句话背诵

双方当事人可以在调解协议生效后30日内，共同向当事人住所地、标的物所在地、调解组织所在地的基层人民法院提出申请确认人民调解协议。

重复考查过的其他类似题目

216

关于人民调解委员会的性质，下列说法正确的是：（2023-回忆版-单）

A. 具有法定性，应严格依据实体法的内容制作调解协议

B. 具有强制性，可根据调解协议申请强制执行

C. 具有公权性，行使国家公权力

D. 具有程序性，应按照合法的调解程序进行调解

精析与思路

本题比较基础，涉及对人民调解委员会性质的判断，考查的考点非常集中。在我们的考试中，借助于两种力量（人民调解和商事仲裁）形成的救济方式都属于社会救济，相应地，人民调解委员会和仲裁委员会均属于社会机构，而不属于事业单位或者国家行政机关。要注意的是，这里的仲裁委员会不同于劳动仲裁委员会。劳动仲裁委员会的具体办事机构是劳动（人事）争议调解仲裁院（也有称仲裁委办公室），是全额拨款或参照公务员管理的事业单位，其职能是受理、调解、裁决劳动者与用人单位之间发生的劳动关系、工资保险、工伤赔偿、辞退补偿等劳动争议案件，是不收费的，其正式工作人员属事业编制的性质，由财政发工资。

因此，B、C选项就可以排除了。因人民调解委员会不是行政主体，自然不行使国家公权力，也不能制作出具有强制执行力的人民调解协议。其制作的人民调解协议仅具备合同效力。而A选项也不正确。调解要恪守的原则是自愿、合法，只要当事人的意思表示真实，且不违反法律的禁止性规定，那么调解协议就是有效的。在调解的过程中，并不需要严格受到实体法的局限。当事人可以放弃、变更实体法中规定的自己享有的权利，也可以采用替代性的方式实现自己的纠纷解决目标。因此，严格依据实体法的内容制作调解协议的说法是不准确的。那就只有D选项是正确的。调解的过程也是纠纷解决的过程，必须遵守法定的程序规则。

参考答案 D

217

原告被被告侵权致残后，双方达成人民调解协议并请求法院予以了司法确认。协议履行后原告始知，当时的伤残鉴定等级评得过低，使其所获赔偿过低。现原告因此（以重大误解为由）向原审法院申请撤销确认人民调解协议的裁定。法院的正确做法是：（2019-回忆版-单）

A. 应当告知其向上一级法院申请再审

B. 违反一事不再理原则，裁定不予受理

C. 适用简易程序

D. 适用特别程序

精析与思路

这道题目考查的内容并不复杂，考查的知识点也算不上艰深，只是考查的视角和题目的描述相对比较新颖，所以给同学们造成了答题上的障碍。

题目当中描述，双方当事人达成了人民调解协议，并且就人民调解协议作了司法确认。根据我们已知的知识，法院对人民调解协议进行司法确认，出具的是裁定书。若当事人没有对调解协议进行司法确认，人民调解协议则只具备合同效力；若一方当事人不履行调解协议，对方当事人完全可以依据人民调解协议，向法院起诉要求对方履行或者承担违约责任。此时，一方当事人完全可以以重大误解为由进行抗辩，主张合同（该调解协议）可撤销，以此救济自己的相关权利。

但是这道题并不是以上我们所讲的情形，在本题中，双方当事人已经申请法院对人民调解协议进行了司法确认，出具了相应的裁定书，如果当事人认为调解协议的内容并不符合自愿、合法原则，此时应当撤销的并不是人民调解协议，而应当是法院予以确认的裁定书。怎样撤销掉法院作出的裁定书呢？

根据《民诉解释》第 372 条的规定，适用特别程序作出的判决、裁定，当事人、利害关系人认为有错误的，可以向作出该判决、裁定的人民法院提出异议。人民法院经审查，异议成立或者部分成立的，作出新的判决、裁定撤销或者改变原判决、裁定；异议不成立的，裁定驳回。对人民法院作出的确认调解协议、准许实现担保物权的裁定，当事人有异议的，应当自收到裁定之日起 15 日内提出；利害关系人有异议的，自知道或者应当知道其民事权益受到侵害之日起 6 个月内提出。也就是说，因为确认调解协议案属于典型的非讼程序，所以不能够使用 A 选项或者 C 选项表述的方式进行救济，即既不能适用解决纠纷的简易程序，也不能够对此进行再审。而本案件是针对法院作出的确认裁定提出异议，并不是要求法院解决一个新纠纷，因此，不存在一事不再理的问题，所以 B 选项不当选。故只能选择 D 选项，即当事人认为法院依据特别程序作出的裁定有错误的，可以向法院提出异议，要求法院撤销掉错误裁定并作出正确的裁定，法院在判断该裁定是否正确的时候，依然适用特别程序进行审查。

参考答案 D

218

李云将房屋出售给王亮，后因合同履行发生争议，经双方住所地人民调解委员会调解，双方达成调解协议，明确王亮付清房款后，房屋的所有权归属王亮。为确保调解协议的效力，双方约定向法院提出司法确认申请，李云随即长期出差在外。下列哪些说法是正确的？（2015/3/45-多）

A. 本案系不动产交易，应向房屋所在地法院提出司法确认申请

B. 李云长期出差在外，王亮向法院提出确认申请，法院可受理

C. 李云出差 2 个月后，双方向法院提出确认申请，法院可受理

D. 本案的调解协议内容涉及物权确权，法院不予受理

精析与思路

这道题同样考查的是确认人民调解协议的程序规定，双方当事人可以在调解协议生效后 30 日内，共同向当事人住所地、标的物所在地、

调解组织所在地的基层人民法院申请确认人民调解协议。参见法条依据（1）。所以，可以轻易排除 B、C 两个选项：

B 选项错在单方申请，应双方当事人共同向法院提出申请，否则法院不予受理。

C 选项错在已经过了申请确认的期限，申请确认的期限只有 30 天，现在当事人已经出差 2 个月，显然已经过期。

A 选项在 2021 年《民事诉讼法》修正后变成了正确选项，如前所述，要确认人民调解协议的效力，应由当事人双方向当事人住所地、标的物所在地、调解组织所在地的基层人民法院提出。

D 选项考查了一个特殊的知识点，法院对涉及身份关系确认或解除，物权、知识产权确权纠纷的人民调解协议不予确认。参见法条依据（2）。本案中的调解协议涉及房屋所有权归属的物权问题，所以，法院不应受理该确认调解协议的申请。D 选项正确。

本题原来是单选题，现在答案为 AD。

参考答案 AD（司法部原答案为 D）

法条依据

（1）《民事诉讼法》第 205 条：经依法设立的调解组织调解达成调解协议，申请司法确认的，由双方当事人自调解协议生效之日起 30 日内，共同向下列人民法院提出：①人民法院邀请调解组织开展先行调解的，向作出邀请的人民法院提出。②调解组织自行开展调解的，向当事人住所地、标的物所在地、调解组织所在地的基层人民法院提出；调解协议所涉纠纷应当由中级人民法院管辖的，向相应的中级人民法院提出。

（2）《民诉解释》第 355 条：当事人申请司法确认调解协议，有下列情形之一的，人民法院裁定不予受理：①不属于人民法院受理范围的；②不属于收到申请的人民法院管辖的；③申请确认婚姻关系、亲子关系、收养关系等身份关系无效、有效或者解除的；④涉及适用其他特别程序、公示催告程序、破产程序审理的；⑤调解协议内容涉及物权、知识产权确权的。人民法院受理申请后，发现有上述不予受理情形的，应当裁定驳回当事人的申请。

陷阱与规律

并不是所有的调解协议都能够申请法院确认，法院调解协议和其他调解协议，就不存在申请法院确认的制度规定。并非所有的人民调解协议都能申请法院确认，特别复杂的案件，如涉及身份关系确认或解除，物权、知识产权确权纠纷的人民调解协议，法院就不予确认。

一句话背诵

应由双方当事人在调解协议生效后 30 日内向当事人住所地、标的物所在地、调解组织所在地的基层法院申请确认。达成的涉及物权确权纠纷的人民调解协议，法院不予确认。

核心考点114 ▶ 实现担保物权案

★★★★★

219

甲公司与银行订立了标的额为 8000 万元的贷款合同，甲公司董事长美国人汤姆用自己位于 W 市的三套别墅为甲公司提供抵押担保。贷款到期后甲公司无力归还，银行向法院申请适用特别程序实现对别墅的抵押权。关于本案的分析，下列哪一选项是正确的？（2014/3/44-单）

A. 由于本案标的金额巨大，且具有涉外因素，银行应向 W 市中院提交书面申请

B. 本案的被申请人只应是债务人甲公司

C. 如果法院经过审查，作出拍卖裁定，可直接移交执行庭进行拍卖

D. 如果法院经过审查，驳回银行申请，银行可就该抵押权益向法院起诉

精析与思路

本题是对实现担保物权案的综合考查。

其中 A 选项考查的是实现担保物权案的管辖。实现担保物权属于特别程序中的一种，从性质上看属于非讼程序，所有适用特别程序的案件都是由基层法院管辖的，即使本案的标的额巨大，且具有涉外因素，银行仍然应当向基层法院提出申请。所以，A 选项是错误的。参见

法条依据（1）。

B 选项考查的是实现担保物权案的当事人。实现担保物权的申请人应当是担保物权人或者其他有权请求实现担保物权的人，实现担保物权的被申请人主要是被拍卖、变卖财产的所有权人。在本案中，银行要求拍卖、变卖美国人汤姆的三套别墅，因此本案的申请人是银行，被申请人是别墅的所有权人——美国人汤姆。所以，B 选项是错误的。

C 选项考查的是实现担保物权案的裁定的执行问题。移送执行，是指人民法院的裁判发生法律效力后，由审理该案的审判人员将案件直接交付执行人员执行，从而开始执行程序的行为。移送执行只能适用于特殊的案件（**具体案件类型见下面“陷阱与规律”部分**），绝大多数案件都是应当由债权人向法院申请才能启动执行程序的。因此实现担保物权案的裁定，也应当由当事人向法院提出申请后，法院才能开始执行，并不是由法院依职权开始执行的。所以，C 选项是错误的。参见法条依据（2）。

D 选项中，一旦被申请人对担保物权提出实质异议，实现担保物权程序即告终结。这是因为，实现担保物权案属于非讼程序，无法解决纠纷，只要双方当事人之间出现了纠纷，就只能向法院起诉。所以，D 选项是正确的。

参考答案 D

法条依据

（1）《民事诉讼法》第 207 条：申请实现担保物权，由担保物权人以及其他有权请求实现担保物权的人依照民法典等法律，向担保财产所在地或者担保物权登记地基层人民法院提出。

（2）《民事诉讼法》第 208 条：人民法院受理申请后，经审查，符合法律规定的，裁定拍卖、变卖担保财产，当事人依据该裁定可以向人民法院申请执行；不符合法律规定的，裁定驳回申请，当事人可以向人民法院提起诉讼。

陷阱与规律

应由法院的审判庭主动移送（移交）到法院的执行局，由法院主动执行的案件有：

（1）具有给付赡养费、扶养费、抚养费内容的法律文书；

（2）民事制裁决定书；

（3）刑事附带民事判决、裁定、调解书；

（4）环境民事公益诉讼的裁判。

一句话背诵

申请实现担保物权案，应以被执行财产的人为被申请人，向基层法院（一律基层）提出申请。无争议的，申请人可以申请执行拍卖、变卖裁定；有争议的，申请人可以向法院起诉。

督促程序

核心考点 115 ▶ 申请支付令的条件

★★★★

220

甲公司向乙公司借款 2000 万元，由丙公司为债务人甲公司提供保证。还款期限届满后，甲公司没有还款，乙公司申请法院对甲公司发出了支付令。在法定的异议期限内，甲公司未对支付令提出异议；异议期满后，乙公司又向其他法院起诉保证人丙公司承担保证责任。据此，下列说法正确的是：（2019-回忆版-单）

A. 支付令对甲公司、丙公司有约束力

B. 支付令对甲公司有约束力，对丙公司没有约束力

C. 债权人就担保关系单独提起诉讼的，支付

令自人民法院受理案件之日起失效

D. 构成重复起诉

精析与思路

本题考查的是督促程序的相关规定，考查的内容相对比较传统，认真学过此部分的同学应该都可以答对。

A选项和B选项考查的是支付令的效力。我讲过，支付令只对接受送达的当事人生效。而在本案中，乙公司只向甲公司发出了支付令，没有向丙公司发出支付令，支付令当然只送给了甲公司，而没有送给丙公司。因此支付令只对甲公司有约束力，对丙公司没有约束力。所以B选项正确，A选项错误。

然后要讨论，乙公司起诉的法律效果问题。也就是，若债权人申请支付令，督促程序启动后、支付令异议期届满前，债权人又向其他法院起诉，就表明债权人已经放弃了通过督促程序救济自己权利的可能，打算通过诉讼程序救济自己的权利。这是或督促或起诉原则的基本要求。为什么不让两个程序同时启动呢？因为一个权利不应该同时获得两次救济，这也是出于节约司法资源的考虑。因此，督促程序启动后、支付令产生强制执行力之前，债权人若又起诉，就会终结督促程序，支付令失效。

但这道题不是这样。本题中，是在异议期过后，债权人才起诉的担保人。你要注意，异议期过后，支付令已经产生强制执行力了。所以，不存在支付令失效的问题。如果此时债权人再起诉债务人，显然已经没有必要，也就是没有诉的利益，法院不会受理。但本题中，债权人起诉的不是债务人，而是担保人，既然主体不同，也就谈不上构成重复起诉的问题。所以，C、D选项错误。

参考答案 B

核心考点116 ▶ 债务人异议条件

★★★★

221 >>>

甲公司购买乙公司的产品，丙公司以其房产为甲公司提供抵押担保。因甲公司未按约支付120万元货款，乙公司向A市B县法院申请支付令。法院经审查向甲公司发出支付令，甲公司拒绝签收。甲公司未在法定期间提出异议，而以乙公司提供的产品有质量问题为由向A市C区法院提起诉讼。关于本案，下列哪些表述是正确的？（2017/3/83-多）

A. 甲公司拒绝签收支付令，法院可采取留置送达

B. 甲公司提起诉讼，法院应裁定中止督促程序

C. 乙公司可依支付令向法院申请执行甲公司的财产

D. 乙公司可依支付令向法院申请执行丙公司的担保财产

精析与思路

督促程序当中最常考的两个点：①支付令该怎样发出？②该怎样对支付令提出异议？这两个考点在下面的真题当中反复考查过。

支付令发出后必须能够送达给债务人，如果无法送达给债务人，则无法督促其还债。在债务人没有接到支付令的情况下，自然就没有机会提出异议，如果此时赋予支付令强制执行力，对债务人是非常不公平的。

基于这个原因，支付令是不允许公告送达的，因为公告送达是一种拟制送达，在绝大多数情况下，债务人是无法看到支付令的。但是对支付令可以适用留置送达，在留置送达的情况下，债务人其实是可以看到支付令的。所以，A选项正确。

B选项考查的是债务人对支付令提出异议的方式，债务人应当在异议期内对债权债务关系本身提出异议或者就该债权债务纠纷向发出支付令的法院起诉。本题中，发出支付令的是A市B县法院，甲公司没有在法定期间提出异议，却向A市C区法院提起诉讼。这就说明，甲公司既没有提出有效异议，也没有向发出支付令的法院起诉，应当认定甲公司没有提出有效的支付令异议。所以，法院裁定中止督促程序的

做法是错误的。需要说明的是，即使甲公司提出了有效的异议，法院也应裁定终结督促程序，而不是中止督促程序。所以，B 选项错误。参见法条依据（1）。

正因为甲公司没有提出有效的异议，支付令在 15 天之后就会产生强制执行力，乙公司可依支付令申请执行甲公司的财产。所以，C 选项正确。

D 选项错误。这是因为，支付令必须送达给被申请人，而本案中只向债务人甲公司送达了支付令，却没有向担保人丙公司送达支付令，所以，支付令对丙公司是没有效力的，不能执行丙公司的担保财产。参见法条依据（2）。简单来说就是，想让支付令对谁产生效力，就必须保证支付令能送达给谁。

参考答案 AC

法条依据

（1）《民诉解释》第 431 条第 1 款：债务人在收到支付令后，未在法定期间提出书面异议，而向其他人民法院起诉的，不影响支付令的效力。

（2）《民诉解释》第 434 条第 1 款：对设有担保的债务的主债务人发出的支付令，对担保人没有拘束力。

陷阱与规律

督促程序启动后：

（1）若债权人起诉（向哪个法院起诉都可以），则说明债权人放弃适用督促程序，打算适用诉讼程序解决纠纷，此时督促程序终结；

（2）若债务人起诉（必须向发出支付令的法院起诉），则说明债务人和债权人之间发生了争议，无法再适用督促程序，此时督促程序终结，应转入诉讼程序。

一句话背诵

支付令不能够公告送达，但可以留置送达；债务人可以提出异议或者向发出支付令的法院起诉；没有接到支付令的案外人，不能作为被执行人。

222 »»

A 申请甲法院向 B 发出支付令，B 收到支付令后提出异议，称自己愿意清偿，但希望和 A 进一步协商，延缓 3 个月进行支付。5 天后，B 又口头告知甲法院，称 A 交付的货物质量存在瑕疵，欲提起诉讼要求 A 承担违约责任。4 天后，B 向乙法院起诉。关于本案，下列哪一选项是正确的？（2020－回忆版－单）

A. 因 B 提出异议，支付令失效

B. 因 B 口头向甲法院要求起诉，支付令失效

C. 甲法院裁定终止督促程序，移送乙法院

D. 支付令继续有效

精析与思路

本题的回忆版本来就是一道多重考点的题，但我在复盘的时候觉得有些信息不太合理，就改造了一下。经过我的改造，这道题更闹心了。

我们要整明白几个事：首先，提出支付令异议的时间限制，只有 15 天的时间。法条依据是《民事诉讼法》第 227 条第 2 款：债务人应当自收到支付令之日起 15 日内清偿债务，或者向人民法院提出书面异议。其次，向谁、怎么提出异议？应当向发出支付令的法院提出书面异议。法条依据是《民诉解释》第 431 条：债务人在收到支付令后，未在法定期间提出书面异议，而向其他人民法院起诉的，不影响支付令的效力。债务人超过法定期间提出异议的，视为未提出异议。再次，异议的内容应该是什么？应该针对债权债务关系本身提出异议。也就是说，对债务本身的主体、种类、数额、清偿期等提出异议。《民诉解释》第 436 条规定，债务人对债务本身没有异议，只是提出缺乏清偿能力、延缓债务清偿期限、变更债务清偿方式等异议的，不影响支付令的效力。人民法院经审查认为异议不成立的，裁定驳回。债务人的口头异议无效。最后，还需要注意，《民事诉讼法》第 225 条规定了法院发出支付令的基本条件：债权人请求债务人给付金钱、有价证券，符合下列条件的，可以向有管辖权的基层人民法院申请支付令：①债权人与债务人没有其他债务纠纷的；②支付令能够送达债务人的。申请书应当

写明请求给付金钱或者有价证券的数量和所根据的事实、证据。由此可知，若债务人针对和债权人之间还有其他债权债务纠纷提出异议，就相当于否定了法院发出支付令的正当性，也属有效异议。

回到本题，A 选项中，提出希望变更履行时间，并不构成对债权债务关系本身的异议；B 选项，虽然主张还有其他纠纷构成有效异议，但问题是，口头形式无效。二者均不构成有效的债务人异议，不会导致支付令失效。故 A、B 选项错误。

若债务人未提出异议，而是向作出支付令的法院起诉，也可以视为债务人的异议，支付令失效，法院会裁定终止督促程序。但是本题中需注意，债务人不是向作出支付令的法院起诉，而是向其他有管辖权的法院起诉，因此支付令未失效，督促程序应继续进行。故 C 选项错误，D 选项正确。

参考答案 D

223 >>>

甲向法院申请作出支付令，支付令的内容是让乙支付欠款 50 万元和利息 2 万元。支付令作出后，乙主张自己已经偿还了 30 万元。关于甲的请求，下列可以得到法院支持的是：（2021-回忆版-单）

A. 要求乙归还 20 万元欠款和 2 万元利息
B. 要求乙归还 20 万元欠款
C. 要求乙归还 2 万元利息
D. 应当转为诉讼程序审理

精析与思路

这道题我觉得超级不容易做对。首先说依据，《民诉解释》第 432 条规定，债权人基于同一债权债务关系，在同一支付令申请中向债务人提出多项支付请求，债务人仅就其中一项或者几项请求提出异议的，不影响其他各项请求的效力。这个我上课也说过，就是如果只对一部分有异议，且这部分和无异议的部分是可以分开的，那么就只有有异议部分的支付令请求会失效，其他没异议的部分不会失效。但是问题是，本题的情况有点复杂。因为本案中的本金请求和利息请求虽说属于多项请求，但二者之间具有牵连性。如果乙认为本金已经不欠那么多了，利息自然就会相应减少哇！所以，相当于乙也不认可自己欠 2 万元利息。因此，乙对 30 万元本金部分和利息部分都有异议，这部分是不能依据支付令要求执行的。同时，没有争议的 20 万元是可以要求给付的。所以，支付令并非全部失效，也并非只能通过转为诉讼程序解决。还要注意，如果提出异议部分和其他部分无法分开（不可分之债），支付令才会整体无效。B 选项当选。

参考答案 B

重复考查过的其他类似题目 ★

224 >>>

单某将八成新手机以 4000 元的价格卖给卢某，双方约定：手机交付卢某，卢某先付款 1000 元，待试用 1 周没有问题后再付 3000 元。但试用期满卢某并未按约定支付余款，多次催款无果后单某向 M 法院申请支付令。M 法院经审查后向卢某发出支付令，但卢某拒绝签收，法院采取了留置送达。20 天后，卢某向 N 法院起诉，以手机有质量问题要求解除与单某的买卖合同，并要求单某退还 1000 元付款。根据本案，下列哪些选项是正确的？（2016/3/82-多）

A. 卢某拒绝签收支付令，M 法院采取留置送达是正确的
B. 单某可以依支付令向法院申请强制执行
C. 因卢某向 N 法院提起了诉讼，支付令当然失效
D. 因卢某向 N 法院提起了诉讼，M 法院应当裁定终结督促程序

精析与思路

这道题的考点与 2017 年卷三第 83 题几乎是一样的。

首先，支付令是可以留置送达的，所以 A 选项正确。参见法条依据（1）。

然后要讨论的是，卢某向法院起诉，是否构成有效异议。当然不构成！有两点理由：①我

们强调过，债务人向法院起诉的行为要构成有效异议，前提条件是必须向发出支付令的法院起诉，而本题中发出支付令的是 M 法院，卢某却是向 N 法院起诉，并不构成有效的支付令异议，因此，支付令并不会失效，督促程序也不应当终结，可以排除 C 选项和 D 选项。参见法条依据（3）。②你还可以很容易地发现，卢某 20 天后才起诉，即便其是向发出支付令的法院起诉，也已经过了异议期，支付令已经产生了强制执行力。

因为当事人没有提出有效的支付令异议，支付令在 15 天后就会产生强制执行力，债权人单某可以依据支付令向法院申请强制执行，所以 B 选项正确。参见法条依据（2）。

参考答案 AB

法条依据

（1）《民诉解释》第 429 条：向债务人本人送达支付令，债务人拒绝接收的，人民法院可以留置送达。

（2）《民事诉讼法》第 227 条：人民法院受理申请后，经审查债权人提供的事实、证据，对债权债务关系明确、合法的，应当在受理之日起 15 日内向债务人发出支付令；申请不成立的，裁定予以驳回。债务人应当自收到支付令之日起 15 日内清偿债务，或者向人民法院提出书面异议。债务人在前款规定的期间不提出异议又不履行支付令的，债权人可以向人民法院申请执行。

（3）《民诉解释》第 431 条：债务人在收到支付令后，未在法定期间提出书面异议，而向其他人民法院起诉的，不影响支付令的效力。债务人超过法定期间提出异议的，视为未提出异议。

陷阱与规律

并非债务人向法院起诉就构成有效异议。要成立有效异议，需满足两个条件：①起诉是为了对债权人和债务人的债权债务关系进行争议；②必须向发出支付令的法院提起诉讼。

一句话背诵

支付令可以留置送达，不能公告送达。应向发出支付令的法院提出支付令异议或向发出支付令的法院起诉，向其他法院提出异议或起诉不影响支付令的效力；逾期不提有效异议，支付令产生强制执行力。

225

黄某向法院申请支付令，督促陈某返还借款。送达支付令时，陈某拒绝签收，法官遂进行留置送达。12 天后，陈某以已经归还借款为由向法院提起书面异议。黄某表示希望法院彻底解决自己与陈某的借款问题。下列哪一说法是正确的？（2014/3/46-单）

A. 支付令不能留置送达，法官的送达无效

B. 提出支付令异议的期间是 10 天，陈某的异议不发生效力

C. 陈某的异议并未否认二人之间存在借贷法律关系，因而不影响支付令的效力

D. 法院应将本案转为诉讼程序审理

精析与思路

这道题与前两道题的考点大致类似。

支付令是可以留置送达的，所以 A 选项错误。参见法条依据（1）。

B 选项，提出支付令异议的期间是 15 天，陈某在第 12 天提出了书面异议，属于有效的支付令异议，所以 B 选项错误。参见法条依据（2）。

C 选项，陈某主张已经归还借款，是对债权债务关系本身提出的书面异议，属于有效异议。异议成立之后，支付令即失效，一旦支付令失效，督促程序终结，应当将督促程序转为诉讼程序审理，所以 C 选项错误，D 选项正确。参见法条依据（3）。

参考答案 D

法条依据

（1）《民诉解释》第 429 条：向债务人本人送达支付令，债务人拒绝接收的，人民法院可以留置送达。

（2）《民事诉讼法》第 227 条第 2 款：债务人应当自收到支付令之日起 15 日内清偿债务，

专题 42

或者向人民法院提出书面异议。

（3）《民事诉讼法》第228条：人民法院收到债务人提出的书面异议后，经审查，异议成立的，应当裁定终结督促程序，支付令自行失效。支付令失效的，转入诉讼程序，但申请支付令的一方当事人不同意提起诉讼的除外。

陷阱与规律

所谓针对债权债务关系本身提出异议，是指提出的异议的内容否定了债权债务关系的存在。这种异议可能主张债权债务关系从来没有存在过，也可能主张债权债务关系已经消灭，或者主张债权虽然成立，但是受到了限制，无法行使（如主张债权已经过了诉讼时效）。

一句话背诵

支付令可以留置送达；应针对债权债务关系本身在15天内提出异议；异议成立的，转为诉讼程序审理。

226

甲向乙借款20万元，丙是甲的担保人，现已到偿还期限，经多次催讨未果，乙向法院申请支付令。法院受理并审查后，向甲送达支付令。甲在法定期间未提出异议，但以借款不成立为由向另一法院提起诉讼。关于本案，下列哪一说法是正确的？（2015/3/47-单）

A. 甲向另一法院提起诉讼，视为对支付令提出异议

B. 甲向另一法院提起诉讼，法院应裁定终结督促程序

C. 甲在法定期间未提出书面异议，不影响支付令效力

D. 法院发出的支付令，对丙具有拘束力

精析与思路

本题核心的问题是债务人甲在法定期间内没有提出异议，但是向发出支付令的法院以外的其他法院提起诉讼，这种行为的效力是什么？我已经在前面两道题讲过，这种行为不构成有效的支付令异议，因此，也无法终结督促程序，不影响支付令生效。所以，A、B选项错误，C选项正确。参见法条依据（1）。

至于D选项涉及的考点，我们也练习过，想让支付令对谁生效，就必须向谁送达支付令。本案中只向甲送达了支付令，没有向丙送达支付令，支付令对丙是不产生效力的。所以，D选项错误。参见法条依据（2）。

参考答案 C

法条依据

（1）《民诉解释》第431条：债务人在收到支付令后，未在法定期间提出书面异议，而向其他人民法院起诉的，不影响支付令的效力。债务人超过法定期间提出异议的，视为未提出异议。

（2）《民诉解释》第434条：对设有担保的债务的主债务人发出的支付令，对担保人没有拘束力。债权人就担保关系单独提起诉讼的，支付令自人民法院受理案件之日起失效。

陷阱与规律

支付令异议成立，督促程序就会终结。因为督促程序属于非讼程序，不能解决纠纷，而债务人提出异议，就是和债权人就债权债务关系发生了争议。

一句话背诵

应向发出支付令的法院提出支付令异议或向发出支付令的法院起诉，向其他法院提出异议或起诉不影响支付令的效力；支付令只约束收到支付令的人。

核心考点117 ▶ 督促程序与诉讼程序的转化 ★★★★

227

胡某向法院申请支付令，督促彗星公司缴纳房租。彗星公司收到后立即提出书面异议称，根据租赁合同，彗星公司的装修款可以抵销租金，因而自己并不拖欠租金。对于法院收到该异议后的做法，下列哪些选项是正确的？（2013/3/84-多）

A. 对双方进行调解，促进纠纷的解决
B. 终结督促程序
C. 将案件转为诉讼程序审理，但彗星公司不同意的除外
D. 将案件转为诉讼程序审理，但胡某不同意的除外

精析与思路

本题考查的是督促程序和诉讼程序的转化。题目中，胡某向法院申请支付令，启动了督促程序。在异议期内（收到后立即提出，肯定在异议期内），被申请人彗星公司提出了异议。现在的问题是，“自己并不拖欠租金”这个主张是否构成有效的异议。其主张自己不欠租金，就是主张与债权人之间的债权债务关系已经消灭，是针对债权债务关系本身提出的异议。因此，属于有效异议。

现在问题就转化为，在异议期内，债务人提出有效异议的法律效果是什么。法律效果就是督促程序终结，因为出现了实质争议，应转为诉讼程序继续审理。因此，B 选项是正确的。注意，A 选项是错误的，督促程序作为一种非讼程序，是不允许调解的。参见法条依据（1）。

但是，若债权人放弃起诉的机会，不同意转为诉讼程序，则不再转化。题目中的债权人是胡某，因此，C 选项是错误的，D 选项是正确的。参见法条依据（2）。

参考答案 BD

法条依据

（1）《民诉解释》第 143 条：适用特别程序、督促程序、公示催告程序的案件，婚姻等身份关系确认案件以及其他根据案件性质不能进行调解的案件，不得调解。

（2）《民事诉讼法》第 228 条：人民法院收到债务人提出的书面异议后，经审查，异议成立的，应当裁定终结督促程序，支付令自行失效。支付令失效的，转入诉讼程序，但申请支付令的一方当事人不同意提起诉讼的除外。

陷阱与规律

民事诉讼法中常考的程序转化有两类：

（1）简易程序和普通程序的相互转化。适用简易程序的案件，可以通过当事人的异议或者法院的职权转为普通程序；适用普通程序的案件，可以通过当事人的协议，在法院同意后转为简易程序。

（2）督促程序和诉讼程序的相互转化。适用督促程序的案件，若出现了实质争议，应转为诉讼程序；适用诉讼程序的案件，若没有实质争议，且符合督促程序的适用条件，则可以转为督促程序。

督促程序不解决纠纷，不能调解，异议成立则转为诉讼程序，但债权人不同意的不转。

公示催告程序

核心考点 118 申请公示催告的条件 ★★★

228

甲公司财务室被盗，遗失金额为 80 万元的汇票一张。甲公司向法院申请公示催告，法院受理后即通知支付人 A 银行停止支付，并发出公告，催促利害关系人申报权利。在公示催告期间，甲公司按原计划与材料供应商乙企业签订购货合同，将该汇票权利转让给乙企业作为付款。公告期满，无人申报，法院即组成合议庭作出判决，宣告该汇票无效。

关于本案，下列哪些说法是正确的？（2015/3/85-多）

A. A银行应当停止支付，直至公示催告程序终结

B. 甲公司将该汇票权利转让给乙企业的行为有效

C. 甲公司若未提出申请，法院可以作出宣告该汇票无效的判决

D. 法院若判决宣告汇票无效，应当组成合议庭

精析与思路

本题是对公示催告程序规定的综合性考查。A、B选项考查的是通知止付行为的效力，一旦法院通知银行停止支付，涉案票据即被冻结，该票据不得流转（转让行为无效），银行也不得依据该票据向持票人支付。实质就是该票据上所有的权利都被暂时冻结了。所以，A选项正确；B选项错误，该票据转让行为无效。参见法条依据（1）。

C选项考查的是除权判决程序的启动。大家要注意，公示催告阶段和除权判决阶段都应当依申请人的申请启动。公告期届满之后，如果没有人申报权利或者申报权利被驳回，申请人应当在公告期满的1个月之内再次申请启动除权判决程序，若申请人不申请，法院是不可以依职权宣告该票据无效的。所以，C选项错误。参见法条依据（2）。

D选项考查的是公示催告程序的审判组织。公示催告程序分为两个阶段，公示催告阶段和除权判决阶段：公示催告阶段可以组成合议庭，也可以独任审理；但除权判决阶段必须组成合议庭。所以，D选项正确。参见法条依据（3）。

参考答案 AD

法条依据

（1）《民事诉讼法》第231条：支付人收到人民法院停止支付的通知，应当停止支付，至公示催告程序终结。公示催告期间，转让票据权利的行为无效。

（2）《民事诉讼法》第233条：没有人申报的，人民法院应当根据申请人的申请，作出判决，宣告票据无效。判决应当公告，并通知支付人。自判决公告之日起，申请人有权向支付人请求支付。

（3）《民诉解释》第452条：适用公示催告程序审理案件，可由审判员1人独任审理；判决宣告票据无效的，应当组成合议庭审理。

陷阱与规律

大家要注意，公示催告程序分为两个阶段，两个阶段都应当依申请启动，不可以由法院依职权启动。

两个阶段都存在着公告的要求，公示催告阶段的公告是为了通知权利人申报权利，除权判决阶段的公告是将除权判决的内容公布。

一句话背诵

通知止付后，票据即被冻结（不得付款、转让），直到程序结束。经当事人申请，法院应组成合议庭作出除权判决。

核心考点119 ▶ 申报权利 ★★★★

229 »»

海昌公司因丢失票据申请公示催告，期间届满无人申报权利，海昌公司遂申请除权判决。在除权判决作出前，家佳公司看到权利申报公告，向法院申报权利。对此，法院下列哪一做法是正确的？（2017/3/48-单）

A. 因公示催告期满，裁定驳回家佳公司的权利申报

B. 裁定追加家佳公司参加案件的除权判决审理程序

C. 应裁定终结公示催告程序

D. 作出除权判决，告知家佳公司另行起诉

精析与思路

本题考查的是公示催告程序的救济方法。

对于被申请公示催告的票据的利害关系人，有两种救济途径：①利害关系人看到公示催告程序的公告后，可以向发出公告的法院申报权利；②若利害关系人有正当事由，无法在公告期之内申报权利，可以在判决生效后的1年内向作出除权判决的法院起诉，要求撤销除权判决或

者确认自己的权利。参见法条依据（1）~（3）。

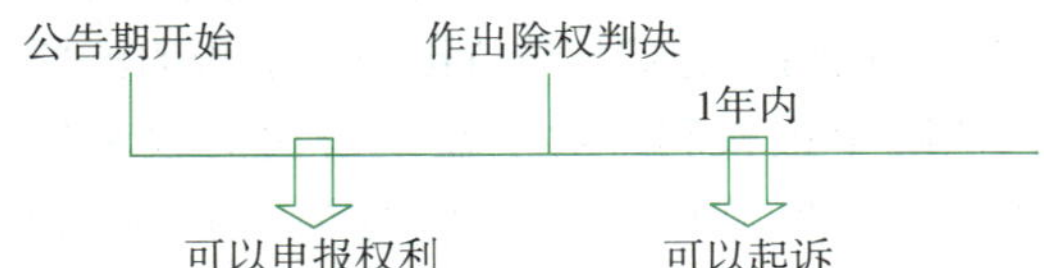

本题考查的就是在除权判决作出之前，利害关系人申报权利的相关程序规定。即使公示催告的公告期间已经届满，但只要在除权判决作出之前，利害关系人都可以申报权利。

但是大家要注意，公示催告程序属于非讼程序，不能够解决纠纷，因此一旦利害关系人进行权利申报，就相当于申请人和申报人之间产生了争议，此时应当终结公示催告程序，由申请人或者申报人另行起诉解决纠纷。因此，C 选项正确。

A 选项错在除权判决尚未作出，家佳公司还可以申报权利。B、D 选项错在一旦利害关系人申报权利，公示催告程序就无法继续进行，应当裁定终结。

参考答案 C

法条依据

（1）《民诉解释》第 448 条：在申报期届满后、判决作出之前，利害关系人申报权利的，应当适用民事诉讼法第 228 条（现为第 232 条）第 2 款、第 3 款规定处理。

（2）《民事诉讼法》第 232 条：利害关系人应当在公示催告期间向人民法院申报。人民法院收到利害关系人的申报后，应当裁定终结公示催告程序，并通知申请人和支付人。申请人或者申报人可以向人民法院起诉。

（3）《民事诉讼法》第 234 条：利害关系人因正当理由不能在判决前向人民法院申报的，自知道或者应当知道判决公告之日起 1 年内，可以向作出判决的人民法院起诉。

陷阱与规律

有两个常见陷阱，要提醒大家：

（1）申报权利不限于公告期间。

（2）利害关系人如果没有在公告期内申报权利，则可以在除权判决作出之后起诉；但若利害关系人在公告期内已经申报权利，除权判决作出后，该利害关系人就无权起诉了。

一句话背诵

在除权判决作出之前，利害关系人都可以申报权利；利害关系人申报权利成功，法院应裁定终结公示催告程序。

230

甲公司背书给乙公司一张承兑汇票用以支付货款，乙公司向银行提示付款时，发现该承兑汇票之前被丙公司向法院申请公示催告 60 日后，无人申报权利，法院已作出除权判决。乙公司如何救济？（2023-回忆版-多）

A. 把汇票退给甲公司，换其他方式支付

B. 申请再审

C. 提起第三人撤销之诉

D. 起诉丙公司请求赔偿损失

精析与思路

如果实打实硬碰硬地做，这道题本身难度并不小，我觉得它甚至可以被归入比较难的题目的范畴。但是，考试终归是考试，是有些科学蒙猜的成分在身上的。这就意味着，这道题你不用想得太明白，也可以做得对。你只要知道，除权判决本身属于通过非讼程序得到的法律文书，而适用非讼程序作出的法律文书既不能上诉，也不能申请再审，还不能通过第三人撤销之诉来救济。那这道题就很容易排除 B、C 选项，而这又是个多选题，那正确的选项就呼之欲出了。所以，只要跟上我讲解的节奏，做对这道题、得到分数本身并不难。

现在难就难在怎么扎实地理解这道题背后的法理。这道题涉及的情况其实是错综复杂的，而且需要分情况讨论。

首先，必须考虑票据权利的实现状态。即如果丙公司虽然得到了除权判决，但尚未要求承兑银行付款，或者承兑银行尚未付款，此时，按照民事诉讼法设定的程序救济即可，乙公司可以在知道或者应当知道除权判决作出之日起 1 年内向作出除权判决的法院请求撤销。

其次，在票据权利已经得到兑付的情况下，则需要考察申请法院作出除权判决的丙公司的主观状态。如果丙公司是恶意地催告——比如说，这张汇票本身就是丙公司签发给甲公司的，而甲公司又背书给了乙公司，然后丙公司又把这张汇票申请了公示催告并得到了除权判决。此时，还需要分情况讨论。如果丙公司已经获得了除权判决，而且已经依据除权判决要求承兑银行付款了，那么，票据权利已经兑现（你别管它兑现给了谁），乙公司就没有办法再继续主张票据权利，这就相当于丙公司对乙公司构成了侵权（类似于侵犯债权），乙公司可以起诉丙公司要求损害赔偿。D选项就脱颖而出了。而如果丙公司是善意的，那么，在票据权利得到兑付的前提下，乙公司就没有办法追究丙公司的责任。但乙公司的权利仍然未实现啊，此时怎么办呢？按照《票据法》的原理，此时乙公司的票据权利已经没有办法实现，那就只能将票据还给甲公司，然后按照基础法律关系，要求甲公司再换其他方式支付，这是比较合理的。所以，A选项也是正确的。

以上这些内容没有法律的明文规定，但也不完全是我的理论推理，因为《全国法院民商事审判工作会议纪要》中对相关问题是有过表态的，所以，我这也算是有理有据。

画个表格可以更为清晰明确地概括：

除权判决作出后，票据权利尚未兑现	利害关系人向法院起诉请求撤销	
除权判决作出后，票据权利已经兑现	催告并获得除权判决的人是善意的	利害关系人可以将票据还给背书转让人，要求其采用其他方式支付
	催告并获得除权判决的人是恶意的	利害关系人可以起诉催告申请人

参考答案 AD

★ 重复考查过的其他类似题目

231

大界公司就其遗失的一张汇票向法院申请公示催告，法院经审查受理案件并发布公告。在公告期间，盘堂公司持被公示催告的汇票向法院申报权利。对于盘堂公司的权利申报，法院实施的下列哪些行为是正确的？（2016/3/83-多）

A. 应当通知大界公司到法院查看盘堂公司提交的汇票

B. 若盘堂公司出具的汇票与大界公司申请公示的汇票一致，则应当开庭审理

C. 若盘堂公司出具的汇票与大界公司申请公示的汇票不一致，则应当驳回盘堂公司的申请

D. 应当责令盘堂公司提供证明其对出示的汇票享有所有权的证据

精析与思路

这道题考查的依然是申报权利的程序要求。

利害关系人向法院申报权利，须持票申报，法院对于利害关系人的申报，只进行形式审查。具体的审查方式是，通知申请人到法院查验票据，若申报人所持票据与申请人申请公示催告的票据一致，则认为申报成立。只要申报成立，就会终结公示催告程序。若票据不一致，则申报不成立，应驳回利害关系人的申报。所以A、C选项正确。参见法条依据。

B选项错在，若盘堂公司提交的票据和大界公司申请公示的汇票一致，则应终结公示催告程序，而不是继续开庭审理；D选项错在，法院对于票据只进行形式审查，并不要求盘堂公司提供相应证据，如果要求提供证据，那就是进行实质审查了。

参考答案 AC

法条依据

《民诉解释》第449条：利害关系人申报权利，人民法院应当通知其向法院出示票据，并通知公示催告申请人在指定的期间查看该票据。公示催告申请人申请公示催告的票据与利害关系人出示的票据不一致的，应当裁定驳回利害关系人的申报。

陷阱与规律

关于形式审查和实质审查，大家可以记住一

条规律，一般在非讼程序当中都是形式审查，实质审查一般存在于诉讼程序和执行程序当中。

例如，对于申请支付令的材料和支付令异议都只进行形式审查，对于公示催告程序申报权利时提供的票据也是形式审查。而对于管辖权异议、执行当中的案外人异议和执行行为异议都是进行实质审查。

一句话背诵

在公示催告程序中申报权利，应持票申报，法院不开庭审理，对票据进行形式审查，应通知申请人查验，票据一致就终结程序。

232

甲公司因票据遗失向法院申请公示催告。在公示催告期间届满的第 3 天，乙向法院申报权利。下列哪一说法是正确的？（2012/3/46-单）

A. 因公示催告期间已经届满，法院应当驳回乙的权利申报

B. 法院应当开庭，就失票的权属进行调查，组织当事人进行辩论

C. 法院应当对乙的申报进行形式审查，并通知甲到场查验票据

D. 法院应当审查乙迟延申报权利是否具有正当事由，并分别情况作出处理

精析与思路

从公告期开始到除权判决作出之前，都属于申报期，利害关系人都可以申报权利。在公示催告期间届满的第 3 天，乙申报权利的，不算过期，因此不构成迟延申报权利（过了申报期才属于迟延申报），所以 A、D 选项错误。参见法条依据（1）、（2）。

对权利申报的审查属于形式审查，只需要通知甲到场查验票据，若申报人持有的票据与申请公示催告的票据一致，则申报成立，所以 C 选项正确。参见法条依据（3）。

公示催告程序属于非讼程序，并不和诉讼程序一样进行证据调查，也不允许进行辩论，不允许调解。和诉讼程序不一样，公示催告程序不开庭审理，所以 B 选项错误。

参考答案 C

法条依据

（1）《民诉解释》第 448 条：在申报期届满后、判决作出之前，利害关系人申报权利的，应当适用民事诉讼法第 228 条（现为第 232 条）第 2 款、第 3 款规定处理。

（2）《民事诉讼法》第 232 条：利害关系人应当在公示催告期间向人民法院申报。人民法院收到利害关系人的申报后，应当裁定终结公示催告程序，并通知申请人和支付人。申请人或者申报人可以向人民法院起诉。

（3）《民诉解释》第 449 条：利害关系人申报权利，人民法院应当通知其向法院出示票据，并通知公示催告申请人在指定的期间查看该票据。公示催告申请人申请公示催告的票据与利害关系人出示的票据不一致的，应当裁定驳回利害关系人的申报。

陷阱与规律

非讼程序的特点就是，不能辩论，不能调解，不能上诉，不能申请再审，一般不开庭审理。

一句话背诵

公示催告程序中申报权利的时间是除权判决作出前，不限于公告期。对权利申报进行形式审查，不可以辩论。

专题 43

第十五讲 在线诉讼

在线诉讼

核心考点120 ▶ 在线诉讼的适用

★★★★

233 »»

程某起诉李某一案，程某同意线上审理，李某不同意线上审理。开庭当日，李某并未线上到庭，也未线下到庭。法院应如何处理？（2023-回忆版-多）

A. 对李某公告送达

B. 适用简易程序

C. 对程某线上开庭

D. 对李某缺席审判

精析与思路

这道题看上去比较新颖，但是其考查的仍然是我们对讲过的重点知识的综合运用。

在本题当中，考查的第一个知识点就是在线诉讼的适用条件。我反复强调，要适用在线诉讼，必须以当事人同意为前提，而在当事人一方同意、另一方不同意的情况下，对同意的一方可以进行线上审理，而对不同意的一方，则应按照传统的方式进行线下审理。所以，C 选项当选。

第二个重要的知识点是，在当事人不同意线上审理的时候，法院应进行线下审理。可是本题中，李某却没有线下到庭。李某属于本案的被告，题干当中描述的情况属于李某无正当理由拒不到庭。在本案当中，没有任何信息表明李某是必须到庭的当事人，法院依法对李某实施缺席审判即可。所以，D 选项当选。A 选项，因李某接到了开庭通知，但属于无正当理由拒不到庭，因此没必要对其再行公告送达，只需要缺席判决即可。所以，A 选项不当选。

B 选项，题干中并未说明本案案情是否简单，所以适用简易程序的说法也是不够准确的，不当选。

参考答案 CD

★ 重复考查过的其他类似题目

234 »»

甲在某网络平台购物后，因产品质量纠纷诉至杭州市某互联网法院。在审前阶段，甲明确表示同意线上开庭，但对方当事人主张自己的设备不支持，不同意线上开庭。法院应如何处理？（2022-回忆版-单）

A. 一方线上开庭，一方线下开庭

B. 因一方不同意，只能双方都线下开庭

C. 延期审理

D. 法院可依职权决定线上审理

精析与思路

这道题看上去考查了在线诉讼的问题，但实际上有一个隐藏的条件，考生如果没有发现，就很容易做错。大家首先会注意到的是在线诉讼。《人民法院在线诉讼规则》第 4 条是我重点讲的内容，该法条规定，人民法院开展在线诉讼，应当征得当事人同意，并告知适用在线诉讼的具体环节、主要形式、权利义务、法律后果和操作方法等。人民法院应当根据当事人对在线诉讼的相应意思表示，作出以下处理：①当事人主动选择适用在线诉讼的，人民法院可以不再另行征得其同意，相应诉讼环节可以直接在线进行；②各方当事人均同意适用在线诉讼的，相应诉讼环节可以在线进行；③部分当事人同意适用在线诉讼，部分当事人不同意的，相应诉讼环节可以采取同意方当事人线上、不同意方当事人线下的方式进行；④当事人仅主动选择或者同意对部分诉讼环节适用在线诉讼的，人民法院不得推定其对其他诉讼环节均同意适用在线诉讼。对人民检察院参与的案件适用在线诉讼的，应当征得人民检察院同意。上述法条可总结为一句话，在线诉讼适用于同意的当事人和同意的环节。也就是说，谁同意用谁用，谁不同意用谁不用。这样就容易错选 A 选项。

但是大家更应该注意到，本案是由互联网法院受理并审理的，这就与在一般地方法院适用在线诉讼审理案件有了本质的区别。互联网法院是必须进行线上审理的。就本题的案情而言，双方当事人因网络购物产生纠纷，怎能以自己不具备软硬件条件而拒绝线上审理呢？这也不符合一般生活逻辑。所以，本案的正确答案是 D 选项。

参考答案 D

235 »»

苏强起诉儿子苏明索要赡养费每月 3000 元，苏明表示没那么多钱。受理该案件的某法院是繁简分流试点法院，该法院可以如何审理？（2020-回忆版-多）

A. 经双方当事人同意可以视频审理

B. 本案应一审终审

C. 需经当事人同意，判决书中才可以不写明裁判理由

D. 经当事人同意可以不开庭审理

精析与思路

本题考查《民事诉讼程序繁简分流改革试点实施办法》的相关规定。这些内容我在理论卷中都讲过（分散在一审普通程序、小额诉讼程序、二审程序等章节中，不必费力去理论卷里找，下面我都会做回顾，如果你觉得陌生，那就是你忘记了），这种题目时效性极强，但是难度不大，而且将来进一步深入考查的概率不大，同学们做基本掌握即可。

首先，根据《民事诉讼程序繁简分流改革试点实施办法》第 23 条第 1 款的规定，人民法院开庭审理案件，可以采取在线视频方式，但符合下列情形之一的，不适用在线庭审：①双方当事人明确表示不同意，或者一方当事人表示不同意且有正当理由的；②双方当事人均不具备参与在线庭审的技术条件和能力的；③需要现场查明身份、核对原件、查验实物的；④人民法院认为存在其他不宜适用在线庭审情形的。因此，经过双方当事人同意，法院可以采取视频的方式进行审理，A 选项正确，当选。概括一下，都同意就可以视频审；一方同意，另一方不同意，可以同意的视频审，不同意的现场审。

其次，根据《民事诉讼程序繁简分流改革试点实施办法》第 5 条第 1 款的规定，基层人民法院审理的事实清楚、权利义务关系明确、争议不大的简单金钱给付类案件，标的额为人民币 5 万元以下的，适用小额诉讼程序，实行一审

终审。有的同学可能会说："哦吼！这不是追索赡养费案件吗？追索赡养费案件是身份诉讼啊，身份诉讼不能适用小额诉讼程序啊！"但是，你忽略了本题的案情属于身份关系清楚，仅在给付的数额、时间、方式上存在争议的追索赡养费案件，属于小额诉讼程序的适用范围。因此本案可以一审终审，B选项正确，当选。

再次，根据《民事诉讼程序繁简分流改革试点实施办法》第9条第2款的规定，对于案情简单、法律适用明确的案件，法官可以当庭作出裁判并说明裁判理由。对于当庭裁判的案件，裁判过程经庭审录音录像或者庭审笔录完整记录的，人民法院在制作裁判文书时可以不再载明裁判理由。因此，对于适用小额诉讼程序审理的案件，法院可以根据案件情况不在判决书中载明裁判理由，不需要经过当事人同意，C选项错误，不当选。

最后，我反复强调，只要是一审程序，都必须开庭审理。所以，小额诉讼程序仍然需要开庭审理，D选项错误，不当选。

参考答案 AB

刘鹏飞真题卷

核心考点121 ▶在线诉讼的程序规则

★★★★

236 ›››

外国人汤姆通过某网络平台向一中国人买了一件衬衫，双方因衬衫质量问题产生纠纷，遂起诉至某互联网法院。关于本案，下列说法正确的有：（2021-回忆版-多）

A. 可以决定线下审理

B. 可以电子送达判决书

C. 可以适用小额诉讼程序

D. 可以适用独任制审理

精析与思路

这道题以互联网购物纠纷为载体，做了一个小型的综合考查，有点萌萌哒。既然是互联网法院，当然必须在互联网上审理，不允许线下审理。虽然司法解释确实说过，根据当事人申请或者案件审理需要，互联网法院可以决定在线下完成部分诉讼环节。但那也仅限于部分环节，而非线下审理，所以，A选项是错误的。因本案有涉外因素，不得适用小额诉讼程序进行审理，但由于案情简单，采用独任制适用简易程序审理是符合程序规定的，所以，C选项是错误的，D选项是正确的。

但B选项特别提醒同学们注意，2021年《民事诉讼法》修正生效后，改变了不能采用电子方式送达判决书的要求，所以，B选项现在也就是正确的了。

本题原来是单选题，现在答案为BD。

参考答案 BD

第十六讲 民事执行程序

专题45 执行开始

低频考点122 ▶ 民事执行依据 ☆

本考点在近 10 年的真题中没有独立考查过，但大家仍需准确掌握理论卷中对相应知识的讲解。

低频考点123 ▶ 民事执行管辖 ☆☆

237 »»

A 市 B 区的甲公司和 C 市 D 区的乙公司签订买卖合同，约定发生纠纷就到 A 市的 A 仲裁委员会解决争议，向 A 市 B 区的法院申请执行。现甲公司就买卖合同向 A 仲裁委员会申请仲裁，A 仲裁委员会支持了甲公司的主张。后乙公司未履行仲裁裁决。经查，乙公司的财产在 C 市 E 区仓库。申请执行应由哪个法院管辖？（2023-回忆版-单）

A. C 市 D 区法院

B. C 市 D 区法院和 C 市 E 区法院

C. A 市 B 区法院

D. C 市中级法院

精析与思路

本题考查的知识点非常集中，目前看，这种难度的题在考试中就算是最简单的题目了。大家可以回忆起来，仲裁裁决的执行，属于非法院作出的文书的执行，应由被申请人住所地的中级法院（距离被执行人最近）和被执行财产所在地的中级法院（距离被执行财产最近）管辖。要注意，涉及仲裁裁决的执行，管辖的法院是中级法院而非基层法院。

那答案就只剩下 D 选项了。C 市中级法院是被执行人住所地法院，也是其财产所在地法院。这个题呀，可真是简单死个人了。

参考答案 D

核心考点124 ▶ 执行开始 ★★★★

本考点在近 10 年的真题中没有独立考查过，但大家仍需准确掌握理论卷中对相应知识的讲解。

执行阻却

核心考点125 ▶ 执行和解 ★★★★★

238 ›››

2021年8月1日，甲、乙买卖合同纠纷案判决生效。当日，甲、乙订立《支付协议》，约定乙2年内分期付款200万元。乙于2021年10月15日支付首期款50万元后，后续不再付款。2023年8月2日，甲向法院申请执行原判决，乙提出已过执行时效的异议。法院应如何处理？（2024－回忆版－单）

A. 不予受理，因双方已签订《支付协议》

B. 不予受理，因已过执行时效

C. 不予受理，告知另诉

D. 驳回乙的异议，执行原判决

精析与思路

这道题目看上去可能有点陌生，但是仔细将案情还原到我们讲过的知识，就能发现本题考查的是大家耳熟能详的知识点，即执行和解之后的法律效果。在本题当中，首先甲、乙二人买卖合同纠纷案的判决已经生效。这就说明本案可以进入到执行阶段，而在执行过程中，甲、乙订立的《支付协议》就应当被定性为执行和解协议。执行和解协议的内容是2年内分期付款200万元，时间范围就应当是2021年8月1日～2023年8月1日。期间届满之后，乙依然没有给付全部款项，也就是说，到2023年8月2日甲才能够确定乙拒绝履行执行和解协议。

另外，大家了解，一旦执行和解协议被拒绝履行，债权人有两条救济的路径：一方面，债权人可以向法院申请恢复执行原判决；另一方面，债权人可以依据执行和解协议向法院起诉，要求对方继续履行或者承担违约责任。本案中，显然当事人所选择的是申请恢复执行原判决，这在法律上是完全允许的。

但是有的同学会考虑到，申请恢复执行应当受执行时效的限制，如此，执行时效也应当自知或应知债务人不履行执行和解协议之日起计算2年。因此，本题中尚未经过执行时效。债权人向法院申请执行，法院依然应当受理，所以D选项驳回乙的异议，执行原判决才是应选项。

这样的一道题目考查的案情比较灵活，这就要求同学们能够将案情还原到我们学过的考点上，运用自己熟悉的知识，顺利解答问题。

参考答案 D

239 ›››

甲乙双方合同纠纷，经仲裁裁决，乙须偿付甲货款100万元，利息5万元，分5期偿还。乙未履行该裁决。甲据此向法院申请执行，在执行过程中，双方达成和解协议，约定乙一次性支付货款100万元，甲放弃利息5万元并撤回执行申请。和解协议生效后，乙反悔，未履行和解协议。关于本案，下列哪些说法是正确的？（2015/3/49－多）

A. 对甲撤回执行的申请，法院裁定中止执行

B. 甲可向法院申请执行和解协议

C. 甲可以乙违反和解协议为由提起诉讼

D. 甲可向法院申请执行原仲裁裁决，法院恢复执行

精析与思路

执行和解是执行中的高频考点，大家要注意掌握。

本题中，甲、乙在裁决执行阶段达成了和解协议，后来乙反悔，不履行协议。本题以此为基础，考查执行和解的效力。

对此问题，把握以下两点：

第一点，执行和解后，债权人可以撤回执行申请，也可以请求中止执行，两种法律效果可以由债权人二选一，并非必然发生某一种。本题中甲选择了撤回执行申请，则执行程序终结，

而非中止。参见法条依据（1）。所以 A 选项错误。

第二点，执行和解协议属于双方当事人自愿达成的协议，因此，没有强制执行力，但是具备合同效力。值得注意的是，新的司法解释中明确规定了当事人可以依据和解协议起诉的制度，起诉后的裁判结果将改变原执行根据。

正因如此，当债务人不履行和解协议时，债权人无法申请执行和解协议。为了实现权利，债权人可以申请法院恢复对原执行根据（本题中的执行根据是仲裁裁决）的执行，也可以以乙违反和解协议为由向法院起诉，要求乙继续履行和解协议或者承担违约责任。所以 B 选项错误，C、D 选项正确。参见法条依据（2）、（3）。

参考答案 CD（司法部原答案为 D）

法条依据

（1）《民事诉讼法》第 268 条：有下列情形之一的，人民法院裁定终结执行：①申请人撤销申请的；……

（2）《民事诉讼法》第 241 条：在执行中，双方当事人自行和解达成协议的，执行员应当将协议内容记入笔录，由双方当事人签名或者盖章。申请执行人因受欺诈、胁迫与被执行人达成和解协议，或者当事人不履行和解协议的，人民法院可以根据当事人的申请，恢复对原生效法律文书的执行。

（3）《最高人民法院关于执行和解若干问题的规定》第 9 条：被执行人一方不履行执行和解协议的，申请执行人可以申请恢复执行原生效法律文书，也可以就履行执行和解协议向执行法院提起诉讼。

陷阱与规律

特别值得说明的是，由于和解广泛地存在于诉前、诉中、执行中、仲裁中等多个阶段，和解协议这种法律文书也在各个阶段广泛出现。

但是和解协议不能作为结案的文书，其在任何情况下都不可能具备强制执行力。

《最高人民法院关于执行和解若干问题的规定》赋予了执行和解协议合同效力，如果债务人不履行执行和解协议，债权人既能申请执行原执行依据，也能就执行和解协议起诉。这是新法增设的考点，一定要记清。

还要注意，立法中从来没有承认过诉讼中的和解协议具备合同效力，也就是说，如果双方当事人在诉讼中达成了和解协议，和解协议的履行也全靠当事人自觉。一方当事人不履行和解协议，另一方当事人不可以以违约为由起诉不履行义务的当事人。

一句话背诵

执行和解后，可以申请中止执行，也可以撤回执行申请。和解协议没有执行力，债务人不履行和解协议的，债权人可以申请恢复对原执行根据的执行，也可以依据和解协议起诉对方当事人。

重复考查过的其他类似题目

240

甲、乙就借款纠纷在 A 区法院诉讼。甲胜诉后向乙住所地的 B 区法院申请执行，乙表示自己没现金，但是有一块祖传玉石可以抵债，后两人就该玉石达成了执行和解协议。该玉石交付给甲后，甲将其放在卧室欣赏。过了一段时间，甲发现自己的身体越来越差。后甲生病住院，发现该玉石有放射性，对人体有害。甲可以如何救济？（2023-回忆版-单）

A. 甲可直接向 B 区法院申请恢复强制执行

B. 甲可向 B 区法院起诉要求乙赔偿损失

C. 甲可向 B 区法院起诉申请撤销执行和解协议

D. 因乙违反诚信原则，甲可向 B 区法院申请再审

精析与思路

本题考查的内容比较明确且集中，就是考查执行和解协议的法律效力。

关于此问题要谨记三点：①如果双方当事人并非自愿达成和解协议，即一方当事人受到对方当事人的胁迫或者欺诈，此时才能向法院起诉申请撤销执行和解协议；②执行和解协议履行完毕之后，执行即告终结，债权人不能够再

专题 46

向法院申请恢复强制执行；③执行和解协议具备合同效力，当一方当事人迟延履行或者瑕疵履行时，对方当事人可以起诉，要求对方承担相应的违约责任。

那么，下面我们就可以结合本题的具体案情作出相应的回答。在本题当中，双方当事人自愿达成了执行和解协议。从题目所给的信息里无法发现存在着欺诈或者胁迫等违反当事人真实意愿的情况。因此，无法起诉申请撤销执行和解协议。C 选项不当选。D 选项当中，向法院申请再审，针对的是原审的判决书，而在本案当中，并不涉及原审的判决书存在错误的问题，因此，当然无法申请再审。可以排除 D 选项。由于双方当事人达成的执行和解协议已经履行完毕，此时无法向法院申请恢复强制执行。A 选项不当选。只有 B 选项当选，因为乙履行执行和解协议的时候，存在加害给付的情况（给甲造成了身体损伤），甲可以以此为由起诉要求对方承担赔偿责任。

参考答案 B

241

甲、乙发生纠纷，法院作出生效判决，判决乙向甲支付 100 万元。后因乙拒不履行，甲向法院申请强制执行该生效裁判。执行期间，甲、乙达成执行和解协议，约定乙 1 个月内向甲支付 90 万元。为了担保执行和解协议的履行，丙为该执行和解协议提供连带责任保证，丙承诺，若乙不履行，甲可以直接对其强制执行。后乙拒不履行该执行和解协议。甲可以如何救济？（2023-回忆版-多）

A. 向法院申请恢复执行

B. 直接申请强制执行丙的财产

C. 就执行和解协议起诉乙

D. 就执行和解协议起诉丙

精析与思路

本题是一个复合问题，因为在这个题目当中，既涉及执行和解，也涉及执行担保。其中，考查到的原理包括以下三条，需要同学们熟记：

（1）一旦达成执行和解协议，和解协议即具备合同效力。债务人拒不履行和解协议的，债权人可以依据执行和解协议起诉债务人，要求其承担违约责任。

（2）在上述情况下，债务人拒不履行和解协议的，债权人也可以向法院申请恢复强制执行原来的执行依据。

（3）执行担保成立后，债务人拒不履行执行和解协议的，此时，债权人申请恢复执行原来的执行依据时，可以执行债务人的财产，也可以直接执行担保人的财产，并把其列为被执行人，不需要也不允许再单独另诉担保人了。

综上所述，本题中，甲是债权人，乙是债务人，丙是担保人，大家将上述原理一套用，就能得到正确答案，A、B、C 选项都是可行的救济方法。但丙并不是执行和解协议中的义务人，只是担保协议中的担保人，甲不可以依据执行和解协议起诉担保人丙。

参考答案 ABC

242

乙从甲处借了一个价值 5 万元的古董花瓶，约定几天后返还，但约定时间到期后，乙并未返还花瓶。甲向法院起诉，要求乙返还该花瓶，法院判决支持甲的诉讼请求。经查，该花瓶已被打碎。双方协商后达成一致意见：乙另还一个花瓶给甲。后乙觉得自己亏了，又不打算将花瓶给甲。关于本案，下列说法正确的有：（2022-回忆版-多）

A. 甲可申请执行原判决

B. 甲可就赔偿另行起诉

C. 法院可支持甲就执行和解协议另诉

D. 法院可执行乙价值 5 万元的财产

精析与思路

这个问题在去年最后一个阶段的讲义里讲到了。本案中，法院判决乙向甲返还该古董花瓶，也就是说，判决中已经明确了花瓶这个特定物的所有权归属。作为具有给付性内容的判决，在执行的时候，该花瓶就成了唯一的执行标的物。但不幸的是，该执行标的物已经灭失，如果按照原判决继续执行的话，世界上也并没有这样的一个花瓶，执行的目的再也无法实现，真是令人悲伤。这时应该怎么办呢？双方当事人可以采用执行和解的方法，自愿协商改变履行的内容、履行的方式等，只要双方当事人的意思表示是真实的，执行和解协议的内容也是合法的，那么法律就是允许的。在对方当事人不履行执行和解协议的时候，债权人可以申请执行原生效判决，也可以就执行和解协议起诉，要求对方履行。本案中，甲、乙二人达成了执行和解协议，用一个新的花瓶替代原来的古董花瓶，但是在执行和解协议达成之后，乙拒绝履行，此时，甲可以选择就执行和解协议另诉，即要求乙向自己给付作为替代品的花瓶，或者要求乙承担违约责任。当然，此时甲也可以要求法院去执行已经生效的以给付古董花瓶为内容的判决，但是由于在本案当中，古董花瓶已经灭失，如果甲执意要求法院去执行这个已经灭失的花瓶，那么执行的目的将无法实现，此时，甲只能要求乙就该花瓶折价赔偿。而这个古董花瓶价值为多少呢？只能再次通过另诉解决，由法院确定这个花瓶的市场价值，然后就法院确定的价值金额，要求乙给付。此时的另诉，就类似于一个侵权纠纷了。

最后总结一下，这实际上是两个层次的问题：①原来的执行标的物已经灭失，权利如何实现的问题；②在标的物灭失，双方当事人达成了执行和解协议后，义务人拒绝履行该如何处理的问题。如果古董花瓶还在，而对方拒绝履行执行和解协议，那么当然可以申请执行原判决，去执行这个花瓶。但是问题是花瓶已经灭失了，所以 A 选项当中所说的申请执行原判决就无法实现了。至于 D 选项所说的法院可执行乙价值 5 万元的财产的做法是不合法的，因为法院没有作出过任何要求乙给付 5 万元的判决。因此，这个执行程序缺乏执行依据，无法启动。如果想启动该执行程序，就必须先作出要求乙给付 5 万元的判决，那就还需要另诉。综上，B、C 选项是正确的。

参考答案 BC

243

甲诉乙返还价值 50 万元的青花瓷，执行中发现该青花瓷已经被乙打碎了，甲、乙达成执行和解协议，内容为乙偿还甲 60 万元（其中 10 万元作为精神损失费）。后乙拒不履行和解协议，甲请求法院执行原先已经生效的判决。法院应如何处理？（2021－回忆版－多）

A. 执行乙价值 60 万元的财产

B. 告知甲依据执行和解协议另行起诉

C. 裁定终结执行

D. 执行乙价值 50 万元的财产

精析与思路

这道题有个法条依据，如果你知道，一下就能做出来；如果你不知道，按照我讲的原理一下子也能做出来。所以，你知道或不知道，答案就在那里，不悲不喜。

本题中，原来执行的是一个特定的标的物，它灭失了。但没关系，因为当事人达成了执行和解协议。执行和解协议履行完毕，就视为执行结束了。但问题是，当事人不履行和解协议。正常的逻辑是可以就和解协议另诉，要求对方给付 60 万元；也可以申请执行原判决。但是问题是，原判决已经无法执行下去（标的物没有了啊），那就只能把这个判决的执行程序终结，然后就和解协议起诉了，所以 B、C 选项当选。和解协议本身不能作为执行的依据，这个我强调过太多次了。

另外，刚才我说的那个依据是《最高人民法院关于人民法院执行工作若干问题的规定（试行）》第 41 条：生效法律文书确定被执行人交付特定标的物的，应当执行原物。原物被隐匿或非法转移的，人民法院有权责令其交出。原物确已毁损或灭失的，经双方当事人同意，可以折价赔偿。双方当事人对折价赔偿不能协商一致的，人民法院应当终结执行程序。申请执行人可以另行起诉。所以答案就是终结本判决的执行，告知当事人就和解协议另行起诉。实际上，法理和我刚才讲的是一模一样的。

参考答案 BC

244

张三和李四就一幅画签订了买卖合同，后出卖人李四得知张三即将把该画转卖给自己的

专题 46

仇人王五，于是不打算履行合同。张三起诉李四要求其履行合同，法院判决支持了张三的诉讼请求。进入执行程序后，李四把画撕毁，说可以退还画款100万元，此时买受人张三另主张违约金，双方无法达成一致意见。执行法院应如何处理？（2020-回忆版-单）

A. 终结执行程序，告知另诉

B. 中止执行程序，等待另诉结果

C. 终结本次执行

D. 可以继续执行100万元价款，违约金由当事人另诉

精析与思路

这个题难度不大，仅仅考查了一个非常非常小的知识点，我在理论卷中也讲授过。简要概括一下，就是本案中标的物毁损、灭失，双方当事人就折价补偿问题无法达成一致意见。这个时候该怎么做呢？

根据2020年12月修正的《最高人民法院关于人民法院执行工作若干问题的规定（试行）》第41条的规定，生效法律文书确定被执行人交付特定标的物的，应当执行原物。原物被隐匿或非法转移的，人民法院有权责令其交出。原物确已毁损或灭失的，经双方当事人同意，可以折价赔偿。双方当事人对折价赔偿不能协商一致的，人民法院应当终结执行程序。申请执行人可以另行起诉。这与《民诉解释》第492条规定的内容其实是一致的。《民诉解释》第492条规定，执行标的物为特定物的，应当执行原物。原物确已毁损或者灭失的，经双方当事人同意，可以折价赔偿。双方当事人对折价赔偿不能协商一致的，人民法院应当终结执行程序。申请执行人可以另行起诉。

这么做的主要原因在于，折价要求当事人同意，尊重当事人的处分权；当事人同意折价可以结束执行，有利于纠纷快速解决。而如果双方当事人无法就折价赔偿问题达成一致意见，那就需要在实体上进行判断，因此，要求当事人通过另诉解决。根据上述规定，因为执行标的物已经毁损、灭失，且双方当事人未就赔偿问题达成一致意见，因此应当终结执行，申请执行人可以另行起诉。A选项当选。

参考答案 A

245

甲诉乙返还10万元借款。胜诉后进入执行程序，乙表示自己没有现金，只有一枚祖传玉石可抵债。法院经过调解，说服甲接受玉石抵债，双方达成和解协议并当即交付了玉石。后甲发现此玉石为赝品，价值不足千元，遂申请法院恢复执行。关于执行和解，下列哪些说法是正确的？（2014/3/85-多）

A. 法院不应在执行中劝说甲接受玉石抵债

B. 由于和解协议已经即时履行，法院无须再将和解协议记入笔录

C. 由于和解协议已经即时履行，法院可裁定执行中止

D. 法院应恢复执行

精析与思路

本题依然考查执行和解的方式和效力。

进入执行程序后，由于纠纷已经解决完毕，所以不再允许法院进行调解，只允许双方当事人自愿和解，这就是执行和解制度。既然不允许法院调解，法院就不应该在执行程序中劝说甲接受玉石抵债。所以，A选项是正确的。

从形式上看，以书面形式或者口头形式达成和解协议都是合法的，和解协议并不要求必须以书面形式实现。但是，如果当事人达成了口头和解，为了记录双方当事人权利义务和方便证明，必须将口头和解协议记入执行笔录。所以，B选项是错误的。参见法条依据（1）。

和解协议履行完毕后，有两种法律效果：若和解协议无效或可撤销（包括权利人受欺诈或者被胁迫与对方当事人达成和解协议），和解协议履行完毕后，权利人依然有权申请恢复对原执行根据的执行；若和解协议不存在无效或可撤销的情况，一旦执行和解协议履行完毕，执行即告终结。

本题中，双方当事人达成和解协议后，权利人发现玉石为赝品，属于权利人被对方当事人所欺诈，该和解协议属于可撤销的和解协议。

新的司法解释对此问题作了进一步的规定——增设了对和解协议无效、可撤销的认定程序。当事人若认为执行和解协议存在无效、可撤销的情形，应先向法院起诉，由法院认定该协议无效或者由法院撤销该协议后，才能恢复原执行根据的执行。参见法条依据（2）。本题中，甲因受欺诈与乙达成和解协议，该和解协议属于可撤销的合同，该协议被撤销后，当事人申请法院恢复执行原执行根据的，法院应予以恢复。由于本题是以前的题目，所以，在表述上和现行法有一定差距。总体看，D选项是正确的。

需要说明的是，即使不存在欺诈、胁迫的情况，C选项中和解协议即时履行完毕后，法院也应当是裁定执行终结，而不是执行中止。所以，C选项是错误的。

参考答案 AD

法条依据

（1）《民事诉讼法》第241条：在执行中，双方当事人自行和解达成协议的，执行员应当将协议内容记入笔录，由双方当事人签名或者盖章。申请执行人因受欺诈、胁迫与被执行人达成和解协议，或者当事人不履行和解协议的，人民法院可以根据当事人的申请，恢复对原生效法律文书的执行。

（2）《最高人民法院关于执行和解若干问题的规定》第16条：当事人、利害关系人认为执行和解协议无效或者应予撤销的，可以向执行法院提起诉讼。执行和解协议被确认无效或者撤销后，申请执行人可以据此申请恢复执行。被执行人以执行和解协议无效或者应予撤销为由提起诉讼的，不影响申请执行人申请恢复执行。

陷阱与规律

在执行中不能调解，可以延伸出三个考点：①在执行中，法院不能劝说当事人妥协、谈判解决纠纷；②法院不得依据当事人的和解协议制作调解书；③应先通过诉讼要求法院撤销执行和解协议或确认执行和解协议无效，才能恢复对原执行根据的执行。

一句话背诵

执行中不可以调解，可以和解。口头和解协议必须记入笔录。无效或可撤销的执行和解协议履行完毕后，当事人要求法院将其撤销或确认其无效后，债权人可申请恢复对原执行根据的执行。

核心考点126 ▶ 执行担保 ★★★★

246 ›››

兴源公司与郭某签订钢材买卖合同，并书面约定本合同一切争议由中国国际经济贸易仲裁委员会仲裁。兴源公司支付100万元预付款后，因郭某未履约依法解除了合同。郭某一直未将预付款返还，兴源公司遂提出返还货款的仲裁请求，仲裁庭适用简易程序审理，并作出裁决，支持该请求。

由于郭某拒不履行裁决，兴源公司申请执行。郭某无力归还100万元现金，但可以收藏的多幅字画提供执行担保。担保期满后郭某仍无力还款，法院在准备执行该批字画时，朱某向法院提出异议，主张自己才是这些字画的所有权人，郭某只是代为保管。

如果法院批准了郭某的执行担保申请，驳回了朱某的异议，关于执行担保的效力和救济，下列选项正确的是：（2013/3/99-任）

A. 批准执行担保后，应当裁定终结执行

B. 担保期满后郭某仍无力偿债，法院根据兴源公司申请方可恢复执行

C. 恢复执行后，可以执行作为担保财产的字画

D. 恢复执行后，既可以执行字画，也可以执行郭某的其他财产

精析与思路

本题考查执行担保的相关规定。

执行担保存在的意义在于扩大可执行财产的范围，使得债权人的债权更有保障。关于执行担保，有两个必须掌握的理论问题：①执行担保成立的条件。执行担保成立的实质条件是，需要债务人提供担保和债权人同意；执行担保成立的形式条件则是，由法院作出暂缓执行的

专题46

裁定。②执行担保的效果。一旦执行担保成立，就会产生暂缓执行的法律效果。暂缓执行期满，债务人不履行债务的，可以直接执行担保财产或者保证人的财产。据此，A选项是错误的，执行担保成立后，法院应当暂缓执行，而非终结执行。

至于B选项，按照《执行担保规定》的规定，执行担保的担保期届满后，恢复执行原法律文书是为了实现债权人的利益。而民事诉讼中存在处分原则，债权人的处分权必须得到尊重。在债权人放弃执行权利时，法院不能越俎代庖，非要恢复执行。基于这样的考虑，《执行担保规定》规定，执行担保暂缓执行期满后，只能依申请方可恢复执行，而不允许法院依职权恢复执行。参见法条依据（1）。所以，B选项是正确的。这是由于立法修改导致真题答案发生的变化。

C、D选项是正确的。这个问题还比较复杂。按照《执行担保规定》的规定，担保期间应自暂缓执行期间届满之后开始计算。参见法条依据（2）。而担保期届满后，就不能执行保证人的财产或者案外人提供的担保财产。参见法条依据（3）。

陷阱与规律

进入执行程序 | 执行担保成立 | 暂缓执行期间（不得执行） | 担保期间（可以执行担保财产或债务人财产） | 担保期届满（不可以执行担保财产或保证人财产）

一句话背诵

执行担保成立后，暂缓执行。暂缓执行期满债务人不履行的，可依债权人申请恢复执行，可以直接执行担保财产或债务人财产。

低频考点127 ▶ 执行中止 ☆

本考点在近10年的真题中没有独立考查过，但大家仍需准确掌握理论卷中对相应知识的讲解。

本题中，字画是担保财产，理应不能被执行。但是，本题中的字画本身又属于债务人郭某的财产，而郭某作为债务人，其财产是可以被执行的。在这个意义上，字画是可以被执行的。所以，按照新法，依然可以得到C、D选项正确的结论。

参考答案 BCD（司法部原答案为CD）

法条依据

（1）《执行担保规定》第11条第1款：暂缓执行期限届满后被执行人仍不履行义务，或者暂缓执行期间担保人有转移、隐藏、变卖、毁损担保财产等行为的，人民法院可以依申请执行人的申请恢复执行，并直接裁定执行担保财产或者保证人的财产，不得将担保人变更、追加为被执行人。

（2）《执行担保规定》第12条第1款：担保期间自暂缓执行期限届满之日起计算。

（3）《执行担保规定》第13条：担保期间届满后，申请执行人申请执行担保财产或者保证人财产的，人民法院不予支持。他人提供财产担保的，人民法院可以依其申请解除对担保财产的查封、扣押、冻结。

低频考点128 ▶ 执行终结 ☆

247

公司根据判决请求法院执行，并要求法定代表人交出公章。执行时，法定代表人表示公章丢失，债权人和法定代表人无法沟通，陷入僵局。此时法院如何处理？（2024－回忆版－单）

A. 裁定终结执行

B. 与工商部门合作再发个公章

C. 组织调解，让法定代表人赔偿

D. 裁定终结本次执行

精析与思路

这道题的核心问题是，在执行公章的时候，公章丢失该如何处理？如何处理取决于如何定性。公章丢失就属于执行标的灭失。

执行标的灭失，是指在债权人申请执行的过程中，发现所要求执行的标的物因各种原因（如毁损、丧失、被转让等）已经不复存在。这种情况在民事诉讼中并不罕见，因此需要法律对此进行明确规定，以保障各方的权益。

这样，翻译一下，该案件的争议焦点为标的物在法院作出判决后毁损或者灭失，在执行程序中应如何采取救济措施。这个我也讲过，根据《民诉解释》第 492 条的规定，执行标的物为特定物的，应当执行原物。原物确已毁损或者灭失的，经双方当事人同意，可以折价赔偿。双方当事人对折价赔偿不能协商一致的，人民法院应当终结执行程序。申请执行人可以另行起诉。

所以，本案中，债权人无法和法定代表人协商一致，只能把这个无法继续的执行终结了（注意：是彻底终结，不是终结本次），再另诉要求赔偿。赔偿什么？自然是赔偿法定代表人丢了公章给债权人造成的麻烦、带来的损失啊。你可能想问公章怎么办？答：补办。

公章遗失后应如何补办？

第一，法定代表人要带身份证原件及复印件（身份证需正反面复印），如委托办理即受托人带好委托证明和工商营业执照副本原件及复印件到丢失地点所辖的派出所报案，领取报案证明。

第二，持报案证明原件及复印件、工商营业执照副本原件及复印件在市级以上每日公开发行的报纸上声明公章作废。

第三，自登报之日起公示 3 日后，持整张挂失报纸，工商营业执照副本原件、复印件，法定代表人身份证原件及复印件（身份证需正反面复印），法定代表人拟写并签名的丢失公章说明材料到公安部门办理呈批。经公安部门批准后，到指定的刻制印章的工厂或刻字社刻制，并提交其刻制印鉴的委托书。

当然这些就不是我们法考的内容了，上述补办方法看看热闹就行。

综上所述，本题 A 选项当选。

参考答案 A

248

判决生效后，甲向法院申请执行乙公司的财产，但是就在法院开始执行时，债务人乙公司被宣告破产。程序应如何进行？（2024-回忆版-单）

A. 裁定执行终结

B. 继续执行

C. 裁定把冻结的财产转给破产管理人

D. 裁定执行终结，再把冻结的财产转给破产管理人

精析与思路

这道题考查的是执行转破产的程序，难度不大。记住，执行中，债务人被受理破产申请的，就执行中止；债务人真的破产了，就执行终结，转入破产程序。

《企业破产法》第 19 条规定："人民法院受理破产申请后，有关债务人财产的保全措施应当解除，执行程序应当中止。"这意味着，一旦被执行人向人民法院提出破产申请且被受理，原本针对其财产的执行程序将立即中止。

《民诉解释》第 513 条第 1 款规定："被执行人住所地人民法院裁定受理破产案件的，执行法院应当解除对被执行人财产的保全措施。被执行人住所地人民法院裁定宣告被执行人破产的，执行法院应当裁定终结对该被执行人的执行。"所以，D 选项当选。

参考答案 D

重复考查过的其他类似题目

249

一审判决债务人偿还债权人 500 万元人民币，判决生效后，执行过程中法院裁定再审，同时裁定中止执行。再审中法院主持双方当事人达成调解协议，制作了调解书，双方签收后，一方不履行调解书。据此，程序该如何进行？（2019-回忆版-单）

专题 46

A. 原判决的执行应该终结
B. 应该就调解协议起诉
C. 恢复原判决的执行
D. 执行调解协议

精析与思路

这道题目考查到了执行和再审当中的基本原理。在执行过程中，法院对原执行根据启动再审，达成调解协议并制作调解书结案。要解决本题的关键在于理解此时原执行根据和调解书的效力。

在再审当中制作了新的调解书，原执行根据即被调解书取代，也就是说，一旦调解书经双方当事人签收生效，原执行根据视为自动撤销。这样，原执行根据被撤销后，执行无法继续进行，所以，执行就应该终结，这是我们讲过的执行终结的法定情形（还记得“两撤两死无能力”这个口诀吗?）。所以A选项当选。

B选项不当选。我们讲过，诉讼当中形成的调解协议和诉讼当中形成的和解协议是没有合同效力的，因此不能依据调解协议再起诉，要求对方当事人承担违约责任或者继续履行。另外本纠纷已经以调解协议和调解书的方式解决完毕，如果再就此纠纷形成的调解协议起诉，就构成了重复起诉，这也是不允许的。

最后还要注意，既然已经依据调解协议制作了调解书，调解书又具备给付性内容，直接申请法院执行调解书就可以了，完全没有必要就调解协议再行起诉，从这个意义上来讲，D选项本身也是错误的，不当选。在依据调解协议制作了调解书的情况下，我们只能够申请法院执行调解书，本案中的调解协议是双方当事人之间达成的私文书，并不具备强制执行力。

至于C选项“恢复执行”是错误的，不当选。这是非常好理解的，既然原执行根据已经视为撤销，就没有办法再申请法院恢复执行。

参考答案 A

专题47 执行救济

核心考点129 ▶ 对执行行为的救济

★★★★

250 法官要去某小区执行一辆汽车，物业公司因为法官没有携带执行通知书，以及物业规定必须通知业主，不让法官拖走地库中的该车。后面经法院院长批准，法官决定，对该小区物业公司罚款120万元。该小区物业公司可以用何种理由申请复议？（2021-模拟题-单）

A. 因为法官没有执行通知书，物业公司没有义务配合
B. 法院的罚款决定没有经过听证程序，因此违法
C. 物业公司没有主观上的恶意，不构成妨碍执行，因此不应罚款
D. 罚款金额过高，法官采取的执行措施违法

精析与思路

A选项不当选。本题实际考查的是对执行行为违法的救济问题，也包括执行程序开始的条件。你只需要牢记我给大家讲的，除了极个别情况下，都必须“先发通知后执行”。本案中，法院没有依法发出执行通知，不能对协助执行的物业公司处以强制措施。据此，物业公司可以针对执行行为违法向法院提出异议。法条依据参见《民诉解释》第188条：《民事诉讼法》第114条第1款第6项规定的拒不履行人民法院已经发生法律效力的判决、裁定的行为，包括：

①在法律文书发生法律效力后隐藏、转移、变卖、毁损财产或者无偿转让财产、以明显不合理的价格交易财产、放弃到期债权、无偿为他人提供担保等，致使人民法院无法执行的；②隐藏、转移、毁损或者未经人民法院允许处分已向人民法院提供担保的财产的；③违反人民法院限制高消费令进行消费的；④有履行能力而拒不按照人民法院执行通知履行生效法律文书确定的义务的；⑤有义务协助执行的个人接到人民法院协助执行通知书后，拒不协助执行的。也可以拓展到《民诉解释》第 493 条第 1 款，立法的精神是一致的。《民诉解释》第 493 条第 1 款规定，他人持有法律文书指定交付的财物或者票证，人民法院依照《民事诉讼法》第 256 条（现为第 260 条）第 2、3 款规定发出协助执行通知后，拒不转交的，可以强制执行，并可依照《民事诉讼法》第 117、118 条规定处理。其实你不用参考法条，记住我讲的就能做对题。法院没有先发通知后要求协助执行，因此，该执行行为违法，但是，物业公司应当向法院提出"异议"，而非直接提出"复议"。

B 选项没有法条依据。处以罚款并非必须经过听证程序。

C 选项不当选。妨碍执行的行为，是指在人民法院执行过程中，由被执行人或其他单位或个人故意实施的，以妨害人民法院顺利执行为目的，依照法律应当受到制裁的违法行为。也就是说，妨碍执行必须以被执行人或者协助执行人存在主观故意为前提。本题中，很多同学认为，法院没有发执行通知书，物业公司当然可以不配合，物业公司是没有主观恶意的。但是！！！！要注意啊！执行通知书一般而言是发给被执行人的。对于协助执行的物业公司，一般不需要对其发出执行通知书，向其发出的是协助执行通知书。所以，物业公司不应该以法院没有向其发出执行通知书为理由拒绝配合，否则完全可以认定其存在主观恶意。既然如此，法院对其适用强制措施就是合法的。

D 选项当选。此时物业公司申请复议的对象是法院作出的罚款决定。法条依据是《民事诉讼法》第 119 条：拘传、罚款、拘留必须经院长批准。拘传应当发拘传票。罚款、拘留应当用决定书。对决定不服的，可以向上一级人民法院申请复议 1 次。复议期间不停止执行。为什么说罚款金额过高呢？《民事诉讼法》第 118 条规定，对个人的罚款金额，为人民币 10 万元以下。对单位的罚款金额，为人民币 5 万元以上 100 万元以下。拘留的期限，为 15 日以下。被拘留的人，由人民法院交公安机关看管。在拘留期间，被拘留人承认并改正错误的，人民法院可以决定提前解除拘留。由此可见，罚款 120 万元，确实是过高了。

参考答案 D

重复考查过的其他类似题目

251

对于甲和乙的借款纠纷，法院判决乙应归还甲借款。进入执行程序后，由于乙无现金，法院扣押了乙住所处的一架钢琴准备拍卖。乙提出钢琴是其父亲的遗物，申请用一台价值与钢琴相当的相机替换钢琴。法院认为相机不足以抵偿乙的债务，未予同意。乙认为扣押行为错误，提出异议。法院经过审查，驳回该异议。关于乙的救济渠道，下列哪一表述是正确的？（2014/3/49-单）

A. 向执行法院申请复议

B. 向执行法院的上一级法院申请复议

C. 向执行法院提起异议之诉

D. 向原审法院申请再审

精析与思路

本题考查的是执行程序中的救济。做这种题目首先要分清，是对执行程序中执行行为的救济，还是对执行程序中执行标的的救济。对执行行为的救济，原因在于执行行为违反了法律规定；对执行标的的救济，原因在于执行标的的选择错误。

大家一定要注意审题，题目中已经明确说明"乙认为扣押行为错误，提出异议"，也就是说，本题中考查的是当事人对于扣押这种错误执行行为的救济方法。

再联想我们讲过的知识，认为执行行为违法的，当事人、利害关系人可以向执行法院提出书面异议；异议被驳回的，相关主体可以向上一级法院申请复议。我们称之为先异议、后复议模式。参见法条依据。

回到题目中，乙的执行行为异议被驳回，乙应该向执行法院的上一级法院申请复议。B选项正确。

参考答案 B

法条依据

《民事诉讼法》第236条：当事人、利害关系人认为执行行为违反法律规定的，可以向负责执行的人民法院提出书面异议。当事人、利害关系人提出书面异议的，人民法院应当自收到书面异议之日起15日内审查，理由成立的，裁定撤销或者改正；理由不成立的，裁定驳回。当事人、利害关系人对裁定不服的，可以自裁定送达之日起10日内向上一级人民法院申请复议。

陷阱与规律

这道题难度不大，但是要注意，当事人、利害关系人是向上一级法院，而不是向本级法院申请复议。《民事诉讼法》中向上一级法院申请复议的裁定只有两种，即执行管辖权异议的裁定和执行行为异议的裁定。

一句话背诵

认为执行行为违法，当事人、利害关系人可以向执行法院提出异议；异议被驳回后，可以向上一级法院申请复议。

核心考点130 ▶ 裁判有错误情况下对执行标的的救济

★★★★★

252 ›››

汤某设宴为母祝寿，向成某借了一尊清代玉瓶装饰房间。毛某来祝寿时，看上了玉瓶，提出购买。汤某以30万元将玉瓶卖给了毛某，并要其先付钱，寿典后15日内交付玉瓶。毛某依约履行，汤某以种种理由拒绝交付。毛某诉至甲县法院，要求汤某交付玉瓶，得到判决支持。汤某未上诉，判决生效。在该判决执行时，成某知晓了上述情况。对此，成某依法可采取哪些救济措施？（2017/3/77-多）

A. 以案外人身份向甲县法院直接申请再审

B. 向甲县法院提出执行异议

C. 向甲县法院提出第三人撤销之诉

D. 向甲县法院申诉，要求甲县法院依职权对案件启动再审

精析与思路

这道题考查的难度比较大，就是我所讲解的各种案外人权利救济制度的综合运用问题。要解决这类问题，同样要依靠扎实的知识记忆和清晰的解题思路。

首先，我们一起来分析诉讼主体。本案属于毛某诉汤某的买卖合同纠纷。因此，毛某是本案原告，汤某是本案被告，争议的诉讼标的物是一个玉瓶，而成某是玉瓶的所有权人，没有参加诉讼，成某属于典型的案外人。本案实质上考查的是案外人成某的救济方式。

然后，三步走，分别判断主体、裁判和阶段。

先是判断本案的主体属于哪种案外人。题目中说明，成某主张玉瓶的所有权，相当于对玉瓶主张全部权利。所以，成某属于典型的案外第三人。

再看裁判，法院判决“汤某交付玉瓶”，说明判决中将玉瓶判给了原告毛某，而玉瓶是案外人成某的财产，判决本身是错误的。

最后，题目中明示“在该判决执行时”，说明案件进入了执行阶段。

整合以上信息，案外第三人在进入执行程序后发现判决本身存在错误。那么案外第三人寻求救济的方式是什么呢？

马上回忆我们讲过的内容，此时案外第三人可以提起第三人撤销之诉，也可以先提出案外人异议，异议被驳回后，可以申请再审。异议是申请再审的前提条件，我们称之为“先异议，后再审”。参见法条依据。

这是因为，既然原裁判有错误，案外第三人想保住玉瓶的所有权，就必须撤销掉错误的判

决（该判决把玉瓶判给债权人了），第三人撤销之诉正是撤销错误判决的救济途径。另外，再审也可以撤销掉错误的判决，因此也是可行的途径。为什么在案外人申请再审之前，要求其必须提出异议呢？有两个方面的考虑：一方面，如果异议成立，执行就会被中止——不再去执行案外人的财产，此时就没必要再申请再审；另一方面，案外人虽然可以通过再审得到救济，但是再审周期长，法院启动再审速度慢。而由于此时已经进入了执行程序，就必须尽快中止错误的执行措施，否则，就可能出现虽然启动了再审程序，却导致错误执行已经执行完毕的情况。因此，案外人异议是一个快捷的、高效的程序，一旦案外人异议成立，执行就会马上中止。“先异议，后再审”，这样的制度设计，满足了中止错误执行并且撤销错误判决的需要。

这样，结论就非常清晰了，案外第三人在进入执行程序后，可以选择 C 选项中的救济方式，或者选择 B、D 选项构造的救济方式，就是不可以直接申请再审。

参考答案 BCD

法条依据

《民事诉讼法》第 238 条：执行过程中，案外人对执行标的提出书面异议的，人民法院应当自收到书面异议之日起 15 日内审查，理由成立的，裁定中止对该标的的执行；理由不成立的，裁定驳回。案外人、当事人对裁定不服，认为原判决、裁定错误的，依照审判监督程序办理；与原判决、裁定无关的，可以自裁定送达之日起 15 日内向人民法院提起诉讼。

陷阱与规律

案外第三人的救济要分成两个阶段讨论：若在进入执行程序之前，案外第三人发现生效裁判存在错误，侵害了自己的利益，只能提起第三人撤销之诉，不允许其申请再审；进入执行程序之后，案外第三人既可以提起第三人撤销之诉，也可以先提出案外人异议，异议被驳回后，可以申请再审。

案外第三人在案件进入执行程序后，判决本身存在错误的情况下，可以通过第三人撤销之诉或者“先异议，后再审”救济自己的利益。

253

丙公司因法院对甲公司诉乙公司工程施工合同案的一审判决（未提起上诉）损害其合法权益，向 A 市 B 县法院提起撤销诉讼。案件审理中，检察院提起抗诉，A 市中级法院对该案进行再审，B 县法院裁定将撤销诉讼并入再审程序。关于中级法院对丙公司提出的撤销诉讼请求的处理，下列哪一表述是正确的？（2017/3/38-单）

A. 将丙公司提出的诉讼请求一并审理，作出判决

B. 根据自愿原则进行调解，调解不成的，告知丙公司另行起诉

C. 根据自愿原则进行调解，调解不成的，裁定撤销原判发回重审

D. 根据自愿原则进行调解，调解不成的，恢复第三人撤销诉讼程序

精析与思路

这道题也是对案外人救济的综合考查，但是与上一道题考查的知识点不同。

本案属于甲公司诉乙公司工程施工合同案，因此，相关主体的诉讼地位就可以明确，甲公司属于原告，乙公司属于被告。丙公司没有参加诉讼，属于案外人。本案一审判决作出之后，当事人没有提出上诉，因此属于一审终审的案件，基层法院 A 市 B 县法院就是本案的终审法院。丙公司向作出生效裁判的法院提出第三人撤销之诉，就说明丙公司属于案外第三人。这是因为，案外必要共同诉讼人是不允许提出第三人撤销之诉的，其只能通过申请再审的方式救济自己的利益。在第三人撤销之诉审理中，检察院对作出生效裁判的法院的上级法院提出抗诉（因为上级抗下级），中院采用了提审的方式，这是题目中明确说明的，“A 市中级法院对该案进行再审”。

第三人撤销之诉和再审程序同时启动，两种

专题 47

程序都足以撤销掉原裁判，所以只需要审理其中一种程序就可以了。再审程序效力强，可以中止原裁判的执行，第三人撤销之诉效力弱，不能中止原裁判的执行。所以，应把第三人撤销之诉并入再审程序审理，也就是只审理再审程序就可以了，不用再审理第三人撤销之诉。虽然在程序上不审理第三人撤销之诉了，但在再审程序中，必须同时处理案外第三人的权利主张。参见法条依据（1）、（2）。

那么，现在再审程序该如何处理呢？

审理本案的是作出生效裁判法院的上级法院，属于裁定提审，提审一律适用二审程序进行审理。也就是说，中级法院对本案适用二审程序进行再审，案外第三人在此期间对本案的诉讼标的物主张权利。为解决标的物的归属问题，同时要处理案外第三人的权利主张，应将案外第三人追加进入诉讼，作为本案的第三人。这就相当于在原来审理这个案件的时候，遗漏了应当参加诉讼的第三人。

是否想起，在二审程序中，发现漏人该如何处理？可以调解；调解不成的，不能直接判决，应把全案发回一审法院重审。一审法院审理的时候，应追加该第三人，然后按照一审普通程序审理，作出判决后，原告、被告、第三人都有上诉的权利。这样看，C 选项正确。

参考答案 C

法条依据

（1）《民诉解释》第 299 条：第三人撤销之诉案件审理期间，人民法院对生效判决、裁定、调解书裁定再审的，受理第三人撤销之诉的人民法院应当裁定将第三人的诉讼请求并入再审程序。但有证据证明原审当事人之间恶意串通损害第三人合法权益的，人民法院应当先行审理第三人撤销之诉案件，裁定中止再审诉讼。

（2）《民诉解释》第 300 条：第三人诉讼请求并入再审程序审理的，按照下列情形分别处理：①按照第一审程序审理的，人民法院应当对第三人的诉讼请求一并审理，所作的判决可以上诉；②按照第二审程序审理的，人民法院可以调解，调解达不成协议的，应当裁定撤销原判决、裁定、调解书，发回一审法院重审，重审时应当列明第三人。

陷阱与规律

一直跟着我的同学，肯定已经学会了这道题前面的套路。关键问题在于后面，若再审和第三人撤销之诉同时启动，把第三人撤销之诉并入再审后该怎么操作呢？所谓第三人撤销之诉，就是案外第三人对本案中的执行标的物提出了权利主张。为什么要提权利主张呢？因为原来诉讼的时候，这个第三人没机会参加，没机会主张，所以才要提撤销之诉。

现在第三人撤销之诉和再审一起提，就不让法院审第三人撤销之诉了，只让审再审案件。这样，还得解决第三人没有参加原来的诉讼，但又主张权利的问题。这就相当于，在进行再审程序的时候，发现有一个第三人被遗漏了，他应该在原来诉讼的时候就参与进来主张权利的。这时候就好理解了，按照漏人的规定处理就可以了。

一句话背诵

第三人撤销之诉和再审同时启动，应把第三人撤销之诉并入再审程序。若再审案件适用二审程序审理，需要追加案外第三人参与再审，应调解，调解不成，发回重审。

重复考查过的其他类似题目

254

基层法院的一审判决作出后，原告甲、被告乙均未上诉，未参加诉讼的有独立请求权的第三人丙提起第三人撤销之诉。审理过程中，上级法院认为一审判决适用法律错误，主动决定提级审理。此时一审法院程序上应如何操作？（2024-回忆版-单）

A. 裁定驳回起诉

B. 移交中院一并审理

C. 裁定中止审理

D. 等再审结果出来

精析与思路

本题考查第三人撤销之诉与再审程序同时启动的处理方式，这也是我们课堂上作为重点讲授的内容。要解决这个问题，回忆我讲过的三个原则：①三撤和再审没必要也不能并存。因为有其中一个就可以撤销掉错误法律文书，两个都适用就会浪费司法资源。②如果对同一个裁判，既启动再审又同时启动三撤，就将三撤并入再审。③所谓将三撤并入再审，就是不再审理第三人撤销之诉，而只审理再审程序，所谓并入，是指在再审程序当中将第三人追加进来。所以并入的是第三人，而不是一个程序——相当于将要求撤销原判的第三人并入到再审程序当中，一并处理。

法律依据是《民诉解释》第299条的规定："第三人撤销之诉案件审理期间，人民法院对生效判决、裁定、调解书裁定再审的，受理第三人撤销之诉的人民法院应当裁定将第三人的诉讼请求并入再审程序。但有证据证明原审当事人之间恶意串通损害第三人合法权益的，人民法院应当先行审理第三人撤销之诉案件，裁定中止再审诉讼。"

本题中就存在针对一审终审的裁判启动了第三人撤销之诉，同时启动了再审的情况。那么，按照第一个原则，此时不能够两个程序共同进行；按照第二个原则，那就应该只审理再审，不再审理第三人撤销之诉；按照第三个原则，应当将没有参加诉讼的第三人追加进入再审程序。

而本案当中，中级法院是主动提审启动再审，而提审应当使用第二审程序。所以，在本案当中，应当将第三人撤销之诉一并移交给中院审理。相当于在用二审程序审理的再审当中追加第三人丙。那么，中院应当对"漏人"丙进行调解，调解不成的话应撤销原判，发回重审。B选项为最佳选项。

参考答案 B

核心考点131 ▶ 裁判无错误情况下对执行标的的救济

★★★★★

下面这三道题组成了一个不定项选择题，非常经典，从三个层面考查了案外人异议和异议之诉的相关内容，堪称教科书式题目，大家要仔细研究：

255

张山承租林海的商铺经营饭店，因拖欠房租被诉至饭店所在地甲法院，法院判决张山偿付林海房租及利息，张山未履行判决。经律师调查发现，张山除所居住房以外，其名下另有一套房屋，林海遂向该房屋所在地乙法院申请执行。乙法院对该套房屋进行查封拍卖。执行过程中，张山前妻宁虹向乙法院提出书面异议，称两人离婚后该房屋已由丙法院判决归其所有，目前尚未办理房屋变更登记手续。

请回答第（1）~（3）题。

（1）对于宁虹的异议，乙法院的正确处理是：（2015/3/98-任）

A. 应当自收到异议之日起15日内审查

B. 若异议理由成立，裁定撤销对该房屋的执行

C. 若异议理由不成立，裁定驳回

D. 应当告知宁虹直接另案起诉

精析与思路

本题考查的是案外人的救济。做这种题，思路非常重要，如果思路不清，一定做得一团糟。下面我重点讲解思路：

问某个人的救济方式，第一步要确定诉讼中出现的主体的诉讼角色。以本案为例，显然起诉的林海是本案的原告，张山是本案的被告。这两个人参加了诉讼，称之为"当事人"。问题中的宁虹没有参加诉讼，称之为"案外人"。本题问的是对宁虹异议的处理，所以，考查的知识点就是对案外人的救济。

如果考查对当事人的救济，则通过上诉、再审制度救济即可。本题考查对案外人的救济，有两种可能：对执行行为的救济和对执行标的的救济。因此，第二步是要判断本案是哪种救济。题目中说明，宁虹称两人离婚后该房屋已由丙法院判决归其所有，显然是对本案中的执行标的主张权利。所以，宁虹是认为执行标的有错，主张对执行标的的救济。

接下来，回忆我讲的对执行标的的救济的三部

专题47

曲：按照“主体+裁判+阶段”的思路一步步判断。

首先，要判断宁虹这个案外人的主体定位——究竟是属于案外第三人还是案外必要共同诉讼人。我教大家的方法是，对执行标的主张全部权利的是案外第三人，对执行标的主张部分权利的是案外必要共同诉讼人。本题中，宁虹主张房屋归其所有，因此其属于案外第三人。

其次，要判断原裁判是否有错误。原裁判指的是本案的执行根据，即甲法院作出的判决，判决的内容是“张山偿付林海房租及利息”，没有涉及争议的房屋，原判决本身并没有错误（将本属于宁虹的房屋判给林海才算是有错误）。也就是说，张山确实应向林海给付房租，这个判决是没错的。错就错在不应该执行案外人宁虹所有的房屋，这就属于典型的判决正确、执行错误。

最后，判断本案处于何种阶段。题干中明确说明，“乙法院对该套房屋进行查封拍卖”，说明本案已经进入了执行阶段。

综上，我们整理一下，在原执行根据（原裁判）本身没有错误的情况下，案外第三人在执行程序中主张执行行为错误，选错了执行标的物，不该执行属于自己的财产。这样，要救济案外第三人的权利，只需要中止错误的执行就足够了。

所以，宁虹的救济方式是先提出案外人异议，案外人异议被驳回后，可以提出案外人异议之诉。案外人异议之诉不能够撤销原裁判，但是如果案外人异议之诉成立，将中止执行。这就足以保护宁虹的利益，因为本来也不需要撤销原裁判，原裁判的内容并无错误。

对于案外人异议，应在15日内进行实质审查，若异议成立，则中止执行，而非撤销执行，所以A选项是正确的，B选项是错误的。若异议不成立，则法院裁定驳回。收到驳回异议的裁定后，案外人可以以债权人为被告，提起案外人异议之诉，所以C选项是正确的，D选项是错误的。案外人异议是案外人异议之诉的前置条件。法院必须先对案外人异议进行审查，原因在于：如果案外人异议成立，就可以中止执行，没有必要再提起案外人异议之诉。因此，如果不存在案外人异议被驳回的裁定，就不允许提起案外人异议之诉。所以D选项中“应当告知宁虹直接另案起诉”是错误的。参见法条依据。

参考答案 AC

法条依据

《民事诉讼法》第238条：执行过程中，案外人对执行标的提出书面异议的，人民法院应当自收到书面异议之日起15日内审查，理由成立的，裁定中止对该标的的执行；理由不成立的，裁定驳回。案外人、当事人对裁定不服，认为原判决、裁定错误的，依照审判监督程序办理；与原判决、裁定无关的，可以自裁定送达之日起15日内向人民法院提起诉讼。

陷阱与规律

❶参加诉讼的是当事人，没有参加诉讼的是案外人。

❷怎么判断原裁判有没有错呢？

原裁判中将某个标的物判给了债权人，而案外人对这个标的物主张权利，这就说明不应该把这个标的物判给债权人，原裁判就是错的。

案外人对这个执行中的标的物主张权利，而原裁判中根本没有判决这个标的物的归属，这就说明执行错误和原裁判无关，原裁判就没有错。

一句话背诵

原裁判没有错误，而案外人对执行标的物主张权利的，可以提出案外人异议。法院15日内进行实质审查。异议成立，中止执行；不成立，驳回异议。

（2）如乙法院裁定支持宁虹的请求，林海不服提出执行异议之诉，有关当事人的诉讼地位是：（2015/3/99-任）

A. 林海是原告，张山是被告，宁虹是第三人

B. 林海和张山是共同原告，宁虹是被告

C. 林海是原告，张山和宁虹是共同被告

D. 林海是原告，宁虹是被告，张山视其态度而定

精析与思路

这一问在上一问的基础上，考查债权人异议

之诉的构造。

案外人异议被驳回之后，案外人可以作为原告提起案外人异议之诉。案外人异议之诉的被告肯定应该是反对案外人的人。要执行案外人财产的债权人肯定是反对案外人的人。因此，如果债务人也反对案外人，案外人就把债务人和债权人列为共同被告；如果债务人不反对案外人，案外人就只告债权人。参见法条依据❶。

相应地，案外人异议被支持之后，执行将被中止，债权人利益会受损。为了保护自己的利益，债权人可以作为原告提起债权人异议之诉。债权人异议之诉当然是以债权人作为原告，反对债权人的人就作为债权人异议之诉的被告。案外人当然是反对债权人的，如果债务人也反对债权人，债权人就将案外人和债务人列为共同被告；如果债务人不反对债权人，债权人就只将案外人列为被告。参见法条依据❷。

大家懂了这个思路，做题就很简单。案外人异议被支持，执行就会中止。林海作为原告提出异议之诉，其是本案的债权人，显然提起的是债权人异议之诉。宁虹作为案外人，一定是被告。张山要视其态度确定，如果张山反对林海，则张山和宁虹做共同被告；如果张山不反对林海，则只有宁虹做被告。D 选项当选。

参考答案 D

法条依据

❶《民诉解释》第 305 条：案外人提起执行异议之诉的，以申请执行人为被告。被执行人反对案外人异议的，被执行人为共同被告；被执行人不反对案外人异议的，可以列被执行人为第三人。

❷《民诉解释》第 306 条：申请执行人提起执行异议之诉的，以案外人为被告。被执行人反对申请执行人主张的，以案外人和被执行人为共同被告；被执行人不反对申请执行人主张的，可以列被执行人为第三人。

陷阱与规律

要能区分两种异议之诉：

❶债权人起诉案外人的，是债权人异议之诉，告不告债务人要看债务人的态度。

❷案外人起诉债权人的，是案外人异议之诉，告不告债务人要看债务人的态度。

A. 若案外人异议成立，执行中止，提债权人异议之诉；

B. 若案外人异议失败，执行继续，提案外人异议之诉。

债权人异议之诉和案外人异议之诉，都不能改变原裁判，其目标是使执行继续或者阻止执行继续。

一句话背诵

案外人异议被驳回后，案外人可以起诉债权人，债务人反对的，一并起诉（案外人异议之诉）。

（3）乙法院裁定支持宁虹的请求，林海提出执行异议之诉，下列说法可成立的是：（2015/3/100-任）

A. 林海可向甲法院提起执行异议之诉

B. 如乙法院审理该案，应适用普通程序

C. 宁虹应对自己享有涉案房屋所有权承担证明责任

D. 如林海未对执行异议裁定提出诉讼，张山可以提出执行异议之诉

精析与思路

这一问在上一问的基础上，进一步考查债权人异议之诉的程序规定。由此，三问形成了一个渐进式梯队，考点集中，深度较大。这种题目现在越来越多，这就要求大家除了要把知识面铺开，也要把知识往纵深处学习。当然，我在理论部分的授课，足以应付考试，大家只要扎实掌握就可以。

从管辖上看，执行异议之诉应该向执行的法院提起。执行的法院执行这个案件，对情况最为熟悉，便于审理。本案中，乙法院负责执行，所以，林海应该向乙法院起诉。A 选项不当选。参见法条依据❶。

从适用程序上看，债权人异议之诉错综复杂，只能适用普通程序，不能适用简易程序处理。B 选项当选。参见法条依据❷。

C 选项，宁虹主张自己对涉案房屋享有所有

权，按照“谁主张，谁举证”的规则，宁虹应对该事实承担证明责任。C选项当选。参见法条依据❸。

至于D选项，张山是被告，异议之诉只有债权人异议之诉和案外人异议之诉两种，被告是不能提起异议之诉的。因为如果案外人异议被驳回，执行继续，影响的是案外人的利益；如果案外人异议被支持，执行中止，影响的是债权人的利益。这都和债务人没有直接关系，所以不允许债务人提起异议之诉。D选项不当选。参见法条依据❹、❺。

现在案外人异议成立，执行已经被中止。如果林海未对执行异议裁定提出诉讼，15天的起诉期限届满之后，法院会在7天之内解除执行措施。这个考点没考过，大家要多加小心。参见法条依据❻。

参考答案 BC

法条依据

❶《民诉解释》第302条：根据民事诉讼法第234条（现为第238条）规定，案外人、当事人对执行异议裁定不服，自裁定送达之日起15日内向人民法院提起执行异议之诉的，由执行法院管辖。

❷《民诉解释》第308条：人民法院审理执行异议之诉案件，适用普通程序。

❸《民诉解释》第309条：案外人或者申请执行人提起执行异议之诉的，案外人应当就其对执行标的享有足以排除强制执行的民事权益承担举证证明责任。

❹《民诉解释》第306条：申请执行人提起执行异议之诉的，以案外人为被告。被执行人反对申请执行人主张的，以案外人和被执行人为共同被告；被执行人不反对申请执行人主张的，可以列被执行人为第三人。

❺《民诉解释》第307条：申请执行人对中止执行裁定未提起执行异议之诉，被执行人提起执行异议之诉的，人民法院告知其另行起诉。

❻《民诉解释》第314条：人民法院对执行标的裁定中止执行后，申请执行人在法律规定的期间内未提起执行异议之诉的，人民法院应当自起诉期限届满之日起7日内解除对该执行标的采取的执行措施。

陷阱与规律

我国立法规定能够提起执行行为异议的主体包括当事人、利害关系人。

能够提起异议之诉的主体包括案外人和债权人。

利害关系人中也包括案外人，所以，案外人既能对执行行为提出异议，也能对执行标的提出异议或者异议之诉；当事人只能对执行行为提出异议，却不能对执行标的提出异议或者异议之诉。

一句话背诵

案外人异议成立后，法院裁定中止执行，债权人（债务人没有资格起诉）可以向执行法院起诉，法院适用普通程序审理，此时，仍然应由案外人负担其对执行标的物享有权利的证明责任（因为是案外人主张对标的物享有权利）。

256

甲买了乙一幅画，约定先交10万元，由乙保留所有权，之后乙将该画交付给甲。乙因一纠纷涉诉，作为被告败诉，法院欲执行该画，对该画采取了扣押措施。甲该如何救济？（2021-回忆版-单）

A. 可以要求继续履行合同，付清余款，并要求法院解除扣押措施

B. 可以提供担保要求解除扣押措施

C. 可以提出案外人异议之诉

D. 可以提出案外人异议

精析与思路

甲、乙就画作达成了所有权保留的买卖合同。此时，因甲未付清尾款，所以，画作的所有权依然归属于乙。因此，法院要执行这个标的物，是合法的。甲对该画不享有所有权，因此，没有阻止执行的权利，就不能提出案外人异议，当然也不能提出案外人异议之诉。毕竟

案外人异议之诉是以案外人异议为前置条件的。所以 C、D 选项不当选。如果是债务人乙，确实可以按照 B 选项中的做法，提供担保要求变更保全对象。但问题是，本案中，甲本来就不是被执行人，他的财产本来就不应该被执行，他为什么要提供担保呢？这不就相当于让他承担了他本来不应承担的被执行的责任吗？所以 B 选项也不当选。综上，只有 A 选项当选。甲要求付清余款，此时，所有权就可以转移，他就有资格要求法院解除此时已经属于他的画作上的扣押措施。同时，乙的债权人可以继续执行甲交付的价款，各方的利益都能得以平衡。

参考答案 A

★ 重复考查过的其他类似题目

257

易某依法院对王某支付其 5 万元损害赔偿金之判决申请执行。执行中，法院扣押了王某的某项财产。案外人谢某提出异议，称该财产是其借与王某使用的，该财产为自己所有。法院经审查，认为谢某异议理由成立，遂裁定中止对该财产的执行。关于本案的表述，下列哪一选项是正确的？（2017/3/41-单）

A. 易某不服该裁定提起异议之诉的，由易某承担对谢某不享有该财产所有权的证明责任

B. 易某不服该裁定提起异议之诉的，由谢某承担对其享有该财产所有权的证明责任

C. 王某不服该裁定提起异议之诉的，由王某承担对谢某不享有该财产所有权的证明责任

D. 王某不服该裁定提起异议之诉的，由王某承担对其享有该财产所有权的证明责任

精析与思路

这道题就非常简单啦！只考查了一个知识点。按照题干中的叙述，本题中，易某是本案债权人，王某是本案债务人。题干中明确表述，谢某属于案外人，对财产主张所有权。谢某提出的是案外人异议，异议成立后，中止执行。此时，只有债权人可以提起债权人异议之诉。不管案外人异议是否成功，债务人都没有资格起诉。参见法条依据（1）~（3）。所以排除 C、D 两个选项，应该从 A、B 两个选项中选择。

按照证明责任的基本原理，谁主张（该事实成立），谁举证（谁对该事实成立负担证明责任）。本案中，主张享有所有权的是案外人谢某，因此由谢某证明其对财产享有所有权，所以 B 选项正确。当然，我为了减轻大家的负担，从法理角度进行解析，实际上，立法中也有明确规定。参见法条依据（4）。这就说明，如果你精通诉讼法理，即使具体的法条没有记牢，也能做对题目。

参考答案 B

法条依据

（1）《民事诉讼法》第 238 条：执行过程中，案外人对执行标的提出书面异议的，人民法院应当自收到书面异议之日起 15 日内审查，理由成立的，裁定中止对该标的的执行；理由不成立的，裁定驳回。案外人、当事人对裁定不服，认为原判决、裁定错误的，依照审判监督程序办理；与原判决、裁定无关的，可以自裁定送达之日起 15 日内向人民法院提起诉讼。

（2）《民诉解释》第 303 条：案外人提起执行异议之诉，除符合民事诉讼法第 122 条规定外，还应当具备下列条件：①案外人的执行异议申请已经被人民法院裁定驳回；②有明确的排除对执行标的执行的诉讼请求，且诉讼请求与原判决、裁定无关；③自执行异议裁定送达之日起 15 日内提起。人民法院应当在收到起诉状之日起 15 日内决定是否立案。

（3）《民诉解释》第 304 条：申请执行人提起执行异议之诉，除符合民事诉讼法第 122 条规定外，还应当具备下列条件：①依案外人执行异议申请，人民法院裁定中止执行；②有明确的对执行标的继续执行的诉讼请求，且诉讼请求与原判决、裁定无关；③自执行异议裁定送达之日起 15 日内提起。人民法院应当在收到起诉状之日起 15 日内决定是否立案。

（4）《民诉解释》第 309 条：案外人或者

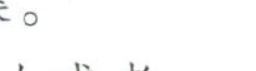

专题 47

申请执行人提起执行异议之诉的，案外人应当就其对执行标的享有足以排除强制执行的民事权益承担举证证明责任。

陷阱与规律

结合上面我列出的法条，《民事诉讼法》第238条说明“案外人、当事人对裁定不服，可以起诉”，而《民诉解释》第303、304条明确说明，能起诉的主体仅包括案外人（提起的是案外人异议之诉）和申请执行人（提起的是债权人异议之诉），债务人是没有资格起诉的。

一句话背诵

案外人的执行异议成立，执行程序中止，债权人可以提起债权人异议之诉，由案外人承担证明其权利存在的责任。

258 »»

梁某欠崔某350万元，崔某向法院起诉，要求梁某还款，法院判决崔某胜诉。后崔某申请强制执行，法院在执行梁某名下的住房时，梁某的父亲老梁向执行法院提起诉讼，要求确认被查封房产为其所有，法院判决支持。对此，下列选项正确的有：（2019-回忆版-多）

A. 老梁可以直接向法院提起执行异议之诉

B. 执行法院对该房可继续执行

C. 老梁应就该房的查封向执行法院提出异议

D. 因法院判决被查封的房产为老梁所有，执行法院应解封

精析与思路

这道题的难度并不大，考查的显然是在执行过程中对案外人利益的救济问题。在本案中，崔某是债权人也是申请执行人，梁某是债务人，而老梁是债务人梁某的父亲；在法院执行梁某房产的过程中，老梁作为案外人，主张被查封的房产是其所有。本题就是在这样的基础上展开的。

老梁作为案外人，若要提起执行异议之诉，必须首先向法院提出案外人异议，对被查封的房产主张相应的权利。没有提出过案外人异议的，不得直接向法院提起案外人异议之诉。所以，A选项是错误的，C选项是正确的。

至于B选项和D选项，是矛盾选项，在案外人主张权利的时候，执行法院究竟是继续执行还是应解封呢？《最高人民法院关于人民法院民事执行中查封、扣押、冻结财产的规定》第28条规定，有下列情形之一的，人民法院应当作出解除查封、扣押、冻结裁定，并送达申请执行人、被执行人或者案外人：①查封、扣押、冻结案外人财产的；②申请执行人撤回执行申请或者放弃债权的；③查封、扣押、冻结的财产流拍或者变卖不成，申请执行人和其他执行债权人又不同意接受抵债，且对该财产又无法采取其他执行措施的；④债务已经清偿的；⑤被执行人提供担保且申请执行人同意解除查封、扣押、冻结的；⑥人民法院认为应当解除查封、扣押、冻结的其他情形。解除以登记方式实施的查封、扣押、冻结的，应当向登记机关发出协助执行通知书。根据上述规定，在能够确认被查封的财产系案外人所有的情况下，法院就不得对相关财产继续执行，而应当解除查封措施。所以，B选项是错误的，D选项是正确的。

参考答案 CD

259 »»

兴源公司与郭某签订钢材买卖合同，并书面约定本合同一切争议由中国国际经济贸易仲裁委员会仲裁。兴源公司支付100万元预付款后，因郭某未履约依法解除了合同。郭某一直未将预付款返还，兴源公司遂提出返还货款的仲裁请求，仲裁庭适用简易程序审理，并作出裁决，支持该请求。

由于郭某拒不履行裁决，兴源公司申请执行。郭某无力归还100万元现金，但可以收藏的多幅字画提供执行担保。担保期满后郭某仍无力还款，法院在准备执行该批字画时，朱某向法院提出异议，主张自己才是这些字画的所有权人，郭某只是代为保管。

关于朱某的异议和处理，下列选项正确的是：（2013/3/100-任）

A. 朱某应当以书面方式提出异议
B. 法院在审查异议期间，不停止执行活动，可以对字画采取保全措施和处分措施
C. 如果朱某对驳回异议的裁定不服，可以提出执行标的异议之诉
D. 如果朱某对驳回异议的裁定不服，可以申请再审

精析与思路

这道题还是询问对题目中某个主体的救济方式。按照做题思路，我们应该先确定他的诉讼地位。本案中，兴源公司是债权人、郭某是债务人，这非常明确。朱某没有参加仲裁，所以他属于典型的案外人。

接下来，回忆我讲的对执行标的救济的三部曲：按照"主体+裁判+阶段"的思路一步步判断。

首先，朱某对执行标的物——一批字画主张所有权（全部权利），依此，可以断定朱某属于案外第三人，而非案外必要共同诉讼人（如果是案外必要共同诉讼人，其主张的就是部分权利）。

其次，本案的执行根据是生效的仲裁裁决，裁决的内容是"郭某应返还货款"，而在执行当中出现的问题是，执行了不该执行的标的物——一批字画，裁决中没有涉及字画，错误执行字画的行为和裁决也没关系，所以，原执行根据没有错。有错误的是执行行为，要求郭某履行债务，不应该执行案外人的财产。

最后，从阶段上看，题干中说，"法院在准备执行该批字画时"，说明该案件已经进入了执行程序。

所以，综合以上分析可以得到，原裁决没有错误，在执行过程中，案外第三人寻求救济，不需要撤销原裁判，只需要中止错误的执行就可以了。所以，D选项是错误的，原裁决没有错误，不需要通过再审救济。另外，即使仲裁裁决错误也不能通过再审救济，应申请撤销或者不予执行仲裁裁决。

因此，案外人朱某需要先提出书面的案外人异议，若异议被驳回，可以以债权人兴源公司为被告，提出案外人异议之诉。所以，A、C选项是正确的。参见法条依据（1）。

B选项中，在审查异议期间，不停止执行活动，只有异议成立，才能产生中止执行的法律效果。此时，法院依然可以对字画采取保全措施，但不允许采取处分措施。因为此时字画的所有权归属还没确定，法院不可以草率处分，否则容易引发错误，将来还得执行回转。所以，B选项是错误的。参见法条依据（2）。

参考答案 AC

法条依据

（1）《民事诉讼法》第238条：执行过程中，案外人对执行标的提出书面异议的，人民法院应当自收到书面异议之日起15日内审查，理由成立的，裁定中止对该标的的执行；理由不成立的，裁定驳回。案外人、当事人对裁定不服，认为原判决、裁定错误的，依照审判监督程序办理；与原判决、裁定无关的，可以自裁定送达之日起15日内向人民法院提起诉讼。

（2）《民诉解释》第313条第1款：案外人执行异议之诉审理期间，人民法院不得对执行标的进行处分。申请执行人请求人民法院继续执行并提供相应担保的，人民法院可以准许。

陷阱与规律

注意，案外人异议、执行行为异议、支付令异议和参与分配方案异议都必须是书面形式的。

一句话背诵

案外人异议应书面提出，异议审查期间，对异议财产可以保全，不可以处分。原裁判无错误，异议被驳回时，案外人可以提起案外人异议之诉。

低频考点132 ▶ 执行回转 ☆

本考点在近10年的真题中没有独立考查过，但大家仍需准确掌握理论卷中对相应知识的讲解。

专题47

执行措施

低频考点133 ▶ 对财产的一般执行措施

☆☆☆

260 ›››

龙前铭申请执行郝辉损害赔偿一案，法院查扣了郝辉名下的一辆汽车。查扣后，郝辉的两个哥哥向法院主张该车系三兄弟共有。法院经审查，确认该汽车为三兄弟共有。关于该共同财产的执行，下列哪些表述是正确的？（2017/3/84-多）

A. 因涉及案外第三人的财产，法院应裁定中止对该财产的执行

B. 法院可查扣该共有财产

C. 共有人可对该共有财产协议分割，经债权人同意有效

D. 龙前铭可对该共有财产提起析产诉讼

精析与思路

本题考查的是对共有财产的执行措施。但是这道题颇为复杂，因为其综合性非常强，还考查到了案外人救济的问题。

本题中，查扣（查封、扣押）的是共有财产，所以，其实考查的是对共有财产的执行措施。理想的情况下，法院发现执行标的物属于共有财产后，还能不能查扣呢？可以的，因为该财产中有可供执行的部分，如果不查扣共有财产，就会损害债权人利益（债务人很可能没有其他财产）。这样，就需要别的制度对共有人的利益进行救济。所以，立法设计了这样的制度，可以查扣共有财产，查扣完毕，应中止执行，并及时通知共有人。共有人协议分割共有财产，并经债权人认可的，法院可以认定有效。若分割财产过程中出现纠纷，共有人可以提起析产诉讼；若共有人不主张分割财产，债权人可以代位提起析产诉讼。析产诉讼期间中止对该财产的执行。

但是问题是，如果法院没有发现该财产属于共有财产，该怎么处理呢？此时，法院不去通知，只能由共有人自己来主张权利。本题中的债权人是龙前铭，债务人是郝辉。查扣执行标的物汽车之后，法院不知道该财产属于共有财产，郝辉的两个哥哥只能主动对执行标的物提出权利主张，主张对标的物的共有权利，因此，郝辉的两个哥哥没有参加诉讼，属于典型的案外人。

下面开始三步走，判断主体、裁判和阶段。

郝辉的两个哥哥对执行标的物主张的不是全部的权利，而是部分的权利（共同共有），属于典型的案外必要共同诉讼人。判决中的内容是“损害赔偿”，所以，判决中并没有涉及这辆汽车的所有权归属问题，裁判和汽车无关。换言之，裁判本身没有错误地判断汽车的归属，裁判本身是正确的。本题中，法院查扣了郝辉名下的一辆汽车，说明案件已经进入了执行阶段。

好，整合信息，案外必要共同诉讼人在执行中对执行标的物主张权利，原来的裁判并没有错误。所以，两个哥哥可以对执行标的物——汽车提出案外人异议，异议被驳回后，可以提起案外人异议之诉。但是，题目中又明确说明了“法院经审查，确认该汽车为三兄弟共有”，这就说明法院认可了郝辉哥哥的共有权，认为案外人异议成立了。这样，就回到了前面的制度设计中来，两个哥哥作为共有人，可以主张分割财产，分割过程中出现争议的，可以提起析产诉讼。如果两个哥哥提出的异议成立，执行被中止后，又不要求分割财产，债权人龙前铭可以代哥哥的位提起析产诉讼。

那么，来看四个选项：

B选项是正确的。上面已经分析过，对共有财产可以查扣。查扣完毕后，案外人可以提出案外人异议。要注意，若案外必要共同诉讼人已经提出案外人异议，在审查案外人异议期间，

也可以对执行标的物保持查扣状态。但是，由于该财产的权利归属尚不明确，因此不能进行处分。参见法条依据（1）。

A选项是错误的。本案中，法院已经发现被执行的财产属于当事人和案外人共有，认定案外人异议成立，为保护案外人利益，确实应该中止执行。但是，在本案中，涉及的并非“案外第三人”的财产，这一点是错误的。郝辉的两个哥哥是本案的“案外必要共同诉讼人”，而非本案的“案外第三人”，这一点咱们在前面已经分析过。像这种选项是很可恨的，因为它后面的结论是正确的，可是前面的理由却是错误的，同学们稍不留神就做错了呢！

C选项是正确的。案外人异议成立，法院认可两个哥哥都是共有人，为了保护两个共有人的利益，允许共有人分割财产。分割后，解除对其他共有人共有的财产份额的查封、扣押等执行措施，继续执行被执行人所有的财产份额。但是，这种对共有物的分割，必须经过债权人同意，这是为了防止债务人利用分割共有财产的机会转移财产。这样，就既能保护债权人的利益，也能兼顾案外共有人的合法权益。

最后一个问题是，如果在分割的时候，各位共有人产生了纠纷，该如何处理呢？此时，只能进行诉讼，由法院来判断各位共有人究竟各自占有多少财产比例。这个过程就是分析财产所有权归属份额的过程，学理和立法上称之为“析产诉讼”。参见法条依据（2）。但是，如果共有人不要求分割，难道执行程序就一直中止下去吗？这样就会损害债权人的利益。所以，就允许在共有人不要求分割财产的情况下，债权人代共有人的位以债务人为被告提起析产诉讼，在学理上称之为“代位析产诉讼”。D选项是正确的。

整合这个题的思路，可以先查扣共有财产，然后通知共有人，若没发现有共有人，自然不会通知共有人。此时，共有人可以主动提出执行标的异议，并且为保护自己的权利，要求分割共有财产，分割出现争议的，可以提起析产诉讼。共有人不提起析产诉讼的，债权人可以提起代位析产诉讼。所以，B、C、D选项都是正确的。

参考答案 BCD

法条依据

（1）《民诉解释》第313条第1款：案外人执行异议之诉审理期间，人民法院不得对执行标的进行处分。申请执行人请求人民法院继续执行并提供相应担保的，人民法院可以准许。

（2）《最高人民法院关于人民法院民事执行中查封、扣押、冻结财产的规定》第12条：对被执行人与其他人共有的财产，人民法院可以查封、扣押、冻结，并及时通知共有人。共有人协议分割共有财产，并经债权人认可的，人民法院可以认定有效。查封、扣押、冻结的效力及于协议分割后被执行人享有份额内的财产；对其他共有人享有份额内的财产的查封、扣押、冻结，人民法院应当裁定予以解除。共有人提起析产诉讼或者申请执行人代位提起析产诉讼的，人民法院应当准许。诉讼期间中止对该财产的执行。

陷阱与规律

其实这道题本质上考查的是对共有物的执行措施。

理论上，对共有物可以查扣，但要通知共有人，这是法院主动发现的情形。但如果法院没发现，即应允许案外必要共同诉讼人提出案外人异议，这就是共有人向法院主张共有权利的渠道。

若法院驳回了共有人的案外人异议，则案外人可以提起案外人异议之诉；若法院支持了案外人异议，则承认了案外人的共有权。

所以，这两种方式一种是法院先发现执行的标的物有共有人，法院承认这种共有权，就先中止执行，通知共有人；另一种是法院不知道有共有人存在或者知道了也不通知共有人，共有人主动来提出案外人异议，异议成立，法院就承认了这种共有权。

不管是主动通知，还是等共有人被动异议，都是殊途同归，让法院发现有共有人，执行标的物就不能被顺利继续执行。

然后，应允许共有人请求分割，分割出现争议的，可以提析产诉讼；共有人不要求分割的，债权人可以提代位析产诉讼。

另外，要注意，并非案外人提出权利主张就会中止执行。一定是法院认定权利主张成立，才会中止执行。

最后，我再提醒大家，案外人异议之诉是为了阻止债权人的执行，是案外人告债权人。而所谓析产诉讼，则是案外人和债务人就共有财产份额分割引发的纠纷，是案外人和债务人之间的诉讼。一旦案外人和债务人提起析产诉讼，执行也会中止。因为这就相当于执行标的物的归属无法确定，必须等待析产诉讼结束后，确定了财产份额，才能继续执行。

不管是案外人异议之诉还是析产诉讼，如果属于案外人和债务人串通的恶意诉讼，则案外人和债务人都要承担相应的责任。

一句话背诵

可以查扣共有财产（但不可以直接处分），共有人可以提出执行标的异议，异议成立，中止执行。共有人可以要求分割共有财产，分割出现争议的，共有人可以提起析产诉讼；共有人不要求分割共有财产的，债权人可以提起代位析产诉讼。

261 >>>

法院作出终审判决，支持吴某要求谢某清偿100万元债权的请求。吴某向甲县法院申请执行。经查，谢某名下无任何财产，其妻刘某（居住在乙县）在丙县有一套价值100万元的住房，在丁县某银行有存款20万元，吴某拟提起代位析产之诉。关于管辖法院，下列选项正确的有：（2024-回忆版-单）

A. 丁县法院　　B. 丙县法院
C. 甲县法院　　D. 乙县法院

精析与思路

要解答此题目，首先要搞明白代位析产之诉的当事人。原告应该是债权人吴某，被告则是债务人谢某（债权人代共有人的位诉债务人）。其次，应搞明白代位析产属于什么类型的诉讼，就是应属于什么案件类型（什么案由）呢？根据2020年12月29日《最高人民法院关于修改〈民事案件案由规定〉的决定》的规定，案由关系具体如下："物权纠纷"（一级案由）→"所有权纠纷"（二级案由）→"共有纠纷"（三级案由）→"债权人代位析产纠纷"（四级案由）。即在第三级案由"48. 共有纠纷"项下增设了"（4）债权人代位析产纠纷"。

本题中，就是吴某起诉谢某，要求法院分割谢某和刘某的共有财产，包括住房和存款。对此，我国立法并无具体的管辖规定。最高人民法院对此问题的态度是，被执行人及其他共有人往往怠于分割共有财产，而大多数人民法院在未确定被执行人在共有财产中的财产份额前皆不支持直接执行共有财产。因此，债权人常常需要先进行代位析产纠纷诉讼。债权人代位析产纠纷，属第三级案由"共有纠纷"项下的案由。该类纠纷应区别共有财产为动产还是不动产分别确定管辖。仅涉及动产的，适用《民事诉讼法》规定的一般地域管辖，由被告住所地人民法院管辖；涉及不动产的，则由不动产所在地人民法院专属管辖。参见最高人民法院（2023）最高法民辖112号民事判决书。这种观点和案由的判定是同步的。

又根据《民诉解释》第28条第1、2款的规定，《民事诉讼法》第34条第1项规定的不动产纠纷是指因不动产的权利确认、分割、相邻关系等引起的物权纠纷。农村土地承包经营合同纠纷、房屋租赁合同纠纷、建设工程施工合同纠纷、政策性房屋买卖合同纠纷，按照不动产纠纷确定管辖。

本案同时涉及不动产和动产的分割，本身即属于诉的合并，如果分别起诉，则应分别确定管辖，但一并起诉要求分割，则根据牵连管辖原则，由效力最强的专属管辖法院管辖。因此，应由丙县法院管辖。

参考答案 B

低频考点134 ▶ 对财产执行中的参与分配 ☆☆

262 >>>

甲向法院申请执行郭某的财产，乙、丙和丁

向法院申请参与分配，法院根据郭某财产以及各执行申请人债权状况制定了财产分配方案。甲和乙认为分配方案不合理，向法院提出了异议，法院根据甲和乙的意见，对分配方案进行修正后，丙和丁均反对。关于本案，下列哪一表述是正确的？（2016/3/48-单）

A. 丙、丁应向执行法院的上一级法院申请复议

B. 甲、乙应向执行法院的上一级法院申请复议

C. 丙、丁应以甲和乙为被告向执行法院提起诉讼

D. 甲、乙应以丙和丁为被告向执行法院提起诉讼

精析与思路

本题考查的是对财产执行措施中的参与分配方案的救济方式。

参与分配制度解决了在债务人的财产不足以清偿多个债权人的债权的情况下，债权人凭借有效的执行根据或者优先权加入已经开始的执行过程中，使各个债权能够公平受偿的问题。

但是本题侧重考查的是对参与分配方案的救济问题。从本题中看，债务人为郭某，债权人为甲、乙、丙、丁四人。在甲申请执行后，乙、丙和丁要求参加诉讼公平受偿，这种情况下，法院必须出面，制作分配方案，让四位债权人都能参与到分配过程中来。这就是参与分配本身的制度设计。

如果某个债权人对参与分配的方案不满意（认为自己分少了或者别人分多了），就可以向法院提出对参与分配方案的异议，这就是所谓的参与分配方案异议。在本题中，提出异议的是甲和乙，异议的内容是甲、乙认为法院的分配方案不合理，要求按照自己的意见修正。

因此，法院修正后，参与分配的方案充分体现了甲、乙的意愿。但大家要注意，此时的债权人并非只有甲、乙，还有丙、丁。为了维护自己的利益，债权人丙、丁和债务人郭某都有权反对甲、乙修改方案的异议主张。在本题中，就是债权人丙、丁反对。这样就产生了纠纷，甲、乙要求按照自己的意见修改分配方案，但丙、丁反对他们的主张，此时，只能通过诉讼解决。由主张修改的甲、乙，起诉反对修改的丙、丁，请求法院对此进行裁判，以决定究竟按照谁的意愿来分配财产债权，这就是所谓的参与分配方案异议之诉。

因此，只有 D 选项符合以上法理和规定。参见法条依据（1）、（2）。

参考答案 D

法条依据

（1）《民诉解释》第 509 条：多个债权人对执行财产申请参与分配的，执行法院应当制作财产分配方案，并送达各债权人和被执行人。债权人或者被执行人对分配方案有异议的，应当自收到分配方案之日起 15 日内向执行法院提出书面异议。

（2）《民诉解释》第 510 条第 1、2 款：债权人或者被执行人对分配方案提出书面异议的，执行法院应当通知未提出异议的债权人、被执行人。未提出异议的债权人、被执行人自收到通知之日起 15 日内未提出反对意见的，执行法院依异议人的意见对分配方案审查修正后进行分配；提出反对意见的，应当通知异议人。异议人可以自收到通知之日起 15 日内，以提出反对意见的债权人、被执行人为被告，向执行法院提起诉讼；异议人逾期未提起诉讼的，执行法院按照原分配方案进行分配。

陷阱与规律

除了题目中考到的参与分配方案异议和参与分配方案异议之诉外，参与分配常考的四个知识点分别是：

（1）参与分配的必要性是有多个申请人对同一被申请人享有债权；

（2）参与分配的前提是被执行人的财产无法清偿所有的债权；

（3）参与分配的债务人是自然人或其他组织，而非法人；

（4）参与分配的债权只限于金钱债权。

一句话背诵

债权人或债务人对参与分配方案不服的，

专题 48

可以提出参与分配方案异议，其他债权人或债务人对异议不服的，应由异议人起诉反对人（参与分配方案异议之诉）。

核心考点135 ▶ 对行为的执行措施

★★★

263 »»

王某和顾某婚后育有一子顾某某，后法院判决两人离婚，儿子由王某抚养，顾某每月可探望2次。后顾某因多次探望被拒，向法院申请强制执行。关于法院采取的措施，下列选项正确的有：（2021-回忆版-多）

A. 可对王某拘留

B. 可对王某罚款

C. 可将孩子带到指定地点探望

D. 可将顾某带到王某住处探望

精析与思路

本案中执行标的是行为而不是财物，即允许当事人探望。按照我教大家的，对行为的执行可以分为可替代的行为和不可替代的行为。本案中“允许探望”这个目标行为就是不可替代的。这怎么替代呢？只能对义务人采取罚款、拘留的措施了。这样一想，是不是超级简单。A、B选项正确，当选。D选项就很神奇，每次都是法官带着当事人去探望，你品，你细品这行不行。以上内容与实体法的规定一致。《婚姻家庭编解释（一）》第68条规定，对于拒不协助另一方行使探望权的有关个人或者组织，可以由人民法院依法采取拘留、罚款等强制措施，但是不能对子女的人身、探望行为进行强制执行。即使你不知道这个法条也是可以解答的，按照我讲的原理即可。

参考答案 AB

★ **重复考查过的其他类似题目**

264 »»

田某拒不履行法院令其迁出钟某房屋的判决，因钟某已与他人签订租房合同，房屋无法交给承租人，使钟某遭受损失，钟某无奈之下向法院申请强制执行。法院受理后，责令田某15日内迁出房屋，但田某仍拒不履行。关于法院对田某可以采取的强制执行措施，下列哪些选项是正确的？（2016/3/84-多）

A. 罚款

B. 责令田某向钟某赔礼道歉

C. 责令田某双倍补偿钟某所受到的损失

D. 责令田某加倍支付以钟某所受损失为基数的同期银行利息

精析与思路

本题考查的是对行为的执行措施的运用。

法考中如果遇到考查执行措施的题目，应该有这样的思路：

按照执行对象的不同，民事执行分为对财产的执行、对行为的执行和对到期债权的执行三种执行方式。其中，对行为的执行，分为对可以替代的行为的执行（别人可以帮他完成该行为）和对不可替代的行为的执行（别人没办法帮他完成该行为）两种方式。针对不同的执行对象，应适用不同的执行措施。

另外，除对财产、行为、到期债权的主要执行措施之外，还存在着保障性的执行措施。这些措施本身无法完成执行目标，但是，它们可以有效保障主要执行措施的实现。

因此，在做这种题目的时候，应谨记：执行措施应包括对财产、行为、到期债权的主要执行措施+保障性的执行措施。这两方面的执行措施都要逐一确定。

本题中，要求债务人田某迁出房屋，属于对不可替代的行为的执行。执行措施为可以对田某罚款、拘留，情节严重的可以追究其刑事责任。参见法条依据（1）。

然后，需要找到保障性的执行措施。本案属于对非金钱债权的执行，可以对债务人处罚迟延履行金。因田某拒不搬出房屋，给债权人造成了损失，应双倍补偿钟某所受到的损失。

这样组合起来，应该选的是A、C两个选项。参见法条依据（2）、（3）。

参考答案 AC

法条依据

（1）《民事诉讼法》第 114 条：诉讼参与人或者其他人有下列行为之一的，人民法院可以根据情节轻重予以罚款、拘留；构成犯罪的，依法追究刑事责任：……⑥拒不履行人民法院已经发生法律效力的判决、裁定的。人民法院对有前款规定的行为之一的单位，可以对其主要负责人或者直接责任人员予以罚款、拘留；构成犯罪的，依法追究刑事责任。

（2）《民事诉讼法》第 264 条：被执行人未按判决、裁定和其他法律文书指定的期间履行给付金钱义务的，应当加倍支付迟延履行期间的债务利息。被执行人未按判决、裁定和其他法律文书指定的期间履行其他义务的，应当支付迟延履行金。

（3）《民诉解释》第 505 条：被执行人未按判决、裁定和其他法律文书指定的期间履行非金钱给付义务的，无论是否已给申请执行人造成损失，都应当支付迟延履行金。已经造成损失的，双倍补偿申请执行人已经受到的损失；没有造成损失的，迟延履行金可以由人民法院根据具体案件情况决定。

陷阱与规律

本题有两个地方，特别容易出错：

（1）赔礼道歉并非任何案件都能采取的执行措施。在保障性执行措施中，并没有赔礼道歉这种方式。只有在诉讼中，当事人提出了赔礼道歉的诉讼请求，法院才能在执行中要求对方当事人赔礼道歉，这属于对行为的执行措施。

（2）只有执行金钱债权时，才能要求债务人支付迟延履行利息，而且是加倍支付；对非金钱债权的执行，只能要求债务人支付迟延履行金。

一句话背诵

对行为的执行，可以责令债务人支付迟延履行金（双倍赔偿损失，没造成损失的，由法官自由裁量），并处罚款。

核心考点 136 ▶ 对到期债权的执行措施——代位执行 ★★★

265 »»

乙欠甲 10 万元，丙欠乙 10 万元，均到期未还。后债权人甲提起代位权之诉，到 A 法院起诉丙。此时，乙的另一债权人丁向 B 法院申请代位执行乙对丙的债权，B 法院对丙发出履行通知后，丙在法定期间内未提出异议。A 法院应如何处理？（2023－回忆版－多）

A. 将丁追加为共同原告

B. 将乙列为有独立请求权第三人

C. 将乙列为无独立请求权第三人

D. 判决驳回甲的诉讼请求

精析与思路

在代位权诉讼中，债权人作为原告，次债务人作为被告，此时，如果债权人胜诉，则债务人对次债务人的债权即告消灭，因此，债务人与本案的诉讼结果存在法律上的利害关系，可以追作代位权诉讼的无独立请求权第三人，这一点比较容易判断。C 选项当选，B 选项不当选。

将丁追作共同原告是没有道理的，因为在本案中，丁对丙主张的债权，实际上就是丁对乙的债权；甲对丙主张的债权，实际上就是甲对乙的债权。二者并不是同一个债权，因此不存在必要共同诉讼的可能。即便是同一类债权，也只能构成普通共同诉讼，而普通共同诉讼不存在追加的问题。A 选项不当选。

而 D 选项中，因代位执行中，B 法院对次债务人丙发出履行通知后，丙并没有在法定期间内提出异议，这就意味着下一步债权人丁就可以对丙进行强制执行，而乙对丙的债权会就此消灭，这样，甲所主张的代位的债权也将不复存在。由此可知，甲的诉讼主张丧失了实体法上的事实基础。因此，法院应判决驳回甲的诉讼请求。这样看 D 选项当选。

需要提及的是，因为甲尚未上诉，所以其还没取得生效的执行依据，没有办法请求对此财产权利参与分配，只能望洋兴叹了。

参考答案 CD

陷阱与规律

这道题有难度。在本题当中，涉及代位权诉讼和代位执行的竞合问题。

用语言描述起来比较复杂，为了方便大家理解，对于多方主体之间的法律关系和纠纷解决方式，我作了如下图示：

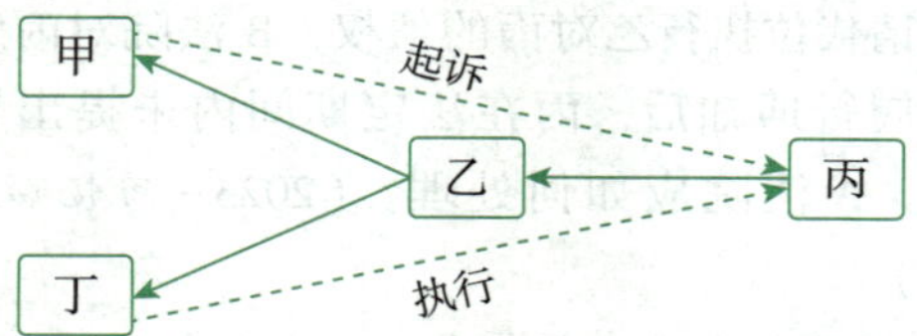

对于代位权诉讼和代位执行的一些法律要点，整理如下：

	代位权诉讼	代位执行
主　体	原告：债权人	申请人：债权人
	被告：次债务人	被申请人：次债务人
条　件	债务人怠于行使债权	债务人无能力清偿债务
案　情	甲（债权人）起诉丙（次债务人）	丁（另一债权人）申请执行乙（债务人）对丙（次债务人）的债权

重复考查过的其他类似题目

266

安安公司诉山阳公司还债，胜诉后进入执行程序，山阳公司无财产可供执行，但发现山阳公司对三环公司的债权到期而怠于行使，法院遂冻结债权，并要求三环公司向安安公司清偿。三环公司向法院提出异议，主张自己的债务已还清；南陵公司也提出异议，主张自己已受让山阳公司对三环公司的债权。关于该案件程序，下列说法正确的有：（2019－回忆版－多）

A. 安安公司可以代位强制执行

B. 安安公司不能代位执行，因为三环公司提出了异议

C. 南陵公司提出案外人异议被驳回后应该申请再审

D. 南陵公司提出案外人异议被驳回后应该提起执行异议之诉

精析与思路

本题是将代位执行和案外人异议制度结合起来进行考查的一道题目。首先要明确，在本案当中，安安公司是债权人，山阳公司是债务人，而南陵公司则是此案件中的案外人。

就题目而言，存在着典型的代位执行的情形，即安安公司可以申请法院允许自己代替被执行人山阳公司，去执行山阳公司对其债务人三环公司的到期债权。若法院允许代位执行的话，会对次债务人三环公司发出履行通知，次债务人三环公司在接到履行通知之日起15日内可以提出异议，对于此异议，法院仅进行形式审查。若在15日之内，次债务人提出有效异议，则履行通知失效，债权人不得继续对次债务人强制执行；若在15日之内，次债务人未提出有效异议，则履行通知产生强制执行力，债权人可以依据履行通知申请对次债务人进行强制执行。在本案当中，次债务人三环公司已经明确提出，自己的债务已经还清，属于否定债权债务关系本身的实质性异议，异议成立，则履行通知失效，因此，安安公司不可以继续代位强制执行。A选项和B选项是矛盾选项，所以A选项是错误的，B选项是正确的。

案外人南陵公司对案件中的执行标的——到期债权也提出了异议，异议的内容是，南陵公司已受让了该债权，南陵公司才是真正的权利人。根据该主张，执行的到期债权和原裁判无关。换言之，法院作出的安安公司和山阳公司债权债务纠纷的判决，和当事人申请执行的到期债权无关。也就是说，本案当中的原判决并没有错误，因此，案外人异议被驳回之后，没有必要通过再审的方式进行救济，只需要以南陵公司为原告对债权人提起案外人异议之诉就可以了。所以D选项是正确的，C选项是错误的。

参考答案 BD

核心考点137 保障性的执行措施

★★★★

267 »»

兴源公司与郭某签订钢材买卖合同，并书面约定本合同一切争议由中国国际经济贸易仲裁委员会仲裁。兴源公司支付100万元预付款后，因郭某未履约依法解除了合同。郭某一直未将预付款返还，兴源公司遂提出返还货款的仲裁请求，仲裁庭适用简易程序审理，并作出裁决，支持该请求。

由于郭某拒不履行裁决，兴源公司申请执行。郭某无力归还100万元现金，但可以收藏的多幅字画提供执行担保。担保期满后郭某仍无力还款，法院在准备执行该批字画时，朱某向法院提出异议，主张自己才是这些字画的所有权人，郭某只是代为保管。

针对本案中郭某拒不履行债务的行为，法院采取的正确的执行措施是：(2013/3/98-任)

A. 依职权决定限制郭某乘坐飞机

B. 要求郭某报告当前的财产情况

C. 强制郭某加倍支付迟延履行期间的债务利息

D. 根据郭某的申请，对拖欠郭某货款的金康公司发出履行通知

精析与思路

本题显然属于对财产（金钱债权）的执行——要求返还预付款。按照第264题我讲解的思路，应找到主要执行措施和保障性执行措施。

对财产执行的主要措施，包括查封、扣押等，但本题并未考查到。根据题目的内容，A、B、C三个选项均属于保障性执行措施，其中A选项属于限制失信被执行人高消费；B选项属于要求债务人报告财产制度；C选项，因债务人不履行金钱债务，可以对其处罚迟延履行利息，处罚的方式是要求其加倍支付债务利息。这三种保障性执行措施均于法有据。参见法条依据(1)～(4)。

D选项属于执行债务人的到期债权。若金康公司拖欠郭某货款，金康公司就属于债务人郭某的次债务人（第三人）。郭某不履行债务，债权人就可以代郭某之位，请求法院执行金康公司的财产。参见法条依据（5）。所以A、B、C、D四个选项都当选。

参考答案 ABCD

法条依据

（1）《最高人民法院关于限制被执行人高消费及有关消费的若干规定》第1条第1款： 被执行人未按执行通知书指定的期间履行生效法律文书确定的给付义务的，人民法院可以采取限制消费措施，限制其高消费及非生活或者经营必需的有关消费。

（2）《最高人民法院关于限制被执行人高消费及有关消费的若干规定》第3条第1款： 被执行人为自然人的，被采取限制消费措施后，不得有以下高消费及非生活和工作必需的消费行为：①乘坐交通工具时，选择飞机、列车软卧、轮船二等以上舱位；……

（3）《民事诉讼法》第252条： 被执行人未按执行通知履行法律文书确定的义务，应当报告当前以及收到执行通知之日前1年的财产情况。被执行人拒绝报告或者虚假报告的，人民法院可以根据情节轻重对被执行人或者其法定代理人、有关单位的主要负责人或者直接责任人员予以罚款、拘留。

（4）《民事诉讼法》第264条： 被执行人未按判决、裁定和其他法律文书指定的期间履行给付金钱义务的，应当加倍支付迟延履行期间的债务利息。被执行人未按判决、裁定和其他法律文书指定的期间履行其他义务的，应当支付迟延履行金。

（5）《民诉解释》第499条： 人民法院执行被执行人对他人的到期债权，可以作出冻结债权的裁定，并通知该他人向申请执行人履行。该他人对到期债权有异议，申请执行人请求对异议部分强制执行的，人民法院不予支持。利害关系人对到期债权有异议的，人民法院应当按照民事诉讼法第234条（现为第238条）规定处理。对生效法律文书确定的到期债

权，该他人予以否认的，人民法院不予支持。

陷阱与规律

在执行债务人到期债权的具体做法上，可以由债权人提出申请，也可以由债务人提出申请，并非只能由债权人申请。

发出履行通知后，次债务人（第三人）有**15**日异议期，次债务人若不在法定期间内提出有效异议，履行通知生效后，可以强制执行次债务人的财产。

对次债务人的异议，法院只进行形式审查。

一句话背诵

对金钱债务被执行人，可以限制消费、要求报告财产、支付迟延履行利息、代位执行其到期债权。

仲裁协议的效力

268

外国人A和中国一公司签订劳动合同，约定年薪800万元，并约定发生争议时交由某市民商事仲裁委仲裁。后该公司认为A泄露公司商业秘密致使公司利益受损，遂不再向A支付工资，总金额达1200万元。已知当地中院受理诉讼标的额1000万元以上的一审民事案件，A可以通过什么途径来救济？（2020-回忆版-多）

A. 向基层法院申请支付令

B. 向某商事仲裁委员会申请仲裁

C. 直接向中院起诉

D. 由人民调解委员会组织调解

精析与思路

本题的考查载体是一个劳动纠纷。所以，最容易判断的是B选项。劳动纠纷不属于民商事仲裁中可以协议仲裁的范围，因此其约定由某市民商事仲裁委仲裁，该仲裁协议无效。如果要解决劳动纠纷，应由当事人向劳动仲裁委申请劳动仲裁。故B选项不当选。

一般而言，应先经劳动仲裁，然后才能向法院起诉。唯一的例外是《最高人民法院关于审理劳动争议案件适用法律问题的解释（一）》第15条的规定：劳动者以用人单位的工资欠条为证据直接提起诉讼，诉讼请求不涉及劳动关系其他争议的，视为拖欠劳动报酬争议，人民法院按照普通民事纠纷受理。只有这种情况不用先裁后审。故C选项也不当选。

只要是民事纠纷，都可以请求人民调解委员会调解，劳动纠纷也不例外。如果要找依据的话，就是《劳动争议调解仲裁法》第5条的规定：发生劳动争议，当事人不愿协商、协商不成或者达成和解协议后不履行的，可以向调解组织申请调解；不愿调解、调解不成或者达成调解协议后不履行的，可以向劳动争议仲裁委员会申请仲裁；……这里的“调解组织”就包括企业劳动争议调解委员会，基层人民调解组织，在乡镇、街道设立的具有劳动争议调解职能的组织等。所以，人民调解委员会当然可以调解劳动争议。故D选项当选。

至于A选项，外国人A追讨劳动报酬，属于要求对方给付金钱，当然可以申请支付令。根据《劳动合同法》第30条第2款的规定，用人单位拖欠或者未足额支付劳动报酬的，劳动者可以依法向当地人民法院申请支付令，人民法院应当依法发出支付令。故A选项当选。只不过要注意，如果其所在公司认为他们之间还有其他纠纷，而非仅仅给付劳动报酬的问题，可以以此为由提出异议，此时，有可能导致支付令失效。

参考答案 AD

269

乙公司与甲公司约定，在甲公司的仓库储存货物，由甲公司负责保管货物，乙公司支付相关费用，并约定将来若发生纠纷，由甲县仲裁委仲裁。随后，甲公司和其他主体合并成丙公司，丙公司将仓库挪作他用。乙公司起诉要求继续使用仓库，本案有管辖权的是：（2018-回忆版-单）

A. 甲县仲裁委

B. 甲公司仓库所在地法院

C. 丙公司住所地法院

D. 乙公司住所地法院

精析与思路

解决管辖问题有两个层次，一是能不能由法院管，二是由哪个法院管。本题里显然有仲裁协议，约定由"甲县仲裁委仲裁"，但我们讲过，仲裁委只能在设区的市级以上设立，所以，甲县仲裁委是根本不存在的，该仲裁协议无效。因此，该纠纷应该由法院管辖。本案属于仓储合同纠纷，应由被告住所地或合同履行地法院管辖。原来的被告是甲公司，但是甲公司和其他主体合并成了丙公司，所以，被告应更换为丙公司，可以由丙公司主要办事机构所在地法院管辖。合同履行地是哪里呢？本案的诉讼请求是要求对方履行合同、继续使用仓库。仓储合同属于民诉法上规定的其他合同，应以履行义务方所在地为合同履行地。履行义务方即提供仓库方，为丙公司。综上，丙公司住所地法院对本案有管辖权。C选项当选。

值得注意的是，仓储合同是保管人储存存货人交付的仓储物，存货人支付仓储费的合同。提供储存保管服务的一方称为保管人，接受储存保管服务并支付报酬的一方称为存货人，交付保管的货物称为仓储物。仓储合同属于保管合同的一种特殊类型，并不属于租赁合同。在租赁合同中，出租人并没有保管的义务。因此，不能认为本案属于房屋租赁合同而按照专属管辖确定管辖法院，应理解为"其他合同"，按照合同的特殊地域管辖确定管辖法院。

参考答案 C

270

在A地的甲和在B地的乙公司约定，因租赁C地厂房相关事宜产生的纠纷都交由D仲裁委进行仲裁。后甲不付房租，乙公司资不抵债申请破产。法院受理破产申请后，破产管理人应向何主体寻求救济？（2019-回忆版-单）

A. A地法院　　B. B地法院

C. C地法院　　D. D仲裁委

精析与思路

本题考查的是企业破产之后，在破产之前约定的仲裁条款的效力。根据参加考试同学的回忆，在2018年的考试当中也考查了相关问题。相关的法理我已经在相应的问题部分做了论述。

但是现阶段解决这个问题并不需要如此麻烦，因为现行立法当中已经对相关问题作了规范。根据《最高人民法院关于适用〈中华人民共和国企业破产法〉若干问题的规定（三）》第8条的规定，债务人、债权人对债权表记载的债权有异议的，应当说明理由和法律依据。经管理人解释或调整后，异议人仍然不服的，或者管理人不予解释或调整的，异议人应当在债权人会议核查结束后15日内向人民法院提起债权确认的诉讼。当事人之间在破产申请受理前订立有仲裁条款或仲裁协议的，应当向选定的仲裁机构申请确认债权债务关系。也就是说，只要在企业法人被受理破产申请前，曾经订立了有效的仲裁协议，该仲裁协议就依然有效。在企业法人破产程序启动之后，当事人仍然可以就仲裁协议中约定的相关事项向仲裁委请求解决。根据或审或裁原则，如果双方当事人约定了有效的仲裁协议，法院对本案就没有管辖权，因此这道题当选的是 D 选项。

参考答案 D

271

甲、乙、丙（住所地均在 H 区）在 M 区注册成立了一家房地产开发公司，公司章程约定，若股东对公司决议效力产生争议，向 C 仲裁委员会申请仲裁。后股东甲把其在公司中的股权对外转让给了丁，股权转让协议中约定，因股权转让协议产生的争议由 N 区法院管辖。后丁发现乙、丙未经自己同意召开股东会改变公司经营范围，遂打算起诉申请撤销该股东会决议。丁应通过什么方式来撤销？（2023-回忆版-单）

A. 向 M 区法院起诉

B. 向 C 仲裁委员会申请仲裁

C. 向 N 区法院起诉

D. 向 H 区法院起诉

精析与思路

不得不说，这个题目我读第一遍的时候，直观的感觉是，这是什么啊，好闹心，案情乱七八糟的。但是你不能闹心，你要把这个内容在草稿纸上整理一下。我替你整理了一下，大致的意思是这样：

公司决议效力纠纷	仲裁协议——由 C 仲裁委员会仲裁
甲-丁股权转让协议纠纷	协议管辖——由 N 区法院管辖
丁打算撤销股东会决议	如何救济？

应该说，上述仲裁协议和协议管辖两部分各自都是有效的。本题中，丁是受让了甲的股权，但本题又不属于因股权转让协议产生的纠纷，所以当然不适用协议管辖。而本题中的仲裁协议对于受让人丁依然是有效的，这是由仲裁协议的继受性所决定的。所以，丁当然应受到公司章程的约束，那丁就应当向 C 仲裁委员会申请仲裁解决此纠纷。选 B 选项就完事了。你是这么想的吧？

但你注意到了吗？这个题目并不是在合同中约定的仲裁条款，而是在公司章程中规定的，公司章程啊!! 这和我们以前学的并不一样啊。对于这个问题，立法是如何规定的呢？非常遗憾，立法就没有规定。因此，这就需要理论上的推理了。

商事仲裁因为具有保密、高效、专业等优点，日益受到青睐。法国、西班牙、荷兰、瑞典、巴西等国家都逐步认可公司章程在公司与其股东、董事间的约束效力。在国内的实务中，也有越来越多的公司在其章程中约定仲裁条款。虽然现行《公司法》、《仲裁法》和《民事诉讼法》等法律规范中均没有对是否可以在公司章程中约定仲裁条款作出明确规定，但存在其他法律规范肯定了该类约定的效力。1994 年实施的《到境外上市公司章程必备条款》第 7、163 条就规定，有关当事人可以将基于公司章程等所约定的权利义务发生的与公司事务有关的争议或者权利主张提交仲裁解决。2021 年 10 月 15 日，中国证券监督管理委员会与司法部联合发布的《关于依法开展证券期货行业仲裁试点的意见》也规定，投资者在发生证券期货民事赔偿纠纷后，可以根据公司章程中载明的相关纠纷的仲裁条款申请仲裁。

基于法不禁止即可为的原则，或将公司章程作为一种特殊的合同看待，在未违反效力性强制性法律规定的前提下，均应当认为公司章程中对于仲裁条款的约定是有效的。该观点亦被很多案例所证实。但是，公司决议效力纠纷能不能在章程中协议仲裁，还真是一个值得琢磨的问题。如果回到现行法当中，就会发现，根据《公司法》第 25 条、第 26 条第 1 款的规定，公司股东会、董事会的决议内容违反法律、行政法规的无效。公司股东会、董事会的会议召集程序、表决方式违反法律、行政法规或者公司章程，或者决议内容违反公司章程

的，股东自决议作出之日起60日内，可以请求人民法院撤销。正是基于此，实践中多数法院认为，《公司法》第25条、第26条第1款明确规定了确认决议无效或者撤销决议的权力仅归属于法院，所以不支持公司章程中对该类仲裁条款的约定。这是比较有道理的。

因此，本题的正确答案还是按照仲裁协议无效，当事人应通过诉讼由法院判断为宜。而确认公司决议无效之诉属于公司诉讼，应由公司住所地法院管辖。本案中，公司住所地是M区，因此，应由M区法院管辖。A选项当选。

参考答案 A

★ 重复考查过的其他类似题目

272 ⋙

甲、乙因遗产继承发生纠纷，双方书面约定由某仲裁委员会仲裁。后甲反悔，向遗产所在地法院起诉。法院受理后，乙向法院声明双方签订了仲裁协议。关于法院的做法，下列哪一选项是正确的？（2010/3/43-单）

A. 裁定驳回起诉

B. 裁定驳回诉讼请求

C. 裁定将案件移送某仲裁委员会审理

D. 法院裁定仲裁协议无效，对案件继续审理

精析与思路

本题考查的是可以仲裁的案件范围。

很多同学做这道题的时候会自然地回忆起，我讲过，当事人在首次开庭前向法院声明双方订有仲裁协议的，法院应裁定驳回起诉。本题中，乙声明的时间是“法院受理后”，尚未开庭，所以声明有效，法院应裁定驳回起诉，就选了A选项。如果这样做，就做错了。

根据《仲裁法》的规定，只有财产类纠纷（包括合同及其他财产权益纠纷）才能仲裁。有四类纠纷不得仲裁：人身关系纠纷、依法应当由行政机关处理的行政争议、劳动争议、农业承包合同纠纷。本题中，双方当事人因遗产继承发生纠纷，是不能协议仲裁的。参见法条依据。

因此，当事人之间是没有生效的仲裁协议的，法院有权管辖本案。D选项正确。

参考答案 D

法条依据

《仲裁法》第3条：下列纠纷不能仲裁：①婚姻、收养、监护、扶养、继承纠纷；②依法应当由行政机关处理的行政争议。

陷阱与规律

一定要注意，《仲裁法》的第一大原则就是协议仲裁原则，讲的就是双方当事人必须达成“有效的”仲裁协议。仲裁协议的有效性始终是考查的重中之重，你忽略了这个点，就非常容易做错题。

一句话背诵

遗产继承纠纷不允许仲裁，当事人向法院起诉，法院有权管辖。

核心考点139 ▶ 仲裁协议的形式和内容

★★

本考点在近10年的真题中没有独立考查过，但大家仍需准确掌握理论卷中对相应知识的讲解。

核心考点140 ▶ 仲裁协议的性质

★★★★★

273 ⋙

武当公司与洪湖公司签订了一份钢材购销合同，同时约定，因合同效力或合同的履行发生纠纷提交A仲裁委员会或B仲裁委员会仲裁解决。合同签订后，洪湖公司以本公司具体承办人超越权限签订合同为由，主张合同无效。关于本案，下列哪一说法是正确的？（2012/3/48-单）

A. 因当事人约定了2个仲裁委员会，仲裁协议当然无效

B. 因洪湖公司承办人员超越权限签订合同导致合同无效，仲裁协议当然无效

C. 洪湖公司如向法院起诉，法院应当受理

D. 洪湖公司如向法院起诉，法院应当裁定不予受理

精析与思路

本题考查的是仲裁协议的效力。仲裁协议必须具备明确性，当事人必须明确地选定仲裁委员会。而本题中，当事人选定了两个仲裁委员会，使仲裁协议失去了其明确性。仲裁协议是无效的，但并非当然、绝对无效。双方当事人可以达成补充协议，进一步确定仲裁委员会。参见法条依据（1）、（2）。由此，可以排除 A 选项。

仲裁协议的效力具有独立性，作为主合同的从合同，主合同无效，仲裁协议的效力不受影响。参见法条依据（3）。因此，本题中，承办人员超越权限签订合同导致购销合同无效，仲裁条款的效力不受影响，并不是当然无效。B 选项是错误的。

根据或裁或审原则，仲裁协议无效时，相当于当事人没有选择仲裁委解决纠纷（想选仲裁委，必须达成有效仲裁协议），仲裁委没有管辖权，法院就可以受理并审理此案。C、D 两个选项属于矛盾选项，C 选项正确。

参考答案 C

法条依据

（1）**《仲裁法》第 18 条**：仲裁协议对仲裁事项或者仲裁委员会没有约定或者约定不明确的，当事人可以补充协议；达不成补充协议的，仲裁协议无效。

（2）**《仲裁法解释》第 5 条**：仲裁协议约定 2 个以上仲裁机构的，当事人可以协议选择其中的 1 个仲裁机构申请仲裁；当事人不能就仲裁机构选择达成一致的，仲裁协议无效。

（3）**《仲裁法》第 19 条第 1 款**：仲裁协议独立存在，合同的变更、解除、终止或者无效，不影响仲裁协议的效力。

陷阱与规律

仲裁协议的三大特性：明确性、独立性和继受性，近年来反复考查，属高频考点。仲裁协议不明确就会无效，却并非不能补救。这是一个很重要的理论支点。

一句话背诵

仲裁条款具有独立性。当事人约定 2 个以上仲裁委管辖的，仲裁协议无效，当事人向法院起诉的，法院应受理，但仲裁协议并非绝对无效。

274

住所在 M 省甲县的旭日公司与住所在 N 省乙县的世新公司签订了一份建筑工程施工合同，工程地为 M 省丙县，并约定如合同履行发生争议，在北京适用《中国国际经济贸易仲裁委员会仲裁规则》进行仲裁。履行过程中，因工程款支付问题发生争议，世新公司拟通过仲裁或诉讼解决纠纷，但就在哪个仲裁机构进行仲裁，双方产生分歧。对此，下列哪一部门对该案享有管辖权？（2017/3/35-单）

A. 北京仲裁委员会

B. 中国国际经济贸易仲裁委员会

C. M 省甲县法院

D. M 省丙县法院

精析与思路

本题继续考查仲裁协议的性质。仲裁协议三大特性中，明确性居于首位，其次才是独立性和继受性。这是因为，如果仲裁协议不够明确，仲裁协议就将无效，没必要再讨论其他效力。

仲裁协议是明确的，意味着仲裁协议应该明确约定仲裁机构、仲裁事项和仲裁条款。若仅仅约定仲裁地，该仲裁地只有一家仲裁机构，那么就能确定仲裁机构，此时仲裁协议有效；如果该仲裁地有 2 家以上仲裁机构，无法确定具体的仲裁机构，此时仲裁协议无效。如果只选仲裁规则，能根据仲裁规则确定仲裁机构，则仲裁协议有效；如果无法根据仲裁规则确定仲裁机构，则仲裁协议无效。参见法条依据（1）、（2）。

但是本题的特殊之处在于，当事人既约定了仲裁地——北京，也约定了适用的仲裁规则——《中国国际经济贸易仲裁委员会仲裁规则》，这

专题 49

样是否能够确定仲裁机构，以此认定仲裁协议是有效的呢？

我们来进一步分析，虽然双方约定“仲裁应在北京进行”，但北京现有的仲裁机构不只贸仲一家，还有北京仲裁委。所以从这个意义上讲，仲裁机构是不明确的。然后，双方约定“适用《中国国际经济贸易仲裁委员会仲裁规则》进行仲裁”，也不能推定双方选定的仲裁机构当然为贸仲，因为双方当事人在选定其他仲裁机构（如北京仲裁委）的同时，也可以在仲裁条款中约定适用贸仲规则，也就是说，在北京仲裁委仲裁，也可以适用贸仲规则。

所以，根据当事人的约定，无法确定仲裁机构，仲裁协议无效。

仲裁协议无效，法院对该案件就具有管辖权。按照法定管辖，本案为建设工程施工合同纠纷，属于典型的专属管辖，应由不动产所在地法院管辖。参见法条依据（3）、（4）。本题中，工程地即不动产所在地为M省丙县，所以应由M省丙县法院管辖。D选项当选。

刘鹏飞真题卷

参考答案 D

法条依据

（1）《仲裁法解释》第6条：仲裁协议约定由某地的仲裁机构仲裁且该地仅有1个仲裁机构的，该仲裁机构视为约定的仲裁机构。该地有2个以上仲裁机构的，当事人可以协议选择其中的1个仲裁机构申请仲裁；当事人不能就仲裁机构选择达成一致的，仲裁协议无效。

（2）《仲裁法解释》第4条：仲裁协议仅约定纠纷适用的仲裁规则的，视为未约定仲裁机构，但当事人达成补充协议或者按照约定的仲裁规则能够确定仲裁机构的除外。

（3）《民诉解释》第28条第2款：农村土地承包经营合同纠纷、房屋租赁合同纠纷、建设工程施工合同纠纷、政策性房屋买卖合同纠纷，按照不动产纠纷确定管辖。

（4）《民事诉讼法》第34条第1项：因不动产纠纷提起的诉讼，由不动产所在地人民法院管辖。（《民诉解释》第28条第3款在此基础上予以明确规定：“不动产已登记的，以不动产登记簿记载的所在地为不动产所在地；不动产未登记的，以不动产实际所在地为不动产所在地。”）

陷阱与规律

本题里需要注意两个问题：

（1）仲裁规则是可以约定适用的。在此仲裁委进行仲裁依然可以约定适用彼仲裁委的规则。所以，仅仅约定仲裁地和仲裁规则也有可能导致仲裁协议无效。

（2）仲裁协议若欠缺明确性则无效，但并非当然无效和绝对无效，当事人可以通过达成补充协议进一步明确协议待确定的内容。

一句话背诵

仅仅约定仲裁地和仲裁规则而无法确定具体的仲裁委员会的，仲裁协议无效。建设工程施工合同属于专属管辖，应由不动产所在地法院管辖。

核心考点141 ▶ 仲裁协议的效力

★★★★

275

X市多彩公司与Z市刘记集团的合作协议中订有仲裁条款，约定与该协议有关的一切纠纷均由A仲裁中心解决。后刘记集团在合作中严重侵害多彩公司利益，但多彩公司控股股东不愿追究，多彩公司小股东丁某拟行使股东派生诉权，代多彩公司向刘记集团请求赔偿。关于本案，下列说法正确的是：（2024-回忆版-单）

A. 应由Z市法院主管

B. 应由X市法院主管

C. 丁某不能在任何机构向刘记集团行使股东派生诉权

D. 应由A仲裁中心主管

精析与思路

股东派生诉讼是什么？其实就是股东代表诉讼。即当公司的合法权益受到他人侵害，特别是受到有控制权的股东、母公司、董事和管理人员等的侵害而公司怠于行使诉权时，符合法定条件的股东个人以公司的名义对侵害人提起诉讼。丁某作为小股东，根据法律规定，监事会或者董事会收到小股东书面请求后拒绝提起诉讼，或者自收到请求之日起 30 日内未提起诉讼，或者情况紧急、不立即提起诉讼将会使公司利益受到难以弥补的损害的，小股东有权为公司利益以自己的名义直接向人民法院提起诉讼。这样看，C 选项错误。

另外，股东代表诉讼中，诉讼标的是公司与他人之间的法律关系，所以应该根据公司与他人之间的基础法律关系确定管辖。而本题中，多彩公司和刘记集团的纠纷既然是履行“合作协议”过程中产生的纠纷，自然属于合同纠纷，而双方在合同中约定了仲裁条款，所以应当向 A 仲裁中心申请仲裁。D 选项正确。

参考答案 D

重复考查过的其他类似题目

276

兴源公司与郭某签订钢材买卖合同，并书面约定本合同一切争议由中国国际经济贸易仲裁委员会仲裁。兴源公司支付 100 万元预付款后，因郭某未履约依法解除了合同。郭某一直未将预付款返还，兴源公司遂提出返还货款的仲裁请求，仲裁庭适用简易程序审理，并作出裁决，支持该请求。

由于郭某拒不履行裁决，兴源公司申请执行。郭某无力归还 100 万元现金，但可以收藏的多幅字画提供执行担保。担保期满后郭某仍无力还款，法院在准备执行该批字画时，朱某向法院提出异议，主张自己才是这些字画的所有权人，郭某只是代为保管。

假设在执行过程中，郭某向法院提出异议，认为本案并非合同纠纷，不属于仲裁协议约定的纠纷范围。法院对该异议正确的处理方式是：(2013/3/97-任)

A. 裁定执行中止

B. 经过审理，裁定不予执行仲裁裁决的，同时裁定终结执行

C. 经过审理，可以通知仲裁委员会重新仲裁

D. 不予支持该异议

精析与思路

本题考查对仲裁协议效力异议的时间限制。当事人要对仲裁协议的效力提出异议，应在仲裁庭首次开庭前提出。从题目的表述来看，郭某在仲裁庭首次开庭前，没有对仲裁协议的效力提意见。对于这种问题，我们的处理方法是，题目中没说，就认定没有这个行为。不要自己给他加戏。没有提出异议的法律效果就是仲裁委取得了对该案件的管辖权，在仲裁裁决作出后，当事人向人民法院申请确认仲裁协议效力或者申请撤销仲裁机构的决定的，人民法院不予受理。D 选项当选。参见法条依据。

参考答案 D

法条依据

《仲裁法解释》第 13 条：依照仲裁法第 20 条第 2 款的规定，当事人在仲裁庭首次开庭前没有对仲裁协议的效力提出异议，而后向人民法院申请确认仲裁协议无效的，人民法院不予受理。仲裁机构对仲裁协议的效力作出决定后，当事人向人民法院申请确认仲裁协议效力或者申请撤销仲裁机构的决定的，人民法院不予受理。

陷阱与规律

对于这种题目，就记住一点，要对仲裁协议效力提出异议，必须在首次开庭前提，开庭前不提就晚了，将来再跟法院提什么，法院都不会再搭理你。

一句话背诵

当事人对仲裁协议效力有异议的，应在仲裁庭首次开庭前提出；首次开庭前没有提出异议，执行中，当事人以仲裁协议无效为由申请撤销或者不予执行仲裁裁决的，法院不予支持。

277

甲、乙签订商事合同，约定若因合同履行产生纠纷，可向 A 地仲裁委申请仲裁。A 地有两个仲裁机构，分别为 X 仲裁委员会和某国际经济贸易仲裁委员会 X 分会。后双方当事人因合同履行发生争议，甲向其中一个仲裁

专题 49

委申请仲裁，乙在该仲裁委首次开庭时提出异议。据此，下列选项正确的是：（2019-回忆版-单）

A. 乙可再向A地中级法院申请认定仲裁协议无效，法院应受理该申请

B. 仲裁庭应裁定终结审理

C. 此时若当事人选择其中一个仲裁机构，仲裁协议有效

D. 仲裁庭已取得管辖权

精析与思路

本题是一道相对传统的考题，考查的是仲裁协议的效力。

首先，在本题当中，双方当事人就商事合同纠纷约定向A地仲裁委申请仲裁，而由于A地存在两个仲裁机构，所以该仲裁协议相当于在约定仲裁机构方面不够明确，由此导致仲裁协议无效，但并非当然无效、绝对无效。这个时候，如果当事人能二选一，仲裁协议确实可以从无效变为有效。

其次，大家也已经注意到，甲向其中一个仲裁委申请仲裁，乙是在仲裁庭首次开庭时才提出异议。而按照《仲裁法》的相关规定，乙若不认可该仲裁委的管辖权，应当在仲裁庭首次开庭前就提出异议。若在仲裁庭首次开庭时才提出异议，就视为该仲裁委已经取得相关案件的管辖权，此时仲裁庭应当继续审理，而非裁定终结审理，所以D选项是正确的，B选项是错误的。

还要说明的是A选项，如果当事人要向法院申请认定仲裁协议的效力，也应当在仲裁庭首次开庭前提出。这是因为，一旦仲裁庭已经开庭，该仲裁委就已经取得了对此案件的管辖权，当事人再申请认定仲裁协议的效力已经没有任何意义，这在立法上也是不允许的，所以A选项是错误的。

这样看，如果当事人申请仲裁的仲裁委已经取得了管辖权，当事人再行二选一，就没有意义了。只要当事人向A仲裁委申请仲裁，对方当事人没有在首次开庭前提出异议，A仲裁委就有管辖权了，这时候当事人再选择B仲裁委，如果认为仲裁协议又有效了，那不就矛盾了吗。所以，当事人只有在首次开庭前二选一才有价值，一旦开庭，就不能再二选一，也不能请求法院确认仲裁协议的效力。无论仲裁协议是否有效，仲裁委都取得了管辖权。C选项错误。

参考答案 D

核心考点142 仲裁协议的效力确认

★★

278

甲、乙在合同中约定，若因合同履行发生争议，可以向B市仲裁委员会申请调解或者向A市仲裁委员会申请仲裁。后双方当事人因合同履行发生争议，甲向A市仲裁委员会提出仲裁申请后，乙主张该仲裁协议无效。关于本案，下列说法正确的有：（2022-回忆版-多）

A. 乙可以向A市仲裁委员会请求确认仲裁协议的效力

B. 乙可以向B市中级法院请求确认仲裁协议的效力

C. 本案纠纷可向A市仲裁委员会申请仲裁

D. 本案纠纷可向B市仲裁委员会申请调解

精析与思路

本题的解题关键在于如何理解“可以向B市仲裁委员会申请调解”这种约定的法律效力，这是对我们之前讲过的知识的灵活运用，我们完全可以运用逆向思维解决这个问题。特别强调，要达成有效的仲裁协议，就必须存在明确的请求仲裁委“仲裁”的意思表示，一般可以约定“将来发生纠纷由某仲裁委管辖”，或者“将来发生纠纷提请某仲裁委仲裁”。所以，从文义上看，本案中的甲、乙只是希望该仲裁委对本案进行调解，并没有明确约定将来发生纠纷由B市仲裁委进行仲裁。因此，不能认为这项约定是有效的仲裁协议。如果展开来，可以分析得更加详细。我给大家说过，在对仲裁协议进行解释的时候，应本着尽量使仲裁协议有效的原则。尽量使仲裁协议有效，也是仲裁协议效力司法审查中的一项重要原则。尽管《全

国法院涉外商事海事审判工作座谈会会议纪要》对此进行了规定，但其仅规定了是否明确约定仲裁机构这一种情形。该纪要第 93 条规定："根据仲裁法司法解释第 3 条的规定，人民法院在审查仲裁协议是否约定了明确的仲裁机构时，应当按照有利于仲裁协议有效的原则予以认定。"进一步说，仲裁条款中约定将争议提交仲裁机构进行"调解"的，是否具备请求仲裁的意思表示？这似乎取决于对仲裁条款进行解释的方向和原则。

从我国的司法实践情况来看，对此问题有所争议。常规意义上，约定某仲裁委进行仲裁的，该仲裁委当然可以调解；但如果是约定其进行调解，则不应包括作出裁决的内容。所以，主流观点是，"约定'由仲裁委员会调解'中未明确请求仲裁"。因此，仲裁条款约定的仲裁委员会调解属于约定不明确，若双方当事人未达成补充协议，则该仲裁条款属于无效条款。

既然如此，那么向 A 市仲裁委员会申请仲裁的约定符合约定唯一、明确仲裁委的要件，应认定这项仲裁条款是有效的，甲、乙可以向 A 市仲裁委员会申请仲裁。C 选项正确，D 选项错误。双方当事人对仲裁协议的效力有所争议的，可以向约定的仲裁委或者当事人住所地的中级人民法院、仲裁协议签订地和仲裁委所在地的中级人民法院申请确认。而本案中，甲、乙并未约定由 B 市仲裁委仲裁，所以，B 市就不属于仲裁委所在地，B 市中院对本案中的仲裁协议就没有确认的权力。因此，只有 A 市仲裁委对本案中的仲裁协议具备确认的权力。A 选项正确，B 选项错误。

参考答案 AC

★ 重复考查过的其他类似题目

279 »»

住所在 A 市 B 区的两江公司与住所在 M 市 N 区的百向公司，在两江公司的分公司所在地 H 市 J 县签订了一份产品购销合同，并约定如发生合同纠纷可向设在 W 市的仲裁委员会申请仲裁（W 市有两个仲裁委员会）。因履行合同发生争议，两江公司向 W 市的一个仲裁委员会申请仲裁。仲裁委员会受理后，百向公司拟向法院申请认定仲裁协议无效。百向公司应向下列哪些法院提出申请？（2017/3/50-多）

A. 可向 W 市中级法院申请

B. 只能向 M 市中级法院申请

C. 只能向 A 市中级法院申请

D. 可向 H 市中级法院申请

精析与思路

本题其实考点特别集中，考查的是确认仲裁协议效力的主体和管辖。但是，本题将规则演化成最为复杂的案例，需要大家认真分析。

按照立法的规定，当事人可以向约定的仲裁委员会请求确认或者请求人民法院确认仲裁协议的效力。本题中的百向公司可以向约定的仲裁委申请确认，也可以向法院申请确认。参见法条依据（1）。而题目将问题限缩在，百向公司应向哪些法院申请。根据立法规定，应向约定的仲裁机构所在地、仲裁协议签订地、双方当事人（申请人和被申请人）住所地的中级人民法院申请。参见法条依据（2）。

本题中，约定的仲裁机构在 W 市，所以 W 市中院可以管辖。仲裁协议在 H 市 J 县签订（在购销合同中约定的仲裁条款），H 市中院对确认仲裁协议效力也有管辖权。最后，申请人是百向公司，被申请人是两江公司，所以双方当事人的住所地就是 A 市 B 区和 M 市 N 区，因此 A 市中院和 M 市中院可以管辖。结论是，W 市作为约定仲裁地、H 市作为协议签订地、A 市和 M 市作为双方当事人住所地，这些地方的中院都有管辖权。这样看，A、D 两个选项就都当选。

不认真审题的同学可能认为 B、C 两个选项都是正确的，但你仔细看就会发现，B、C 选项说的是只有 A 市/M 市中级法院有管辖权，这个说法是错误的。

参考答案 AD（司法部原答案为 D）

法条依据

（1）《仲裁法》第 20 条：当事人对仲裁协

专题 49

议的效力有异议的，可以请求仲裁委员会作出决定或者请求人民法院作出裁定。一方请求仲裁委员会作出决定，另一方请求人民法院作出裁定的，由人民法院裁定。当事人对仲裁协议的效力有异议，应当在仲裁庭首次开庭前提出。

（2）《审理仲裁司法审查规定》第2条第1款：申请确认仲裁协议效力的案件，由仲裁协议约定的仲裁机构所在地、仲裁协议签订地、申请人住所地、被申请人住所地的中级人民法院或者专门人民法院管辖。

陷阱与规律

这道题答案发生变化，同样是因为新旧法更迭的问题。在确认仲裁协议效力的时候，法院和仲裁委都有管辖权。按照新规定，即便是仲裁机构约定不明确，约定中出现的仲裁委也都有管辖权；而约定的仲裁委所在地的中院也都有管辖权，即便仲裁委所在地的中院完全有可能为**2**个以上。

可以向法院或约定的仲裁委申请确认仲裁协议的效力。向法院申请时，由约定的仲裁机构所在地、仲裁协议签订地、双方当事人住所地的中级人民法院管辖。

280

住所在北京市C区的甲公司与住所在北京市H区的乙公司在天津市J区签订了一份买卖合同，约定合同履行发生争议，由北京仲裁委员会仲裁或者向H区法院提起诉讼。合同履行过程中，双方发生争议，甲公司到北京仲裁委员会申请仲裁，仲裁委员会受理并向乙公司送达了甲公司的申请书副本。在仲裁庭主持首次开庭的答辩阶段，乙公司对仲裁协议的效力提出异议。仲裁庭对此作出了相关的意思表示。此后，乙公司又向法院提出对仲裁协议的效力予以认定的申请。下列哪些选项是正确的？（2017/3/85-多）

A. 双方当事人约定的仲裁协议原则有效

B. 仲裁庭对案件管辖权作出决定应有仲裁委员会的授权

C. 仲裁庭对乙公司的申请应予以驳回，继续审理案件

D. 乙公司应向天津市中级法院申请认定仲裁协议的效力

精析与思路

这道题同样是一道综合题，综合考查了仲裁协议效力、对仲裁协议效力异议和对效力的确认的相关规定。其综合程度高，要求考生能灵活运用所学知识，体现了近年来考试的命题趋势，这一趋势必然也是以后法考的特点。

或裁或审原则作为重要的仲裁法原则，要求当事人只能选择仲裁委仲裁或者选择向法院起诉，两种纠纷解决方式只能选择其一。本题中，当事人选择了“由北京仲裁委员会仲裁或者向H区法院提起诉讼”两种纠纷解决方式，其约定的效力是仲裁协议无效，协议管辖符合法定条件，可以有效。参见法条依据（1）。由此，排除A选项。

对仲裁协议效力有争议的，当事人可以向约定的仲裁委员会申请确认，也可以向法院申请确认。确认仲裁协议是否有效，实际上解决的是仲裁委有没有管辖权的问题。一定要注意，有权确认管辖权问题的主体是仲裁委和法院，不是仲裁庭。仲裁庭若要决定这个问题，必须获得仲裁委的授权。所以，B选项正确。

如果认为仲裁协议无效，仲裁当事人应在仲裁庭首次开庭前提出。参见法条依据（2）。首次开庭前没有提出对协议的异议的，仲裁庭对案件就可以进行审理。题目中，乙公司在首次开庭的答辩阶段才对仲裁协议的效力提出异议，已经超出了法定的异议期限，仲裁庭应依法驳回乙公司的异议，继续审理该案件。所以，C选项正确。

对仲裁协议效力提出异议，可以请求仲裁委员会或者法院确认。当事人向人民法院申请确认仲裁协议效力的案件，由约定的仲裁机构所在地、仲裁协议签订地、双方当事人（申请人和被申请人）住所地的中级人民法院管辖。参见法条依据（3）。本题中，双方当事人明确选

择的仲裁委是北京仲裁委，所以，北京市是约定的仲裁机构所在地，天津市是仲裁协议签订地，双方当事人的住所地均在北京市，因此，乙公司可以向北京仲裁委、天津市某中院和北京市某中院申请确认仲裁协议的效力，D 选项的说法过于绝对，是错误的。

参考答案 BC

法条依据

（1）《仲裁法解释》第 7 条：当事人约定争议可以向仲裁机构申请仲裁也可以向人民法院起诉的，仲裁协议无效。但一方向仲裁机构申请仲裁，另一方未在仲裁法第 20 条第 2 款规定期间内提出异议的除外。

（2）《仲裁法》第 20 条：当事人对仲裁协议的效力有异议的，可以请求仲裁委员会作出决定或者请求人民法院作出裁定。一方请求仲裁委员会作出决定，另一方请求人民法院作出裁定的，由人民法院裁定。当事人对仲裁协议的效力有异议，应当在仲裁庭首次开庭前提出。

（3）《审理仲裁司法审查规定》第 2 条第 1 款：申请确认仲裁协议效力的案件，由仲裁协议约定的仲裁机构所在地、仲裁协议签订地、申请人住所地、被申请人住所地的中级人民法院或者专门人民法院管辖。

陷阱与规律

这道题利用了大家记忆的模糊点，确认仲裁协议效力的主体是仲裁委，而不是仲裁庭。因为这个权力是仲裁委所有的，仲裁庭想确认仲裁协议的效力，必须获得仲裁委的授权。

另外，又审又裁的仲裁协议，仲裁协议部分无效，协议管辖部分若符合法定条件完全可以是有效的。

最后，还要注意，当事人如果向仲裁委申请确认仲裁协议的效力，仲裁委作出处理后，当事人再向法院申请确认，法院是不受理的。只是这道题没有从这个角度考查。

一句话背诵

又审又裁的仲裁协议无效。仲裁委约定明确时，可以在仲裁庭首次开庭前向仲裁委或者约定的仲裁机构所在地、仲裁协议签订地、双方当事人（申请人和被申请人）住所地的中院申请确认仲裁协议的效力，经过授权的仲裁庭也可以决定仲裁协议的效力。

281 »»

大成公司与华泰公司签订投资合同，约定了仲裁条款：如因合同效力和合同履行发生争议，由 A 仲裁委员会仲裁。合作中双方发生争议，大成公司遂向 A 仲裁委员会提出仲裁申请，要求确认投资合同无效。A 仲裁委员会受理。华泰公司提交答辩书称，如合同无效，仲裁条款当然无效，故 A 仲裁委员会无权受理本案。随即，华泰公司向法院申请确认仲裁协议无效，大成公司见状，向 A 仲裁委员会提出请求确认仲裁协议有效。关于本案，下列哪一说法是正确的？（2015/3/50-单）

A. A 仲裁委员会无权确认投资合同是否有效

B. 投资合同无效，仲裁条款即无效

C. 仲裁条款是否有效，应由法院作出裁定

D. 仲裁条款是否有效，应由 A 仲裁委员会作出决定

精析与思路

本题是一道综合题。

A 选项考查的是仲裁委员会受理案件的范围。平等主体之间的财产纠纷都可以通过仲裁解决。人身纠纷、行政纠纷、劳动纠纷、土地纠纷，仲裁委员会不可以受理、解决。“投资合同是否有效”是典型的财产纠纷，仲裁委员会有权仲裁。另外，双方明确约定，如因合同效力和合同履行发生争议，由 A 仲裁委员会仲裁。约定明确，该仲裁协议有效，A 仲裁委员会对这个可以仲裁的案件也有管辖权。所以，A 选项错误。

仲裁协议具有独立性，本题中仲裁协议是有效的，其效力不受投资合同效力影响。所以，B 选项错误。参见法条依据（1）。

对于仲裁协议效力的确认，法院和仲裁委都有管辖权。华泰公司向法院申请确认仲裁协议

专题 49

无效，大成公司向A仲裁委员会提出请求确认仲裁协议有效，这就使法院和仲裁委的管辖权发生了冲突。立法作出了选择，此时应由法院管辖。参见法条依据（2）。这是因为，法院才是我国的司法机关，是最权威的终局性裁判机构。因此，本题中，应由法院作出仲裁协议是否有效的裁定。所以，C选项正确，D选项错误。

参考答案 C

法条依据

（1）《仲裁法》第19条：仲裁协议独立存在，合同的变更、解除、终止或者无效，不影响仲裁协议的效力。仲裁庭有权确认合同的效力。

（2）《仲裁法》第20条：当事人对仲裁协议的效力有异议的，可以请求仲裁委员会作出决定或者请求人民法院作出裁定。一方请求仲裁委员会作出决定，另一方请求人民法院作出裁定的，由人民法院裁定。当事人对仲裁协议的效力有异议，应当在仲裁庭首次开庭前提出。

陷阱与规律

要注意劳动仲裁和商事仲裁的区别。劳动仲裁是先裁后审，商事仲裁是或裁或审。或裁或审的意思是，当事人只能选择一种纠纷解决方式，而不能获得两次救济。诉讼和仲裁相比较，诉讼更权威，但是，诉讼程序刚性强，当事人自由选择的空间小，仲裁更尊重当事人的意愿，更加简便、快捷。

一句话背诵

仲裁的范围是财产纠纷；仲裁条款具有独立性；一方向法院申请确认仲裁协议效力，另一方向仲裁委申请确认仲裁协议效力的，由法院作出裁定。

282

甲市L区居民叶某购买了住所在乙市M区的大亿公司开发的位于丙市N区的商品房一套，合同中约定双方因履行合同发生争议可以向位于丙市的仲裁委员会（丙市仅有一家仲裁机构）申请仲裁。因大亿公司迟迟未按合同约定交付房屋，叶某向仲裁委员会申请仲裁。大亿公司以仲裁机构约定不明，向仲裁委员会申请确认仲裁协议无效。经审查，仲裁委员会作出了仲裁协议有效的决定。在第一次仲裁开庭时，大亿公司声称其又向丙市中级法院请求确认仲裁协议无效，申请仲裁庭中止案件审理。在仲裁过程中仲裁庭组织调解，双方达成了调解协议，仲裁庭根据协议内容制作了裁决书。后因大亿公司不按调解协议履行义务，叶某向法院申请强制执行，而大亿公司则以调解协议内容超出仲裁请求为由，向法院申请不予执行仲裁裁决。

大亿公司向丙市中级法院请求确认仲裁协议无效，对此，正确的做法是：（2016/3/98-任）

A. 丙市中级法院应予受理并进行审查
B. 丙市中级法院不予受理
C. 仲裁庭在法院就仲裁协议效力作出裁定之前，应当中止仲裁程序
D. 仲裁庭应继续开庭审理

精析与思路

本题考查的是对仲裁协议效力的确认的程序问题。当事人请求确认仲裁协议效力的，可以向法院申请，也可以向仲裁委申请。若双方分别向法院和仲裁委请求确认，由法院优先管辖，这是因为，法院是最权威的裁判机关。若当事人先向仲裁委申请确认，仲裁委作出了决定后，当事人再向法院申请确认的，法院不予受理，这是或裁或审原则的基本要求。参见法条依据。

本题中，大亿公司向仲裁委员会申请确认仲裁协议无效后，仲裁委员会作出了仲裁协议有效的决定。相当于仲裁已经处理过的争议，法院就不再受理了。仲裁协议已经被确认有效，仲裁委已经取得了对案件的管辖权，可以继续审理。所以，B、D选项正确。

参考答案 BD

法条依据

《仲裁法解释》第13条第2款：仲裁机构对仲裁协议的效力作出决定后，当事人向人民

法院申请确认仲裁协议效力或者申请撤销仲裁机构的决定的，人民法院不予受理。

陷阱与规律

或裁或审原则贯穿于仲裁相关程序的始终。一个纠纷（确认仲裁协议到底是否有效，也属于纠纷）经过仲裁委处理后，法院就不再处理。

提醒大家注意，要申请法院确认仲裁协议的效力，必须在仲裁庭首次开庭前提出。若首次开庭前没有提出，仲裁委将取得管辖权，法院就没有确认的必要了。

一句话背诵

如果当事人已经向仲裁机构申请确认过仲裁协议的效力，再向法院申请确认的，法院不予受理。对仲裁协议效力有异议的，应在仲裁庭首次开庭前提出。

283

住所地在H省K市L区的甲公司与住所地在F省E市D区的乙公司签订了一份钢材买卖合同，价款数额为90万元。合同在B市C区签订，双方约定合同履行地为W省Z市Y区，同时约定如因合同履行发生争议，由B市仲裁委员会仲裁。合同履行过程中，因钢材质量问题，甲公司与乙公司发生争议，甲公司欲申请仲裁解决。因B市有两个仲裁机构，分别为丙仲裁委员会和丁仲裁委员会（两个仲裁委员会所在地都在B市C区），乙公司认为合同中的仲裁条款无效，欲向有关机构申请确认仲裁条款无效。

依据法律和司法解释的规定，乙公司可以向有关机构申请确认仲裁条款无效。关于确认的机构，下列选项正确的是：（2016/3/95-任）

A. 丙仲裁委员会　　B. 丁仲裁委员会

C. B市中级法院　　D. B市C区法院

精析与思路

本题与上一题考查的内容类似：当事人对仲裁协议的效力有异议的，可以请求约定的仲裁委员会或者请求人民法院确认。参见法条依据（1）。向人民法院申请确认仲裁协议效力的案件，由仲裁协议约定的仲裁机构所在地、仲裁协议签订地、双方当事人（申请人和被申请人）住所地的中级人民法院管辖。参见法条依据（2）。

本题中只约定了仲裁地，但是该地有两个仲裁委员会，这相当于仲裁机构约定不明确。但是在确认仲裁协议效力的时候，这两个仲裁委员会都有管辖权。同时，当事人还可以向法院申请确认仲裁协议的效力，本题中约定的仲裁机构在B市，合同在B市C区签订，B市是仲裁协议签订地和仲裁机构所在地，所以，B市中院对本案有管辖权；而申请确认仲裁协议效力的当事人是乙公司，所以被申请人就是甲公司，被申请人甲公司的住所地是H省K市L区，申请人乙公司的住所地是F省E市D区，K市中院和E市中院作为双方当事人住所地的中院也有管辖权。

因此，B市中院、K市中院、E市中院都有确认权。这道题的答案没有发生变化，但是要注意依据新法解析后得到的结论。

综上，A、B、C三个选项是正确的，D选项中的基层法院没有确认权。

参考答案 ABC

法条依据

（1）《仲裁法》第20条：当事人对仲裁协议的效力有异议的，可以请求仲裁委员会作出决定或者请求人民法院作出裁定。一方请求仲裁委员会作出决定，另一方请求人民法院作出裁定的，由人民法院裁定。当事人对仲裁协议的效力有异议，应当在仲裁庭首次开庭前提出。

（2）《审理仲裁司法审查规定》第2条第1款：申请确认仲裁协议效力的案件，由仲裁协议约定的仲裁机构所在地、仲裁协议签订地、申请人住所地、被申请人住所地的中级人民法院或者专门人民法院管辖。

陷阱与规律

要注意一个问题，仲裁委对仲裁协议的效力是有确认权的。哪个仲裁委有权确认呢？仲裁协议约定了哪个仲裁委，哪个仲裁委就有确认权，而不要管约定的是否是唯一的仲裁委，也不要管仲裁协议是有效还是无效。只要按照约定的仲裁

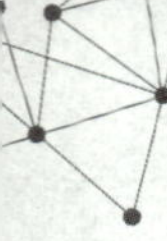

委（约定两个仲裁委的，就两个都能管）确定管辖就可以。

一句话背诵

对于确认仲裁协议效力的案件，法院和约定的仲裁委都有管辖权。向法院申请时，由约定的仲裁机构所在地、仲裁协议签订地、双方当事人住所地的中级人民法院管辖。

专题50

仲裁程序

核心考点143 ▶仲裁庭与仲裁进行

★★★

284 >>>

双方当事人协议通过仲裁的方式解决纠纷，约定由3名仲裁员组成合议庭进行仲裁。后发生纠纷向约定的仲裁委员会申请仲裁，因标的额为50万元，该仲裁委员会规定，100万元标的额以下的案件只由1名仲裁员独任仲裁，遂由1名仲裁员进行审理后作出裁决。后一方欲向法院申请撤销仲裁裁决。关于本案，下列选项正确的是：（2021－回忆版－单）

A. 因仲裁庭用1名仲裁员独任裁判，因此法院也应适用独任制审理

B. 可以以仲裁庭组成不符合约定为由申请撤销仲裁裁决

C. 可以以仲裁程序违法为由申请撤销仲裁裁决

D. 法院应通知仲裁庭重新仲裁

精析与思路

仲裁是当事人双方所同意的约定程序（Consensual Process），只有根据当事人双方真实意愿组成的仲裁庭，按照当事人约定的程序作出的裁决才具有效力。仲裁机构在仲裁庭的成立、仲裁员的选定、重组的过程中发挥着重要作用，但其角色主要在于保障仲裁庭的公正性、独立性以及仲裁程序的顺利进行。从仲裁员组成仲裁庭的方式的角度而言，应由当事人双方各指定一名仲裁员，第三名仲裁员由当事人双方共同选定，或由仲裁委员会指定。而实际情况是，由于现实利益纠纷的存在，当事人双方其实很难就仲裁员的选择达成一致，在这种情况下，为保障仲裁程序的顺利进行，以及仲裁权的正当实现，第三名仲裁员往往由仲裁委员会主任指定。正如我国《仲裁法》第32条所明确规定的，“当事人没有在仲裁规则规定的期限内约定仲裁庭的组成方式或者选定仲裁员的，由仲裁委员会主任指定”。

所以，仲裁规则应与仲裁法的规定保持一致。我国《仲裁法》第58条第1款规定了六类撤销仲裁裁决的事由：①没有仲裁协议的；②裁决的事项不属于仲裁协议的范围或者仲裁委员会无权仲裁的；③仲裁庭的组成或者仲裁的程序违反法定程序的；④裁决所根据的证据是伪造的；⑤对方当事人隐瞒了足以影响公正裁决的证据的；⑥仲裁员在仲裁该案时有索贿受贿，徇私舞弊，枉法裁决行为的。第3项中的仲裁庭组成违法和仲裁程序违法是两种情况。而本题中，显然是没有按照当事人的约定组成仲裁庭，属于仲裁庭组成不合法。因此，B选项更为恰当。

至于A选项，完全没有这样的必须独任对独任的规则。根据《审理仲裁司法审查规定》第11条的规定，人民法院审查仲裁司法审查案件，应当组成合议庭并询问当事人。由此可知，法院并不能适用独任制审理撤销仲裁裁决案件。故A选项错误。

最后，仲裁庭组成不合法不是可以重新仲裁的法定事由，而是撤销仲裁裁决的事由。要搞清楚，能不能撤销和能不能重新仲裁是两回事，事由也不同。故 D 选项也是错误的。

参考答案 B

285

王某与胜达公司订立了商品房购买合同，购买位于甲市的房屋。后胜达公司拒绝交付房屋，王某根据合同中约定的仲裁条款向设立在乙市的仲裁委申请仲裁，要求交付房屋。仲裁过程中，王某提出案件法律关系清楚，且自己结婚在即，欲申请先予执行。关于本案，下列说法正确的是：(2020-回忆版-单)

A. 王某无权申请先予执行
B. 王某应向乙市仲裁委提出先予执行申请，由仲裁委提交法院处理
C. 王某应向甲县基层法院申请先予执行
D. 王某应向乙县基层法院申请先予执行

精析与思路

目前我国《仲裁法》和《仲裁法解释》中并没有规定先予执行制度。从理论上来看，我认为在仲裁过程中适用先予执行也存在障碍。首先，仲裁委本身没有强制执行的能力，只能由法院执行。那么，是仲裁委作出先予执行的裁定，由法院执行吗？我认为不可以。这是因为，法院的执行依据中，只有仲裁委作出的终局裁决，而不包括仲裁委的裁定，也就是说，即便仲裁委作出这样的裁定，也不能作为执行依据。那是仲裁委提交给法院，让法院作出吗？也不行。因为法院要作出先予执行的裁定，必须是在诉讼中。目前不存在诉讼，法院就不应该作出先予执行的裁定。A 选项正确。

那么，广义的仲裁中，有没有先予执行的可能呢？有。但不是商事仲裁，而是劳动仲裁。根据《劳动争议调解仲裁法》第 44 条的规定，仲裁庭对追索劳动报酬、工伤医疗费、经济补偿或者赔偿金的案件，根据当事人的申请，可以裁决先予执行，移送人民法院执行。仲裁庭裁决先予执行的，应当符合下列条件：①当事人之间权利义务关系明确；②不先予执行将严重影响申请人的生活。劳动者申请先予执行的，可以不提供担保。

参考答案 A

重复考查过的其他类似题目

286

B 市的京发公司与 T 市的蓟门公司签订了一份海鲜买卖合同，约定交货地在 T 市，并同时约定“涉及本合同的争议，提交 S 仲裁委员会仲裁”。京发公司收货后，认为海鲜等级未达到合同约定，遂向 S 仲裁委员会提起解除合同的仲裁申请，仲裁委员会受理了该案。在仲裁规则确定的期限内，京发公司选定仲裁员李某作为本案仲裁庭的仲裁员，蓟门公司未选定仲裁员，双方当事人也未共同选定第三名仲裁员，S 仲裁委主任指定张某为本案仲裁庭仲裁员、刘某为本案首席仲裁员，李某、张某、刘某共同组成本案的仲裁庭，仲裁委向双方当事人送达了开庭通知。

开庭当日，蓟门公司未到庭，也未向仲裁庭说明未到庭的理由。仲裁庭对案件进行了审理并作出缺席裁决。在评议裁决结果时，李某和张某均认为蓟门公司存在严重违约行为，合同应解除，而刘某认为合同不应解除，拒绝在裁决书上签名。最终，裁决书上只有李某和张某的签名。

S 仲裁委员会将裁决书向双方当事人进行送达时，蓟门公司拒绝签收，后蓟门公司向法院提出撤销仲裁裁决的申请。

关于本案中仲裁庭组成，下列说法正确的是：(2014/3/98-任)

A. 京发公司有权选定李某为本案仲裁员
B. 仲裁委主任有权指定张某为本案仲裁员
C. 仲裁委主任有权指定刘某为首席仲裁员
D. 本案仲裁庭的组成合法

精析与思路

本题考查仲裁庭的组成方式。仲裁的审判组

专题 50

织分为仲裁庭仲裁和独任仲裁两种。仲裁庭仲裁，当事人约定由 3 名仲裁员组成仲裁庭的，应当各自选定或者各自委托仲裁委员会主任指定 1 名仲裁员；首席仲裁员由双方当事人共同选定或者共同委托仲裁委员会主任指定。独任仲裁，当事人约定由 1 名仲裁员成立仲裁庭的，应当由双方当事人共同选定或者共同委托仲裁委员会主任指定仲裁员。参见法条依据（1）、（2）。

本题中，组成了仲裁庭仲裁，题目就围绕仲裁员的产生方式命题。当事人是否有权选择仲裁员？当然有权，当事人有权各自选择 1 名仲裁员。所以京发公司有权选定李某为本案仲裁员。仲裁委主任是否有权指定 1 名仲裁员？当然有权，如果当事人自己选不出应由其选定的仲裁员，可以委托仲裁委主任指定。所以仲裁委主任有权指定张某为本案仲裁员。仲裁委主任是否有权指定首席仲裁员？当然有权，首席仲裁员应由双方当事人共同选定或者仲裁委主任指定。所以仲裁委主任有权指定刘某为首席仲裁员。

综上所述，仲裁庭的组成方式是合法的，所以，A、B、C、D 四个选项都是正确的。

参考答案 ABCD

法条依据

（1）《仲裁法》第 30 条：仲裁庭可以由 3 名仲裁员或者 1 名仲裁员组成。由 3 名仲裁员组成的，设首席仲裁员。

（2）《仲裁法》第 31 条：当事人约定由 3 名仲裁员组成仲裁庭的，应当各自选定或者各自委托仲裁委员会主任指定 1 名仲裁员，第三名仲裁员由当事人共同选定或者共同委托仲裁委员会主任指定。第三名仲裁员是首席仲裁员。当事人约定由 1 名仲裁员成立仲裁庭的，应当由当事人共同选定或者共同委托仲裁委员会主任指定仲裁员。

陷阱与规律

记住一个结论，所有的仲裁员，不管是独任的还是仲裁庭中的，任何一位都可以通过当事人选定和仲裁委员会主任指定的方式产生。但是其产生方式有顺位，当事人选不出的，才由仲裁委员会主任指定。

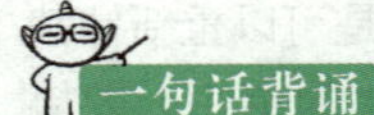

一句话背诵

仲裁员由当事人选定或委托仲裁委主任指定；首席仲裁员由双方当事人共同选定或者共同委托仲裁委主任指定。

核心考点144 ▶ 回避制度 ★★

287 »»

甲公司与乙公司因合同纠纷向某仲裁委员会申请仲裁，第一次开庭后，甲公司的代理律师发现合议庭首席仲裁员苏某与乙公司的老总汪某在一起吃饭，遂向仲裁庭提出回避申请。关于本案仲裁程序，下列哪一选项是正确的？（2016/3/50-单）

A. 苏某的回避应由仲裁委员会集体决定

B. 苏某回避后，合议庭应重新组成

C. 已经进行的仲裁程序应继续进行

D. 当事人可请求已进行的仲裁程序重新进行

精析与思路

本题考查仲裁程序中的回避制度。仲裁程序中的回避，有两个考点经常考查到，一个是对回避主体回避问题的决定权，另一个是回避后仲裁程序的进行。本题正是考查了这样两个考点。

苏某作为仲裁员，其回避应由仲裁委员会主任决定；仲裁委员会主任的回避，才由仲裁委员会集体决定。所以，A 选项是错误的。参见法条依据（1）。

苏某回避后，要更换仲裁员，而非重新组成合议庭。这个点我们在理论卷里重点说过，这里再次强调：所谓重新组成合议庭，就是合议庭的组成人员要全部更换，原来的仲裁员（诉讼程序中就是审判人员）都不能再参加案件的审理了。但是，某一个主体被回避掉之后，不需要将所有人员都更换，因此，是更换该仲裁员，而非重新组成合议庭。所以，B 选项是错误的。

C、D 两个选项考查的是回避后仲裁程序的进行。仲裁员回避后，仲裁程序可以继续进行、可以重新进行。当事人可以提出请求，最终决定权在仲裁庭。参见法条依据（2）。所以，C

选项是错误的，是可以继续进行而非应当继续进行；D 选项是正确的，当事人可请求已进行的仲裁程序重新进行，但是能不能重新进行，要由仲裁庭决定。

参考答案 D

法条依据

（1）《仲裁法》第 36 条：仲裁员是否回避，由仲裁委员会主任决定；仲裁委员会主任担任仲裁员时，由仲裁委员会集体决定。

（2）《仲裁法》第 37 条：仲裁员因回避或者其他原因不能履行职责的，应当依照本法规定重新选定或者指定仲裁员。因回避而重新选定或者指定仲裁员后，当事人可以请求已进行的仲裁程序重新进行，是否准许，由仲裁庭决定；仲裁庭也可以自行决定已进行的仲裁程序是否重新进行。

陷阱与规律

仲裁中回避的决定权其实和诉讼中是一样的，都是由回避主体的上级决定。仲裁员的上级是仲裁委员会主任，所以仲裁员的回避是仲裁委员会主任决定；而主任没有上级，其回避只能由仲裁委员会集体决定。

一句话背诵

仲裁员的回避应由仲裁委员会主任决定；仲裁员回避后，仅更换仲裁员，不需要重新组成合议庭（就是不需要全换）；仲裁程序可以重新进行，也可以继续进行；当事人可以请求仲裁程序重新进行，是否重新进行由仲裁庭决定。

重复考查过的其他类似题目

288

某仲裁委员会在开庭审理甲公司与乙公司合同纠纷一案时，乙公司对仲裁庭中的一名仲裁员提出了回避申请。经审查后，该仲裁员依法应予回避，仲裁委员会重新确定了仲裁员。关于仲裁程序如何进行，下列哪一选项是正确的？（2012/3/49-单）

A. 已进行的仲裁程序应当重新进行

B. 已进行的仲裁程序有效，仲裁程序应当继续进行

C. 当事人请求已进行的仲裁程序重新进行的，仲裁程序应当重新进行

D. 已进行的仲裁程序是否重新进行，仲裁庭有权决定

精析与思路

这道题的考点和上一题一样，都是考查仲裁中回避后程序的进行。仲裁员回避后，仲裁程序可以继续进行、可以重新进行。当事人可以提出请求，最终决定权在仲裁庭。参见法条依据。

由此判断，A、B 两个选项错误，并非“应当”重新或继续进行，而是“可以”重新或继续进行。至于具体怎样进行，当事人没有决定权，决定权在仲裁庭。所以 D 选项正确，C 选项错误。

注意，C 选项表达的意思是，当事人只要提出请求，仲裁程序就必须重新进行，意思是决定权在当事人，这是不符合立法意思的，所以是错误的。

参考答案 D

法条依据

《仲裁法》第 37 条第 2 款：因回避而重新选定或者指定仲裁员后，当事人可以请求已进行的仲裁程序重新进行，是否准许，由仲裁庭决定；仲裁庭也可以自行决定已进行的仲裁程序是否重新进行。

陷阱与规律

仲裁程序中的回避可以和诉讼程序中的回避对比着记。仲裁中回避的事由与诉讼中几乎一样，二者最大的差别就在于回避主体、决定主体和回避后的法律效果。

仲裁中回避的主体包括仲裁员和仲裁委员会主任，诉讼中回避的主体包括院长、审判人员和其他人员。这些主体的回避都是由其上级决定。

诉讼中出现回避的情况，程序要继续进行；仲裁中出现回避的情况，程序可以继续或者重新进行。

一句话背诵

仲裁员回避后，仲裁程序可以重新进行，也可以继续进行。当事人可以请求仲裁程序重新进行，是否重新进行由仲裁庭决定。

核心考点145 ▶ 证据收集与保全

★★★★

289

甲县的佳华公司与乙县的亿龙公司订立的烟叶买卖合同中约定，如果因为合同履行发生争议，应提交A仲裁委员会仲裁。佳华公司交货后，亿龙公司认为烟叶质量与约定不符，且正在霉变，遂准备提起仲裁，并对烟叶进行证据保全。关于本案的证据保全，下列哪些表述是正确的？（2014/3/77-多）

A. 在仲裁程序启动前，亿龙公司可直接向甲县法院申请证据保全

B. 在仲裁程序启动后，亿龙公司既可直接向甲县法院申请证据保全，也可向A仲裁委员会申请证据保全

C. 法院根据亿龙公司申请采取证据保全措施时，可要求其提供担保

D. A仲裁委员会收到保全申请后，应提交给烟叶所在地的中级法院

精析与思路

因题目中明确告知“亿龙公司认为烟叶质量与约定不符，且正在霉变，遂准备提起仲裁”，说明本题考查的是提起仲裁前的证据保全问题，术语上称之为“诉前证据保全”。

本题考查的几个角度都比较常规，A选项考查的是诉前证据保全的管辖。大家可以回忆一下我讲过的内容：诉前保全是向法院申请；仲裁中保全是向仲裁委申请，由仲裁委提交给法院。本选项既然考查的是诉前证据保全，那么，应由申请人亿龙公司向证据所在地、被申请人住所地和有管辖权的法院提出申请。参见法条依据（1）。本题中，没有明确告知证据所在地，只告知了被申请人住所地在甲县。案件属于合同纠纷，所以合同履行地和被告住所地法院是有管辖权的法院。同样地，题目中没有交代合同履行地在哪里，被告住所地同样在甲县。所以，能确定对诉前证据保全有管辖权的法院就是甲县法院。因此，A选项是正确的。

B选项是错误的。B选项设置了条件——在仲裁程序启动后，此时，申请证据保全属于仲裁中证据保全，应向仲裁委申请，而不可以直接向法院申请。

至于D选项，也是错误的。D选项没设置特殊条件，就应该按照题干中描述的情况来判断。题干中将此保全限定为“准备提起仲裁的保全”，那么，仲裁委无权受理该诉前证据保全申请，更不应该受理后提交给烟叶所在地的中级法院。从题目中看，佳华公司和亿龙公司都属于中国公司，该仲裁就属于国内仲裁而非涉外仲裁，即便本案属于仲裁中保全，也是由仲裁委提交基层法院保全，而不应该提交中级法院保全。参见法条依据（2）、（3）。当然，按照常规的做题方法，从题干中得到的信息可以判断属于诉前证据保全，我只是将这个知识拓展开讲一讲，不要打我。

C选项考查的是诉前证据保全的担保。对于财产保全和行为保全而言，诉前保全必须担保，诉中保全可以担保。但是证据保全我讲过特殊的规则，就是不管是诉前证据保全还是诉中证据保全，只有证据保全可能给他人造成损失的，法院才应当责令申请人提供相应的担保。参见法条依据（4）。也就是说，即便是诉前证据保全，不会给他人造成损失的，也不是必须提供担保。因此，C选项是正确的。

参考答案 AC

法条依据

（1）《民事诉讼法》第84条：在证据可能灭失或者以后难以取得的情况下，当事人可以在诉讼过程中向人民法院申请保全证据，人民法院也可以主动采取保全措施。因情况紧急，在证据可能灭失或者以后难以取得的情况下，利害关系人可以在提起诉讼或者申请仲裁前向证据所在地、被申请人住所地或者对案件有管辖权的人民法院申请保全证据。证据保

全的其他程序，参照适用本法第九章保全的有关规定。

（2）《仲裁法》第 46 条：在证据可能灭失或者以后难以取得的情况下，当事人可以申请证据保全。当事人申请证据保全的，仲裁委员会应当将当事人的申请提交证据所在地的基层人民法院。

（3）《仲裁法》第 68 条：涉外仲裁的当事人申请证据保全的，涉外仲裁委员会应当将当事人的申请提交证据所在地的中级人民法院。

（4）《民诉解释》第 98 条第 2 款：证据保全可能对他人造成损失的，人民法院应当责令申请人提供相应的担保。

陷阱与规律

仲裁保全问题是很坑的问题，因为你稍不留神就会做错。要熟记一条规则：仲裁前保全向法院申请，仲裁中保全向仲裁委申请。但是不管是诉前，还是诉中，都是由法院采取保全措施。

一句话背诵

从管辖上看，仲裁前，当事人可以向证据所在地、被申请人住所地和有管辖权的法院申请证据保全（诉前保全）；仲裁中，当事人应向仲裁委申请证据保全，由仲裁委提交证据所在地法院。从级别上看，若是国内保全，则由基层法院管辖；若是涉外保全，则由中院管辖。

核心考点146 仲裁中的调解与和解

★★★★

290

甲、乙在民商事仲裁中达成了调解协议。对此，应如何处理？（2021-回忆版-单）

A. 如果甲不履行调解协议，乙可以向仲裁机构所在地的法院申请执行

B. 如果甲在调解时就已经向乙履行了调解协议的内容，可以不制作仲裁调解书

C. 仲裁委应根据调解协议的内容作出仲裁裁决

D. 仲裁委可根据调解协议的内容作出仲裁调解书

精析与思路

本题不难，考查仲裁调解的相关规则。仲裁程序中达成调解协议的，可以依据调解协议制作调解书，也可以依据调解协议制作裁决书，当事人可以选择，所以，C 选项不当选，D 选项当选，是“可以”制作，而非“应当”制作。但仲裁程序不可以以调解协议结案，必须制作上述两种文书中的一种，只有诉讼程序才能以调解协议结案，所以，B 选项不当选。另外，调解协议本身作为私文书，不具备强制执行力，所以，A 选项也不当选。

参考答案 D

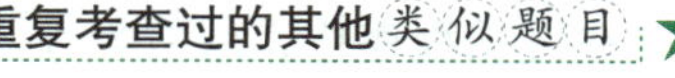

291

甲市 L 区居民叶某购买了住所在乙市 M 区的大亿公司开发的位于丙市 N 区的商品房一套，合同中约定双方因履行合同发生争议可以向位于丙市的仲裁委员会（丙市仅有一家仲裁机构）申请仲裁。因大亿公司迟迟未按合同约定交付房屋，叶某向仲裁委员会申请仲裁。大亿公司以仲裁机构约定不明，向仲裁委员会申请确认仲裁协议无效。经审查，仲裁委员会作出了仲裁协议有效的决定。在第一次仲裁开庭时，大亿公司声称其又向丙市中级法院请求确认仲裁协议无效，申请仲裁庭中止案件审理。在仲裁过程中仲裁庭组织调解，双方达成了调解协议，仲裁庭根据协议内容制作了裁决书。后因大亿公司不按调解协议履行义务，叶某向法院申请强制执行，而大亿公司则以调解协议内容超出仲裁请求为由，向法院申请不予执行仲裁裁决。

双方当事人在仲裁过程中达成调解协议，仲裁庭正确的结案方式是：（2016/3/99-任）

A. 根据调解协议制作调解书

B. 应当依据调解协议制作裁决书
C. 将调解协议内容记入笔录，由双方当事人签字后即发生法律效力
D. 根据调解协议的结果制作裁决书

精析与思路

这道题其实不看题干也能选出正确答案。问的是仲裁中达成调解协议，该如何结案，我们回忆一下我讲的内容。仲裁中达成调解协议的，可以依据调解协议制作调解书，也可以根据调解协议的结果制作裁决书，但是不允许以调解协议结案。参见法条依据。所以 A、D 选项当选。

C 选项中，将调解协议内容记入笔录，由双方当事人签字后即发生法律效力，这种结案方式就是不制作调解书或裁决书而以调解协议结案。在诉讼程序中，双方当事人同意的，可以以调解协议结案，称之为“协议不制作调解书”；但是仲裁中是不可以以调解协议结案的。所以 C 选项不当选。

B 选项错在，是“可以”依据调解协议制作裁决书，而不是“应当”，依据调解协议制作调解书也是可以的，说“应当”就犯了绝对化的错误。

参考答案 AD

法条依据

《仲裁法》第 51 条第 2 款：调解达成协议的，仲裁庭应当制作调解书或者根据协议的结果制作裁决书。调解书与裁决书具有同等法律效力。

陷阱与规律

“可以依据调解协议制作裁决书”只是一种可能，“应当依据调解协议制作裁决书”就排除了依据调解协议制作调解书的可能，是错误的。民诉中这种“可以”“应当”的考查并不是很多，都是考查明显的知识点，很少有逻辑问题。

例如，普通程序合议庭中可以吸收陪审员，这只是一种可能（可以吸收也可以不吸收），如果说普通程序合议庭中应当吸收陪审员，这就犯了绝对化的错误（普通程序合议庭完全可以不吸收陪审员，全都由审判员组成也是合法的）。

一句话背诵

仲裁中达成调解协议，当事人可以申请仲裁庭制作调解书，也可以申请仲裁庭制作裁决书，两种方式可以任选其一。

核心考点147 ▶ 裁决作出 ★★★★

292 »»

B 市的京发公司与 T 市的蓟门公司签订了一份海鲜买卖合同，约定交货地在 T 市，并同时约定“涉及本合同的争议，提交 S 仲裁委员会仲裁”。京发公司收货后，认为海鲜等级未达到合同约定，遂向 S 仲裁委员会提起解除合同的仲裁申请，仲裁委员会受理了该案。在仲裁规则确定的期限内，京发公司选定仲裁员李某作为本案仲裁庭的仲裁员，蓟门公司未选定仲裁员，双方当事人也未共同选定第三名仲裁员，S 仲裁委主任指定张某为本案仲裁庭仲裁员、刘某为本案首席仲裁员，李某、张某、刘某共同组成本案的仲裁庭，仲裁委向双方当事人送达了开庭通知。

开庭当日，蓟门公司未到庭，也未向仲裁庭说明未到庭的理由。仲裁庭对案件进行了审理并作出缺席裁决。在评议裁决结果时，李某和张某均认为蓟门公司存在严重违约行为，合同应解除，而刘某认为合同不应解除，拒绝在裁决书上签名。最终，裁决书上只有李某和张某的签名。

S 仲裁委员会将裁决书向双方当事人进行送达时，蓟门公司拒绝签收，后蓟门公司向法院提出撤销仲裁裁决的申请。

关于本案的裁决书，下列表述正确的是：（2014/3/99-任）

A. 裁决书应根据仲裁庭中的多数意见，支持京发公司的请求
B. 裁决书应根据首席仲裁员的意见，驳回京发公司的请求

C. 裁决书可支持京发公司的请求，但必须有首席仲裁员的签名

D. 无论蓟门公司是否签收，裁决书自作出之日起生效

精析与思路

这道题考查的是仲裁裁决该如何作出的问题。必须将我们所讲的知识和题目的描述结合起来。仲裁裁决的作出方法是，依据多数人的意见作出裁决，无法形成多数人意见的，按照首席仲裁员的意见作出裁决。参见法条依据（1）。本题中，“李某和张某均认为蓟门公司存在严重违约行为，合同应解除”，两位仲裁员形成了多数人意见——支持京发公司解除合同的请求。裁决书就应当依据此多数人意见作出。注意，即便多数人意见和首席仲裁员意见相悖，也是以多数人意见为准，只有无法形成多数人意见的时候，才以首席仲裁员意见为准。所以，可以排除 B 选项，A 选项正确。

仲裁中，持少数意见的仲裁员可以不在裁决书上签名。参见法条依据（2）。因此，本案中持少数意见的首席仲裁员完全可以不在裁决书上签名，裁决书也可以生效，C 选项是错误的。

D 选项的描述是正确的，仲裁法的一个重要原则是一裁终局原则，裁决一旦作出，马上生效。参见法条依据（3）。对裁决不服，在符合法定事由的情况下可以申请法院撤销或者不予执行，但是不能对裁决上诉或申请再审，也不能再就原纠纷向法院起诉或者再就原纠纷重新申请仲裁。

参考答案 AD

法条依据

（1）《仲裁法》第 53 条：裁决应当按照多数仲裁员的意见作出，少数仲裁员的不同意见可以记入笔录。仲裁庭不能形成多数意见时，裁决应当按照首席仲裁员的意见作出。

（2）《仲裁法》第 54 条：裁决书应当写明仲裁请求、争议事实、裁决理由、裁决结果、仲裁费用的负担和裁决日期。当事人协议不愿写明争议事实和裁决理由的，可以不写。裁决书由仲裁员签名，加盖仲裁委员会印章。对裁决持不同意见的仲裁员，可以签名，也可以不签名。

（3）《仲裁法》第 57 条：裁决书自作出之日起发生法律效力。

陷阱与规律

仲裁裁决书和判决书的签名规则不同：持少数意见的仲裁员可以不在裁决书上签名，持少数意见的审判人员必须在判决书上签名。

一句话背诵

仲裁裁决应根据多数人的意见作出，无法形成多数人意见的，按照首席仲裁员的意见作出；持少数意见的仲裁员可以不在裁决书上签名；裁决作出就生效。

专题 51

撤销仲裁裁决与不予执行仲裁裁决

核心考点 148 ▶ 启动与管辖 ★★★

293 »»

B 市的京发公司与 T 市的蓟门公司签订了一份海鲜买卖合同，约定交货地在 T 市，并同时约定“涉及本合同的争议，提交 S 仲裁委员会仲裁”。京发公司收货后，认为海鲜等级未达到合同约定，遂向 S 仲裁委员会提起解除合同的仲裁申请，仲裁委员会受理了该案。在仲裁规则确定的期限内，京发公司选定仲裁员李某作为本案仲裁庭的仲裁员，蓟门公司未选定仲裁员，双方当事人也

未共同选定第三名仲裁员，S仲裁委主任指定张某为本案仲裁庭仲裁员、刘某为本案首席仲裁员，李某、张某、刘某共同组成本案的仲裁庭，仲裁委向双方当事人送达了开庭通知。

开庭当日，蓟门公司未到庭，也未向仲裁庭说明未到庭的理由。仲裁庭对案件进行了审理并作出缺席裁决。在评议裁决结果时，李某和张某均认为蓟门公司存在严重违约行为，合同应解除，而刘某认为合同不应解除，拒绝在裁决书上签名。最终，裁决书上只有李某和张某的签名。

S仲裁委员会将裁决书向双方当事人进行送达时，蓟门公司拒绝签收，后蓟门公司向法院提出撤销仲裁裁决的申请。

关于蓟门公司撤销仲裁裁决的申请，下列表述正确的是：(2014/3/100-任)

A. 蓟门公司应向S仲裁委所在地中院提出申请

B. 法院应适用普通程序审理该撤销申请

C. 法院可以适用法律错误为由撤销S仲裁委的裁决

D. 法院应以缺席裁决违反法定程序为由撤销S仲裁委的裁决

精析与思路

本题综合考查了撤销仲裁裁决的条件和程序要求。

首先，A选项考查了撤销仲裁裁决案件的管辖。撤销仲裁裁决，应向仲裁委员会所在地的中院提出申请。参见法条依据（1）。本题中，蓟门公司应向S仲裁委所在地中院提出申请，所以A选项是正确的。

其次，C选项考查了撤销仲裁裁决的事由。撤销仲裁裁决和不予执行仲裁裁决的事由是一样的，但是，撤销事由中没有"适用法律错误"这种情况。参见法条依据（1）。没有此法定事由，当事人就不能以此为由申请撤销，所以C选项是错误的。

D选项考查的是法院具体的处理结果。本案中确实存在着缺席裁决，但缺席裁决本身并不属于违反法定程序。只有"违法缺席裁决"才是违反法定程序的行为。违法缺席裁决的最大特征就是没有通知当事人就缺席裁决。而本案中，"仲裁委向双方当事人送达了开庭通知。开庭当日，蓟门公司未到庭，也未向仲裁庭说明未到庭的理由"，这种情况下，仲裁委缺席裁决是完全不违反法定程序的。参见法条依据（2）。所以，法院也不可以以缺席裁决违反法定程序为由撤销S仲裁委的裁决，D选项是错误的。

我重点来说说B选项，请允许我在这本真题卷的最后显摆一下我的理论功底。这么说是因为，我很少过多地讲法条之外的问题，但是这个问题不谈得深入一点很难解释清楚。我要说的问题是，法院审理撤销仲裁裁决案件究竟用的是什么程序？有很多人认为，法院审理撤销仲裁裁决案件适用的是一审的普通程序，这样说的依据主要是《仲裁法解释》规定，法院审理撤销仲裁裁决的案件应当组成合议庭，但这个论据太苍白了。参见法条依据（3）。我们知道，很多不适用普通程序的案件也要组成合议庭审理，如选民资格案。相应地，其实立法对待撤销仲裁裁决案件的态度，更像是对待非讼案件的态度。我的论据有以下三个：①1998年7月21日，最高人民法院发布的《关于审理当事人申请撤销仲裁裁决案件几个具体问题的批复》中明确规定，在审理撤销仲裁裁决案件时，应将双方当事人分别列为申请人和被申请人。有没有注意到，这是典型的非讼程序的当事人的称呼！例如，宣告死亡案的当事人，就称为申请人和被申请人。②1997年4月23日，最高人民法院发布的《关于人民法院裁定撤销仲裁裁决或驳回当事人申请后当事人能否上诉问题的批复》明确规定："对人民法院依法作出的撤销仲裁裁决或驳回当事人申请的裁定，当事人无权上诉。人民法院依法裁定撤销仲裁裁决的，当事人可以根据双方重新达成的仲裁协议申请仲裁，也可以向人民法院起诉。"如果适用的是普通程序，怎能不让上诉？虽然该批复被后法覆盖，目前已经废止，但该规定的立法意图得以保留。③1999年2月11日，最高人民法院发布的《关于当事人对人民法院撤销仲裁裁决的裁定不服申请再审人民法院是否受理问题的批复》又进一步明确规定："当事人对人民法院撤销仲裁裁决的裁定不服申请再审的，人民法院不予受理。"如果适用的是普通程序，怎能不让申请再审？另外，适用普通程序审理的案件，审限原则上是6个月，而撤销仲裁裁决的案件，审限只有2个月。参见法条依据（4）、（5）。以上种种，都说明撤销仲裁裁决案件适用的程序并非普通程序，而是一种类似于特别程序的非讼程序。

对此问题，也有学者论述过，从《仲裁法》的规定看，法律赋予人民法院的撤销仲裁裁决权，只是一种司法监督权。人民法院对这类案件行使司法监督权，仅限于审查仲裁裁决中有无法定的撤销情形，不解决民事权益争议。因此，应适用特别程序审理此类案件，并建议采用听证的方式，由申请人举证证明裁决中存在法定撤销情形，允许对方当事人通过质证、提出反证等方式抗辩，然后由法院辨明证据真伪及其效力并作出裁决。仲裁委员会可以派员旁听案件审理。这样既能保证法院对仲裁裁决的有效监督，通过司法监督促进仲裁活动的健康发展，又能保障当事人平等参与并维护自己的合法权益。

从实践中看，有些法院在实际操作中，已经将此类案件列为特别程序案件，如（2016）皖08民特74号判决书，"王孝志、张向文申请撤销仲裁裁决特别程序一案"，这种例子现在已经非常多，不胜枚举。

2018年1月生效的《审理仲裁司法审查规定》更是进一步明确了撤销仲裁裁决案件适用的并非普通程序，而属于"审理仲裁司法审查案件程序"，应组成合议庭并询问当事人。该程序的特殊之处在于，依申请启动而非依起诉启动，该程序中管辖权异议的裁定、不予受理申请的裁定和驳回申请的裁定可以上诉（类似于不予受理和驳回起诉）。除此之外，该程序中作出的裁定均为一审终审，当事人不允许申请复议、不允许上诉、不允许申请再审、不允许提出执行异议。

综上，我做了充分的论述，但你只需要记住一句话：撤销仲裁裁决的案件适用的是一种并非普通程序的类似于特别程序的非讼程序，就足够了。所以B选项是错误的。

参考答案 A

法条依据

（1）《仲裁法》第58条：当事人提出证据证明裁决有下列情形之一的，可以向仲裁委员会所在地的中级人民法院申请撤销裁决：①没有仲裁协议的；②裁决的事项不属于仲裁协议的范围或者仲裁委员会无权仲裁的；③仲裁庭的组成或者仲裁的程序违反法定程序的；④裁决所根据的证据是伪造的；⑤对方当事人隐瞒了足以影响公正裁决的证据的；⑥仲裁员在仲裁该案时有索贿受贿，徇私舞弊，枉法裁决行为的。人民法院经组成合议庭审查核实裁决有前款规定情形之一的，应当裁定撤销。人民法院认定该裁决违背社会公共利益的，应当裁定撤销。

（2）《仲裁法》第42条第2款：被申请人经书面通知，无正当理由不到庭或者未经仲裁庭许可中途退庭的，可以缺席裁决。

（3）《仲裁法解释》第24条：当事人申请撤销仲裁裁决的案件，人民法院应当组成合议庭审理，并询问当事人。

（4）《民事诉讼法》第152条：人民法院适用普通程序审理的案件，应当在立案之日起6个月内审结。有特殊情况需要延长的，经本院院长批准，可以延长6个月；还需要延长的，报请上级人民法院批准。

（5）《仲裁法》第60条：人民法院应当在受理撤销裁决申请之日起2个月内作出撤销裁决或者驳回申请的裁定。

陷阱与规律

仲裁中有一些制度和诉讼几乎都是一样的，如缺席裁决与缺席判决的基本法理和制度规定。我没特殊讲过的关于仲裁的规定，大家在考试中遇到，就按照诉讼的程序去操作处理也没有任何问题。这样，大家就可以举一反三，比较轻松。

当然，仲裁中的特殊规定，我已经给大家讲了。

一句话背诵

当事人应向仲裁机构所在地中院申请撤销

仲裁裁决，法院撤销仲裁裁决时，应适用“审理仲裁司法审查案件程序”，该程序不属于普通程序。

低频考点149 ▶ 法定事由 ☆☆

294 »»

甲公司因与乙公司合同纠纷申请仲裁，要求解除合同。某仲裁委员会经审理裁决解除双方合同，还裁决乙公司赔偿甲公司损失6万元。关于本案的仲裁裁决，下列哪些表述是正确的？（2010/3/86-多）

A. 因仲裁裁决超出了当事人请求范围，乙公司可申请撤销超出甲公司请求部分的裁决

B. 因仲裁裁决超出了当事人请求范围，乙公司可向法院提起诉讼

C. 因仲裁裁决超出了当事人请求范围，乙公司可向法院申请再审

D. 乙公司可申请不予执行超出甲公司请求部分的仲裁裁决

精析与思路

本题考查的是撤销仲裁裁决和不予执行仲裁裁决的事由。撤销或不予执行仲裁裁决都存在法定的事由，如不符合法定事由，则无法请求法院撤销或不予执行仲裁裁决。法定的事由只有七种，不属于七种事由之一的，不能以此为由申请撤销或者不予执行。要注意，撤销仲裁裁决和不予执行仲裁裁决的事由是完全一样的。这七种事由分别是：①没有仲裁协议的；②裁决的事项不属于仲裁协议的范围或者仲裁委员会无权仲裁的；③仲裁庭的组成或者仲裁的程序违反法定程序的；④裁决所根据的证据是伪造的；⑤对方当事人隐瞒了足以影响公正裁决的证据的；⑥仲裁员在仲裁该案时有索贿受贿、徇私舞弊、枉法裁决行为的；⑦裁决违背社会公共利益的。参见法条依据（1）、（2）。

本题中，当事人只请求解除合同，可是仲裁庭在裁决的时候，除了解除合同，还裁决“乙公司赔偿甲公司损失6万元”，这部分裁决超出了当事人的请求范围，属于上述七种事由中的“裁决的事项不属于仲裁协议的范围”——简称“超裁”。既然符合了此法定事由，当事人既可以请求撤销超裁的部分，也可以请求不予执行超裁的部分。A、D选项正确。参见法条依据（3）、（4）。

B选项错误。当事人的仲裁协议有效，就排除了法院的管辖权，当事人无权再向法院起诉，这是或裁或审原则的要求。而C选项，一旦作出仲裁裁决，当事人对裁决不能上诉也不能申请再审，只能在符合法定事由的情况下申请撤销或者不予执行仲裁裁决。这是一裁终局原则的要求。C选项错误。参见法条依据（5）。

参考答案 AD

法条依据

（1）《仲裁法》第58条：当事人提出证据证明裁决有下列情形之一的，可以向仲裁委员会所在地的中级人民法院申请撤销裁决：①没有仲裁协议的；②裁决的事项不属于仲裁协议的范围或者仲裁委员会无权仲裁的；③仲裁庭的组成或者仲裁的程序违反法定程序的；④裁决所根据的证据是伪造的；⑤对方当事人隐瞒了足以影响公正裁决的证据的；⑥仲裁员在仲裁该案时有索贿受贿，徇私舞弊，枉法裁决行为的。人民法院经组成合议庭审查核实裁决有前款规定情形之一的，应当裁定撤销。人民法院认定该裁决违背社会公共利益的，应当裁定撤销。

（2）《民事诉讼法》第248条：对依法设立的仲裁机构的裁决，一方当事人不履行的，对方当事人可以向有管辖权的人民法院申请执行。受申请的人民法院应当执行。被申请人提出证据证明仲裁裁决有下列情形之一的，经人民法院组成合议庭审查核实，裁定不予执行：①当事人在合同中没有订有仲裁条款或者事后没有达成书面仲裁协议的；②裁决的事项不属于仲裁协议的范围或者仲裁机构无权仲裁的；③仲裁庭的组成或者仲裁的程序违反法定程序的；④裁决所根据的证据是伪造的；⑤对方当事人向仲裁机构隐瞒了足以影响公正裁决的证据的；⑥仲裁员在仲裁该案时有贪污受贿，徇私舞弊，枉法裁决行为的。人民法院认定执行

该裁决违背社会公共利益的，裁定不予执行。裁定书应当送达双方当事人和仲裁机构。仲裁裁决被人民法院裁定不予执行的，当事人可以根据双方达成的书面仲裁协议重新申请仲裁，也可以向人民法院起诉。

（3）《仲裁法解释》第 19 条：当事人以仲裁裁决事项超出仲裁协议范围为由申请撤销仲裁裁决，经审查属实的，人民法院应当撤销仲裁裁决中的超裁部分。但超裁部分与其他裁决事项不可分的，人民法院应当撤销仲裁裁决。

（4）《民诉解释》第 475 条：仲裁机构裁决的事项，部分有民事诉讼法第 244 条（现为第 248 条）第 2 款、第 3 款规定情形的，人民法院应当裁定对该部分不予执行。应当不予执行部分与其他部分不可分的，人民法院应当裁定不予执行仲裁裁决。

（5）《仲裁法》第 9 条：仲裁实行一裁终局的制度。裁决作出后，当事人就同一纠纷再申请仲裁或者向人民法院起诉的，仲裁委员会或者人民法院不予受理。裁决被人民法院依法裁定撤销或者不予执行的，当事人就该纠纷可以根据双方重新达成的仲裁协议申请仲裁，也可以向人民法院起诉。

陷阱与规律

关于撤销和不予执行仲裁裁决的事由，一般从两个方面考查：一种题目是考查对该事由的识别。例如本题，你要准确地识别出本题属于七种事由中的超裁。另一种题目是问你，如果申请撤销或者不予执行的理由不属于七种事由之一，法院该如何处理。例如，裁决适用法律错误就不属于七种事由之一，法院不应受理当事人的申请。

一句话背诵

仲裁裁决存在超裁事由的，当事人可以请求撤销或者不予执行该裁决。

核心考点 150 ▶ 重新仲裁 ★★★

本考点在近 10 年的真题中没有独立考查过，但大家仍需准确掌握理论卷中对相应知识的讲解。

核心考点 151 ▶ 不予执行仲裁裁决的请求不予支持的情况 ★★★

295 >>>

甲市 L 区居民叶某购买了住所在乙市 M 区的大亿公司开发的位于丙市 N 区的商品房一套，合同中约定双方因履行合同发生争议可以向位于丙市的仲裁委员会（丙市仅有一家仲裁机构）申请仲裁。因大亿公司迟迟未按合同约定交付房屋，叶某向仲裁委员会申请仲裁。大亿公司以仲裁机构约定不明，向仲裁委员会申请确认仲裁协议无效。经审查，仲裁委员会作出了仲裁协议有效的决定。在第一次仲裁开庭时，大亿公司声称其又向丙市中级法院请求确认仲裁协议无效，申请仲裁庭中止案件审理。在仲裁过程中仲裁庭组织调解，双方达成了调解协议，仲裁庭根据协议内容制作了裁决书。后因大亿公司不按调解协议履行义务，叶某向法院申请强制执行，而大亿公司则以调解协议内容超出仲裁请求为由，向法院申请不予执行仲裁裁决。

大亿公司以调解协议超出仲裁请求范围请求法院不予执行仲裁裁决，法院正确的做法是：（2016/3/100-任）

A. 不支持，继续执行

B. 应支持，并裁定不予执行

C. 应告知当事人申请撤销仲裁裁决，并裁定中止执行

D. 应支持，必要时可通知仲裁庭重新仲裁

精析与思路

这道题考查的知识点非常小，很好做。题目考查的是，当事人请求不予执行依据仲裁调解协议制作的仲裁裁决，法院该如何处理的问题。这点我们讲得非常清楚，仲裁调解书、依据仲裁调解协议和依据仲裁和解协议制作的仲裁裁决都不可以申请不予执行。参见法条依据（1）。

这样，这个题目就做完了，只能选 A 选项。

但这是为什么呢？

这是因为，仲裁与诉讼的根本区别在于：诉讼是依靠国家的强制力解决纠纷；而仲裁是以双方当事人意思自治为基础，达成仲裁协议解决纠纷。因此，双方当事人在自愿、合法的基础上达成了调解协议，即使仲裁庭调解的范围超出了当事人的仲裁请求，但当事人在调解协议上签章，这就说明当事人以处分权的形式默认了仲裁庭对于超出仲裁请求部分的调解是有效的。仲裁庭超出仲裁请求范围制作的调解协议，并未违反当事人的意思自治。

这种思路的结论是，若超出仲裁请求的仲裁裁决是仲裁庭直接作出，则违反了当事人的意思自治，当事人可以请求撤销或者申请不予执行仲裁裁决，参见法条依据（2）；若超出仲裁请求的仲裁裁决是依据调解协议作出，那么不违反当事人意思自治，当事人不可以请求撤销或者申请不予执行仲裁裁决。

参考答案 A

法条依据

（1）《最高人民法院关于人民法院办理仲裁裁决执行案件若干问题的规定》第 17 条：被执行人申请不予执行仲裁调解书或者根据当事人之间的和解协议、调解协议作出的仲裁裁决，人民法院不予支持，但该仲裁调解书或者仲裁裁决违背社会公共利益的除外。

（2）《民事诉讼法》第 248 条第 2 款：被申请人提出证据证明仲裁裁决有下列情形之一的，经人民法院组成合议庭审查核实，裁定不予执行：……②裁决的事项不属于仲裁协议的范围或者仲裁机构无权仲裁的；……

陷阱与规律

仲裁中法律文书的救济

法律文书	是否可以不予执行	是否可以撤销
仲裁调解书	×	×
依据和解协议作的裁决书	×	√
依据调解协议作的裁决书	×	√
仲裁裁决书	√	√

一句话背诵

不得申请不予执行仲裁调解书、依据仲裁调解协议和依据仲裁和解协议制作的仲裁裁决。

核心考点 152 ▶ 撤销仲裁裁决与不予执行仲裁裁决的效果 ★★★★★

296 ›››

甲市乙县的 A 公司和甲市丙县的 B 公司签订房屋租赁合同，约定 B 公司将位于甲市丁县的房子租给 A 公司，并约定将来发生纠纷向某仲裁委员会申请仲裁。因承租方 A 公司久不付租金，B 公司依法向仲裁委员会申请仲裁，仲裁委员会支持了申请人 B 公司的请求。A 公司向中院申请撤销该仲裁裁决，中院根据申请予以撤销。此时，B 公司应如何救济？（2020-回忆版-多）

A. 向丁县法院起诉

B. 向省检察院申请抗诉

C. 重新达成仲裁协议申请仲裁

D. 向中院申诉，由院长提交审委会决定对本案裁定再审

精析与思路

这道题真是令人怆然涕下，它很传统很善良啊！你有没有感觉到它友好的小手绢正在向你挥舞。本案涉及的是一个房屋租赁合同的仲裁问题。因为本案中已经依据仲裁协议作出过仲裁裁决，后仲裁裁决已经被撤销，仲裁协议也随之失效。因此当事人可以通过起诉或者重新达成仲裁协议进行仲裁的方式寻求救济。如果希望通过诉讼的方式救济，本案因属于房屋租赁合同纠纷，属于不动产专属管辖情形，因此应当适用不动产的专属管辖规则，由不动产所在地，即丁县法院管辖。故 A、C 选项当选。

而撤销仲裁裁决和不予执行仲裁裁决案

件适用的并非诉讼程序，而是非讼程序。适用非讼程序得到生效裁判后，不允许通过再审程序救济，自然也不允许检察院抗诉。故B、D选项不当选。

参考答案 AC

重复考查过的其他类似题目

297

甲公司因与乙公司的合同纠纷向某仲裁委员会申请仲裁，甲公司的仲裁请求得到仲裁庭的支持。裁决作出后，乙公司向法院申请撤销仲裁裁决。法院在审查过程中，甲公司向法院申请强制执行仲裁裁决。关于本案，下列哪一说法是正确的？（2012/3/50-单）

A. 法院对撤销仲裁裁决申请的审查，不影响法院对该裁决的强制执行

B. 法院不应当受理甲公司的执行申请

C. 法院应当受理甲公司的执行申请，同时应当告知乙公司向法院申请裁定不予执行仲裁裁决

D. 法院应当受理甲公司的执行申请，受理后应当裁定中止执行

精析与思路

本题围绕着仲裁的监督，考查了申请撤销仲裁裁决的相关问题。本案中，仲裁裁决作出之后，一方向法院申请执行该裁决，另一方向法院申请撤销该裁决。

债权人申请执行符合了法定的条件，其已经取得了生效的执行根据（仲裁裁决），所以法院应受理执行申请。

但双方当事人就仲裁裁决的效力产生了争议，这就是我们讲的执行根据（仲裁裁决）的效力不能确定。此时，应中止执行，暂时把执行程序停下来。D选项正确。参见法条依据。这样做是为了防止将来一旦仲裁裁决被撤销，执行就会出现错误的问题。

参考答案 D

法条依据

《仲裁法》第64条：一方当事人申请执行裁决，另一方当事人申请撤销裁决的，人民法院应当裁定中止执行。人民法院裁定撤销裁决的，应当裁定终结执行。撤销裁决的申请被裁定驳回的，人民法院应当裁定恢复执行。

陷阱与规律

执行根据作出并生效，当事人可以申请执行；执行根据的效力不确定时，法院应中止执行；执行根据被撤销，法院应终结执行；法院撤销执行根据后作出了新的执行根据（一般就是返还财产裁定），应执行回转。

一句话背诵

执行仲裁裁决过程中，当事人申请撤销仲裁裁决的，应中止执行程序。

索引：重复考查过的其他类似题目

INDEX

序号	题号	所涉考点	答案
1	3	核心考点 2　诉的要素	D
2	18	核心考点 12　诉讼权利能力与诉讼行为能力	B
3	22	核心考点 13　公民做原、被告的确定	B
4	23		B
5	26	核心考点 14　法人做原、被告的确定	A
6	32	核心考点 16　必要共同诉讼	D
7	37	核心考点 18　诉讼代表人	C
8	39	核心考点 19　有独立请求权第三人	B
9	40		AD
10	47	核心考点 21　当事人更换与无独三	C
11	48		C
12	53	核心考点 24　级别管辖	BC
13	57	核心考点 27　协议管辖	ABCD
14	58		AC
15	61	核心考点 28　合同案件的特殊地域管辖	AB
16	70	核心考点 39　管辖权异议	A
17	71		D
18	72		AC
19	74	核心考点 40　管辖权恒定原则	ABC
20	78	核心考点 42　自认	A
21	81	核心考点 43　举证责任分配的基本理论	AC
22	84	核心考点 44　侵权案件的举证责任分配	D
24	85		CD

序号	题号	所涉考点	答案
25	89	核心考点 45　证据理论分类	C
26	90		BC
27	91		AC
28	95	核心考点 47　勘验笔录和鉴定意见	A
29	97	核心考点 48　证人证言	ABC
30	100	核心考点 51　书证和物证	C
31	102	核心考点 52　文书提出命令和最佳证据规则	A
32	105	核心考点 54　保全的条件	CD
33	109	核心考点 57　保全的救济	D
34	112	核心考点 60　期间的计算与补救	C
35	114	核心考点 61　送达方式	D
36	115		AB
37	116		C
38	121	核心考点 66　调解书的制作和生效	A
39	126	核心考点 69　起诉	A
40	129	核心考点 70　立案登记	C
41	133	核心考点 71　审查期的具体处理方式	D
42	134		B
43	135		ABD
44	138	核心考点 74　举证时限	C
45	143	核心考点 78　审理方式	D
46	146	核心考点 80　撤诉与缺席判决	D
47	152	核心考点 82　简易程序适用范围	ABCD
48	156	核心考点 85　小额诉讼程序的适用	A
49	162	低频考点 87　共同诉讼上诉人的确定	A
50	163		D
51	165	核心考点 88　二审撤诉	C
52	166		A
53	167		B
54	168		B

序号	题号	所涉考点		答案
55	171	核心考点 89	二审审理方式	BD
56	174	低频考点 90	二审裁判注意事项	AC
57	178	低频考点 92	二审审理范围和审限	D
58	180	核心考点 93	裁判文书	A
59	189	核心考点 99	检察院启动再审	ABC
60	194	核心考点 103	第三人撤销之诉的基本制度	D
61	198	核心考点 105	反诉	AB
62	201	核心考点 106	增、变、反在诉讼程序中的具体处理	C
63	202			BC
64	210	核心考点 108	公益诉讼的程序规定	A
65	213	核心考点 110	宣告公民失踪、死亡案	B
66	216	核心考点 113	确认调解协议案	D
67	217			D
68	218			AD
69	224	核心考点 116	债务人异议条件	AB
70	225			D
71	226			C
72	231	核心考点 119	申报权利	AC
73	232			C
74	234	核心考点 120	在线诉讼的适用	D
75	235			AB
76	241	核心考点 125	执行和解	ABC
77	242			BC
78	243			BC
79	244			A
80	245			AD
81	251	核心考点 129	对执行行为的救济	B
82	257	核心考点 131	裁判无错误情况下对执行标的的救济	B
83	258			CD
84	259			AC

序号	题号	所涉考点	答案
85	264	核心考点 135　对行为的执行措施	AC
86	266	核心考点 136　对到期债权的执行措施——代位执行	BD
87	272	核心考点 138　协议仲裁原则	D
88	277	核心考点 141　仲裁协议的效力	D
89	279	核心考点 142　仲裁协议的效力确认	AD
90	280		BC
91	281		C
92	282		BD
93	283		ABC
94	286	核心考点 143　仲裁庭与仲裁进行	ABCD
95	288	核心考点 144　回避制度	D
96	291	核心考点 146　仲裁中的调解与和解	AD
97	297	核心考点 152　撤销仲裁裁决与不予执行仲裁裁决的效果	D

答案速查表

题号	答案	题号	答案	题号	答案	题号	答案
1	C	26	A	51	B	76	CD
2	A	27	D	52	ACD	77	ABD
3	D	28	D	53	BC	78	A
4	CD	29	AD	54	AB	79	C
5	AC	30	B	55	C	80	D
6	D	31	A	56	D	81	AC
7	BD	32	D	57	ABCD	82	D
8	B	33	AC	58	AC	83	B
9	D	34	AC	59	AC	84	D
10	B	35	C	60	BC	85	CD
11	C	36	C	61	AB	86	BD
12	CD	37	C	62	A	87	C
13	C	38	D	63	C	88	AC
14	A	39	B	64	ABCD	89	C
15	C	40	AD	65	A	90	BC
16	C	41	D	66	ABC	91	AC
17	AC	42	CD	67	ABCD	92	B
18	B	43	D	68	D	93	A
19	BD	44	BCD	69	B	94	BC[3]
20	无[1]	45	BC	70	A	95	A
21	A	46	ABCD	71	D	96	ABCD
22	B	47	C	72	AC	97	ABC
23	B	48	C	73	D	98	D
24	ABD[2]	49	ABCD	74	ABC	99	ABC
25	C	50	BCD	75	B	100	C

〔1〕 司法部原答案为 C。
〔2〕 司法部原答案为 BCD。
〔3〕 司法部原答案为 C。

题号	答案	题号	答案	题号	答案	题号	答案
101	ABCD	128	AB	155	B	182	A
102	A[1]	129	C	156	A	183	D
103	C	130	C	157	AC[5]	184	A
104	ABC	131	AC	158	A	185	D
105	CD	132	C	159	D	186	ACD
106	ABC	133	D	160	B	187	BC
107	BCD	134	B	161	A	188	C
108	A	135	ABD	162	A	189	ABC
109	D	136	A	163	D	190	CD
110	CD	137	B	164	B	191	B
111	B	138	C	165	C	192	C
112	C	139	ABCD	166	A	193	C
113	AD[2]	140	D	167	B	194	D
114	D	141	无[4]	168	B	195	D
115	AB[3]	142	B	169	D	196	B
116	C	143	D	170	CD[6]	197	AB
117	BD	144	CD	171	BD	198	AB
118	D	145	D	172	B	199	A
119	A	146	D	173	AB	200	A
120	BD	147	B	174	AC	201	C
121	A	148	BD	175	C	202	BC
122	C	149	A	176	B	203	B
123	D	150	A	177	AC	204	D
124	A	151	D	178	D	205	D
125	D	152	ABCD	179	C	206	B
126	A	153	CD	180	A	207（1）	BCD
127	B	154	ABD	181	BD	207（2）	D

[1] 司法部原答案为 AC。

[2] 司法部原答案为 A。

[3] 司法部原答案为 A。

[4] 司法部原答案为 A。

[5] 司法部原答案为 ACD。

[6] 司法部原答案为 C。

题号	答案	题号	答案	题号	答案	题号	答案
208	D	230	AD	254	B	276	D
209	D	231	AC	255（1）	AC	277	D
210	A	232	C	255（2）	D	278	AC
211	C	233	CD	255（3）	BC	279	AD〔5〕
212	AB	234	D	256	A	280	BC
213	B	235	AB	257	B	281	C
214	C	236	BD	258	CD	282	BD
215（1）	ABD	237	D	259	AC	283	ABC
215（2）	B	238	D	260	BCD	284	B
215（3）	BCD〔1〕	239	CD〔3〕	261	B	285	A
216	D	240	B	262	D	286	ABCD
217	D	241	ABC	263	AB	287	D
218	AD〔2〕	242	BC	264	AC	288	D
219	D	243	BC	265	CD	289	AC
220	B	244	A	266	BD	290	D
221	AC	245	AD	267	ABCD	291	AD
222	D	246	BCD〔4〕	268	AD	292	AD
223	B	247	A	269	C	293	A
224	AB	248	D	270	D	294	AD
225	D	249	A	271	A	295	A
226	C	250	D	272	D	296	AC
227	BD	251	B	273	C	297	D
228	AD	252	BCD	274	D		
229	C	253	C	275	D		

〔1〕司法部原答案为BC。
〔2〕司法部原答案为D。
〔3〕司法部原答案为D。
〔4〕司法部原答案为CD。
〔5〕司法部原答案为D。

图书在版编目（CIP）数据
民诉法 297 题. 真题卷 / 刘鹏飞编著. -- 北京 : 中国政法大学出版社，2025. 2. -- ISBN 978-7-5764-1928-3
Ⅰ. D925.104
中国国家版本馆 CIP 数据核字第 2025MH9786 号

出 版 者　中国政法大学出版社
地　　址　北京市海淀区西土城路 25 号
邮寄地址　北京 100088 信箱 8034 分箱　邮编 100088
网　　址　http://www.cuplpress.com (网络实名：中国政法大学出版社)
电　　话　010-58908285(总编室) 58908433（编辑部） 58908334(邮购部)
承　　印　三河市华润印刷有限公司
开　　本　787mm×1092mm　1/16
印　　张　18.5
字　　数　555 千字
版　　次　2025 年 2 月第 1 版
印　　次　2025 年 2 月第 1 次印刷
定　　价　59.00 元

厚大法考 2025 年师资团队简介

民法主讲老师

张　翔	西北政法大学教授、博士生导师，清华大学法学博士。学术上的“大咖”，学生口中的“民法萌叔”，文风简练、语言幽默。拥有二十多年司考（法考）培训经验，深研命题，以精准直击考点的风格闻名；“理论、法条、实例”三位一体教学方法的倡导者，注重体系性思考；强调“听考点做训练”，擅长以生活实例解析民法原理；课堂互动性强，提高应试技巧和培养法律思维双管齐下。
杨　烁	中山大学法学博士。具有深厚的民法理论功底、丰富的教学与实践经验，首创“法考三杯茶”理论，将枯燥的民法法条融会贯通于茶与案例之中，深入浅出。游刃于民法原理与实务案例之间，逻辑清晰、层层递进，其课堂有润物细无声的效果，让考生分析案件时才思泉涌，顺利通关！
崔红玉	厚大新锐讲师。武汉大学民商法学专业出身，法律功底扎实，拥有多年教学实践经验，对民法有独特的感悟。擅长体系化和启发式教学，帮助学生用逻辑将琐碎的知识点串成整体，让学生知其所以然。
李　妍	厚大新锐讲师。长期负责一线带班工作，了解学生痛点，授课针对性强；善于运用生活中的鲜活案例帮助学生更快、更深地理解知识点。

刑法主讲老师

罗　翔	中国政法大学教授、博士生导师，北京大学法学博士。荣获多届中国政法大学“最受本科生欢迎的十位老师”称号，被誉为普法“段子手”。2020 年度“法治人物”、2020~2024 年度 B 站百大 UP 主之一。拥有 22 年司考（法考）培训经验，深度参与过司法部司考题库设计和供题；善于将晦涩法条融入“法外狂徒张三”的例子，并导入朴素的正义观以破题；风趣睿智，在解惑中透视刑法背后的哲学原理，入木三分。
张宇琛	刑法学博士，法考培训名师，有多年的高校教学经验和刑法学培训经验。讲义编排错落有致、一目了然，讲课条理清晰。擅长归纳总结和分析，既帮助考生建立刑法学的宏观体系，又能够针对具体考点条分缕析，将深邃的刑法学理论化为润物细无声的春雨，融入考生心田并转化为准确解题的能力。
陈　橙	厚大新锐讲师。本、硕、博分别就读于华东政法大学、北京大学、清华大学，从事法考培训多年。善于概括总结知识点，将繁琐的知识点简单化，方便学生记忆；善于把握真题和最新试题动向；注重与学生互动，语言幽默。
卢　杨	厚大新锐讲师。刑事法学研究生毕业，理论功底扎实。对命题趋势把握得当，条理清晰。有着丰富的授课经验，擅长将抽象的刑法学理论具体化为生活中的案例，课堂氛围非常好，深受考生喜爱。

行政法主讲老师

魏建新	法学博士，天津师范大学行政法治发展与评价研究中心主任、教授；政治学博士后，中国行政法学研究会理事、人大立法咨询专家、政府法律顾问。被称为行政法“扫地僧”、“最有安全感”的实力讲师，讲课抑扬顿挫，激情澎湃。拥有 19 年法考（司考）培训经验，连续数年押中考题，考生心目中名副其实的“押题王”；深谙法考命题风格和思路，一切从应试出发归纳重点、突破难点，以案释法；善用思维导图构建知识体系、点拨考点，图表化归纳识记。
兰燕卓	中国政法大学法学博士，政治学博士后。具有丰富的法考培训经验，考点把握精准，擅长将繁杂考点系统化、明晰化，有效挖掘考点的关联性；授课重点突出，知识体系清晰，课堂气氛轻松活跃，有效提高备考效率。
李年清	中国政法大学法学博士，福州大学法学院硕士生导师，厚大法考行政法授课教师。首创“相声法考”，听他的课犹如听相声，“说学逗唱”说来就来。他的基础精讲课，不带片纸，一个话筒、全程游走、脱稿授课。授课逻辑分明，直击考点，欢乐有趣。
张　燕	厚大新锐讲师。宪法与行政法专业研究生毕业，对行政法重难点把握得当，授课逻辑清晰严谨，帮助学生将琐碎的知识点串联成体系化的知识框架，迅速带领学生将专业知识转化为应试能力。

民诉法主讲老师

刘鹏飞	南开大学法学院副教授、硕士生导师，民诉法专业博士，执业律师；天津市法学会诉讼法学分会理事，2015~2017 年度天津市“131”创新型人才。江湖人称“小飞侠”，功底扎实，民诉法年轻一代培训教师中的领军式人物。拥有 15 年司考（法考）培训经验，以明确区分低频与高频考点的授课体系独树一帜；把枯燥的知识点编成生动案例和诙谐段子，提高学习兴趣和效率；以口诀串联知识点，风趣、关联又结构清晰，有效克服背诵难题。
郭　翔	清华大学法学博士，北京师范大学副教授。具有多年法考培训经验，深知命题规律，了解解题技巧，对考试内容把握准确，授课重点明确、层次分明、条理清晰，将法条法理与案例有机融合，强调综合，深入浅出。

张 佳	厚大新锐讲师。华东政法大学毕业，法学理论功底扎实。授课思路清晰，逻辑性强。富有激情，从应试的角度帮助学员夯实基础，梳理框架。
杨 洋	中国政法大学诉讼法学博士，西北政法大学副教授，法考辅导专家，从业10年。深谙法考诉讼法学科的命题特点和规律，精通民诉与刑诉两大学科。授课富有激情，讲解明晰透彻。授课风格自带加速，使得学生能够迅速把握做题技巧，提升得分能力。

刑诉法主讲老师

向高甲	厚大教育专职讲师、执业律师，刑诉法应试培训界的领航者。是被称为“口诀帝”“最会唱歌的法考老师”“旅行甲”的传说中的斜杠青年；与学生以“师徒”亲切相称，授课充满活力与激情，幽默风趣，极富感召力。拥有16年法考（司考）培训经验，将刑诉法的精髓剖析得淋漓尽致；创新教授形式，独创的“刑诉口诀”小绿本+串讲记忆法，化繁为简，开启记忆窍门；善于洞察命题思路和出题陷阱，快速提升考生的解题技能。
李 辞	中国政法大学博士，高校副教授、硕士生导师。深谙法考重视综合性、理论性考查的命题趋势，善于搭建刑诉法学科体系架构，阐释法条背后的原理、立法背景与法条间的逻辑关系，通过对知识点的对比串联强化记忆。
赵 嫚	厚大新锐讲师。多年一线辅导及授课经验，了解学生在刑诉法备考过程中的痛点、难点、易错点。授课方面注重刑诉法学科的框架体系和背后法理，应试性强。注重对学生学习方法的培养，授人以渔。
柳子亮	厚大新锐讲师。熟悉刑诉法学科的法考命题规律和解题技巧。授课条理清晰，强调应试，直击重点。在教学实践中以耐心、细致、负责的态度深受学员喜爱。

商经知主讲老师

鄢梦萱	法学博士，厚大教育专职讲师，曾任中国政法大学《政法论坛》副编审。学生口中的“萱姑”“姑姑”，亲切感十足，口碑爆棚，江湖人称“商经一姐”。拥有22年丰富的法考（司考）培训经验，内功深厚，熟悉每一个考点、每一道真题；掌控备考的每一个阶段、每一项计划，课程体系完备，授课循序渐进、条理清晰；擅长通过表格、思路图和考查角度总结应试重难点，逻辑缜密而通透；精准把握命题规律和答题技巧，讲解抽丝剥茧，重举一反三。
赵海洋	中国人民大学法学博士，法学博士后，商经法新锐名师。“命题人视角”授课理念的提倡者，“考生中心主义”讲授模式的践行者。授课语言诙谐，却暗蕴法理，让复杂难懂的商经法“接地气”。注重法理与实务相结合，避免“纯应试型”授课，确保考生所学必有所用。独创“盲目自信法”和“赵氏科学蒙猜法”，真正做到“商经跟着海洋走，应试实务不用愁”。
文 君	厚大新锐讲师。多年一线辅导及授课经验，熟悉法考考试重点以及命题规律，深知考生学习中的痛点和难点。授课逻辑清晰，帮助考生准确理解考点，提升记忆速度，协助考生将知识点转化为具体的做题能力。
吕延秀	厚大新锐讲师。民商法学研究生毕业，理论功底扎实，授课思路清晰、逻辑性强。善于概括总结知识点，从应试的角度帮助学员将繁琐的商经法知识点体系化，方便学员理解记忆。

三国法主讲老师

殷 敏	上海政法学院教授、博士生导师、“一带一路”安全研究院副院长，美国休斯敦大学和中国人民大学访问学者，2019年度上海市浦江人才，中国国际经济法学会理事、中国法学会世界贸易组织法研究会理事等。学生眼中的“三国法女神”，秀外慧中，独具细腻生动、春风化雨的亲和力。拥有14年司考（法考）培训经验，风格以直击考点、干货满满为鲜明特点；精准把握考点，干脆利落，多次押中法考考点、考题。

理论法主讲老师

白 斌	中央财经大学法学院副教授、硕士生导师，浙江大学法学博士。自号“竹西君”，被学生尊称为“大白”，嗓音浑厚而有磁性，感染力极强。拥有15年司考（法考）培训经验，授课风格以轻松活泼生动、激情澎湃著称；对科目重点、难点、热点把握准确，多次命中法考客观题和主观题考点；善用生动的例子将复杂原理化繁为简，擅长用大白话讲透大道理；独特的教学风格和方式，使理论法的记忆不再成为难题。
高晖云（廖峻）	成都大学法学院副教授，中南财经政法大学法学博士，中央电视台CCTV-12“法律讲堂”主讲人。自2004年起执教高校，讲授法理学、宪法学、中外法律史等多门课程，授课幽默风趣，风格轻松流畅，善于以扎实的理论功底打通理论法学脉络，独创“抠字眼、讲逻辑”六字真言，让考生穿透题面，直击考点，斩获高分。
李宏勃	法学教授，硕士生导师。讲课深入浅出、条理清晰，能够将抽象的法学原理、宪法条文与鲜活的社会生活相结合。在传授法律知识与应试技巧的同时，强调培养学员的法律思维与法治理念。
赵逸凡	人称“安扣赵”“赵宝库”“赵小娟”。中国人民大学法学硕士，复旦大学法学博士，主讲法考理论法、法硕法学综合，独创“风火轮”高速带背。